U0561270

大学问

始于问而终于明

守望学术的视界

本书为2019年度教育部人文社会科学研究青年项目“走马楼吴简与孙吴基层社会身份秩序研究（19YJC770036）”的研究成果。

简帛研究文库

身份与秩序

走马楼吴简中的孙吴基层社会

SHENFEN YU ZHIXU
ZOUMALOU WUJIAN ZHONG DE
SUNWU JICENG SHEHUI

苏俊林 著

广西师范大学出版社
GUANGXI NORMAL UNIVERSITY PRESS
·桂林·

图书在版编目（CIP）数据

身份与秩序 ：走马楼吴简中的孙吴基层社会 / 苏俊林著. --桂林 ：广西师范大学出版社，2023.7
（简帛研究文库）
ISBN 978-7-5598-6155-9

Ⅰ. ①身… Ⅱ. ①苏… Ⅲ. ①竹简－研究－长沙－三国时代 Ⅳ. ①K877.54

中国国家版本馆 CIP 数据核字（2023）第 115877 号

广西师范大学出版社出版发行
（广西桂林市五里店路 9 号　邮政编码：541004
网址：http://www.bbtpress.com）
出版人：黄轩庄
全国新华书店经销
广西民族印刷包装集团有限公司印刷
（南宁市高新区高新三路 1 号　邮政编码：530007）
开本：880 mm ×1 240 mm　1/32
印张：17.75　　字数：410 千
2023 年 7 月第 1 版　　2023 年 7 月第 1 次印刷
定价：108.00 元

代序一

本书是俊林在其博士学位论文基础上几经修改增补而成的著作。

我与俊林最早认识，是未见其人，先见其文。2014年7月，《文史》请我外审一篇名为《嘉禾吏民田家莂与孙吴基层吏治》的论文。该文谈孙吴基层吏员徇私舞弊导致《嘉禾吏民田家莂》中的交纳租税数值统计错误，其中对《嘉禾吏民田家莂》中的交纳租税数值重新进行分门别类验证，下了很大功夫，令我惊叹不已。但由于学术史梳理不够，内容与题目不尽相符，我建议作者另换一个角度进行改写，再审通过后刊用。当时实行匿名审稿，我并不知道作者是谁。

我与俊林最早见面，是2014年9月中旬，我应于振波先生之邀，赴湖南大学岳麓书院，参加俊林的博士论文预答辩。俊林给我的印象是非常温良恭俭让。通过深入交谈，我知道了他就是《嘉禾吏民田家莂与孙吴基层吏治》一文的作者。同年11月，《文史》将俊林改写的《嘉禾吏民田家莂与孙吴身份等级体系》论文发给我再审，我同意刊用。此文后刊《文史》2015年第3期（2015年8月）。

而在此前，俊林已将原文删去部分以《〈嘉禾吏民田家莂〉所见孙吴基层吏员的舞弊手法》为名，刊于《湖南省博物馆馆刊》第11辑（2015年7月）。

后来我知道，这两篇论文并不是俊林的长沙吴简研究处女作。在此之前，他已发表过《魏晋南北朝时期的姓氏与封爵称谓——从吴简中的"步侯""吕侯"说起》(《湖南大学学报》2014年第2期）和《吴简所见孙吴田租及相关问题》(《中国农史》2015年第1期）两篇论文。不过，从质量来说，后两篇论文肯定比前两篇论文要高。这反映了他在长沙吴简研究领域的进步。

俊林决心在长沙吴简研究领域发展，并长期坚持，最终做出成绩，除了他个人的兴趣，还受到两位名师的影响和提携：一位是他的硕博导师于振波先生。于先生是我的畏友，我1999年第三次去长沙整理吴简就与他认识了。他是60后，在他那个年龄段，只有他出版过两部吴简研究专著（《走马楼吴简初探》《走马楼吴简续探》，台北：文津出版社2004、2007年）。一位是他留学的导师关尾史郎先生。2014年10月至2016年3月，俊林获日本文部科学省资助，赴新潟大学留学，师从关尾先生。关尾先生更是我的畏友，我们在20世纪中国改革开放伊始就有书信往还。80年代初，我参加《吐鲁番出土文书》整理，他开始从事吐鲁番文书研究；90年代初，我主持《新中国出土墓志》整理，他开始从事安徽曹氏文字砖与十六国和高昌墓志整理；90年代末，我参加《长沙走马楼三国吴简》整理，他开始从事长沙吴简研究。关尾先生的研究领域与我颇多契合，他的每个领域的研究论著，都是我必须置之座右反复参考的重要学术成果。

俊林从日本留学归来的次月，即2016年4月，举行博士论文正式答辩。我应于振波先生之邀，再次赴湖南大学岳麓书院，参加答辩会。我在会上，对俊林的博士论文给予了充分肯定，并指出："这篇博士论文较前预答辩论文，还有一个显著变化，就是俊林在日本访学一年半卓有成效，学术史的梳理比原来更加全面丰富，特别是其中征引日本相关论著几无遗漏。此外，研究的思路也含有日本学者的思维，图表多达40个左右也是日本学者擅长做的工作。日本学术界竞争激烈，日本学者研究工作普遍都很扎实。这对俊林来说，应该是一笔终生享用不尽的财富，应该妥善珍惜和充分利用。"俊林顺利毕业并获得博士学位。

此后，2016年7月至2018年7月，俊林在中国社会科学院历史研究所，跟随合作导师卜宪群先生，从事博士后研究工作。在京期间，我们见面机会较前增多。我对他的博士论文修改增补工作一直很关心。俊林博士后出站后，到西南大学历史文化学院工作。同年11月，他给我写信，主要谈他关于博士论文修改增补的新思路，说本书稿预计明年（2019）12月可以提交给相关出版社，按照当下出版社的要求，想请我写一份本书稿的出版推荐书，我自然同意了。

我大约用了半个月的时间，将俊林寄给我的书稿又看了一遍。我的出版推荐书第一段是这样写的："中国历代正史及官修书籍，均详中央而略地方，导致基层社会研究长期薄弱，尤以三国时期为然。1996年长沙走马楼三国吴简的出土，虽然改变了地方史料缺乏这一现状，但运用三国吴简研究孙吴基层社会并不容易，实际上一直缺乏值得称道的成果。直到苏俊林完成根据博士论文修改增补而成的本书稿，才使这种情况有所改观。"这不是溢美，是我的心里话。

转瞬过去将近四年。2022年9月上旬，俊林给我打电话，说书稿已经完成，即将交付出版社，先给我寄一份，请我写序。我与俊林和本书稿既有如上渊源，写序自然无法推辞。只是我很奇怪，按时间推算，本书早就应该出版了，怎么会迟至今日，还没交付出版社？转念一想，其间三年，正是新冠疫情暴发，大家浑浑噩噩，都有难言之隐，也不宜一问究竟。既然如此，还是先看书稿吧。

这是本书的最终定稿。全书主体部分是绪论和正文八章，绪论详细梳理相关学术史，正文从家庭结构入手，围绕爵制变化、姓氏称谓、身份种类、等级体系、租税账目、土地亩产等长期聚讼难决的棘手问题，对孙吴基层社会身份秩序进行了整体辨析研究，具有一定的集成性。可以看作是俊林将自己从2012年6月博士论文开题到现在超过十年的长沙吴简研究做了一个阶段性回顾。总体上看，视野开阔，角度新颖，在不少方面都有较大突破。归纳特点，主要有三：

一是材料占有充分。这里材料分两种：一种是原始材料，主要为简牍材料，与本书问题有关的简牍材料，吴简外，秦简、汉简、晋简等，几乎全部占有。一种是学术史材料，涵盖古今中外，包括前面特别提到过的日本方面的学术史材料，也几乎全部占有。实证史学以穷尽材料为要旨，本书得其精髓。

二是研究重视变化。历史研究最忌一成不变地看问题。对典章制度尤其需要动态地进行观察。本书在这方面十分注意。譬如对士伍的研究，首先梳理汉晋间士伍身份演变脉络，再对从吴简中统计出来的476名士伍的身份进行分析，总结出四大特征，并与公乘进行仔细比较，站在演进的高度分析其异同。

三是方法不断更新。吴简研究一直都是各行其是，缺乏公认的方法。俊林曾因本书需要，撰写《走马楼吴简研究方法述评》（《简帛研究2017》春夏卷），对各人的研究方法进行归纳评述，寻找共同点，堪称目前吴简研究唯一的一篇方法论文章。本书重视研究方法的更新，自是毋庸置疑。此外，本书用日本学者提出的“连记简”概念研究家庭结构，从方法论上看也是一种更新。

俊林的思想比较传统，本书的视角自然也比较中规中矩。传统的基层社会，多以家庭为最小单位，本书自然也不例外，在家庭方面倾注较多精力。而现在的社会，人们的关注度，已从上层的帝王将相，移向底层的弱女小吏。北京日报出版社2022年7月推出的罗新先生的《漫长的余生：一个北魏宫女和她的时代》、鲁西奇先生的《喜：一个秦吏和他的世界》，是近年的代表作。《宫女》的传主材料《北魏比丘尼慈庆（王钟儿）墓志》只有不到八百字，《喜》的传主材料睡虎地十一号秦墓简牍相关记载也不太多。比较而言，长沙吴简关于小吏许迪、朱表的材料似乎更为丰富，他们二人人生经历之曲折复杂也似乎更有故事性。将他们的故事，以波澜壮阔的三国时代为背景，介绍给现在的普罗大众，对历史研究者而言，也是一项很有意义的工作。罗新先生曾是长沙吴简研究的先驱，关注底层弱小吏民的命运，为许迪、朱表写传，应该是长沙吴简研究者的使命！

长沙吴简出土（1996年）至今，已经过去了二十六年。长沙吴简研究大致同步进行，也已过去了二十多个春秋。目前，《长沙走马楼三国吴简》最后一卷《竹木牍》已经发稿，预计2023年可以出版。长沙吴简整理已经收官，长沙吴简研究却仍方兴未艾。据本书粗略统计：“目前已出版学术专著19部，论文集10余部，发表论文数百篇。”当然，这还远远不够。因为据我所见，很多课题的研究都还远未达到题无剩义。有鉴于此，就需要像俊林这样的吴简研究人才发挥更大的作用。我对长沙吴简研究的未来充满希望，并以此与俊林共勉！

是为序。

王素

2022年9月于北京故宫城隍庙

代序二

俊林的博士学位论文经过多年打磨，即将付梓，来电话告知，并向我索序。我很高兴，尽管不善于写序，还是答应下来了。

俊林在岳麓书院攻读硕士和博士学位期间，我是他的指导教师。回想起来，感慨良多。

硕士生期间，俊林喜欢读书，喜欢提问题，经常主动写一些读书札记给我看。我觉得他很有潜力，建议他到更好的学府选更好的导师深造。研二时，因学习成绩和科研方面表现优秀，他申请了硕博连读，仍然选择我做导师。按照学校政策，硕博连读可以不写硕士学位论文，但他表示愿意按原计划完成学位论文。我觉得继续撰写硕士论文也是一项重要的学术训练，所以也很支持。事实上，他不但如期完成了硕士学位论文，而且写得很出色。

谈到硕士论文，不妨多说几句。俊林来到书院时，书院刚好从香港收购了一批秦简，俊林也参加了研读。在硕士学位论文选题时，他曾想选秦简方面的题目。我觉得研究简牍，传世文献的基础不可或缺，建议他从传世文献中选题，从而夯实基础，将来攻读博士学位时再做简牍方面的选题。《史记》《汉书》中的表，里面有很多信息，却往往不受重视，所以我们决定从功臣表、王子侯表入手，确定选题《西汉列侯的社会史研究》。这篇论文写了将近十万字。顺便一提的是，博士生期间，俊林申请了湖南省研究生科研创新项目《列侯与两汉经济》，将硕士论文中涉及较少的内容展开讨论，如期完成，又写了十四万多字，可见其读书、写作之勤奋。

尽管硕士学位论文选了传世文献方面的题目，而且工作量很大，俊林仍然留意秦汉简牍方面的资料和研究动态。他有一篇关于秦简“质日”方面的论文，就是在硕士生期间完成的，后来发表在《湖南大学学报（社科版）》（2010年第4期）。

走马楼吴简数量巨大，内容丰富，学术价值弥足珍贵。然而，种种原因给研究带来很大挑战。

首先，这批简牍属于三国时期孙吴政权所辖临湘侯国的地方行政记录，涉及基层社会的诸多方面，而传世文献《三国志》主要记录上层人物及重大政治、军事事件。可以说，走马楼吴简与《三国志》在史料上正好形成互补，有利于更全面地了解当时的历史面貌。问题是，三国时期的传世史料有限，《三国志》作为正史，体例并不完备，缺少表和志，而且不论作者陈寿还是注者裴松之，对基层社会都缺乏关注，以致吴简中大量名物制度在传世文献中很难找到对应的记述，不能很好地互相印证。

其次，这批简牍并不是分门别类地有序保存下来的，而是作为废弃物被随意丢弃在井窖中的。整理者尽管按顺序揭剥，并对粘结成坨的简牍精心绘制了揭剥位置示意图，我们发现，这些成坨的简牍往往也是多种文书混杂在一起，只是以某一文书为主而已。另一方面，大量简牍残损，文字漫漶，不易识读。凡此种种，对文书集成、复原和解读造成重重困惑。

第三，从汉末到隋朝建立的三四百年，是一个分裂混乱的时期，也是一个变革的时期。三国正处在这个变革时期的起始阶段，既有对汉制的继承，又有为应对新问题而做出的调整与改变。走马楼吴简作为地方行政记录而残存的各种片段，哪些内容体现了旧制，哪些内容体现了新制，需要给出合理的阐释。然而，由于吴简存在上述情况，对很多问题的解读，学者之间往往莫衷一是。

俊林的博士论文选题，起初也没有确定研究走马楼吴简。我指导学生，比较尊重学生本人的意愿，如果学生对我的研究项目不感兴趣，我从不强求。当然我也有我的原则，一旦学生根据自己的意愿确定了选题，那就必须保证质量，认真完成。俊林最终选择了参与我的国家社科基金重点项目“走马楼吴简与孙吴县政研究”，而且完成了最终结项成果中三分之一以上的篇幅，是课题组中的绝对主力。

大约从博士生第二学年开始，我建议俊林浏览已经公布的走马楼吴简释文，并阅读相关研究论文。尽管有点难，他还是坚持去做了。在有了一定阅读量之后，我建议他撰写研究综述，目的是更系统地了解研究动态，把握研究的重点和难点，理清争议的症结之所在，并尝试发现新的问题。

在此期间，俊林逐渐对吴简有了兴趣，但确定博士学位论文选题仍有顾虑。除了吴简研究的难度而外，最大的顾虑是如何对待学术争论——作为一个刚刚走上学术之路的博士生，在众说纷纭中提出自己的观点，或支持某个观点而反对另外一些观点，对那些学者会不会一是种冒犯？对此，我反复谈了自己的看法。首先，学术研究的目的是探求客观真实，学术争论是难免的，只要拿出可靠的证据，有一分材料说一分话，而不是强词夺理做义气之争，一般不会被认为是冒犯。绝大多数学者是有这个雅量的。其次，对于不认同的学术观点，也要认真阅读其论文，看是否有可取之处，至少避免不必要的误解——误解是对作者最大的不尊重。第三，我本人在吴简研究方面也提出过一些观点，如有不认同之处，可以提出不同看法，不必纠结；对我的观点提出商榷的学者的论文，也要认真阅读。孔子说："当仁，不让于师。"平常的学术观点之争，与仁义之道相差十万八千里，有什么值得为难的？

打消了这些顾虑之后，学位论文的撰写就很顺利地走上了轨道。记得有一次，俊林对我说，嘉禾吏民田家莂中的租税数值错误与吏的身份存在相关性，似乎是有意造成的。我不以为然。许多学者认为这些错误与当时基层官吏的算术水平及书手的笔误有关，我大体认同这些说法。也有学者提到舞弊问题，但没有直接证据，多推测之词。俊林说他是通过对田家莂进行逐条统计得出上述看法，这引起了我的兴趣，因为这不仅涉及数值错误的成因，还涉及吏的身份地位——这可是一个学术热点问题。后来他把统计结果写成论文初稿交给我，我主要在数值统计和分析表述等细节问题上提出些改进意见，论文的基本观点、框架没做改动。

俊林每有心得，写出论文初稿，就把电子文档发给我。我把有疑问或需要修改的地方都加了批注发还给他。接下来我们便找时间面对面讨论。对我的合理意见，他会虚心接受；对我的某些质疑，如果他有证据，也会据理力争。在这里，没有师道尊严，而是完全平等的学术讨论，我也从中体会到了教学相长的乐趣。不知不觉间，我发现，俊林已经有了很大的进步。

我自己学术水平有限，一方面性情疏懒，喜欢清净，一方面也不想误人子弟，所带学生不多。幸运的是，已经毕业的几个博士生都比较出色。有同事问我指导学生的经验，我哪有什么经验？不过碰巧遇上几个喜欢读书的学生而已。他们通过自身的努力，成就了自己，也给了我荣誉。

是为序。

于振波

2022年8月28日

图表索引

目　录

绪　论

第一节　吴简的出土与价值

中国史书可谓“汗牛充栋”，二十五史堪称代表。但这些“正史”文献却存在很大局限，即都以王侯将相为记录中心，以重大事件为记录中心，以郡县、国家层面为记录中心，对社会基层记录甚少。史料的匮乏是长期困扰秦汉魏晋史学界的一大难题。许多问题悬而未决，对历史的论述往往停留在郡县及国家层面。三国的孙吴也不例外。传世史料除了《三国志·吴书》20卷、《建康实录·吴》4卷之外，就是一些史家注疏。没有志、表的《三国志》，在记录基层社会方面显得非常薄弱，这直接导致学者对孙吴历史研究的严重不足。基于传世文献的三国史或魏晋史著述中，孙吴只占很少篇幅，或是对孙吴历史一笔带过，或是根本不予提及。这成为孙吴历史乃至三国史研究的重大缺陷。

王国维先生曾言：

> 古来新学问起，大都由于新发见。有孔子壁中书出，而后有汉以来古文家之学；有赵宋古器出，而后有宋以来古器物、古文字之学。惟晋时汲冢竹简出土后，即继以永嘉之乱，故其结果不甚著。然同时杜元凯注《左传》，稍后郭璞注《山海经》已用其说；而《纪年》所记禹、益、伊尹事，至今成为历史上之问题。然则中国纸上之学问赖于地下之学问者，固不自今日始矣。自汉以来，中国学问上之最大发见有三：一为孔子壁中书；二为汲冢书；三则今之殷虚甲骨文字，敦煌塞上及西域各处之汉晋木简，敦煌千佛洞之六朝及唐人写本书卷，内阁大库之元明以来书籍、档册。此四者之一，已足当孔壁、汲冢所出，而各地零星发见之金石、书籍于学术有大关系者，尚不与焉。故今日之时代，可谓之“发见时代”，自来未有能比者也。[①]

确如先生所言，殷墟甲骨、青铜铭文、汉晋简牍、出土碑刻等地下新材料的出土，无不引发了学界将出土文献与传世古史“互证”的研究热潮，“二重证据”极大推动了殷周秦汉魏晋历史的深入研究，甲骨学、简牍学、敦煌学等冷门“绝学”学科方兴未艾。对于三国孙吴历史而言，如果出现新的材料，也必将推动孙吴乃至三国历史研究的深入发展。

1996年10月，考古工作者在对长沙五一广场走马楼街平和堂商贸大厦的建筑工地进行抢救性发掘时，在编号为J22的井窖中发现了一批纪年主要为三国孙吴的简牍，总数达10万余枚，其中有

---

① 王国维：《最近二三十年中中国新发见之学问》，谢维扬、房鑫亮主编，胡逢祥分卷主编：《王国维全集》第14卷，杭州：浙江教育出版社，2010年，第239页。

字简76552枚。[①]此批简牍后被命名为“长沙走马楼三国孙吴简牍”，简称“走马楼吴简”。学者估算吴简总字数将达150万字，[②]远远超过《三国志》和《建康实录》中记载孙吴历史的字数。走马楼吴简不仅数量众多，而且内容丰富，包括赋税、户籍、仓库管理、钱粮出入、司法文书、屯田、往来书信及公文等，涉及孙吴政治、经济、社会、法律等诸多方面，为学者全面、深入研究孙吴历史提供了丰富而可靠的材料，具有重要史料价值。

走马楼吴简出土20余年来，中外学者进行了多视角的研究，取得了许多令人称道的研究成果。但也应看到，吴简研究仍有不足，特别是对身份秩序进行专门论述的成果并不多见。有鉴于此，我们选择以吴简为依据，从身份与秩序的关系入手，专门考察孙吴基层社会的身份秩序问题。

第二节　研究史的回顾与问题的提出

走马楼吴简出土之后，组建了专门的走马楼吴简整理小组，负责走马楼吴简的整理和出版。迄今为止，已经正式公布10批资料，分别为《长沙走马楼三国吴简　嘉禾吏民田家莂》和《长沙走马楼

① 长沙简牍博物馆编:《嘉禾一井传天下：走马楼吴简的发现保护整理研究与利用》，长沙：岳麓书社，2016年，第104页。

② 胡平生、宋少华:《长沙走马楼简牍概述》,《传统文化与现代化》1997年第3期。

三国吴简　竹简》第壹、贰、叁、肆、伍、陆、柒、捌、玖卷。[①]另有部分残简和《竹木牍》有待公布。

随着吴简资料的不断公布，中外学者对其进行了广泛的、多视角的研究，涉及孙吴政治、经济、社会、文化等诸多领域，成果丰硕。粗略统计，目前已出版学术专著19部，论文集10余部，发表论文数百篇。吴简的学术专著主要有：于振波师的《走马楼吴简初探》《走马楼吴简续探》，[②]高敏先生的《长沙走马楼简牍研究》，[③]张荣强先生的《汉唐籍帐制度研究》，[④]蒋亚福先生的《走马楼吴简经

---

① 长沙市文物考古研究所、中国文物研究所、北京大学历史学系走马楼简牍整理组编：《长沙走马楼三国吴简　嘉禾吏民田家莂》，北京：文物出版社，1999年；长沙市文物考古研究所、中国文物研究所、北京大学历史学系走马楼简牍整理组编：《长沙走马楼三国吴简　竹简（壹）》，北京：文物出版社，2003年；长沙简牍博物馆、中国文物研究所、北京大学历史学系走马楼简牍整理组编：《长沙走马楼三国吴简　竹简（贰）》，北京：文物出版社，2007年；长沙简牍博物馆、中国文物研究所、北京大学历史学系走马楼简牍整理组编：《长沙走马楼三国吴简　竹简（叁）》，北京：文物出版社，2008年；长沙简牍博物馆、中国文化遗产研究院、北京大学历史学系走马楼简牍整理组编：《长沙走马楼三国吴简　竹简（肆）》，北京：文物出版社，2011年；长沙简牍博物馆、中国文化遗产研究院、北京大学历史学系走马楼简牍整理组编：《长沙走马楼三国吴简　竹简（伍）》，北京：文物出版社，2018年；长沙简牍博物馆、中国文化遗产研究院、北京大学历史学系走马楼简牍整理组编：《长沙走马楼三国吴简　竹简（陆）》，北京：文物出版社，2017年；长沙简牍博物馆、中国文物遗产研究院、北京大学历史学系、故宫研究院古文献研究所走马楼简牍整理组编：《长沙走马楼三国吴简　竹简（柒）》，北京：文物出版社，2013年；长沙简牍博物馆、中国文物遗产研究院、北京大学历史学系、故宫研究院古文献研究所走马楼简牍整理组编：《长沙走马楼三国吴简　竹简（捌）》，北京：文物出版社，2015年；长沙简牍博物馆、中国文物遗产研究院、北京大学历史学系、故宫研究院古文献研究所走马楼简牍整理组编：《长沙走马楼三国吴简　竹简（玖）》，北京：文物出版社，2019年。

② 于振波：《走马楼吴简初探》，台北：文津出版社，2004年；《走马楼吴简续探》，台北：文津出版社，2007年。

③ 高敏：《长沙走马楼简牍研究》，桂林：广西师范大学出版社，2008年。

④ 张荣强：《汉唐籍帐制度研究》，北京：商务印书馆，2010年。

济文书研究》，[1]森本淳先生的遗著《三国軍制と長沙呉簡》，[2]沈刚先生的《长沙走马楼三国竹简研究》《〈长沙走马楼三国吴简〉语词汇释》，[3]凌文超先生的《走马楼吴简采集簿书整理与研究》《吴简与吴制》，[4]陈荣杰先生的《走马楼吴简佃田、赋税词语研究》《〈嘉禾吏民田家莂〉校注》《走马楼吴简词语研究丛稿》，[5]谷口建速先生的《長沙走馬楼呉簡の研究：倉庫関連簿よりみる孫呉政権の地方財政》，[6]鷲尾祐子先生的《資料集：三世紀の長沙における吏民の世帯—走馬楼呉簡吏民簿の戸の復原—》，[7]王子今先生的《长沙简牍研究》，[8]刘玥先生的《三国吴简文字研究》，[9]徐畅先生的《长沙走马楼三国孙吴简牍官文书整理与研究》，[10]张燕蕊先生的《汉代

① 蒋福亚：《走马楼吴简经济文书研究》，北京：国家图书馆出版社，2012年。

② 森本淳：《三国軍制と長沙呉簡》，东京：汲古书院，2012年。

③ 沈刚：《长沙走马楼三国竹简研究》，北京：社会科学文献出版社，2013年；《〈长沙走马楼三国吴简〉语词汇释》，北京：中国社会科学出版社，2017年。

④ 凌文超：《走马楼吴简采集簿书整理与研究》，桂林：广西师范大学出版社，2015年；《吴简与吴制》，北京：北京大学出版社，2019年。

⑤ 陈荣杰：《走马楼吴简佃田、赋税词语研究》，北京：人民出版社，2016年；《〈嘉禾吏民田家莂〉校注》，重庆：西南师范大学出版社，2018年；《走马楼吴简词语研究丛稿》，重庆：西南大学出版社，2021年。

⑥ 谷口建速：《長沙走馬楼呉簡の研究：倉庫関連簿よりみる孫呉政権の地方財政》，东京：早稲田大学出版部，2016年。

⑦ 鷲尾祐子：《資料集：三世紀の長沙における吏民の世帯—走馬楼呉簡吏民簿の戸の復原—》（电子出版物），东京：东京外国语大学アジア・アフリカ言語文化研究所（亚非语言文化研究所），2017年。

⑧ 王子今：《长沙简牍研究》，北京：中国社会科学出版社，2017年。

⑨ 刘玥：《三国吴简文字研究》，石家庄：河北人民出版社，2018年。

⑩ 徐畅：《长沙走马楼三国孙吴简牍官文书整理与研究》，北京：中国社会科学出版社，2021年。

与孙吴国家基层管理手段比较研究——以出土简牍为中心》。[①]个人学术专著之外，也出版了多部吴简专题论文集，如北京吴简研讨班联合长沙简牍博物馆所编的《吴简研究》1、2、3辑，[②]长沙市文物考古研究所编的《长沙三国吴简暨百年来简帛发现与研究国际学术研讨会论文集》，[③]长沙简牍博物馆编的《走马楼吴简研究论文精选》《长沙简帛研究国际学术研讨会论文集》，[④]复旦大学历史系、《中国中古史研究》编委会编的《中国中古史研究》第9辑（吴简专号）。[⑤]吴简出土后，也引起日本学者的极大兴趣，滨添庆文、关尾史郎等学者组织成立日本的长沙吴简研究会、南北科研·西南班，并出版了《長沙呉簡研究報告》数辑，[⑥]另有资料整理成果2

① 张燕蕊：《汉代与孙吴国家基层管理手段比较研究——以出土简牍为中心》，北京：华夏出版社，2022年。

② 北京吴简研讨班编：《吴简研究》第1辑，武汉：崇文书局，2004年；长沙简牍博物馆、北京吴简研讨班编：《吴简研究》第2辑，武汉：崇文书局，2006年；长沙简牍博物馆、北京大学中国古代史研究中心、北京吴简研讨班编：《吴简研究》第3辑，北京：中华书局，2011年。

③ 长沙市文物考古研究所编：《长沙三国吴简暨百年来简帛发现与研究国际学术研讨会论文集》，北京：中华书局，2005年。

④ 长沙简牍博物馆编：《走马楼吴简研究论文精选》，长沙：岳麓书社，2016年；长沙简牍博物馆编：《长沙简帛研究国际学术研讨会论文集》，上海：中西书局，2017年。

⑤ 复旦大学历史系、《中国中古史研究》编委会编：《中国中古史研究》第9辑（吴简专号），上海：中西书局，2021年。

⑥ 长沙吴简研究会编：《嘉禾吏民田家莂研究—長沙呉簡研究報告—》第1集，东京，2001年；长沙吴简研究会编：《長沙呉簡研究報告》第2集，东京，2004年；长沙吴简研究会编：《長沙呉簡研究報告》第3集，东京，2007年；南北科研·西南班编：《長沙呉簡研究報告 2008年度特刊》，新潟，2009年；南北科研·西南班编：《長沙呉簡研究報告 2009年度特刊》，新潟，2010年；南北科研·西南班编：《長沙呉簡研究報告 2010年度特刊》，新潟，2011年。长沙吴简研究会和南北科研·西南班的主要参与人员基本相同。

部，[1]成果报告书2部，[2]论文集3部。[3]另外，吴简整理者还编著出版了数部与吴简相关的图录。[4]

随着吴简研究的深入，研究成果的增多，不少学者及时对中外吴简的研究情况进行介绍、总结、展望和回顾，写成介绍性、综述

---

① 关尾史郎、阿部幸信、伊藤敏雄编：《嘉禾吏民田家莂数值一覧（Ⅰ）》，平成16年度科学研究費補助金（基盤研究［B］［1］）“長沙走馬楼出土呉簡に関する比較史料学的研究とそのデータベース化”（課題番号：16320096）資料叢刊，新潟，2005年；关尾史郎主编、伊藤敏雄编：《嘉禾吏民田家莂数值一覧（Ⅱ）》，平成18年度科学研究費補助金（基盤研究（B））“長沙走馬楼出土呉簡に関する比較史料学的研究とそのデータベース化”（課題番号：16320096）資料叢刊，新潟，2007年。

② 关尾史郎（研究代表）：《長沙走馬楼出土呉簡に関する比較史料学的研究とそのデータベース化》（課題番号：16320096），平成16年度～平成18年度科学研究費補助金（基盤研究［B］）研究成果報告書，新潟，2007年；关尾史郎（研究代表）：《新出簡牘資料による漢魏交替期の地域社会と地方行政システムに関する総合的研究》（課題番号：25244033），平成25年度～平成28年度科学研究費補助金（基盤研究［A］一般）研究成果報告書，新潟，2017年。

③ 伊藤敏雄、窪添庆文、关尾史郎编：《湖南出土簡牘とその社會》，东京：汲古书院，2015年；藤田胜久、关尾史郎编：《簡牘が描く中国古代の政治と社会》，东京：汲古书院，2017年；伊藤敏雄、关尾史郎编：《後漢・魏晋簡牘の世界》，东京：汲古书院，2020年。

④ 杨友吉、宋少华：《长沙走马楼三国吴简》（1—5册），长沙：湖南美术出版社，2001年；宋少华、张春龙、郑曙斌、黄朴华编：《湖南出土简牍选编》，长沙：岳麓书社，2013年；长沙简牍博物馆编：《长沙简牍博物馆藏长沙走马楼吴简书法研究》，杭州：西泠印社出版社，2019年。

性论文30余篇。[①]在吴简发现20周年之际，长沙简牍博物馆编著出版《嘉禾一井传天下：走马楼吴简的发现保护整理研究与利用》

① 于振波：《长沙三国吴简暨百年来简帛发现与研究国际学术讨论会综述》，《中国史研究动态》2002年第2期；黎石生：《近年来长沙走马楼简牍研究综述》，《中国史研究动态》2002年第4期；沈颂金：《长沙走马楼三国吴简阶段性研究评述》，《二十世纪简帛学研究》，北京：学苑出版社，2003年，第599—615页；王素：《长沙走马楼三国吴简研究的回顾与展望》，《中国历史文物》2004年第1期；伊藤敏雄：《地下からの贈り物——簡牘資料の価値と研究状況（10）——三国呉の地方行政をめぐる膨大な新資料（長沙走馬楼三国呉簡）》，《東方》第284号，2004年；王素：《日本〈长沙吴简研究报告〉第1、2集简介》，《吴简研究》第2辑，第270—284页；于振波：《2004年以来的走马楼吴简研究》，简帛研究网，2006年10月16日；车金花、于振波：《走马楼吴简研究综述——职业、社会身份与阶层》，《湖南大学学报（社科版）》2007年第1期；王素：《中日长沙吴简研究述评》，《故宫学刊》2006年总第3辑，北京：紫禁城出版社，2007年，第528—560页；伊藤敏雄：《新発見三国呉簡に見る三国時代》，《アジア遊学》第96号，2007年；何立民：《湖南长沙走马楼三国吴简研究的回顾与反思》，《江汉考古》2009年第2期；孙东波：《2006—2008年走马楼吴简研究综述》，陈建明主编：《湖南省博物馆馆刊》第6辑，长沙：岳麓书社，2010年，第172—173页；高鑫：《长沙走马楼三国吴简研究的回顾》，《南京工业职业技术学院学报》2010年第1期；王琦：《十五年来长沙走马楼吴简研究进程综述》，《群文天地》2012年第2期下；周祥：《长沙走马楼三国吴简研究综述》，《学行堂文史集刊》2013年第1期；王素：《长沙吴简研究的新视野——中日长沙吴简学术研究会论文评述》，卜宪群、杨振红主编：《简帛研究2011》，桂林：广西师范大学出版社，2013年，第219—225页；骆黄海：《长沙走马楼吴简研究的新面向——2011年走马楼吴简研究综述及思考》，陈建明主编：《湖南省博物馆馆刊》第9辑，长沙：岳麓书社，2013年，第346—353页；郭瑾：《1996年至2013年长沙走马楼三国吴简研究综述》，《文教资料》2014年第4期；苏俊林：《日本走马楼吴简研究综述》，卜宪群、杨振红主编：《简帛研究2013》，桂林：广西师范大学出版社，2014年，第303—316页；凌文超：《长沙走马楼三国吴简采集简研究述评》，徐冲主编：《中国中古史研究：中国中古史青年学者联谊会会刊》第4卷，北京：中华书局，2014年，第218—242页；徐畅：《走马楼吴简竹木牍的刊布及相关研究述评》，武汉大学中国三至九世纪研究所编：《魏晋南北朝隋唐史资料》第31辑，上海：上海古籍出版社，2015年，第25—47页；徐畅：《长沙走马楼三国吴简整理研究二十年热点选评》，武汉大学简帛研究中心主办：《简帛》第15辑，上海：上海古籍出版社，2017年，第223—240页；曹万青：《长沙走马楼三国吴简研究二十年》，《社会科学动态》2018年第5期；贾凯丽：《长沙走马楼三国吴简人名研究综述》，《湖北文理学院学报》2019年第9期；曾心昊：《走马楼吴简土地问题研究回顾与展望》，《湖北文理学院学报》2021年第1期。

一书。该书第五章“研究综述篇”中，分“年代、性质、埋藏原因”“田家莂的研究”“吴简所涉赋税徭役制度的研究”“关于地方组织与行政的研究”“户籍简相关研究”“吴简所见的职业、身份与社会阶层”“家庭、姓名、残病及对弱势群体的救助”“语言文字研究”“释文订正与词汇考证”“文书学研究”“书法及理论研究”“其他”共12小节，对当时的吴简研究成果进行了全面、细致的梳理和综述。[①]此后虽不断有吴简成果发表、出版，但该章仍不失为迄今为止最全面的吴简研究综述，是快速了解吴简研究现状的必读之物。

有鉴于此，我们结合本书选题，对吴简相关研究成果概述如下。吴简的簿籍分类，是学界首先面对的问题。关于此，整理者在《长沙走马楼简牍整理的新收获》一文中对吴简簿籍进行了初步分类，大致分为吏籍、师佐籍、民籍3类。[②]此后，安部聪一郎和关尾史郎等学者依据内容、格式等，对其进行了更为细致的分类。[③]在簿籍的整理与研究方面，学界成果较多。汪小烜先生的《走马楼吴简户籍初论》一文是复原户籍文书的早期成果。[④]此后，侯旭东、凌文超、邓玮光、张荣强、沈刚、连先用、张朵以及日本学者安部聪一郎、关尾史郎、鹫尾祐子、石原辽平、谷口建速等学者，对吏民簿、户籍簿、(限佃)名籍、师佐籍等进行了文书格式、簿籍内

① 长沙简牍博物馆编：《嘉禾一井传天下：走马楼吴简的发现保护整理研究与利用》，第221—316页。

② 王素、宋少华、罗新：《长沙走马楼简牍整理的新收获》，《文物》1999年第5期。

③ 安部聡一郎：《長沙呉簡にみえる名籍の初歩的検討》，《長沙呉簡研究報告》第2集，第39—53页；关尾史郎：《長沙呉簡中の名籍について—史料群としての長沙呉簡・試論（2）—》，《唐代史研究》第9号，2006年。

④ 汪小烜：《走马楼吴简户籍初论》，《吴简研究》第1辑，第143—159页。

容的复原整理和研究，备受学界关注。其中，凌文超先生连续出版2部专著，[①]不仅将吴简簿籍的整理和研究推向深入，还逐渐形成了以揭剥图为基础的簿籍复原研究模式，并提出“二重证据分合法”的研究方法。[②]这些研究模式和研究方法，受到吴简学界的广泛关注，并被不少学者借鉴和运用。

关于吴简所见家庭问题，学者主要讨论了家庭规模与家庭类型、婚姻状况、亲属称谓与年龄称谓等问题，涉及宗法制度、户籍制度、婚育现象与生育观念等诸多内容。于振波师的《走马楼吴简所见户与里的规模》一文，是研究家庭规模的最早成果。[③]日本学者町田隆吉先生的《長沙呉簡よりみた“戸”について—三国呉の家族構成に関する初步的考察—》一文，用“同居”概念将“户”界定为“同居”的多种亲族，将吴简中的“户”分为单纯家族世代（核家族世代）、扩大家族世代、多核家族世代和非家族世代四类，进行了富有启发性的研究。[④]鹫尾祐子先生主要以年龄等来研究家

① 凌文超：《走马楼吴简采集簿书整理与研究》《吴简与吴制》。

② 凌文超：《吴简文书学研究刍议》，《走马楼吴简采集簿书整理与研究》，第455—472页。

③ 于振波：《走马楼吴简所见户与里的规模》，《走马楼吴简初探》，第143—152页。

④ 町田隆吉：《長沙呉簡よりみた“戸”について—三国呉の家族構成に関する初步的考察—》，《長沙呉簡研究報告》第3集，第27—47页。

庭的年龄、性别结构和婚姻问题，成果颇丰，引人关注。[①]在亲属称谓与年龄称谓方面，学者关注了“寡㛐”“姪”等的含义，以及“老”“小”“大”的年龄界点等问题。吴简所反映的多妻现象、“女户”现象也颇受学界关注。[②]家庭方面的研究既有个案分析也有群体研究，数据统计分析与家庭结构分析是此方面的研究亮点。

吏民身份是学者研究的重点。此方面成果较多，既有对复民、还民、吏民、黄簿民、新占民、夷民、给吏与真吏、士、邮卒、私学、师佐、叛走者、客、奴婢、生口等职业身份与社会阶层的专门讨论，也有对吏民的疾病与伤残，故户、新户、户品与户品出钱、户调等问题的考察，涉及孙吴的户籍制度、土地制度、赋役制度（丁中老小制度）、财政制度等，成果较多，恕不一一列举。学者还关注了公乘、士伍的年龄、性别以及孙吴爵制的传承与价值等问

---

① 鷲尾祐子：《走馬楼呉簡から見える家族の情況について一夫婦間の年齢差などから一》，《長沙呉簡研究報告　2009年度特刊》，第35—55页；《长沙走马楼吴简连记式名籍简的探讨——关于家族的记录》，《吴简研究》第3辑，第65—87页；《走馬楼呉簡吏民簿と郷の状況：家族研究のための予備的検討》，《立命館東洋史学》第35号，2012年；《嘉禾四年～六年（235—237）長沙の婚姻慣行：婚姻と年齢》，《東洋学報》第97卷第1号，2015年；《資料集：三世紀の長沙における吏民の世帯一走馬楼呉簡吏民簿の戸の復原一》（电子出版物）；《呉簡吏民簿と家族・女性》，淦添庆文编：《魏晋南北朝史のいま》，东京：勉诚出版株式会社，2017年，第263—265页；《嘉禾四年至六年吏民簿所见夫妻龄差》，长沙简牍博物馆编：《长沙简帛研究国际学术研讨会论文集》，第265—289页。

② 彭卫：《传世文献与出土简牍中的“下妻”、“偏妻”和“中妻”》，《中国社会科学报》2009年9月10日第5版；赵宠亮：《试论走马楼吴简所见“中妻”》，《吴简研究》第3辑，第132—140页；王子今：《走马楼简所见“小妻”与两汉三国社会多妻现象》，《长沙简牍研究》，第201—212页；赵宠亮：《走马楼吴简所见“女户”》，《石家庄学院学报》2016年第5期；钟良灿：《走马楼吴简所见女性户人身份研究》，《齐鲁学刊》2016年第6期；张治华：《走马楼吴简所见孙吴“女户”问题研究》，郑州大学硕士学位论文，2021年。

题。[①]因为士伍与爵制身份关系密切，不少学者将其与公乘等爵制身份结合起来讨论。

吴简中的姓名使用问题，学者也有不少研究。此方面主要涉及名字研究和姓氏研究。名字研究方面，主要涉及用字、取名习俗等问题。王子今先生的《走马楼竹简女子名字分析》一文，对妇女名字的用字特征及其所反映的妇女地位、社会道德、“男女同名”“女子男名、男子女名”现象等进行了分析，是研究名字的代表性文章。[②]姓氏研究方面，满田刚先生的《長沙走馬楼吏民田家莂に見える姓について》一文对田家莂中的姓氏进行统计，发现有大量蛮姓存在（嘉禾四年44.5%，嘉禾五年37.6%），是此方面的较早成果。[③]森本淳先生的《嘉禾吏民田家莂にみえる同姓同名に関する一考察》一文，对嘉禾吏民田家莂近2000个人名中的同名同姓情况进行考察，认为同丘、同身份、同姓同名者为同一人，同丘、同姓同名、不同身份也极可能是同一人，考虑到临湘侯国内两人以上同姓名存在的可能性极低，不同丘但同姓同名的吏也应为同一人，

① 王子今：《走马楼简载录的未成年“公乘”、“士伍”》，《长沙简牍研究》，第271—284页；沈刚：《长沙走马楼竹简研究》，第188—199页；黎石生：《走马楼吴简所见“士伍”、“岁伍”、“月伍”考》，《史学月刊》2008年第6期；永田拓治：《長沙呉簡研究にみえる公乗・士伍について》，《長沙呉簡研究報告　2008年度特刊》，第26—33页；永田拓治：《長沙呉簡にみえる“公乘”・“士伍”簡研究の現状と課題》，《長沙呉簡研究報告　2009年度特刊》，第13—17页；凌文超：《走马楼吴简所见“士伍”辨析》，《吴简研究》第3辑，第153—166页；高敏：《从〈长沙走马楼三国吴简·竹简［壹］〉看孙权时期的赐爵制度实况——读〈长沙走马楼三国吴简·竹简［壹］〉札记之二》，《长沙走马楼简牍研究》，第86—91页。

② 王子今：《走马楼竹简女子名字分析》，《长沙简牍研究》，第160—189页。

③ 满田刚：《長沙走馬楼吏民田家莂に見える姓について》，《嘉禾吏民田家莂研究—長沙呉簡研究報告—》第1集，第80—93页。

不同身份或者不同丘，是因为身份或居住地发生了变化。[①]森本淳先生的这篇文章是很有影响的姓名研究成果，被吴简研究者广泛征引。黎石生先生也对田家姓名进行了考察。[②]林益德先生则专门考察了女性姓名问题。[③]

在土地问题方面，学界主要关注了常限田、余力田、熟田、旱田等田地类型与性质，以及与此相关的土地制度、租税制度等问题。

综上，20余年的吴简研究取得了不少令人称道的成果。走马楼吴简资料的陆续公布，不仅可以检验现有成果，也将带来新的研究课题。仅就此而言，吴简研究也有较大的研究空间。

家庭方面的现有研究多集中在家庭的人口规模和家庭类型等问题，部分学者也对相关簿籍等进行分类整理和研究。这些研究虽然很有意义，但孙吴家庭结构如何建构以及影响建构的因素却少有涉及。有鉴于此，有必要“另辟蹊径”来对孙吴家庭结构进行研究。通过对家庭内部的微观分析，进而总结出家庭结构建构的宏观原则，以推进家庭簿籍的复原和家庭结构的研究。

士伍与公乘是秦汉时期就已广泛存在并使用的身份。学者对吴简中士伍和公乘的研究不乏可资借鉴之处，但也有所缺失。虽然学界都认为士伍自秦汉以来都是无爵者，但其身份具体如何，在整个身份体系中居于何等地位，秦汉魏晋时期有何变化，诸如此类的问

① 森本淳:《嘉禾吏民田家莂にみえる同姓同名に関する一考察》,《嘉禾吏民田家莂研究—長沙呉簡研究報告—》第1集，第68—79页；该文后收入氏著《三国軍制と长沙呉簡》。

② 黎石生:《〈嘉禾吏民田家莂〉中的田家姓名问题》,《故宫博物院院刊》2004年第1期。

③ 林益德:《走马楼吴简中女性姓名问题初探》,《中华简牍学会通报》第3期，2010年。

题有进一步探讨的必要。吴简中士伍和公乘在年龄、家庭内身份、性别和残病状况等方面的特征，可进行系统分析和比较研究。另外，孙吴爵制的价值也有再讨论的空间。

学者对吴简中名字的用字情况、取名习俗、同名同姓等问题进行了细致研究，但对家庭简等簿籍中有的记载姓氏、有的不记载姓氏的现象，以及“步侯”等在封爵中使用姓氏的现象缺乏关注。这两个问题有待专门讨论。

吏民身份及相关问题是吴简研究的重点之一。关于“还民”“复民”的身份，学者观点存在分歧。利用新出的吴简资料，可以辨明他们的身份性质。关于吏民的种类与等级等问题，学者在多篇文章中进行过研究。这些论文多关注某一具体问题，对吏民的种类和等级，以及吏、民之间的身份转变问题，需要进行专门、全面的梳理和考察。

吏的地位问题也是学者关注的重点问题。现有研究受魏晋时期吏役制影响较大，多将吏视为一个身份低下的群体。不过，吏是诸多行政事务的执行者，其内部也存在种类和等级差别。借助吴简对吏的多样记载，对吏的身份、地位进行细致考察，就显得很有必要。

整个吴简体现的是以身份性和等级性为特征的孙吴身份秩序。学者关注了多个具体问题，但较为宏观的如孙吴身份等级体系、孙吴政治格局等问题，相关研究成果尚较为缺乏。

吴简记载了与民众生活相关的诸多信息。高达2斛米的田租是在什么情况下出台的？如此高额的田租反映了怎样的历史信息？孙吴的田租具体如何？虽然学者多认为孙吴民众生活困苦，孙权也曾自己承认，但孙吴时期依然没有发生大规模的官逼民反事件，原因何在？是什么保障了孙吴身份秩序的持续性？面对孙吴统治，民众如何选择？此类问题学者虽有所涉及，但仍有继续研究的必要。

整体而言，走马楼吴简的现有研究成果，既有观点的交锋，也有研究方法的尝试，研究在不断深入。不过，现有研究多关注孙吴历史的某些具体问题，如名籍制度、身份考释等，对较为宏观的家庭秩序——国家秩序——社会秩序等身份秩序问题，研究较为缺乏。诚然，身份已经具有某种秩序的意义，但只有在更为宏观的层面对身份秩序进行整体考察，才能得窥孙吴社会的历史全貌。20余年的吴简研究成果已经奠定了充足的学术基础，有条件也有必要在微观研究的基础上进行更为宏观的研究。有鉴于此，我们试图在前人研究基础上，以走马楼吴简为依据，以身份与秩序的互动关系为视角，对孙吴基层社会的身份秩序进行全面、系统研究，以期有所突破。这既可以充分借鉴、吸收前人的研究成果，又能发现新的问题，开拓新的研究领域。

第三节　本书的思路与结构

不论处于何种社会、何种时代，身份都是人们必不可少的社会符号。身份有先天性身份和社会性身份之分，具有种类性、差异性和等级性等特征。不论是家庭还是国家乃至整个社会，身份都无处不在，并因身份的种类、差异和等级差别，规定了每个社会成员的具体位置，最终形成了家庭秩序、国家秩序和社会秩序。这种以身份为基础建构的秩序体系，我们称之为“身份秩序”。为了建立秩序，就必须赋予成员某种身份。身份赋予是秩序建构的必然要求。随着身份的不断赋予，以及身份之间关系的多样化，多种类型的身份秩序逐渐形成。身份秩序的形成是社会发展的必然结果。

身份秩序由家庭、国家、社会多个层面的体系构成，走马楼吴简中也出现了庞杂的身份体系。有的属于家庭体系，有的属于国家体系。学者对某些具体身份的性质进行了考释，或对家庭结构进行分析，但多限于个别问题或局部研究，缺乏对孙吴身份秩序全面、系统的研究。这正是我们努力的方向。

虽然我们试图对孙吴身份秩序进行全面、系统的研究，但身份秩序本身是一个十分庞杂的系统，加之吴简中对身份有非常详细的区分，绝对全面、系统的研究目前尚难实现。有鉴于此，我们采取"局部突破"的策略，选择从身份系统中较为重要的家庭身份、爵制身份、姓氏、吏民称谓等身份入手，分析身份的差异性、等级性以及各种身份享受的国家政策和现实待遇。为此，我们将以走马楼吴简为依据，综合运用二重证据法、古文书学方法、统计分析法、结构分析法、阶级分析法等多种方法，[①]通过对吴简中不同身份的多角度分析，对孙吴基层社会的身份秩序进行细致考察。具体而言，本书的主要内容如下：

第一章主要讨论吴简所见孙吴家庭结构。此部分主要以记录2位以上家庭成员的连记简为依据，分析家庭成员之间的位次关系，进而总结出孙吴家庭结构的建构原则，并对影响孙吴家庭结构建构的因素进行讨论。

第二章主要讨论吴简所见士伍、公乘及孙吴爵制。此部分首先对秦汉时期士伍的身份性质进行考察，对汉晋时期士伍的身份、地

---

① 目前吴简研究所用方法各有优劣，详见拙文《走马楼吴简研究方法述评》，邬文玲主编：《简帛研究2017》春夏卷，桂林：广西师范大学出版社，2017年，第314—327页。有鉴于此，本书并未限定于某一研究方法，而是择善而从，依据研究内容选择合适的研究方法。

位及其变化进行分析。然后，在对吴简中士伍和公乘数量统计的基础上，比较分析士伍和公乘的特征。最后对孙吴时期爵位的价值进行简要讨论。

第三章主要讨论吴简所见孙吴姓氏使用问题。此部分将就两个学界关注较少的问题进行考察。一是人名使用时是否登录姓氏的“无姓”和“有姓”现象，二是侯爵等封爵称谓中使用姓氏的现象。通过对这两种现象的分析，揭示姓氏的社会属性。

第四章主要讨论吴简所见孙吴吏民身份问题。此部分首先对吴简中“还民”“复民”的身份性质进行辨析，接着对吏、民的种类和等级进行梳理，最后对吏、民身份的转变问题进行讨论。

第五章主要讨论吴简所见孙吴身份等级体系。此部分将主要以《嘉禾吏民田家莂》中的租税交纳为依据，通过对田家莂中数值错误的数量统计，分析诸吏、诸卒、士、复民等在租税交纳上的身份性差异和等级性差异，进而总结出孙吴的身份等级体系。

第六章主要讨论孙吴政治格局的形成问题。此部分首先依据田家莂来分析孙吴基层吏员的舞弊手法，以及文书错误现象，以此来考察孙吴基层吏治的现状。然后结合传世文献，考察孙权和地方长官对待基层吏治的两种态度取向。最后，讨论孙氏皇族、地方大族、本地属吏之间的关系，分析孙吴政治格局的形成。

第七章主要讨论身份秩序下孙吴民众的生活选择。此部分首先分析孙吴田租及土地产量，然后对汉晋时期的土地产量和田租制度进行考察，厘清秦汉魏晋时期社会经济发展变化情况，最后对身份秩序下国家经济政策与民众生活选择进行讨论。

最后为结论部分。对孙吴家庭结构建构问题进行补充论述，总结吴简所见身份的特征，分析孙吴身份秩序的构成与影响，结合民众的生活选择分析孙吴身份秩序的崩溃，最后结束全文。

本书将以家庭——国家——社会为“经”，以个别身份考证——身份秩序建构——身份秩序的社会影响为“纬”，试图呈现出多样化、网络化的孙吴基层社会身份秩序。内容写作上我们将不局限于孙吴或者三国历史的时间范畴，也不受限于学界对中国历史的断代划分，而是将孙吴历史置身于战国秦汉魏晋南北朝时期的历史长河中进行动态考察。通过分析近千年历史中社会、经济的变迁，讨论孙吴在此变化过程中的历史地位和意义。这也是本书的写作意图之一。

孙吴历史的研究长期受资料限制而未能深入，走马楼吴简的出土极大弥补了研究史料的不足。数量巨大且内容丰富的走马楼吴简是孙吴时期临湘侯国（县）的档案，为研究孙吴历史提供了宝贵资料。以走马楼吴简资料为依据，以身份与秩序的关系为视角，从个人到群体，从家庭到社会，对孙吴基层社会的身份秩序进行整体性研究，不仅可以了解孙吴时期的家庭情况，了解孙吴基层社会的历史实态，还能从整体上把握孙吴的社会结构，有助于将孙吴历史乃至三国史的研究推向深入，具有重要的学术价值。此外，通过对孙吴与秦汉、魏晋历史的比较研究，不仅可以了解秦汉魏晋南北朝时期社会历史的变迁，也有助于弄清孙吴在这一历史演变过程中的地位和意义。

第一章

走马楼吴简与孙吴家庭结构

家庭结构是社会史研究的重要课题。但在相当长时期内，秦汉魏晋时期家庭结构方面的研究基本停留在人口规模、世代多寡等程度上，未能深入到家庭结构的内部构成。出现此种状况的原因主要在于相关资料的匮乏。长沙五一广场走马楼街出土了大量吴简，其中不少简牍记载了孙吴家庭情况，这给研究孙吴家庭结构提供了新的契机。

目前，走马楼吴简现已公布10卷。除《长沙走马楼三国吴简　嘉禾吏民田家莂》外，《长沙走马楼三国吴简　竹简》（壹）—（玖）中都有不少竹简涉及孙吴时期的家庭问题。走马楼吴简出土后，中外学者对孙吴家庭结构进行了多方面研究。于振波、孙闻博、贾丽英等先生对家庭规模和家庭类型等进行了分析，[①]汪小烜、杨际平、侯旭东、沈刚、凌文超、安部聪一郎、鹫尾祐子、张朵、张荣强、连先用等先生对户籍简的文书格式、编联与复原等进行了研究，[②]

---

① 于振波：《走马楼吴简所见户与里的规模》，《走马楼吴简初探》，第143—152页；于振波：《户人与家长——以走马楼户籍简为中心》《吴简所见户的结构小议》，《走马楼吴简续探》，第1—23、25—38页；孙闻博：《走马楼简“吏民簿”所见孙吴家庭结构研究》，卜宪群、杨振红主编：《简帛研究2007》，桂林：广西师范大学出版社，2010年，第246—261页；贾丽英：《从〈长沙走马楼三国吴简〉看三国吴的家庭结构》，《中国史研究》2010年第3期。

② 汪小烜：《走马楼吴简户籍初论》，北京吴简研讨班编：《吴简研究》第1辑，武汉：崇文书局，2004年，第143—159页；杨际平：《秦汉财政史》，长沙：湖南人民出版社，2015年，第253—280页；侯旭东：《长沙走马楼吴简〈竹简［贰］〉“吏民人名年纪口食簿”复原的初步研究》，《近观中古史：侯旭东自选集》，上海：中西书局，2015年，第81—107页；沈刚：《长沙走马楼三国竹简研究》，北京：社会科学文献出版社，2013年，第3—18页；凌文超：《走马楼吴简采集簿书整理与研究》第2、3、4章，桂林：广西师范大学出版社，2015年，第12—95、96—153、154—169页；安部聪一郎：《長沙呉簡にみえる名籍の初歩的検討》，长沙吴简研究会编：《長沙呉簡研究報告》第2集，东京，2004年，第39—53页；安部聪一郎：《试论走马楼吴简所见名籍之体式》，长沙简牍博物馆、北京吴简研讨班编：《吴简研究》第2辑，武汉：崇文书局，2006年，第14—24页；鹫尾祐子：《長沙走馬楼呉簡にみえる“限佃”名籍について》，《立命館文学》第619号，2010年；鹫尾祐子：《长沙走马楼吴简连记式名籍简的探讨——关于家族的记录》，长沙简牍博物馆、北京大学中国古代史研究中心、北京吴简研讨班编：《吴简研究》第3辑，北京：中华书局，2011年，第65—87页；鹫尾祐子：《走馬楼呉簡吏民簿と郷の状況：家族研究のための予備的検討》，《立命館東洋史学》第35号，2012年；鹫尾祐子：《分異の時期と家族構成の変化について——長沙呉簡による検討——》，伊藤敏雄、窪添庆文、关尾史郎编：《湖南出土簡牘とその社会》，东京：汲古书院，2015年，第167—196页；鹫尾祐子：《資料集：三世紀の長沙における吏民の世帯—走馬楼呉簡吏民簿の戸の復原—》（电子出版物），东京：东京外国语大学アジア・アフリカ言語文化研究所（亚非语言文化研究所），2017年；张朵：《走马楼吴简吏民籍的复原与研究》，北京师范大学硕士学位论文，2011年；张荣强：《再论吴简的户籍文书——以结计简为中心的讨论》，《北京师范大学学报（社科版）》2014年第5期；连先用：《吴简所见临湘“都乡吏民簿”里计简的初步复原与研究——兼论孙吴初期县辖民户的徭役负担与身份类型》，邬文玲主编：《简帛研究2017》秋冬卷，桂林：广西师范大学出版社，2018年，第239—314页；连先用：《吴简所见“小武陵乡吏民簿Ⅱ”再研究——以〈竹简（柒）〉为中心》，中国文化遗产研究院编：《出土文献研究》第18辑，上海：中西书局，2019年；第326—347页。

町田隆吉先生用“同居”的概念将名籍中的“户”分为单纯家族世代（核心家族世代）、扩大家族世代、多核家族世代和非家族世代四类，[①]鹫尾祐子先生认为家庭简的登录次序中父子关系最为优先，其次是母子关系，再次是兄弟关系。[②]学者依据吴简对孙吴家庭问题进行专门研究，也有学者试图复原与家庭相关的簿籍以确定孙吴社会的家庭结构。

以记载格式和揭剥图为主要依据的簿籍复原研究，是研究孙吴家庭问题的基础，也取得了不少值得称赞的成果。但是，这种研究模式并非尽善尽美，有其自身的局限性。

其一，吴简复原虽有揭剥图可资参考，但揭剥图的使用需要谨慎对待。吴简整理者宋少华先生在强调揭剥图价值的同时也特别提醒：“吴简揭剥图不是万能的，它所起的作用也无须过度放大。”[③]连先用先生曾对揭剥图的正背颠倒现象进行专门分析，佐证了宋先生的提醒。[④]9卷《竹简》中都出现了家庭简，各卷刊布的家庭简数量多少不一，但都夹杂着不少赋税简和文书简。与家庭相关的簿籍应是按次编联，但现今所见吴简早已散乱。揭剥图所展示的竹简位次关系受多种不确定因素的影响，利用揭剥图进行家庭簿籍的复原

---

① 町田隆吉：《長沙呉簡よりみた“戸”について—三国呉の家族構成に関する初歩的考察—》，长沙吴简研究会编：《長沙呉簡研究報告》第3集，东京，2007年，第27—47页。

② 鹫尾祐子：《走馬楼呉簡から見える家族の情況について—夫婦間の年齢差などから—》，南北科研·西南班编：《長沙呉簡研究報告　2009年度特刊》，新潟，2010年，第35—55页。

③ 宋少华：《长沙三国吴简的现场揭取与室内揭剥——兼谈吴简的盆号和揭剥图》，《吴简研究》第3辑，第8页。

④ 连先用：《长沙走马楼吴简揭剥图辨疑——以竹简正背颠倒现象为中心》，西北师范大学历史文化学院等编：《简牍学研究》第10辑，兰州：甘肃人民出版社，2020年，第89—99页。

研究，确须谨慎对待。[1]

其二，学者的复原结果可资借鉴之处颇多，但因研究主旨不同，其在复原孙吴家庭结构时并不能提供足够有用的指导。簿籍复原具有宏观上的指导意义，但要延伸到单个家庭内部的微观结构，还具有一定的局限性。不少学者在进行复原研究的同时也表示，要完全复原家庭簿籍几乎是不可能的事情。复原研究模式虽然重要且应受到重视，但也不能待家庭簿籍一一复原之后再进行其他研究。

鉴于上述理由，我们试图在记载格式和揭剥图之外“另辟蹊径”，寻找一种新的方法来复原孙吴时期的家庭结构。吴简中的家庭成员都以亲属称谓进行前后联结，这些亲属称谓所展现出来的家庭成员之间的位次关系，对家庭结构的微观研究具有特别意义。通过这种微观研究得出的家庭成员间的位次关系，对家庭簿籍的复原和孙吴家庭结构的研究都大有益处。

我们将以记载2位家庭成员以上的连记简为依据，[2]通过分析家庭成员间的位次关系来考察孙吴时期的家庭结构问题。在此基础上，将总结出孙吴家庭结构的建构原则，并分析影响孙吴家庭结构建构的诸多因素。

---

① 2014年8月下旬日本长沙吴简研究会来湘考察时，有幸到长沙简牍博物馆现场观摩。谈起揭剥图时，简牍馆的工作人员提到，以前的揭剥图有不少错误，目前正在修正。期待揭剥图的修正结果。

② 安部聡一郎先生命名此类简为“连记简”，本书也借用这一概念，参见氏著《長沙呉簡にみえる名籍の初步的検討》，《長沙呉簡研究報告》第2集，第44页。

第一节 “家庭”与“家庭简”的范围

在展开具体论述之前，首先对“家庭”“家庭简”的范围进行界定。

一、“家庭”的选定与范围

关于“家”的概念，主要有“家庭”“家族”“家户”。“家庭”与“家族”是两个相互关联而又容易混淆的概念。岳庆平先生指出：“家庭是以亲缘或收养关系为基础的同居共炊共财单位；家族是具有血缘关系与经济联系并通常聚居一地的父系组织。”[①]就吴简所见，除了户人、父、母、妻、子等核心家庭的成员外，不仅包括大父、小父、伯父、叔父、季父、从父、从小父、兄、弟、寡姊、从兄、从弟、兄子、弟子等父系成员，也包括母父、舅父、舅、舅妻、舅嫂、母姪子、舅女等母族亲属，还包括妻父、妻母、小妻母、妻兄、妻从兄、妻弟、妻男弟、妻从男弟、妻女弟、妾男弟、妻姪等妻族亲属。如此，包含妻族、母族等父系成员之外的社会组织，不宜用“家族”来界定，而用“家庭”更为合适。

“家庭”与“家户”也不是完全相同的概念。岳庆平先生认为：“家庭与家户在理论上的主要区别在于：家庭适合社会范畴，着重于亲缘关系；而家户是个行政范畴，着重于地缘关系。”[②]麻国庆先生也说：“作为具体的家的两个基本单位，一是家庭，二是家户。家庭是以婚姻为基础的一个生活单位，父母子三角形的出现就是一种血缘结合的单位的形成。而家户本身却是一个超血缘的单位，非

---

① 岳庆平：《汉代家庭与家族》，郑州：大象出版社，1997年，第1页。

② 岳庆平：《中国的家与国》，长春：吉林文史出版社，1990年，第5页。

血缘者也被包含在其中。”[①]吴简中除了亲属成员外，还有户下奴、户下婢以及衣食客、僮客等无血缘关系的成员。相较于注重血缘的“家庭”而言，“家户”这种侧重地缘关系、超血缘的概念似更符合吴简的记载内容。

“家庭”“家户”都在某一方面符合吴简的内容，但在古人的生活中，并没有将其绝对区分开来。吴简中既以“户”为单位来统计民户数量，称呼户主为“户人”，又以“家”为单位来统计“家”内人口数量。在当时的实际生活中，要将“户”“家”绝对区分比较困难。在此，我们不打算专门讨论这些概念的内涵与外延，而是选择“家庭”这个现代人更容易理解且又不与吴简中的“家”相冲突的概念。我们所要讨论的“家庭”范围，既包括父母、子女这样的核心家庭成员，也包括那些出于各种原因合户进来的兄弟姊妹及其子女，还包括母族、妻族甚至无亲缘关系的奴婢等人。一言以概之，凡是编入某“户”户籍、纳入“家”内人口统计的人员，都属于该家庭的成员。

二、“家庭简”的范围与分类

虽然确定了“家庭”的范围，但吴简中哪些简属于“家庭简”？我们认为，那些以家庭成员为记载对象的簿籍都属于“家庭简”。安部聡一郎先生将名籍分为户主简、家族简、物故师佐家族简和吏家族叛走人名简、口数简四类，[②]关尾史郎师依据标题简和结尾简，将吴简名籍分为“吏民簿”“诸吏簿”“叛走簿”和“师佐

① 麻国庆：《家与中国社会结构》，北京：文物出版社，1999年，第12页。

② 安部聡一郎：《長沙呉簡にみえる名籍の初步的検討》，《長沙呉簡研究報告》第2集，第39—44页。

簿”。[①]两种分类各有侧重，互有异同。我们以标题简和合计简为依据，对吴简中登录家庭成员的簿籍进行简单分类。

1. 按标题简分类

就吴简所见簿籍标题简看，家庭简大致可以分为以下六类。

（1）吏民簿

吴简中有不少登记吏民及其家庭成员的簿籍，一般称之为“吏民簿”。某些竹简可能是吏民簿的标题简，但名称并不完全相同，主要有：

1）人名年纪（为）簿。如：

小武陵乡[谨][列][②]嘉禾四年吏民人名妻子年纪簿　　壹·10153[③]

☐嘉禾四年吏民□数人名年纪数簿　　肆·2070

县乡谨列嘉禾四年人名年纪为簿　☐　　贰·7957

平乡平阳里谨列所主吏民人名年纪为簿　　伍·5367

平乐里谨列嘉禾五年所领吏民户数品中人名年纪魁住为簿　　陆·898

[中][乡][谨][列]嘉禾五年所领吏民人名年纪为簿　　柒·575

2）口食人名年纪（为）簿。如：

南乡谨列嘉禾四年吏民户数（？）口食人名年纪簿　　壹·9088

[广][成]里谨列[领]任吏民人名年纪口食为簿　　贰·1797

---

① 关尾史郎：《長沙呉簡中の名籍について—史料群としての長沙呉簡・試論（2）—》，《唐代史研究》第9号，2006年。

② 原释文顶端为☐，“乡”字后为□，凌文超先生据图版改释，参见氏著《走马楼吴简采集簿书整理与研究》，第101页。

③ 本书引自《长沙走马楼三国吴简　竹简（壹）》等各卷的简文，用“壹·1”来表示简号。“壹”表示卷次，后面的数字表示整理号。其他各卷亦同。不一一注明页码。

广成乡谨列嘉禾六年吏民人名年纪口食为簿　　贰·1798

[春]平里[魁][唐]升谨列所主黄【簿民】户[数]口食人名簿[1]

陆·1498

□区谨列所领故户吏民年纪口食为簿　　柒·4818

东乡谨列在□出户口食人名年纪为簿　　玖·1302

3）吏民、客口食人名簿。如：

□郭𤞍谨列六年吏民□客家数年纪口食人名簿[2]　　贰·1546

上列三类吏民簿中，2）类中壹·9088简的标题虽然以“年纪簿”结尾，与1）类中标题简相似，但标题中包含了1）类标题中没有的“口食”二字，属于2）类。3）类的贰·1546简中有“口食”二字，登录对象包括吏民、客等。这与1）、2）类以吏民及其家属为登录对象不同，暂将其独立为一类。吏民簿的标题简至少可以分为三类。从标题简内容看，1）、2）、3）三类虽然都属于吏民簿，但侧重内容略有不同。1）类侧重人名和年纪，2）类在人名和年纪之外增加了“口食”的统计内容，3）类增加了“客”这一登录对象。这些标题简中有“县乡谨列”“×里谨列”“×乡谨列”字样，也有“嘉禾四年”“嘉禾五年”“嘉禾六年”的年份记录，表明里、乡、县要按年对所辖吏民进行人口统计。

---

① 原释文为“[孺]□”，崔启龙先生改释为“簿民”，今从，文中径改。参见氏著《走马楼吴简所见“黄簿民”与“新占民”新探——以嘉禾五年春平里相关籍簿的整理为中心》，中国文化遗产研究院编：《出土文献研究》第18辑，上海：中西书局，2019年，第351页。

② 原释文为：“……吏……客家数年纪口食人名簿。”关尾史郎师查看原简后对释文进行修正，此从其意见，参见氏著《長沙呉簡吏民簿の研究（上）—“嘉禾六（二三七）年廣成郷吏民簿”の復元と分析—》，《人文科学研究》第137辑，2015年。

（2）诸吏簿

诸吏簿是以吏及其家属为登记对象的簿籍，不涉及其他身份。其大致可分为两类，如：

1）郡县吏簿。如：

南乡谨列[郡][县]吏□☑　　壹·9236

2）军吏家属簿。如：

☑□□□□军吏父兄子弟人名年纪簿　　贰·7091

☑[模]乡谨列军吏父兄人名年纪为簿　　叁·3814

另有壹·8655："广成里谨列所□吏人名年纪为簿。"因为简文有缺无法断定是何种吏，暂未归入前面两类。就标题内容看，其以"吏"为登录对象，或可视为诸吏簿的3）类。[①]从标题简可知，"郡县吏"与"军吏"应是分别登记，由各里、乡统计并呈报。

（3）限佃人户口食人名簿

限佃人户是一种特殊身份，孙吴政府对他们进行专门登记。如：

小武陵乡谨列嘉禾五年限佃□户口食人名簿　　贰·9

南乡谨列嘉禾五年限佃人户口食人名簿　☑　　贰·1131

此类簿籍虽然也关注口食和人名，但以限佃人户为记录对象，不同于吏民簿。鹫尾祐子先生称其为"限佃"名籍，认为其书式与典型的名县爵里式的书式、一般吏民的名籍相比，在记载事项的齐全方面并无特别显著的特征。[②]鉴于登录对象的特殊性，暂将其独立为一种簿籍。限佃人户也是各乡按年登记。

---

① 简文"吏"前残一字，推测为诸吏中的一种。但不可能为"民"字。因为吴简中一般是"吏民"称谓，未见"民吏"称谓。故暂将其视为"诸吏簿"的一种。

② 鹫尾祐子：《長沙走馬楼呉簡にみえる"限佃"名籍について》。

（4）师佐簿

吴简中暂未见师佐簿的标题简，但存在此类簿籍应无疑问。吴简中有1枚简透露出师佐簿的标题，如下：

鑢师□师□师锦师母妻子人名年纪为簿如牒　见　　壹·5948

该简应不是标题简，但从简文内容推测当时可能存在《鑢师□师□师锦师母妻子人名年纪簿》这样的簿籍，登录师佐及其家属的姓名、年龄等信息。

此外，安部聡一郎先生认为有“物故师佐家族简”。但正如关尾史郎师所言，“物故师佐”应与现住临湘县的师佐及家族按籍贯县合编，簿籍内容按特定的职业种类或师和佐分开编制。[①]也就是说，“物故师佐家族简”编于师佐簿之内。

（5）叛走簿

学界一般将登记“叛走”人员的簿籍称为“叛走簿”，如：

诸乡谨列郡县吏兄弟叛走人名簿　　壹·7849

……书□□吏死叛飠□年纪人名簿☐　　贰·7382

壹·7849为标题简，贰·7382应是某文书的内容，但应有相对应的簿籍。关尾史郎师认为叛走簿是诸吏簿中抽出的关于“叛走”吏及其家属的名籍。[②]从标题简和相关内容简看，叛走簿多是吏亲属叛走的记录，可能与诸吏簿有关。但也应有民的叛走簿。叛走簿由各乡登记并呈报临湘。

（6）其他簿籍

吴简中还有一些簿籍也属于“家庭简”的范围。虽然没有见到

① 关尾史郎：《長沙呉簡中の名籍について—史料群としての長沙呉簡・試論（2）—》。

② 关尾史郎：《長沙呉簡中の名籍について・補論——内訳簡の問題を中心として》，《人文科学研究》第119辑，2006年。

这些簿籍的标题，但从相关文书的内容可以推知此类簿籍的存在。相关文书的内容如下：

户人见一人任吏□□刑踵叛走以下户民自代□□□□人名年纪为簿　　叁·3003

⍁列部界有方远吏民□条列家口食年纪为簿言⍁　　肆·4458

都乡劝农掾郭宋叩头死罪白：被曹敕条列乡界方远□居民占上户籍，分别言。案文书，辄部岁伍五京、陈□、毛常等隐核所部。今京关言：州吏姚达、诚裕，大男赵式等三户口食十三人□在部界。谨列人名口食年纪别为簿如牒，谨列言。宋诚惶诚恐叩头死罪死罪。

诣　户　曹　　肆·4523①

叁·3003应是对“以下户民自代”情况进行登记、汇报的文书，可称之为《以下户民自代人名年纪簿》。肆·4458应是核查方远吏民及其家属情况后的汇报文书，其中所言的“方远吏民□条列家口食年纪为簿”对应一种簿籍。肆·4523①是都乡核查方远居民占户情况后向上级汇报的文书，文书中说“谨列人名口食年纪别为簿如牒”，即将姚达、诚裕、赵式3家13人的姓名、口食、年龄分别写在“牒”上。这些记录姚达、诚裕、赵式3家人名、口食、年纪的“牒”，属于肆·4458所言的“方远吏民□条列家口食年纪为簿”，暂定为《都乡方远吏民□条列家口食年纪簿》。此类簿籍也以家庭成员为登录对象，但与其他簿籍不同，它们是为了汇报而临时制作的簿籍。《以下户民自代人名年纪簿》《×乡方远吏民□条列家口食年纪为簿》可单独作为一类簿籍。

就家庭简的簿籍标题看，孙吴时期既有以吏民为对象进行普遍登录的簿籍，也有以师佐、吏为对象登录的特殊簿籍；既存在为定期汇报而制定的簿籍，也有因向上级汇报而临时制作的簿籍。与户口相关的簿籍类型的多样性，反映出孙吴政府对社会成员的严密控制。

2. 按合计简分类

吴简的家庭简中，结尾简都对该家庭的人口等情况进行了统计，一般称之为“合计简”。合计简登录的内容并不完全相同，格式也存在差异。按照合计简的登录内容和格式，可将家庭简分为以下三类。

（1）“右”字开头的“口食”合计简

此类合计简也存在格式差异，可分为以下四类：

1）“右×家口食×人”格式。如：

·右坑家口食二人　　贰·2

右营家口食五人　⧄　　叁·145

2）“右×家口食×人+其×人男　×人女”格式。如：

右礼家口食合四人　其三人男
一人女　　壹·6

右租家口食七人　其三人男
其四人女　　贰·2902

上列简例格式大致相似，前为某家口食总数，后以“其”字分别列出家中男女人数。不过细看还是有些差别，如贰·2902在男女人数前分别有“其”字，与壹·6有细微差异。此类简还有一种格式，肆·1717载：“右有家口食八人男五女三。”该简也分别统计了男女人数，但没有“其”字，可视为此类合计简的简化格式。

3）“右×家口食×人+訾×”格式。如：

右比家口食五人　中訾　五　十　　叁·5666

右铁家口食十人　訾　五　十　　捌·1409

此类合计简没有分别统计家中男女人数，而是在口食总数后记载“訾”的数额。

4）“右×家口食×人+算×+訾×”格式。如：

右石家口食三人　筭一　中訾　五　十　　壹·10478

右尾家口食八人　筭四　訾　五　十　　捌·1814

右[倚]家口食四人　筭一　☑　　叁·6261甲

此类合计简不仅记载了“訾”，而且在“訾”前还记载了“算”。叁·6261甲中“算”后没有“訾”的记录，应是竹简残断的缘故。

（2）“家合”合计简

此类合计简不是“口食×人”，而是“一家合×人”的统计格式，其与“右”字开头的“口食”合计简存在明显差别。此类简可细分为两类：

1）“一家合×人”格式。如：

一家合五人　☑　　壹·1368

□一家合七人　　贰·2150

2）“右一家合×人”格式。如：

·右一家合三人　☑　　贰·6910

右一家合六人　　叁·6533

2）类合计简虽以“右”字开头，但不是“口食×人”而是“一家合×人”格式，却又多出“右”字。不知是“一家合×人”漏写了“右”字，还是本就存在差别。尚无法确定缘由，暂列为两类。值得注意的是，这类合计简中并未写明户主的名字，未分别统计男女人数，也不记载“算”“訾”情况。

（3）“凡”字开头的“凡口”合计简

此类合计简以“凡”字表示合计，与前面都不相同，可分为以下四类：

1）“凡×家口食×人”格式。如：

·凡敢家口食五人　　肆·122

凡元家口食六人　　肆·141

此类合计简以“凡”字开头，但只统计“口食”总数，未见其他内容。

2）“凡口×人+訾×”格式。如：

凡　口　五　人　訾　五　十　　柒·816

凡口三人　訾　五　十　　捌·1781

与前面的1）类相比，此类合计简不仅增加了“訾”的内容，而且不再是“口食”，而是“口”，用语发生变化。这类合计简没有记载户主名字。

3）“凡口×人+算×+訾×”格式。如：

凡　口　五　人　筭三　訾　五　十　　柒·854

凡口四人　筭二　訾　五　十　　捌·115

此类合计简在2）类基础上增加了“算”的统计。这类合计简也不记载户主名字。

4）“凡口×事×+算×事×+訾×”格式。如：

凡口五事一筭二事☐　訾五十　　贰·1812

凡口四事二　筭二事一　訾　五　十　　叁·3389

此类合计简在“算”“訾”之外还记载了两个“事”。“事”的含义学界还有争论。[①]就目前吴简家庭简所见，“事”字只出现在此类

---

① 相关学术史的梳理，详见长沙简牍博物馆编《嘉禾一井传天下：走马楼吴简的发现保护整理研究与利用》，长沙：岳麓书社，2016年，第240—242页。

“凡口”合计简中，可视为该类合计简的一大标志。如同3）类、4）类，这类合计简也不记载户主名字。

按照标题简可将家庭简分为吏民簿、诸吏簿、限佃人户口食人名簿、师佐簿、叛走簿、其他簿籍等六类，按照合计简可将家庭简分为“口食”合计简、“家合”合计简、“凡口”合计简三大类十小类。不过，鉴于现今所见吴简家庭简的出土状况，尚难以将标题简与合计简一一对应，也难以完全将家庭简复原。簿籍的记载内容和格式不同，暗示这些簿籍的作用存在差异。虽然这些家庭简的标题简、合计简以及内容简等存在内容和格式上的差别，作用也有所不同，但它们都以家庭成员为登录对象，并以“户”“家”为登记和统计单位，故而将它们都纳入家庭简的讨论范围。

第二节　家庭简中成员的位次关系

吴简中家庭简详细登录了家庭成员的身份、姓名（或名）、年龄、服役状况等信息，为研究孙吴时期的家庭结构提供了翔实而可靠的资料。遗憾的是，吴简出土时已经非常散乱。家庭简跟其他简混杂在一起，编绳腐烂，简序已难确定。学者曾对部分家庭简进行复原，但想要将家庭简完全复原基本是不可能的事情。竹简位次的错乱是原因之一。更为重要的原因在于某些简的关键信息如人名已经脱落，无疑增加了确定简序的难度。吴简中同名甚至同名同姓现象的存在，也让家庭简的复原工作“雪上加霜”，难上加难。另外，某些家庭的部分内容简可能已经腐烂消失，庞大的家庭简数量也让复原工作变得更加艰难。有鉴于此，我们不对家庭简进行内容复原。此方面已有不少成果可资参考。

家庭包括户主和其他家庭成员。家庭成员的登录多以与户主或前一位成员的亲属关系为联结，如“父”“母”“妻”“兄”“弟”“子”“孙”等亲属称谓。一般而言，户主之外的家庭成员，在亲属称谓的前面都有户主或前一位家庭成员的名字。① 日本学者池田温先生早已指出，西凉籍的家族记载格式“并非记载兄弟姊妹每一人与户主的关系，而是表明与前一行登载者的关系的独特格式”。这种周密的记载格式若是继承了西晋以前户籍的做法，则可以断定其背后有木简名籍的存在。即便木简的系纽断了，简凌乱分散或者顺序前后颠倒了，也可以采用那种细致的格式较容易地恢复木简名籍的原状。② 吴简家庭简正是这种记载格式。成员的登录并非都记载与户主的关系，更多的是记载与前一人的关系。这种记载格式的目的，正在于简牍散乱之后容易恢复原状。

确如池田先生所言，这种登载与前一人关系的记载格式确实有助于家庭简的复原。不过，不少家庭简都有残缺。对于残缺不全的简，需要判断其所记是户主还是家庭成员以及属于哪一家。亲属称谓及其前后信息，是进行身份判断的主要依据。其一，名字前记有亲属称谓的简，记载的都是家庭成员。户主简以户人、吏、民、师、佐、大男等标示身份，不记载亲属称谓。其二，如果只有名而无姓，应是家庭成员简。因为户主都有姓有名，而家庭成员除极少数情况外，一般只记载亲属称谓和名字，不记载姓氏。其三，部分家庭简中亲属称谓前的人名是户主的名。这是确定成员属于某家的

---

① 也有亲属称谓前不记载名字的情况，如壹·1：“妻大女黄年廿四踵两足　子小女浩年二岁☑。”应是在编联状态下省略了前者名字。

② 池田温：《中国古代籍帐研究》，龚泽铣译，北京：中华书局，2007年，第50—51页。

重要依据。[1]正是这些起到联结纽带的亲属称谓，为分析孙吴家庭结构提供了可靠依据。

鉴于吴简家庭简散乱的现状，我们不以复原的家庭簿籍为依据，而主要是以家庭连记简为依据，以亲属称谓为主要线索，按辈分来分析家庭成员在家庭简中的位次关系，进而考察孙吴时期的家庭结构。

一、户主

家庭简首简登录的第一人的身份，有的是“户人”，有的是“州吏”“郡吏”“县吏”“民”等，有的是“师”或“佐”，有的则是“大男”“大女”等。户籍中多以“户人”称呼，如壹·14：“富贵里户人公乘胡礼年六十踵两足。”诸吏簿则以“×吏”称呼，如壹·7631：“县吏唐达年廿一”，壹·7638：“郡吏黄士年十二”，壹·8416：“尚书吏刘露年廿八。”师佐簿则以“师”或“佐”称呼，如叁·1319：“刚师邓社年卅六”，叁·314：“刚佐醴陵区文年□☒。”有些简以“民”称呼，如壹·8943：“民男子慈殷年□七。”少许简则以“大男”“大女”称呼，如柒·1216：“大男莒烝年卅九　妻大女闲年卅八　子男□年十岁”，柒·1947：“大女徐汝年九十三。”称呼不同应是簿籍性质不同所致。

考虑到家庭简第一人身份称谓存在差异的情况，为了统一对他们的称谓，这里不打算使用吴简中常见的“户人”，而是使用较晚

---

① 当然不能完全凭此来判断成员简的归属。因为吴简出土时竹简已经散乱，现今所见家庭简与其他简相互混杂。即便是家庭简较为集中的简号中，能确定为一家的也不多见。此外，吴简中存在同名甚至同姓同名的情况。有的家庭合计简不仅简号靠近，而且人数也相同，如壹·5171、壹·5207，都是“右妾家口食二人”。这更增加了家庭简排序、复原的难度。

出现的“户主”，以示区别。韩树峰先生对“户人”和“户主”的义务和责任、权力等进行辨析，认为二者存在很多差别。[①]即便如此，因为需要在“户人”之外寻找一个词来统称家庭简第一人的身份，“户主”无疑是最好的选择。需要强调的是，使用“户主”一词，并不是说家庭简第一人已经具备后世文献中“户主”所拥有的权力和地位，仅仅是为了行文方便而使用。“户主”一词在吴简中尚未见到。

吴简中常见的“户人”一词，最迟在秦代已经出现。里耶秦简记载：

（1）南里户人大女子分。☑Ⅰ

子小男子□☑Ⅱ　　里耶8-237

（2）成里户人司寇宜。☑Ⅰ

下妻甾。☑Ⅱ　　里耶8-1027

（3）南里小女子苗，卅五年徙为阳里户人大女子婴隶

里耶8-1546[②]

秦代已经出现的“户人”称谓，到东汉时期仍在使用。长沙东牌楼东汉简一份户籍中载：“建宁四年[盗]成里户人公乘某卅九算卒。”[③]里耶秦简和长沙东牌楼东汉简中的“户人”，与吴简中的“户人”相同。

① 韩树峰：《汉魏法律与社会——以简牍、文书为中心的考察》，北京：社会科学文献出版社，2011年，第95—129页。

② 陈伟主编：《里耶秦简牍校释》第1卷，武汉：武汉大学出版社，2012年，第120、264、355页。

③ 长沙市文物考古研究所、中国文物研究所编：《长沙东牌楼东汉简牍》，北京：文物出版社，2006年，第107页。

吴简中的户人，有的是家庭内的男性尊长，有的却是在祖父、父、兄等健在的情况下被确定为“户人”。于振波师指出，户人的地位并不完全等同于家长，但有代表家庭向国家交纳全家赋税、征发徭役等义务。[①]在家庭和国家的往来关系中，并不要求每个家庭成员与国家直接往来，往往是通过家庭的代表者户人与国家往来。出于徭役征发、户籍管理等需要，国家强制要求每个家庭必须有一个与国家进行交涉的代表人物。因为一家一户法定代表的意义，户人列于家庭简之首具有现实必然性。户人的这种特殊地位并不是要改变家庭结构中的尊卑关系——实际上国家权力也不可能改变家庭尊卑关系，不过是国家权力作用于家庭的体现。户人在家庭中的辈分及其在家庭简中的位次，说明国家权力对家庭的渗透。国家主要考虑民众的赋税徭役征发，至于这样的身份安排是否会影响到家庭的结构和秩序，并不是国家关心的内容。可能也正是这种特殊地位，导致秦汉三国时期“户人”的实际地位和权力逐步加强，后世直接赋予其“户主”身份和法定权力。与“户人”一样，“吏”“师”“佐”“民”或者“大男”“大女”都是家庭的代表者。出于相同的原因，他们也被列于家庭简之首。

户主与父辈的简序是国家权力影响的结果，户主的身份和地位具有特殊性。按照社会道德和家庭伦理，户主之后的简应该按照辈分高低来排序。虽然某些简遵照了辈分的高低次序，但也并非全都如此。

---

① 于振波：《户人与家长——以走马楼户籍简为中心》，《走马楼吴简续探》，第16—23页。

二、祖父、祖母

吴简所见家庭成员中，辈分最高者为“祖父”“祖母”。如：

欣祖母妾年七十三　壹·9238

·宗租父持□☒[1]　贰·6955

·狶祖父读年五十一筭一　贰·7482

嵩祖父华年七十六老钝　叁·1772

登录祖父、祖母的简不多，都是单记简，无助于确定位次。

三、父、母

1.父

吴简中的“父”有很多种。单称为“父”者，为户主的父亲。父多连记于户主之后，如：

州吏惠巴年十九　巴父公乘司年六十七张（涨）病　贰·1675

郡吏黄蔦年廿五　蔦父公乘署年五十七　贰·1720

军吏潘圭　圭父尽年七十二老钝　叁·1588

宜阳里户人公乘□鼠年卅六　鼠父□年五十四鼠（？）病　柒·3993

户主与父连记的家庭中，如果户主有妻，父无疑位于户主妻之前。

也有父位于户主妻之后的情况。如：

囊妻大女初年廿六　囊父公乘寻年六十一苦虐（？）病　贰·1696

午妻大女傅年廿　·午父公乘范年六十一　贰·1699

这2枚简中，妻和父前的人名相同，应是户主的名字，父都位于户

---

① 整理者注：“租”为“祖”字之误。

主妻之后。

不仅如此，吴简中甚至有父位于户主小妻之后的简例。如：

象小妻大女汝年十□[①] 象父公乘专年七十六 贰·2117

小妻地位低下，在家庭简中位次相当靠后（详后）。此简中小妻却位于父之前，实在不可思议。吴简中有父位于小妻之前的简例，如：

□父休年七十四 小妻□年卌五 贰·2224

那么，是贰·2117的记载有误？如误将小妻位次登记在父之前，或“父”前脱字，其与户主的关系不是父而应是大父、小父、叔父、季父、从父等。当然也可能没有误写，象家成员的位次关系本就如此。在中国古代社会，某些家庭的小妻、妾等因得户主宠爱而地位上升的事情亦很常见。皇宫之中妃子因为得宠而危及皇后地位的事例举不胜举。至于国家为何记载此种违背家庭伦理的家庭，可能与户主的户籍申报有关。

中国古代社会的户籍登录，既有“民皆自占年”的规定，[②]同时也允许代为申报。张家山汉简《二年律令·户律》规定：

民皆自占年。小未能自占，而毋父母、同产为占者，吏以□比定其年。自占、占子、同产年，不以实三岁以上，皆耐。[③]

《二年律令·户律》中对代为占年有着严格的条件限制。但户籍制

---

① “大女”一般在15岁以上，核对图版，“十”字后有墨迹，似为“八”字，但不确定，今以□代替。

② 关于“自占年”，学界一般认为是自己申报年龄。臧知非先生认为这种说法不确，认为“自占年”是“自行到官府验视、核对年龄”，参见氏著《秦汉土地赋役制度研究》，北京：中央编译出版社，2017年，第366—369页。

③ 张家山二四七号汉墓竹简整理小组编：《张家山汉墓竹简［二四七号墓］》（释文修订本），北京：文物出版社，2006年，第53页。

度的执行与国家控制力有关，当国家控制力减弱时，可能就会出现与律文相违背的情况。东汉时期国家对社会的控制力减弱，户籍制度的执行出现了多种情况。既有“江巨孝”挽车送母到县案比的事例，[①]也有“白首不入市井”“民不见吏”的现象。《后汉书·循吏列传·刘宠》载：

山民愿朴，乃有白首不入市井者，颇为官吏所扰。（刘）宠简除烦苛，禁察非法，郡中大化。征为将作大匠。山阴县有五六老叟，龙眉皓发，自若邪山谷间出，人赍百钱以送宠。宠劳之曰：“父老何自苦？”对曰：“山谷鄙生，未尝识郡朝。它守时吏发求民间，至夜不绝，或狗吠竟夕，民不得安。自明府下车以来，狗不夜吠，民不见吏。年老遭值圣明，今闻当见弃去，故自扶奉送。”宠曰：“吾政何能及公言邪？勤苦父老！”[②]

那些“白首不入市井”“民不见吏”的老人的户籍，应是由他人代为申报。池田温先生认为以户主诚实申报为基础的造籍制度完成于初唐时期。[③]在此之前的魏晋时期甚至更早的东汉时期，代为申报是允许存在的社会现象，也是造成户籍不实而需要当面貌阅的社会原因。代他人申报的应该多是户主。

孙吴承东汉大乱之后，户籍制度特别是“自占年”制度受到很大破坏，户主代表家庭申报的行为应为政府允许。孙吴政府登录的家庭简，应是依据户主申报内容登录的结果。具体申报时，小妻汝的位次可能受到了户主人为因素的影响而提升到父之前。此外，小妻位次的变化可能也受到了户主正妻的影响。就内容和简号看，

---

① 范晔：《后汉书》卷39《江革列传》，北京：中华书局，1965年，第1302页。

② 范晔：《后汉书》卷76《循吏列传·刘宠》，第2478页。

③ 池田温：《中国古代籍帐研究》，第10页。

贰·2117和贰·2119可能为同一家的家庭简。先将2简排列如下：

县卒区象年十八 象妻大女沾年廿一筭一 贰·2119

象小妻大女汝年□ 象父公乘专年七十六 贰·2117

这2枚简为区象家的家庭简，区象父亲专位于象妻沾甚至小妻汝之后。小妻位于父之前，应与正妻沾的位次有关。一般而言小妻位于正妻之后。区象家在记载正妻之后紧接着记载小妻，然后再记载父，这应是为了记载方便的便宜处理，在当时可能是被允许的。如此，区象在户籍申报时将小妻列在父亲之前，在操作和解释上都可以圆通。当然这只是诸多可能性之一，还存在“父”前脱字等其他可能。即便如此，区象家中父也是位于妻之后。考虑到此家中已经存在的违背家庭伦理现象，误写的可能性较低，区象小妻汝极可能位于其父专之前。不过，户主小妻位于父之前的情况，目前可以确定的仅此一例，当视为特例。

父的地位并不如此简单，如以下几枚简：

俄弟仕伍尊年□岁 俄父公乘末年八十□☑ 贰·2030

·□男侄噶年九岁 ·敢（？）父公乘利年八十给子弟 贰·1680

贰·2030中尊的年龄残缺，从简中2人都与“俄”相关联的情况看，俄可能是户主，尊是户主的弟，户主弟位于父之前。这种情况也较为少见。贰·1680中父甚至位于某人男侄之后，但如后文所述，此“父”存在漏写的可能。

吴简中还有一类连记简，如壹·945：“车父公乘平年九十九 平妻大女肆年七十。”户主父母俱在时，多是以“父+名”“父名+妻（身份）+名”的格式登录。父母俱在的家庭中，母一般以父之妻的身份连记于父之后。也有以“父+名”“母+名”登录父母信息的简例，如：

郡吏烝广年十九　广父林年五十□　广母□年六十一……

捌·3563

父后直接用“母”登录，而不是用“父名+妻（身份）+名”格式登录。这类登录格式在吴简中并不多见。

2.母

如前所述，户主父母俱在时，往往是以“父名+妻（身份）+名”来登录户主母亲的信息。吴简中单称“母”者，一般指户主母亲，可能此时父亲已经亡故。

如同户主父的位次一样，户主母的位次也较为复杂。有的简中母连记于户主之后，如：

春平里户人公乘赵客年廿□　母妾年六十一　捌·164

简中母位于户主之后。如果户主有妻，妻只能位于母之后。有的简中母直接连记于户主妻之前，如：

鸿母演年五十九　鸿妻从年卅四　壹·1328

这类连记简中母与妻的位次明确，母位于户主妻之前。

师佐簿的家庭成员中，母也位于妻之前，如下面这两家：

（1）觚慰师攸卢供年卅□　叁·2395

供母姑年五十三　供妻绮年廿七　叁·2386

（2）贯连师下隽黄横年卅　叁·2420

横母汝年五十五　横妻旦年卅四　叁·2427①

觚慰师卢供的母亲姑位于妻子绮之前，贯连师黄横的母亲汝位于妻子旦之前。

---

① 参考了凌文超先生的复原结果，参见氏著《走马楼吴简采集簿书整理与研究》，第183、187页。

吴简中也有母位于户主妻之后的情况，如：

□□里户人公乘□萑年卌腹心病　萑妻大女鼠年卅六　萑母☑　壹·4540

毛妻大女虑年廿五筭一　毛母妾年五十踵两足　捌·387

也就是说，户主妻与母的连记简中，存在母位于妻之前和之后这两种情况。

母的位次不止如此。有的母位于户主兄、弟、从女弟之前，如壹·7650、贰·2112、壹·7680。有的母位于户主男弟、女弟之后，如贰·1946、贰·1793。母与户主男弟、女弟的位次并不统一。此外，又有母与户主子女的关系。母有时位于户主子女之前，如肆·1989。有的简中母可能位于户主子女之后，如壹·7646。

四、大父、小父、伯父、叔父、季父、从父、从小父

吴简有“大父”。秦汉以来有“大父”为“祖父”的说法，但“大父”“祖父”同存于吴简之中，而且吴简中又有“小父”。于振波师认为“小父”可能是“叔父”。[①]后来又出现了不少“季父”。“小父”到底是指叔父还是季父，目前还难以断定。“大父”和“小父”应只是年龄和排行有大、小之分的称谓，不应存在辈分差别。他们应都是与父亲同辈者。大父、小父之外又有伯父、叔父、季父、从父、从小父。孙吴时期，对父辈似乎使用了两种称谓方式。费孝通先生曾经指出，在1930年代的江苏省吴江县庙港乡开弦弓村中，亲属称谓常在基本称呼词前加修饰词：

修饰词有两种：数字和个人名字。一般来说，对近亲或亲属中

① 于振波：《吴简所见户的结构小议》，《走马楼吴简续探》，第29页。

> 年纪大的，如父亲的兄弟姊妹及自己的哥哥、姐姐加数字。对远亲和弟弟妹妹则加个人的名字作为称谓前的修饰词。[①]

两种称谓方法并用的情况，在现今中国四川等地依然存在，如称伯父为“大爹”，称“叔父”为“二爸”，称“季父”为“幺爸”。吴简中大父、小父和伯父、叔父、季父等的父辈称谓，虽与开弦弓村的亲属称谓方式有所不同，但也表明孙吴时期对父辈至少存在两种亲属称谓方式。

1. 大父

吴简中所见“大父”仅4枚。3枚为单记简，无法确定位次。连记简1枚，内容如下：

·梁子公乘印年十岁　梁（？）大父示（？）年九十一　贰·1591

此简中梁为户主，大父位于户主子女之后。

2. 小父

吴简中有“小父”20余枚，其中连记简如下：

☑　谦小父倗年五十六踵两足　倗妻□年六十　壹·7663

士小父曰年卅苦腹心病　曰妻金年廿　壹·8410

·乌小父公乘閼年七十八　閼妻大女宏年五十□□　贰·2386

昭小父绪年六十七　绪妻大女妾年卌一筭一　贰·2414

窋小父喜年六十一　喜妻通年卌一　柒·2985

☑　廉（？）小父公乘伯年五十六踵两足　□妻大女霞（？）年六十　肆·1921

皀（？）小父秃年七十二　秃子男□年□□　贰·2684

前6枚简为连记简，除肆·1921有残缺外，其余5枚都是小父与其

---

① 费孝通：《江村经济》（修订本），上海：上海人民出版社，2013年，第216页。

妻的连记。依照吴简中妻子连记于丈夫之后的惯例，肆・1921也应是这类连记简。贰・2684是小父与其子的连记。目前只能确定小父在其妻、子之前，但与其他家庭成员的位次无法确定。

3. 伯父

吴简中"伯父"简仅见5枚。2枚为单记简，难以确定位次。3枚连记简如下：

> 㐲妻戝年卌　㐲伯父丈年九十　　伍・5335
>
> 蒋伯父士年八十二　[蒋]妻妾年六十六　　陆・6126
>
> 仲伯父张年七十九苦腹心病　张妻姓年六十三　　柒・255

前2枚连记简中"妻""伯父"前的人名相同，为户主。即这2枚简是户主妻与户主伯父的连记简，伯父位于户主妻之后。柒・255是伯父与其妻的连记，位于其妻之前。

4. 叔父

吴简中所见"叔父"简有20余枚，列举几枚较为完整的连记简如下：

> 右郎中卢江郑晊年五十　晊叔父紀年七十二　　肆・5223
>
> 通妻糸年廿六　通叔父额年六十八　　伍・5099
>
> □子男汉年四岁　囊叔父旨公乘年八十六盲　　伍・6428
>
> 叔父市年六十九　市妻汝年六十三　　捌・736
>
> 萷叔父早年五十腹心病　早姪子狗年五☐　　伍・5332

肆・5223是户主与叔父的连记。如果户主郑晊有妻、子，则叔父应该位于户主妻、子之前。但吴简中未见这样的位次关系，可能郑晊此时丧偶或离异。伍・5099是户主妻与叔父的连记，叔父位于户主妻之后。从年龄看，伍・6428中的囊当为户主，汉为其儿子，叔父旨位于户主子女之后。捌・736、伍・5332分别是叔父与其妻、姪子的连记。

5.季父

吴简所见“季父”简不多，列举几枚连记简如下：

⧄……年十八筭一　季父谢腾年七十五刑右手　　贰·4476

□女卯（？）年四岁　车季父罗年八十三　　贰·4648

平男弟□年十七筭一　季父调年七十五刑右足　　柒·2314

车子女奶（？）年四岁　车季父公乘罗年八十三　　柒·3784

儿子女思年五岁　儿季父公乘□年八十五　　柒·3786

季父至年八十六　妻姑年七十五　　柒·532

偖（？）季父慈年六十四盲左目　慈妻大女汝年五十七　　柒·3635

季父公乘通年八十二　□男弟理年五十刑右足　　伍·6955

贰·4476中季父前的家庭成员身份残缺，据年龄推测当为户主的子女。贰·4648中身份为女，年龄4岁，与“季父罗”相差79岁，可能是户主的女。柒·2314中季父位于“平男弟”之后。此“男弟”可能是户主男弟，也可能是户主子的男弟即户主子女。据柒·3784、柒·3786中季父位于户主子辈之后的简例推测，柒·2314中的“男弟”可能是户主子女的男弟。简中“男弟□”与“季父调”年龄相差58岁，辈分相隔两代是完全可能的。柒·532、柒·3635是季父与其妻的连记。伍·6955中季父位于某人男弟前，是户主男弟还是季父男弟难以确定。

季父位于户主子辈之后，甚至可能位于“妾男弟”之后，如下：

取（？）妾男弟多年十五　多男弟奴年十三　　柒·3779

奴男弟彭年七岁　取（？）季父贤年六十刑右手　　柒·3780

柒·3779、柒·3780出土位置相近，内容相关，是取家的家庭简。此家中季父位于“妾男弟”之后。妾男弟当位于户主妾之后。

6. 从父

吴简所见“从父”简有10枚。4枚为单记简或残简，无助于确定位次。连记简6枚，如下：

□女弟□年十二　从父公乘待七十一踵足[1]　　柒·2423

暘男弟岑年九岁　暘从父□年卅一踵足　　柒·2425

渠男弟买年十二　渠从父其年廿八　　玖·6610

▨奇年廿五筭一　从父赵年七十一　　玖·4806

贤从父石年六十五踵足　妻念年八十二　　伍·2719

▨　客从父回年六十二　回妻大女万年六十一▨　　捌·5338

柒·2423中女弟与从父年龄相差59岁，相差可能不只一代人，此应是户主子女的女弟，即从父位于户主子女之后。柒·2425、玖·6610中从父位于户主男弟之后。从年龄看，玖·4806中“奇”为户主弟的可能性较大，该简位次如同前面两简。伍·2719、捌·5338是从父与其妻的连记。

7. 从小父

吴简所见“从小父”简有3枚。2枚为单记简，无法凭此确定从小父的位次。连记简内容如下：

子小女深年六岁　志从小父□年卅三苦腹心▨　　叁·6214

从年龄推测，小女深当为户主子女，从小父位于户主子女之后。

---

① 整理者注：“七十”上脱“年”字。

五、大母、小母、叔母、季母、姑（寡姑）

吴简中还出现了大母、小母、叔母、季母、姑等亲属。按照吴简中丈夫在世多以“丈夫名+妻+名”格式连记于丈夫之后的通例，记为“大母”等的身份应是已经丧夫，[①]所以才直接记录其与户主的亲属关系。

1. 大母

吴简中“大母”出现4次。孙闻博先生认为大父和大母、小父和小母是对应关系。[②]可从。2枚为单记简或残简，无法据此判断位次。2枚连记简内容如下：

·桓妻大女姑年十九筭一　桓大母大女妾年五十八　　贰·1833

连男弟土（？）年十岁　连大母汝年五十六　　伍·2822

贰·1833中大母与户主妻连记，位于户主妻之后。但由前面考察得知，大父位于户主子女之后。桓的妻子19岁，可能桓家尚无子女，故大母直接连记户主妻之后。如此，大母位于户主妻之后，与大父位于户主子女之后的位次并不矛盾。伍·2822中大母位于户主男弟之后。

2. 小母

吴简所见“小母”9例。6枚为单记简，连记简3枚，如下：

☑　张小母在年六十一　在子男客年五岁　　伍·4490

訁▯小母昌（？）年六十三　昌（？）子女思年廿三　　陆·864

孝小母巡年卌三筭一　巡子男□年十四　　柒·4919

---

① 如果是离异，当回娘家，登录于娘家户籍。

② 孙闻博：《走马楼简“吏民簿”所见孙吴家庭结构研究》，卜宪群、杨振红主编：《简帛研究2007》，桂林：广西师范大学出版社，2010年，第254页。

3枚简都是小母与其子的连记，无助于确定小母位次。

此外，还有以下家庭简：

胤母大女妾年卅八　　壹·9359

胤小母大女汝年五十一　　壹·9344

它们都是单记简，即便可以确认胤母位于胤小母之前，也难以确定小母在家庭中的位次。一是因为母的位次本就复杂，二是因为母和小母的身份有别。

3. 叔母

吴简所见“叔母”有4例，只有1例为连记简，如下：

□女弟□年十　□叔母囊年卅八　　伍·6574

该简残缺严重，女弟10岁，与叔母相差38岁，大约相差一代人，可能是户主的女弟，叔母位于其后。

4. 季母

吴简所见“季母”有2例。1枚为单记简，连记简如下：

□女弟□年……　季母大女妾年六十二　　伍·7118

此简为残缺严重，只知道季母位于某人女弟之后。

5. 姑、寡姑、大姑、从姑

吴简中“姑”“寡姑”“大姑”“从姑”的连记简有5例，如下：

·惉母大女縲年六十六　惉寡姑大女芬年五十　　贰·1589

□妻如年十六　赞大姑难年卅四　　伍·2684

永（?）姑（?）专年五十七　专子女闲年卅一算一　　贰·1921

·□寡姑大女污年六十六踵足　污子女易年卅筭一　　贰·2396

□子□□年七岁　□从姑□□年十二　　柒·451

贰·1589中寡姑位于户主母之后。从年龄差看，伍·2684中大姑位于户主妻如之后，贰·1921、贰·2396为姑、寡姑与其女的连记，无助于确定位次。柒·451中从姑可能位于户主子辈之后。

简中有称“姑”，有称“寡姑”“大姑”，有时也称“姑母”，如：

钦姑母大女丛次年七十四　　肆·5184

她们都是已经丧夫或离异、回娘家的姑姑。吴简家庭简中有姑、寡姑、大姑、从姑、姑母，但没有姑父。若是姑父在世，当是姑父自为户主，户籍独立，或合户记于姑父同姓亲属的家庭简中。

六、兄、从兄

吴简的家庭简中，也以“兄”“从兄”的亲属称谓登录了家庭成员。他们的位次分别论述如下。

1.兄

吴简中可以确定为户主之兄的竹简不少，列举几枚连记简如下：

郡吏黄士年十三　士兄公乘追年廿三刑□　　贰·1623

乐安里户人公乘□□年……母□年七十一兄阳年卅八　　柒·433

武女弟取年二岁　怡（？）兄公乘惁年五十五刑右足　贰·1666

·钉兄公乘桐年六十盲左目　桐妻大女梨年六十二　　贰·1588

·达兄公乘力年廿四算一　力弟公乘□年□□　　贰·1677

桥兄格（？）年卅八刑左足　姪子男城年五岁　　柒·3558

子男□年十一　□兄明年十五踵右足　　叁·6250

前2枚简中，兄分别位于户主、户主母之后。贰·1623中户主13岁，可能尚未娶妻，故兄直接连记于后。此简可能属于以吏为对象的诸吏簿，故郡吏黄士为户主，其兄虽有爵位且年长，但不具有

"吏"的身份，故未能成为户主。贰·1666中女弟和兄前人名不同，兄前人名"怡"当为户主，而"取"当为户主子女的女弟，该简中兄位于户主子辈之后。贰·1588、贰·1677、柒·3558分别是兄与其妻、弟、姪子的连记。叁·6250残缺严重，二者年龄仅相差4岁，若说户主儿子11岁而户主兄才15岁，不可能。该简或有误写，亲属关系不明。

2. 从兄

吴简所见"从兄"，有些可能不是户主的从兄。如贰·2327："□男弟囊年十三 囊从兄□年十七☐。"很明显，后者是前者的从兄而非户主的从兄。此类情况暂不讨论，主要讨论户主从兄的位次。

吴简中户主从兄的竹简也不少，列举几枚连记简如下：

春平里户人公乘唐秋年五十六 从兄邓年六十二 捌·603

富贵里户人陈□年卅九惪病 妻思年卅一 从兄收年五十五踵足 柒·547

☐□子男里年十三 弱从兄仲年八十五 肆·2531

高男弟专年廿一盲左目 高从兄公乘至年廿□ 柒·3783

·文侄子仕伍祓年三岁 ·文从兄贤年八十七 贰·1765

☐ 昌从兄岑年八十刑右手 昌姪子男客年六岁盲目 柒·2387

明从兄公乘梁年六十二踵两足 梁妻大女至卌四算一 贰·1687

前2枚简中，从兄分别位于户主、户主妻之后，捌·603户主唐秋当为丧偶或离异状态。肆·2531中里（13岁）与从兄仲（85岁）相差72岁，至少相差两代人。推测里可能是户主的孙辈，而户主从兄仲位于户主孙辈之后。柒·3783中从兄位于户主男弟之后，贰·1765中从兄位于侄子之后，但柒·2387中从兄位于户主姪子之前，位次关系正好与贰·1765相反。贰·1687是从兄与其妻的连记简。

七、寡嫂（嫂）、寡姊（姊）、从兄嫂（从嫂）、寡妇

1.寡嫂（嫂）

吴简中称“嫂”的家庭简不多，如：

赞嫂大女是年廿二　是子男纹年六岁　柒·3795

“嫂”为兄之妻。若兄在世，兄妻紧随兄后，与兄同简连记。称“嫂”者表示兄已经亡故，如同叔母、季母、姑等。吴简中又有“寡嫂”，简写为“嫂”。

吴简中登有“寡嫂”的竹简不少，列举几枚连记简如下：

富贵里户人烝报（?）年七十八　妻妾年六十九　寡嫂思年卅五　柒·305

·亮男弟养年十四　亮寡嫂大女妾年六十一　贰·4670

张女弟慭年十六　□寡嫂大女持年七十四　贰·1567

⊘　子小女累年七岁　寿寡嫂大女妾年五十四□⊘　贰·3318

宜弟仕伍密年三岁　桐寡嫂大女是年七十八　贰·1643

姪子男智年十八筭一　□寡嫂大女曲年卅一筭一　曲姪子男张年十五筭一　柒·2660

专寡嫂秋年卅九　秋子仕伍临年五岁　贰·1926

上述连记简中，有的寡嫂位于户主妻之后，如柒·305；有的位于户主男弟之后，如贰·4670；有的位于户主子女之后，如贰·1567、贰·3318；有的位于户主姪子之后，如柒·2660。贰·1643中二人年龄相差75岁，可能是寡嫂位于户主孙辈之后。贰·1926是寡嫂与其子的连记。柒·2660中寡嫂姪子位于寡嫂之

后，表明寡嫂本人没有子嗣。

吴简中又有“寡㛐”，王子今先生认为是寡嫂。[①]可从。吴简中寡㛐多为单记简，只有1枚连记简，为叁·3909：“☑□寡㛐妾年八十一　□子男☑。”其内容残缺严重，可能是寡㛐与其子的连记简。

2.寡姊（姉）

吴简中有户主的姊、寡姊。[②]寡姊当为丧夫后回娘家、登录于弟弟户籍的姊。捌·5756载：“成姊妾年八十五。”姊妾85岁，应是出嫁丧夫后回娘家与弟同户。此“姊”实为“寡姊”的简称。

吴简中姊、寡姊多为单记简，无助于确定位次。连记简如下：

·白弟仕伍念年七岁随军在宫　□姊蕹年六十七踵两足

贰·2435

·衣（?）弟仕伍心年九岁　前寡姊大女□年七十□　贰·2530

☑　□女弟姑年七岁　书寡姊賫年五十二　伍·4580

昭姊大女紫年十三　客男弟米年廿二　陆·1085

□□女姊取年卌八　□男弟讳年六岁　贰·2379

贰·2435、贰·2530中“弟”与姊、寡姊相差60岁以上，可能是姊、寡姊位于户主孙辈之后的连记简。伍·4580中的“女弟”应为户主子女的女弟，寡姊在户主子辈之后。陆·1085中，13岁的“昭姊大女紫”比其后的“客男弟”（22岁）年龄还小，说明客才是户主，昭的身份不明。贰·2379中残缺严重，无法判断亲属关系和

① 王子今：《三国孙吴乡村家族中的“寡嫂”与“孤兄子”》，《长沙简牍研究》，第214页。

② 贰·4795：“交男弟饶年四岁　饶姊小女邮年七岁。”此“姊”不是户主的姊。这类情况暂不讨论。

位次。

3.从兄嫂（从嫂）

吴简中有“从兄嫂”“从嫂”，她们与户主合户，虽然没有称“寡”，但实际上已经丧夫。[①]吴简中“从兄嫂”“从嫂”的简很少，如下：

从兄嫂（？）苌年六十二苦填（？）宫病　　肆·1869

从嫂冯年七十二刑右足　　捌·782

都为单记简，无助于确定位次。从兄嫂、从嫂的位次或可参考寡嫂。

4.寡妇

吴简有“妇”和“寡妇”。“妇”如下：

露妇男弟苌年十六　踵两足　　柒·1803

母大女鼠年六十一　妻大妇绮年廿二　　柒·4034

糜妇（？）弟□赟年廿八　踵两足　　捌·1527

⧄顺妇男弟妊醊（？）年十五筭一　　捌·2590

柒·4034“妻大妇”中“妻”为亲属称谓，“大妇”表示身份。“妻”的身份一般是“大女”，此“大妇”或为“大女”的误写。柒·1803、捌·1527、捌·2590有“妇男弟”“妇弟”，其中的“妇”具体为何尚不知晓。吴简中有“妻男弟”，不知与此“妇男弟”是何关系。但此3简为单记简，无助于确定位次。

吴简中“寡妇”有3例，如下：

素寡妇大女思年卅六筭一八十可复　　壹·3322

⧄□弟寡妇秭年廿二　□⧄　　壹·4176

---

① 如果是离异，当回娘家，登录于娘家户籍。

大寡妇大女思年六十二　　壹·7784

□子寡妇金年廿□　□子女宿年□□　　贰·2537

弟寡妇、子寡妇或是对户主弟、户主子遗孀的称谓。这些简或是单记简，或简文残损严重，无法确定位次。

八、男弟、女弟、从男弟、从女弟、寡女弟

吴简中的男弟、女弟大致有三种：（1）户主的男弟、女弟；（2）户主子女的男弟、女弟；（2）其他亲属的男弟、女弟。此处主要讨论户主的男弟、女弟，以及户主的从男弟、从女弟、寡女弟等。

1.男弟

身份为“男弟”的家庭简很多。从亲属称谓、人名、年龄等信息看，应该不少都是户主的男弟。但多是单记简，无助于确定位次。就连记简看，有些是户主男弟与其妻的连记，如壹·8614：“桓男弟平年廿二　平妻姑年十八。”这些简也无助于确定位次。

还有一些连记简，登录的都是户主的男弟，如：

平阳里户人公乘烝金年卅七筭一　訾　五　十　　柒·3213

金男弟生年十八　生男弟儿年八岁　　柒·3214

生和儿都是户主烝金的男弟，三人之间以“男弟”次序联结，不跟其他亲属发生位次关系。此类户主男弟之间的连记简也无助于确定户主男弟的位次。

有的男弟直接位于户主之后，如：

东阳里户人公乘乐莺年十九　莺男弟□年十二　　壹·4096

男弟前为户主名，无疑是户主男弟。户主乐莺19岁，较为年轻就成为“户人”，可能父母双亡。户主乐莺后接男弟，可能此时莺尚

未娶妻。

有的男弟位于户主父之后，如壹·4107：“⍁□父张年七十一　□男弟□……⍁。”有的男弟位于户主母之后，如柒·173：“富贵里户人唐宗年卅一腹心病　宗母妾年八十　宗男弟箸年十五。”唐宗的父亲应已亡故。也有男弟位于户主母之前，如贰·1946：“章男弟公乘負年廿二　章母大女安年七十二。”章母安或是“小母”等其他“母”辈，而非户主的生母。或如后文贰·1793，母已经“物故”（漏写），此为补记。

有的男弟位于户主妻之后，如壹·8400：“露妻笋年廿　露男弟头年廿给县吏。”妻和男弟前的名字相同，应是户主的名。有的男弟位于户主妻之前，如壹·7719：“⍁野男弟趚年廿苦腹心病　野妻文年卌。”虽然男弟位于户主妻之前的连记简不多，如此登录的原因也不清楚，但此类简例也应予以关注。

有的男弟位于户主子女之后，如贰·2172：“淮子男汉年十七　淮男弟养年五十一。”有的男弟位于户主子女之前，如柒·1694：“曜男弟□年八岁　曜子男□年十岁。”但这种位次关系的简例不多。

有的男弟位于户主寡嫂之前，如贰·4670：“·亮男弟养年十四　亮寡嫂大女妾年六十一。”有的男弟位于户主从父之前，如柒·2425：“暘男弟岑年九岁　暘从父□年卅一踵足。”有的男弟位于户主从兄之前，如柒·3783：“高男弟专年廿一盲左目　高从兄公乘至年廿□。”有的男弟位于户主姪子之前，如贰·4656：“战男弟金年廿五筭一腹心病　战姪子男铜年七岁。”

2. 女弟

吴简家庭简中，户主女弟的位次也比较复杂。有的女弟位于户主之后，如：

乐安里户人襄☐年廿一　女弟纯年十　纯男弟虞四岁　柒·203

女弟及其男弟直接连记在户主之后，说明父母皆已亡故，户主襄某可能未婚，[①]此家中可能只有他们3人。

有的女弟位于户主母之后，如柒·283："上乡里户人周野年廿一　野母汝年八十二　野女弟☐年三岁。"有的女弟位于户主母之前，如贰·1793："府（？）女弟气（乞）年十六算一　府（？）母大女妾年七十一物故。"府母妾"物故"即已经死亡，位于女弟之后可能是补记的缘故。

有的女弟位于户主妻之后，如柒·269："☐☐里户人☐道年卅二☐☐　妻仆年卅☐　女弟☐年十一。"有的女弟位于户主妻之前，如柒·229："乐安里户人☐☐年……　磸（？）女弟☐年十岁　磸（？）妻绘年廿九。"此类情况甚少，可能是娶妻后补记所致。有的女弟位于户主子女之后，如贰·2441："·若子男仕伍进年二岁　若女弟小女勉年八岁一名问。"

还有这样的简，如：

从母大女妾年七十一踵两足　从女弟汝年六岁　肆·2643

这枚简虽然有"女弟"，但这是"从母""从女弟"的简，还是户主从的母和女弟的简，需要判断。简号相近的家庭简中名为"周从"的户人，如：

☐成里户人公乘周从年廿三给亭复人　肆·2633

肆·2643和肆·2633若为同户家庭简，则"从"为人名，不表示

---

① 虽然不完全排除襄某丧偶或离异的可能性，但以该简显示的家庭结构看，应属穷困家庭，尚未娶妻的可能性更大。

亲属关系。如此，周从的女弟位于母之后，周从此时单身。

3. 从男弟

户主从男弟的竹简多为单记简，列举连记简如下：

琮从男弟迁（?）年七岁　迁（?）男弟□年七岁　柒·3884

□从男弟堂年十二　□男弟鼠年五岁　柒·2508

宣（?）从男弟次年廿　次妻大女杨年十八　柒·3549

大男□乐年□□腹心病　母肯年六十六　乐从男弟□年廿一　捌·3577

渠妻大女□年廿二　渠从男弟□年十　玖·6603

事子男儿年二岁　事从男弟难年十七　一名尚　柒·3770

柒·3884是从男弟与其男弟的连记。柒·2508虽然简文有缺，但从年龄看，可能也是从男弟与其男弟的连记。柒·3549是从男弟与其妻的连记。此3简无助于确定从男弟的位次。捌·3577中从男弟位于户主母之后，玖·6603中从男弟位于户主妻之后，柒·3770中从男弟位于户主子女之后。

4. 从女弟

户主从女弟在家庭连记简中出现3次，分别为：

□母妾年七十一雀两足　从女弟汝年六岁　壹·7680

·利妻大女孰年七十　从女弟绢三岁　贰·1681

香从女弟叱年十□　□子男兴年四岁　捌·3554

前2枚简中从女弟位于户主母或户主妻之后。考虑到这2枚连记简的辈分和年龄，可知这2户家庭残缺严重，特别是成年男性较为缺乏。捌·3554简文残损，从女弟叱与子男兴的关系尚不确定。

5. 寡女弟

出嫁的女弟丧夫后回娘家与兄长合户者，吴简中称为“寡女弟”。吴简中“寡女弟”的简不多，如下：

□寡女弟宜年卌二　□弟仕伍业九岁　　贰·1569

妻大女顷年廿二　县寡女弟姑年廿九　　贰·1872

沙菻孙仕伍诸年四岁　文寡女弟碓年五十六踵两足　　贰·1955

如寡弟大女初年廿筭一腹心病　　叁·5757

外男弟野年十岁　寡女弟□年……　　捌·653

贰·1569有缺，叁·5757为单记简，无助于确定位次。据贰·1872、贰·1955、捌·653，寡女弟可能位于户主妻、子辈甚至孙辈之后。

九、子男、子女

户主子男、子女的位次，有直接位于户主之后的情况。如：

平阳里户人蕈还年七十　还子男勉年廿一　勉妻俗年廿　　柒·160

宜阳里户人番妾年五十四　子女香年卅一　香子女解年六岁⧄　　柒·524

简中的子男、子女直接位于户主之后，可能是因为户主离异或丧偶。学者分析认为，当时长沙离婚、丧偶都很普遍。[①]值得注意的是，柒·160中户主蕈还70岁，已经年迈，但儿子勉只有21岁，正值青壮年。即便如此，“户人”并不是青壮年的儿子勉，而是年迈的老父蕈还。

一般而言，户主子女多位于其母即户主妻之后。如：

湛龙里户人公乘吴易年廿一　妻思年廿　子女□年三岁

① 鷲尾祐子:《呉簡吏民簿と家族・女性》，窪添庆文编:《魏晋南北朝史のいま》，东京：勉诚出版株式会社，2017年，第263—265页。

壹·1655

不少家庭简中妻与户主连记，户主的子男、子女自然位于其母即户主妻之后。

户主子女中，有些是以与户主的亲属关系联结，如下：

海妻[阿]年卅五　海子女[汝]年八岁　　叁·1416

海子男淇年四岁　海子男载年二岁　　叁·1536

海为户主的名，其子女通过“海子女”“海子男”的亲属称谓直接与户主关联。但这并非孙吴家庭简登录的惯例。就吴简所见，家庭简登录的惯例是，户主子辈之间以“男弟”“女弟”等亲属称谓来联结，如：

贪子男袁年四岁　袁女弟栂年三岁　　壹·1352

□子男[里]年[七]岁　[里]男弟护年[六]岁　　捌·188

户主子男、子女之间一般以“男弟”“女弟”的亲属称谓联结，按年龄大小排序，这是孙吴家庭简登录的惯例。但户主子有妻时则是如下排序：

平阳里户人邓□年六十二　妻□年六十六　子男沈年廿

柒·157

沈妻乐年廿　沈男弟苻年十六　　柒·158

此简中位次关系为户主——户主妻——长子——长子妻——长子男弟，登陆完户主长子及其妻之后，再登录户主次子。

也有户主子女位于户主小妻之后的简例，如：

鼠小妻图年卅六筭一　图子女婢年五岁　　贰·1743

·文小妻大女婢年卌六踵两足　文子女养年十岁　　贰·1763

位于小妻之后的子女可能是小妻所生。古代社会中男人娶三妻四妾本有延绵子嗣的意图，小妻的存在正是这种意图的体现。

十、聟（婿）

吴简家庭简中有“聟”，整理者认为“聟”是“婿”的俗体。[①]可从。吴简中有多种聟（婿）。有“聟”（柒·3860），有“女聟”（叁·1788），有“姊聟”（柒·945），有“姊聟”（伍·6999），还有“姪聟”（捌·3556）。伍·2713中的“弟聟”，或为“女弟”的丈夫。聟（婿）记载于家庭简中，可能是因为家庭变故而来合户，也可能是孙吴社会“赘婿”现象的反映，或者二者兼有。

关于聟（婿）的吴简多为单记简，连记简并不多，列举几枚如下；

大男□赵年……赵姪聟陈公年□十□　公女姪赟年十一　捌·3556

妻大女□年□　□姊聟观年廿　伍·6999

子女思年卅　蜀聟吴田年五十　柒·3975

惕子男□年卅筭一　□聟□□年卅刑足　柒·6108

桑弟聟授年卅　授妻同年廿一　伍·2713

佳聟囊（?）年廿二　囊（?）妻姑年十九　柒·3860

□姊聟□□年五十踵右足　□妻□年卅　柒·6132

捌·3556中姪聟直接位于户主之后。该简位次为户主□赵——姪聟陈公——陈公女姪赟，可知户主某赵和姪聟陈公的父母、妻、子女、兄弟等都已亡故，家庭结构残缺非常严重。这正是姪聟陈公直接连记于户主后的原因所在。伍·6999有残损，姊聟可能位于户主妻之后。柒·6108中聟位于户主子男之后，柒·3975若释文

① 长沙市文物考古研究所、中国文物研究所、北京大学历史学系走马楼简牍整理组编：《长沙走马楼三国吴简　竹简（壹）》，北京：文物出版社，2003年，第957页。

无误，位次亦同。伍·2713、柒·3860是弟聟、聟与其妻的连记，柒·6132是姊聟与其妻的连记。聟（婿）本为外姓，与户主合户，但若其妻子在世，妻子要连记于自己之前。

十一、兄子、侄（姪）子·女、兄男姪、从姪、外侄子、外甥

吴简中除了户主的亲生子女外，还有跟户主合户的其他亲属成员的子女，如兄子、侄子、姪子、兄男姪、从男姪、外侄子、外甥等。

1.兄子

吴简中的“兄子”，当为兄、嫂去世后对其子的称谓。兄、嫂在世与户主合户时，兄子以“兄/嫂名+子”的格式记于兄、嫂之后。列举几枚较完整的“兄子”连记简如下：

昊妻王年廿八　昊兄子黑年六　壹·8619

萮兄子烝年廿五苦癀病　烝妻龙□☑　伍·5333

□兄子养年十四　养女弟正年□　贰·1857

兄子男□年七岁　嫂姪子女贞年六岁　柒·3224

广兄子有年廿一刑左足　米子男谷年六岁　陆·885

□兄子女掌当年三岁　□子女洛年☑　贰·1991

壹·8619中兄子位于户主妻之后，伍·5333、贰·1857是兄子与其妻、女弟的连记。柒·3224中兄子某（7岁）位于嫂的姪子女贞（6岁）之前，除了年龄因素外，可能也受血缘亲疏的影响。陆·885、贰·1991中可能是兄子位于户主子女之前的连记简，如此排列的原因可从靥家推知：

靥兄黑年五十　黑妻大女客年卌五　柒·3595

黑子女草年五岁　鳫子男儿年七岁　　柒·3594

这2枚应是同户家庭简，草为黑的女，不可能在其父母黑、客之前，故柒·3595应在柒·3594之前。草（5岁）是户主鳫的兄长黑的女儿，但却排在鳫的儿子儿（7岁）之前。这种位次不是血缘亲属关系的体现，更不符合年龄次序要求，而是孙吴时期合户家庭“完全登录”原则的体现（详后）。即合户到户主家的人员，只要记录被合户人员，则先将合户家庭人员登录完毕后再记录户主家的其他成员。

2.侄（姪）子·女

吴简中的侄（姪）子·女，或写作“侄”，多写作“姪”，应是同一身份的不同写法。侄（姪）子·女的称谓不完全相同。有“侄子”“姪子”，如叁·3808、壹·2525。有“侄子男”“姪子男”，如叁·6230、壹·3。有“男姪”，如贰·1802。有“姪男”“姪男子”，如柒·3039、贰·1927。有“姪女”，如贰·1965。有“侄子女”“姪子女”，如壹·9996、壹·6021。有“姪子小女”，如壹·2982。有“女姪”，如肆·255。有“女姪子”，如贰·3056。有“寡姪”，如贰·3076。寡姪当为姪女守寡者。称谓中有男、女的性别之分。侄（姪）子·女的称谓多样，但尚未见到“男侄”“侄男”“侄男子”“侄女”“侄子小女”“女侄”“女侄子”“寡侄”等称谓，可见当时用“姪”字更为常见。

目前所见吴简中，侄（姪）子·女多为单记简。就连记简看，有的侄（姪）子·女位于户主之后，如：

常迁里户人公乘张民年卅　筭一踵两足　姪子男万年五岁

玖·5634

姪子直接连记于户主张民之后，可能张民无父无母、无妻无子。有的侄（姪）子·女似乎位于父之前，如：

·□男姪噶年九岁　·敢（？）父公乘利年八十给子弟贰·1680

简中男姪位于父之前。但我们怀疑贰·1680的“父”可能是“小父”“从父”等的漏写，因为此“父”的位次相当靠后。将相关简排列如下：

·敢（？）妻大女婢年卅四　·敢（？）子女姑年六岁　贰·1682

·□男姪噶年九岁　·敢（？）父公乘利年八十给子弟　贰·1680

·利妻大女孰年七十　从女弟绢三岁　贰·1681

父利不仅位次靠后，而且有妻（孰）。如果利是户主敢的父亲，那么利（父）和孰（利妻=户主母）应同简连记，位于户主妻之前或之后，断不至于位于男姪之后。“父”可能是漏写所致，但具体是哪种“父”，目前不得而知。

有的侄（姪）子·女位于户主母之后，如陆·1166：“讳母大女绢年九十一　讳姪子男成年五岁。”户主讳的母亲与姪子连记，可能讳无妻无子。有的侄（姪）子·女位于户主妻之后，如柒·3575：“逢妻大女姑年廿三　姪子女絮年五岁。”有的侄（姪）子·女位于户主子女之后，如捌·5512：“万岁里户人图妾年六十二　子男确年十九　妾姪子男志年九岁。”但有的侄（姪）子·女位于户主子女前，如壹·7675：“明姪子碓年八岁　明子男成年三岁。”此类简例不多。

有的侄（姪）子·女位于户主男弟之后，如陆·1254：“琿男弟加年九岁　琿姪子男养年四岁。”有的侄（姪）子·女位于户主兄之后，如：

桥兄格（？）年卅八刑左足　姪子男城年五岁　柒·3558

有的侄（姪）子·女位于户主从兄之前，如贰·1765：“·文姪子

仕伍祓年三岁　·文从兄贤年八十七。”有的侄（姪）子·女位于户主女孙之前，如柒·5008：“枚男姪苗年四岁　□女孙箅年十四。”

有的可能是侄（姪）子与其妻的连记简，如陆·405：“亥姪子男闽年廿四箅一　□妻大女□年廿箅一。”有的可能是姪子与其子的连记简，如贰·3076：“□寡姪豆年六十五　□子女笃（？）年□□。”有的是侄（姪）子·女与其男弟、女弟的连记简，如：

□姪子仕伍雅年九岁　雅弟仕伍阳年七岁　　贰·1716

妄姪子女兼年廿一　兼女弟急年十　　柒·171

还有两个姪子的连记简，如贰·4478：“姪子男樵年十七箅一　姪子男万年三岁。”他们之间不是以“男弟”联结，可能不是亲兄弟。

小妻的姪子位于小妻之后，如：

末小妻侯年七十　侯姪子女居年七　　贰·2389

3. 兄男姪

吴简中“兄男姪”只有1枚，如下：

☒奴兄男姪□年☒　　贰·3201

该简为单记简，无助于确定位次。

4. 从姪

吴简中又有“从姪”，依性别分别称为“从男姪”“从女姪”。列举几枚连记简如下：

夫秋里户人公乘吴砀年九十七　从男姪逢锥年十二　捌·2335

鼠妻客年卅二箅一　从男姪取年五岁　　捌·795

蘱女弟儿年二岁　从男姪潘婴（？）年十四岁　　捌·2493

亘女姪益年六岁　亘从男姪陈平年三　　柒·1734

见从姪子男锥年六岁　姪子男□年十二　　柒·2504

□从男姪山年十六筭一　山妻大女津年十五筭一　　柒・4762

从姪子男金年十二　金女弟帛年十一　　柒・3895

有的从姪位于户主之后，如捌・2335。有的位于户主妻之后，如捌・795。有的位于户主子之后，如捌・2493。有的位于户主女姪之后，如・1734。但也有位于户主姪子之前，如柒・2504。柒・4762和柒・3895是从姪与其妻、女弟的连记简，无助于确定位次。

5. 外姪子

吴简中“外姪子”的家庭简也有不少，列举几枚连记简如下：

☑攘妻亲年六十　攘外姪子男□□年……　　玖・5856

妾大女取年卌一　外姪子男唐囊（？）年七岁　　柒・3951

鸡子女糸年六岁　鸡外姪子仕伍射年六岁　　陆・1098

姪子小女非年四岁　外姪子男石年五岁　　伍・6922

污妻弟仕伍民年五岁　污外姪子仕伍庄年七岁　　贰・2108

外姪子男陈沓年廿三　沓妻大女還年十五　　陆・254

外（？）姪子男屈年八岁　屈男弟□年五岁　　柒・3680

外姪子陈阳（？）年十一　昭子男取年五岁　　柒・4018

有的外姪子位于户主妻、妾之后，如玖・5856、柒・3951。有的位于户主子女之后，如陆・1098。有的位于姪子之后，如伍・6922。有的位于妻弟之后，如贰・2108。有的是外姪子与其妻的连记，如陆・254。有的是外姪子与其弟的连记，如柒・3680。

柒・4018中外侄子似乎位于户主儿子取之前，但就该简的家庭简看，取应是户主子男昭的子，即户主的孙子。先将该家庭简列如下：

妻大女息年六十九　子男昭年十九　　柒・4047

昭妻大女汝年十七　昭男弟竦年八岁　柒·4036

外姪子陈阳（?）年十一　昭子男取年五岁　柒·4018

由此可知，取应是户主的孙子。如此，则没有外姪子位于户主子女之前的简例。

6. 外甥

吴简中的“外甥”只有1枚简，如下：

东外甥贵年七十三　柒·2464

此简为单记简，无助于确定位次。

十二、妻、中妻、小妻、妾

吴简家庭简登录了户主的妻、中妻、小妻和妾。虽然家庭地位差别很大，但因为她们都属于“妻妾”范围，故放在一起讨论。

1. 妻

吴简中记为“妻”“中妻”“小妻”者，一般为户主的妻。其他家庭成员的妻一般同简连记其后。户主妻也被称为“大妻”，如壹·8925：“桥大妻曲年卅八　桥小妻仕年卅。”户主妻（正妻）一般位于户主之后、子女之前，但与户主父、母的位次较为复杂。前文已有讨论，此不赘述。

2. 中妻

吴简中所见“中妻”较少，一般位于户主妻之后，如贰·1888：“妻大女妹（?）年卌刑左手　永中妻大女□年卌筭一。”有的甚至位于户主族孙、孙之后，如：

专族孙仕伍佰（?）年五岁　专中妻大女纯年五十已死　贰·1952

⧄　□孙仕伍起年六岁　务中妻大女烦年卌二盲左目　肆·2649

一般而言，中妻应位于小妻之前，如贰·2405：“狶中妻大女弱年卅五筭一☐　狶小妻大女琐（?）年卅筭一……”但也有中妻位于小妻之后，如：

·岑妻大女客年廿三　岑小妻大女赍年廿　　贰·1841

岑子仕伍元年一岁　岑中妻大女☐年[廿]　　贰·1848

此2简是同户家庭简，贰·1841位于贰·1848之前。如此，则岑的中妻在小妻赍之后。这与中妻地位高于小妻的家庭秩序不符。二者都是20岁，将“小妻”误写为“中妻”、“中妻”误写为“小妻”并非没有可能。也可能是中妻为后来补记。还有另一种可能，即因为小妻赍生有子嗣，所以小妻连同其子元都提升到了中妻之前。此家较为特殊。中妻为“妻”不为“妾”，[①]地位较妾高，但位次较为复杂，而且地位低下。[②]

3.小妻

在户主妻、中妻之外还有小妻。吴简中户主小妻出现的简例较多。有的小妻位于户主之后，如柒·5921：“阳贵里户人公乘潘北年☐[十][二]　北[小][妻]容年卅六筭一。”这种情况极为少见，后有详细讨论。有的小妻位于户主父之前，如贰·2117：“象小妻大女汝年十☐　象父公乘专年七十六。”个中缘由前有分析，此不赘述。有的小妻位于户主父之后，如贰·2224：“☐[父]休年七十[四]　[小]妻☐年卌五。”有的小妻位于户主大妻之后，如前引壹·8925。目前未见户主小妻位于户主妻前的简例。有的小妻位于户主中妻之

① 彭卫：《传世文献与出土简牍中的“下妻”、“偏妻”和“中妻”》，《中国社会科学报》2009年9月10日第5版。

② 赵宠亮先生曾对“中妻”进行专门分析，参见氏著《试论走马楼吴简所见“中妻”》，《吴简研究》第3辑，第132—140页。

后，如前引贰·2405。

小妻和户主子女的位次较为复杂。有的小妻位于户主子女之后，如贰·1962：“鼠弟公乘主年十三　□小妻大女綮年廿八筭一。”有的小妻位于户主子女之前，如贰·1743：“鼠小妻圂年卅六筭一　圂子女婢年五岁。”位于小妻前的户主子辈，可能是户主妻或中妻所生。位于小妻后的子女，应是小妻所生。小妻所生的子女一般连记于小妻之后，以表明二者的关系。但也有这样的记载：

吉阳里户人公乘胡杨年卌　给州吏　柒·3565

扁男弟鼠年五岁　杨小妻大女信年卅九　柒·3564

信子男业年四岁　杨男弟建年卅　柒·3563

这3枚简属于同户家庭简。其中，小妻信与其所生儿子业没有同简连记，而是以“小妻名+亲属称谓”的格式另简登录。学者认为，多妻制度的兴起主要是受子嗣观念的影响。[①]为延续香火而娶的小妻，若与妻、中妻连记，则可视为妻、中妻没有生子。妻、中妻有生子的家庭中，小妻则位于妻、中妻所生子女之后。胡杨的家庭简虽未能完全复原，[②]但从现有信息可以判断，小妻前的扁、鼠应是胡杨正妻所生。胡杨家的位次应是：户主胡杨——户主正妻——正妻子女扁（性别不明）——扁男弟鼠（正妻儿子）——户主小妻信——小妻儿子业——户主男弟建。这种位次关系说明小妻的地位较为低下。

---

① 蔡献荣：《中国多妻制度的起源》，苑利主编：《二十世纪中国民俗学经典》（社会民俗卷），北京：社会科学文献出版社，2002年，第67—71页。

② 柒·3562载：“右杨家口食十五人　其五人男 十人女”该简可能是胡杨家的合计简，由此可知胡杨家有15人，其中男性5人，女性10人。因为缺乏人名，且部分简已经残损，无法对该家庭完全复原。

小妻不仅地位低下，且较难改变。前引柒·5921载："阳贵里户人公乘潘北年□十二　北小妻容年卅六筭一。"小妻直接位于户主之后，应是户主的妻甚至中妻都已亡故。但即便如此，小妻依然是小妻，并没有因为"妻"的空缺而上升为正妻。

不仅小妻地位低下，小妻所生子女的地位也相当低下。户主妻所生子为嫡子，小妻所生子为庶子。一般而言，嫡子位次靠前，庶子位次靠后。前引胡杨家即为明证。此外，小妻所生子女还有一种特定称谓，如：

婢女弟万年八岁　小妻子女儿年一岁　　　柒·6057

☐　小妻子女益年一岁☐　　　玖·3423

简中"小妻子女"是标明小妻所生子女身份的称谓，可见小妻及其子女的地位。

孙吴时期小妻及其所生子女地位低下且较难改变，但这种家庭关系并不是历史的全部，至少战国时期的秦国就与之不同。秦国时期，在户主妻亡故的情况下，只要户主允许，经过官方确认、履行官方手续后，即便是隶妾这样身份低下的人也可以获得"妻"的身份。岳麓秦简《奏谳文书》的《识劫婉案》鼋就是这样的案例。[①]婉本为沛的隶妾，与沛发生性行为，先后生有2子（名义、必）、2女（名媄、若）。沛的妻子危死后二年，沛免婉为庶人，"妻婉"，即以婉为妻，且已入宗，但尚未更改婉的户籍身份沛就亡故了。户籍上婉的身份仍为"免妾""庶人"。岳麓秦简1200载："卿（乡）唐、

---

① 该案载于朱汉民、陈松长主编《岳麓书院藏秦简（叁）》，上海：上海辞书出版社，2013年，第153—162页。整理者称该卷文书为"为狱等状四种"，我们称之为"奏谳文书"，详见拙文《岳麓秦简〈为狱等状四种〉命名问题探讨》，西北师范大学历史文化学院、甘肃简牍博物馆编：《简牍学研究》第5辑，兰州：甘肃人民出版社，2014年，第9—14页。

佐更曰：沛免婉为庶人，即书户籍曰：免妾。沛后妻婉，不告唐、更。今籍为免妾。不智（知）它。”简0044也载：“吏议：婉为大夫□妻，訾识二甲。或曰：婉为庶人；完识为城旦。”该案争论的焦点在于婉到底是庶人（或免妾）还是大夫沛的妻，争论的起因在于沛没有将户籍中婉“免妾”的身份更正为“妻”。由此推知，秦国时期不论女子在家庭中的身份、地位如何，户主妻亡故之后，户主可以娶其为妻。但是，女子法律身份的转变必须更正户籍，经过官方确认。值得注意的是，不论婉是否已经获得大夫沛妻的法律身份，其所生儿子义都成了户主沛的继承人，代父亲沛成为“户人”，并继承了沛的爵位。简0040载：“羛（义）代为户，爵后。”秦国时期隶妾所生儿子的法定继承权并无异议，法律地位并不受母亲身份、地位的束缚。但是，数百年后的孙吴时期，不仅小妻自己的身份难以改变，所生子女的身份也难以改变，背着“小妻子女”的特殊称谓。社会的发展并没有提升妇女的地位，反而有身份日益凝固的趋向。

关于小妻与户主子女的位次，也有一些特殊的例子，如柒·3983：“贤小妻大女罗年十八　子男元年十。”简中小妻罗（18岁）与子元（10岁）的年龄只相差8岁。8岁生子似乎不太可能，元不是小妻罗所生。此简可能是罗或元的年龄书写或誊录有误，也可能二者的身份有误。

此外，另有贰·2019：“囷小妻大女濯年廿六盲左目　囷弟仕伍年九岁。”小妻位于户主弟之前，可能是因为小妻与户主妻连续登录所致。

4.妾

在小妻之外，吴简中还出现了“妾”。如：

□子男□年十　妾婢年廿二　柒·363

妾堇年卌一筭一　柒·1861

取（?）妾男弟多年十五　多男弟奴年十三　柒·3779

贤妻大女孝年卅四　贤妾大女激（?）年廿四　柒·3994

妻（?）大女姿（?）年卌九筭一　妾□年卌一筭一　柒·5950

妾（?）□年卌筭一　□男弟山年八　柒·5971

一般而言，吴简中家庭成员必须记录身份、名（个别地方记有姓氏）和年龄。身份前一般要记录其他成员的名和亲属称谓，名可以省略，但亲属称谓必不可少。柒·363、柒·1861中“婢”“堇”为人名，“妾”便是她们的身份，“妾”之前应是省略了户主名。柒·5971中的“妾”也应是身份。柒·3779中“取”为户主名，“妾男弟”为“多”的身份。与“妾男弟”的称谓组合类同的是“妻男弟”（详后），其中的“妾”和“妻”都是身份而非人名。柒·3994中将“贤妻”和“贤妾”并列，妾为身份无疑。柒·5950记载“妻大女”和“妾”，“妾”前没有记载人名，妾也应是身份。在诸妻之外，吴简中确实出现了“妾”，虽然简例很少。从简例可知，妾位于户主妻甚至子男之后，地位非常低下。值得注意的是妾与户主妻的连记简。妾直接登录在户主妻之后，说明该家没有中妻、小妻。但即便如此，妾也依然是妾，没有升到“妻”的行列。这不仅说明孙吴时期妻、妾身份有严格区分，也说明妾的身份低下，且难以改变。

十三、孙、族孙、苏孙、外孙、外孙女、外姪孙

吴简中出现了孙辈，如孙、族孙、苏孙、外孙、外孙女、外姪孙等。

1.孙

吴简中户主的孙有男孙、孙子男、女孙、孙子女等，我们统称为“孙”。按照吴简家庭成员登录规则，子辈或同简连记于父母之后，或以“父母名+子”的格式另简记于父母之后。如果登录身份为“孙”，表明其父母已经亡故。

先看孙与户主的连记简。如：

富贵里户人唐宗年五十六　孙子男斗年十六　宗子女[1]沙年十五　陆·6135

□阳里户人邓侍年七十一　侍妻姑年六十四　孙子男急年廿　陆·6148

☒[里]户人大女吴贞年七十[五]　[孙][子][男]□年□　□□年六十一踵足　柒·2631

☒[户]人大女[区][妾]年七十七[2]　[妾]女孙许年[十][七]　捌·2531

[阳]贵里户人大女马□年八十一　孙子男名年廿一　[名]妻婢年十五　捌·5348

这些连记简中孙都位于户主或户主妻之后。值得注意的是，这些家庭中无一例外都缺少户主的子辈，可以佐证前面称“孙”则其父母亡故的判断。其中，陆·6148、柒·2631、捌·2531、捌·5348的户主都超过70岁，最高达到81岁，且户主是“户人大女”，为女户。特别是捌·2531，不仅是户主超过70岁的女户，而且是户人大女与女孙的连记，可知家中没有成年男性。捌·5348同样是没有子辈的女户，但孙子名已经成年，且已娶妻成婚。但即便如此，也

---

① 此“子女”，可能当为“孙子女”，脱“孙”字。

② 原释文中“区妾”后还有“□妾”字样，图版模糊不清，按“户人大女”推测，后2字应为衍文。

没有将成年的男性名立为户主，而是81岁的大女马某为户主。原因不明。柒·2631中孙（年龄阙）位于户主之后、61岁的某人之前（身份缺）。户主吴贞75岁，她的孙子年龄必在61岁以下。但孙子却位于61岁的某人之前，应是因为此人与户主的血缘关系较孙子疏远。

有的孙位于户主子女之后，如：

珞（?）妻思年卅四　符男孙□年五岁　　柒·264

胥女弟困年三岁　女孙栂年二岁　　捌·376

盖男弟步年七岁　妾男孙刘年十三　　捌·5467

柒·264中“珞妻”与“符男孙”中出现两个人名——“珞”和“符”，其中一个不是户主。二者年龄相差29岁，不是祖孙关系。从吴简登录规则看，连记简中亲属称谓前出现两个不同人名时，前一个人名应是上一简的人名（如上一简是连记简则是简中后一人的人名），而后一个则极可能是户主的名。如此，“珞”可能是户主的子辈——子或从子等，“符”则是户主。该简中孙位于户主子辈的妻之后，符合辈分要求。捌·5467中妾为户主，盖和步当为户主的幼子，男孙刘当为户主年长的儿子所生，但刘没有与其父亲连记，也没有记录刘父的名字，而是登录与户主爷爷的亲属关系，表明刘的父亲、户主长子已经亡故。捌·376的情况类似，此简中女孙栂的年龄尚幼，其父亲亡故时年龄并不大。

有的孙可能位于户主中妻之前，如

☑　□孙仕伍起年六岁　狳中妻大女烦年卅二盲左目　肆·2649

此位次不符合辈分要求。如此位次，可能中妻为后来补记，也可能是孙子起为嫡孙、中妻烦为庶妻，出于嫡庶之别的缘故。就前文可知，中妻的地位较为低下，位次非常靠后。

有的孙似乎位于妻子男弟之后，如：

妻男弟潍年十岁　宜女孙紫年七岁　伍·2950

女孙紫（7岁）年龄小于妻子男弟潍（10岁），位于其后似乎是因为辈分和年龄次序。虽然不完全排除这些可能，但二者与户主的血缘亲属差别明显。如此位次登录，更可能是出于先将妻族亲属“完全登录”的原则。

有的孙位于某人男姪之后，如：

讳男姪子郡年二岁　□□孙仕伍卓年六岁　陆·1176

枚男姪苗年四岁　□女孙筭年十四　柒·5008

孙卓、女孙算都比男姪郡、苗的年龄大，但却排在男姪之后。因为孙是亲生父母已经亡故，所以简中的讳、枚不是卓、算父亲的名字，也不可能是户主，最大可能是他们的伯父、叔父等其他父辈。

另有一枚简较为特殊，如下：

奇孙子男湖五岁　子男泽年卌八筭一腹心病　贰·3190

“子男泽”前省略了户主名，似乎是户主的儿子。泽比前面的“奇孙子男湖”大43岁，却登录在后。出现如此不合常理简例的缘由，或是“子男”的亲属称谓书写错误，泽不是户主的“子男”，而是血缘关系较孙子更为疏远的其他成员。当然，也有子男泽为补记的可能。

2.族孙、荪孙

吴简中还有“族孙”“荪孙”，连记简各1枚，如下：

专族孙仕伍佰（?）年五岁　专中妻大女纯年五十已死

贰·1952

沙荪孙仕伍诸年四岁　文寡女弟碓年五十六踵两足　贰·1955

贰·1952中族孙位于户主中妻之前。贰·1955中荪孙诸比寡女弟碓小52岁，二人之前记录了“沙”和“文”两个不同的人名，谁为户主、二人关系等都难以确定。苏孙的身份尚不清楚，在家庭简中的位次不明。

3. 外孙、外孙女、外姪孙

吴简中还出现了“外孙”“外孙女”“外姪孙”等，连记简有：

〼年□岁　□外孙男奴年六岁　□〼　　壹・4113

……仕伍□年四岁　元外紆（孙）公乘奋年十三　　贰・2470

□□大女仕年八十三　□外孙女□年四岁　　肆・2020

仙外孙周□年廿一　□妻□年廿　　柒・6130

壹・4113和贰・2470残缺严重，无助于确定位次。肆・2020中外孙女应位于户主之妻之后，柒・6130可能是外孙与其妻的连记简。外姪孙只有单记简，无助于确定位次。

十四、母族、妻族

1. 母族

吴简中有母族亲属与户主合户的情况。母族涉及的亲属身份有“母父”，如：

强母父□年八十二　　壹・7426

有“舅父”“舅”“舅妻”，如：

直舅父车年七十踵两足　　柒・1013

亮舅何铁年卌筭一　铁妻大女姑年卅九筭一　　贰・4655

舅妻大女取年卅四〼　　壹・9699

赞舅□年七十六　好男姪雄年十八　　伍・3025

多为单记简，连记简是舅与其妻的连记，无助于确定位次。“舅妻”

当是舅已亡故时对舅母的称谓。[1]伍·3025中赞的舅位于好的男姪前，二者亲属关系不明。

还有“舅女”“舅嫂”，如下：

尽舅嫂怨（？）年廿二　　柒·1154

文舅女绵年廿一　　柒·1060

柒·1060为单记简，但可能与柒·1053同户。如下：

文舅女绵年廿一　　柒·1060

绵（？）男弟生年廿苦腹心病　　柒·1053

2简为同户家庭简，舅女绵和男弟生与户主同户，但无助于确定位次。

另外，还有虽不是前面这些称谓，但实际是母族的简例，如：

□母明年卌九踵足　明女弟取年十二　　捌·734

☑母妾年七十九　妾姪子小女汩年六岁　　肆·1771

母的女弟、姪子是母族成员，也来与户主合户。二人以“母的名+亲属称谓”的格式连记于母之后。

2.妻族

吴简中也有妻族跟户主合户的情况。妻族亲属有“妻父”，有的位于户主妻之后，如：

新成里户人公乘宗买年卅七　妻大女妾年卅三　妻父从年五十九　　柒·3924

有的妻父可能位于户主子女之后，如：

☑□年四岁　妻父武年七十二苦腹心病　　玖·3982

妻父前一人的信息残缺严重，但从年龄看可能是户主的子辈。

---

① 若是离异，当回自己娘家。

妻父之外还有“外父”，如：

种外父张建年八十六盲左目　十二月三日被病物故　捌·1705

赤外父胡南年六十苦风病　捌·2040

简中外父都记有姓氏，表明他们与户主不同姓、“外”的性质。就“外”字推测，“外父”可能是“妻父”的另一种称谓。但都是单记简，无助于确定位次。

又有“妻母”，如下：

樊子仕伍难年三岁　和妻母诛（？）年七十三　贰·1920

·客妻母大女妾年六十二踵两足　客姪子男谋（？）年七岁　贰·4667

贰·1920中难和诛年龄相差70岁，可能相差两代人。推测樊可能是户主子辈，难为孙辈，他们的位次关系为：户主和——户主子樊——樊子难——户主妻母诛。妻母诛间接位于户主子樊之后，直接位于户主子樊之子即户主孙难之后。贰·4667中妻母位于户主姪子之前。有的妻母当位于户主妻之后，如：

妻大女妾年十六　縪妻母大女曾年卌一　柒·2459

右縪（？）家口食三人　其一人男 二人女　柒·2457

这2简为同户家庭简，因为简文残损，无法复原出户主縪的简。由简可知，縪为户主，妻母连记于户主妻之后。

妻族还有“妻弟”，如：

州卒区污年卌二　污妻大女婢年五十三　贰·2110

污兄客年六十三　客妻大女招年卌五　贰·2043

污妻弟仕伍民年五岁　污外姪子仕伍庄年七岁　贰·2108

妻弟位于户主妻之后，户主外姪子之前。但此家人口众多，妻弟虽位于户主妻之后，但中间可能还隔了不少人。①

有的妻弟不是以“妻弟”的亲属称谓而是以“妻名+弟”格式登录，如：

尔妻大女蘘年六十一　蘘弟公乘军年十四腹心病　　贰·1639

这是妻弟的另一种登录格式。由此可知，贰·2108以“户主名+妻弟”格式而不是如贰·1639以“妻名+弟”格式登录，可能是因为妻弟民与户主妻之间悬隔，并不直接相连。

有的妻弟位于户主子之后，如：

非男弟城年六岁　妻男弟悬年十二往居　　柒·3841

城与悬年龄相差6岁，可能是同一辈人，即此简是妻男弟位于户主男弟之后。有的妻弟位于户主女孙之前，如：

妻男弟雉年十岁　宜女孙紫年七岁　　伍·2950

此简的位次关系，前文已经讨论。

妻弟之妻则同简连记其后，如：

妻男弟黄年十六　□妻大女……　　贰·2333

有的妻女弟以“妻名+女弟”格式连记于户主妻之后，如：

妻大女婢年十六筭一　婢女弟意年十　　贰·1941

妾男弟可能位于户主季父之前，如：

取（?）妾男弟多年十五　多男弟奴年十三　　柒·3779

奴男弟彭年七岁　取（?）季父贤年六十刑右手　　柒·3780

妻族还有“妻姪子”“妻外姪子”，如：

妻姪子男脱年七岁踵两足　脱男弟□年三岁　　柒·3597

妻外（?）姪子男狗年四岁　妻外姪子男仲年五岁　　柒·3634

① 贰·1830载：“·右污家口食十七人。”

或是妻姪子与其男弟的连记，或是2个“妻外姪子”的连记，无助于确定位次。柒・3634都是妻外姪子，但后者年龄大于前者，不知何故。

还有小妻姪子女，连记于小妻之后，如：

末小妻侯年七十　侯姪子女居年七岁⧄　　贰・2389

其他妻族还有小妻母（贰・2041）、妻兄（壹・9430）、妻从兄（壹1256）、妻从男弟（壹・1329）等，但都是单记简，无助于确定位次。

十五、其他

除了与户主有血缘亲属关系的成员外，家庭简还登记了与户主没有血缘亲属关系的人员，主要有户下奴、户下婢、衣食客、僮子等。

1. 户下奴、户下婢

吴简中关于户下奴、户下婢、奴的记录不少，列举一些连记简如下：

孙子男□年六岁　孙户下奴土长六尺　　壹・4141

巴女弟思年九岁　司户下婢汝长五尺　　壹・7667

赤妻大女□年六十　赤户下奴银长五尺　　贰・2035

次弟公乘材（？）年七岁　次户下奴吉长六尺　　贰・2217

□女弟儿年三岁　户下婢蓬年廿二　　柒・3574

妻大女姑年卅九　户下婢大女然（？）年卌　　柒・3714

男弟药年五岁　户下婢唐启年十二　　捌・2522

姪子男卖年八岁　户下奴石年……⧄　　捌・3629

这是户下奴、户下婢与户主家庭成员的连记简。由简可知，不论与前者的年龄大小如何，户下奴、户下婢无一例外都登录于家族成员之后。但有1枚户下婢位于“妻”之前的简例，如：

户下婢□年七岁　妻大□年卌[1]　柒·3273

简中户下婢位于妻之前，且年龄小于妻，不符合任何登录原则。如果妻的内容无误，则极可能是后来补记。

也有户下奴婢与其家属的连记，如下：

吉奴客年卅三　客妻鼠年☑　叁·2428

其户下婢□年七十　户下婢子女汝年一岁　柒·1690

叁·2428是奴与其妻子的连记，柒·1690是户下婢与另一户下婢（已亡故）子女的连记。户下奴婢连带家属都登录在主人的家庭简中。

也有户下奴与户下婢的连记简，如：

司户下婢□长五尺　司户下奴安长五尺　贰·1674

户下婢□年廿二　户下奴言年六岁　柒·1700

户下婢吏（？）年六十　户下奴鼠年卌八踵足　柒·3037

户下奴番年十四　户下奴豆年十三　捌·664

户下奴、户下婢之间应该是按年龄排序，上引简中年龄大者都位次在前。贰·1674记录的是身高，二人身高相同但户下婢位次在前。不过也有例外，如：

户下奴[illegible]年十八　户下婢智年卅一　柒·1712

18岁的户下奴位于31岁的户下婢之前。核对图版，释文无误。此位次排列不知何故，但这种情况极为少见。

户下奴之间、户下婢之间的连记简如下：

① 整理者注：“大”下脱“女”字。

□户下奴右长六尺　户下奴进长五尺　壹·7637

户下婢□年卅算一　户下婢数年十三　陆·1293

户下婢新年卌　户下婢严（?）年十三　柒·3576

由简可知，户下奴之间、户下婢之间是按身高高低和年龄大小排列的。

还有户下奴与其他身份的连记，如下：

户下奴有长三尺　依食客[1]义年廿六　柒·289

户下奴位于衣食客之前。

2. 衣食客、僮客

吴简家庭简中还有衣食客，连记简如下：

㷡弟仕伍黑年七岁　衣食客成年十五刑右足　贰·1842

户下奴有长三尺　依食客义年廿六　柒·289

□依食客五役年廿五刑左足　僮客□年十六[2]　壹·7754

姪子男狺（?）年三岁　依食少交年十二盲左目　柒·3590

姪子豫年十　依食少汪年七岁　柒·3592

有的衣食客位于户主子之后，如贰·1842。有的衣食客位于户下奴之后，如柒·289。衣食客位于僮客之前，且前者年龄大于后者，如壹·7754。柒·3590、柒·3592中的“依食少”，交12岁，汪7岁，可能是依食客中的年少者，[3]都位于户主姪子之后。家庭简中记

---

① 原释文为“限佃客”，2015年8月随日本吴简研究会回长沙调查原简时，确定应为“依食客”。后文据此改正。

② “依”“僮”2字，为王素先生依据图版的改释，参见氏著《长沙吴简中的佃客与衣食客——兼谈西晋户调式中的“南朝化”问题》，《中华文史论丛》2011年第1期。

③ 谷口建速先生认为“衣食少”的“少”可能是“客”字磨灭了一部分，参见氏著《長沙呉簡にみえる佃客と限米》，伊藤敏雄、窪添庆文、关尾史郎编：《湖南出土簡牘とその社会》，东京：汲古书院，2015年，第161页。我们核对图版，2个“少”字释文无误。

载衣食客，正是“客皆注家籍”的体现。[①]

3. 僮子

吴简中有不少僮客、僮子的记录，二者身份可能并不完全相同。“僮客”可能是已经奴化但仍有一定自由的客，“僮子”则已经成为奴婢的代名词。壹·7754中僮客连记于衣食客之后。吴简家庭简中“僮子”只出现1例，如下：

[磐]僮子郑属年廿三　[筭][一]　　捌·1846

此简为单记简，无助于确定位次。

第三节　孙吴家庭结构的建构原则与影响因素

学者依据走马楼吴简研究了孙吴家庭的结构、类型、簿籍复原等问题。这些研究成果各有侧重，但大多没有深入到孙吴家庭结构建构的内部。孙吴家庭结构是如何建构的，主要受到哪些因素的影响，这些问题需要专门讨论。前面，我们遵照池田温先生的学术指引，对吴简家庭简所登录的家庭成员位次关系进行了详细分析，可以窥知孙吴家庭结构的微观面貌。在此，我们将在考察家庭成员间位次关系的基础上，分析孙吴家庭结构的建构原则和影响因素，以探寻孙吴家庭简的编联逻辑。

一、孙吴家庭结构的建构原则

依据前文对家庭成员位次关系的分析，我们对孙吴家庭结构的建构原则进行总结，主要有以下原则。

---

① 蒋福亚：《走马楼三国吴简中的“客”》，《中国经济史研究》2006年第3期。

1. 辈分次序原则

吴简所见家庭的户主并不都是家庭的家长，于振波师对此早有论断。吴简中的家庭成员不仅有父、母、兄等，甚至还有祖父、祖母。户主位列家庭简的首简特别是位于祖父、祖母、父、母、兄之前，这并不符合家庭伦理的辈分次序要求。此外，还有妻位于户主父或母之前的简例（贰·1696、壹·4540），甚至还有小妻位于户主父之前的简例（贰·2117）等。此类简例数量极少，不是成员位次关系的常例，但都有悖于家庭伦理。即便如此，就整个家庭简中成员的位次关系看，孙吴家庭结构还是体现出十分强烈的辈分次序色彩。

子女都位于父母之后——户主为子时除外。户主子女一般位于户主妻之后。女性为户主或户主妻亡故时，子女位于户主之后。妻与子的两人连记简如壹·11“妻大女思年卌三　礼子男李年☐”，子李位于妻思之后。此类连记简在吴简家庭简中较为普遍。三人连记的家庭简中户主子也位于户主妻之后，如柒·53：“上乡里户人□喰年五十六刑右手　妻之年卅九　子男宠年六岁。”凡三人连记的家庭简——此类简多是户主所在的连记简，户主子女一般都位于户主妻之后。

即便儿子已成年、娶妻，只要他与父亲同户，也都位于户主妻之后。如：

平阳里户人邓□年六十二　妻□年六十六　子男沈年廿

柒·157

沈妻乐年廿　沈男弟苻年十六　柒·158

这是同户家庭简。户主儿子沈已成年（20岁），且已娶妻（乐），但沈与父、母同简连记，位于户主妻（沈母）之后。

也有户主子女位于小妻前的情况，如贰·1962。如前所论，位于小妻前的子女可能是正妻所生，位于小妻之后的子女可能是小妻所生。此外，有小妻子女直接位于户主女之后的情况，如柒·6057："婢女弟万年八岁　小妻子女儿年一岁。"小妻所生子女儿位于万之后，而不是位于小妻之后。可能此家中小妻已经亡故。如果妻、中妻、小妻都在世且都生有子女，她们之间的位次关系应是如下次序：

正妻（吴简中称"妻"或"大妻"）——正妻子女；

中妻——中妻子女；

小妻——小妻子女。

即谁所生的子女就位于谁的后面。子女因为其母地位不同而位次不同，家庭中子女的位次跟其亲生母亲的地位有关。户主诸妻及各自所生子女的位次关系，不仅不违背家庭内部的尊卑关系，可能正是嫡庶有别、尊卑有序的古代宗法制度的内在要求。学者认为汉代以降妻妾地位有别，东汉、三国时期嫡庶之别分外严格。[①]这种伦理观念在孙吴家庭中也有强烈体现。

户主父、母与妻的位次较为复杂，相互之间位次有交错。父、母位于妻之前可能是家庭结构的常例，妻在父、母之前的情况则较为少见。户主的兄、男弟、女弟等一般都位于户主父、母之后，户主母位于户主女弟之后的简例是母死亡之后的补记，如贰·1793。不仅如此，与其同户的兄子、寡嫂子、姊子等也都位在兄、寡嫂、姊之后。大父、小父、伯父、叔父、季父、从父、从小父、兄、从兄、从兄姪子、从男姪、妻父等有妻、子时，也按照夫——妻——

① 刘增贵：《汉代婚姻制度》，台北：华世出版社，1980年，第17—21页。

子的次序登录。吴简中子女都位于其亲生父母之后——户主为子时除外，某些简例是父子、母子同简连记且子位于其父、母之后。至于如壹·16那样户主男弟位于户主姪子之前的简例，[①]应该也是遵循了辈分次序的原则。

男孙、女孙等孙辈等都位于户主子或子妻之后，位次相对靠后。至于如柒·2“宜阳里户人韩时年七十九　妻汝年六十四　孙子男客年九岁”中孙位于户主妻之后的简例，应是儿子、儿媳双亡。大父、伯父等户主父辈以及兄、嫂等户主的兄弟姊妹，他们辈分较高但不少位于户主子女之后。这样的家庭结构与辈分次序原则不合，这是因为他们的位次关系主要不是由辈分次序原则决定，而是由血缘亲疏原则决定的。

2. 血缘亲疏次序原则

据吴简的家庭连记简可知，户主的大父、叔父、季父、从父、从小父、从姑、兄、弟、从兄、寡嫂、寡姊、从男弟、妻父、妻母、妻男弟等辈分高于户主子女的家庭成员，一般都位于户主子女之后。再次举例如下：

·梁子公乘印年十岁　梁（？）大父示（？）年九十一

贰·1591

材男□年九岁苦𤸊（痈）病　泉叔父金年卌筭一踵两□

贰·3066[②]

车子女奶（？）年四岁　车季父公乘罗年八十三　柒·3784

---

① 壹·16原释文为：“从男弟修年六岁　妾姪子男亡年四岁”。于振波师认为，依据图版“从男弟”当为“妾男弟”。如此，此“妾”当为户主的名。“妾”为名的情况在吴简中很常见。

② 此简“男”后缺字。从年龄及亲属称谓推测，缺字可能为“男弟”的“弟”字，可能是户主泉之子材的男弟。

□女弟□年十二　从父公乘待七十一踵足[1]　柒·2423[2]

子小女深年六岁　志从小父□年卅三苦腹心⧄　叁·6214

□子□年七岁　□从姑□□年十二　柒·451

子男□□年十一　□兄明年十五踵右足　叁·6250

淮子男汉年十七　淮男弟养年五十一　贰·2171

⧄□子男里年十三　弱从兄仲年八十五　肆·2531

⧄子小女累年七岁　寿寡嫂大女妾年五十四□⧄　贰·3318

⧄□女弟姑年七岁　书寡姊赍年五十二　伍·4580[3]

事子男儿年二岁　事从男弟难年十七　一名尚　柒·3770

⧄□年四岁　妻父武年七十二苦腹心病　玖·3982[4]

樊子仕伍难年三岁　和妻母诛（？）年七十三　贰·1920[5]

非男弟城年六岁　妻男弟悬年十二往居　柒·3841[6]

大父等亲属成员都直接或间接位于户主子女之后。伯父、小父、大母、小母、叔母、季母、姑、寡姑、妻女弟等虽然没有与户主子女的连记简，但依照大父、叔父、季父、从姑、妻父、妻母、妻男弟等位于户主子女之后的位次关系推测，伯父等位于户主之女后也应是孙吴家庭结构的通例。户主的长辈或同辈位于户主子女之后，明显与家庭伦理中的辈分要求相违背。

---

① 整理者注："七十"上脱"年"字。

② 如前所述，此简中女弟是户主子女的女弟。

③ 如前所述，此简中女弟应为户主子女的女弟。

④ 如前所述，妻父前一人可能是户主子辈。

⑤ 如前所述，简中妻母诛间接位于户主子樊之后，直接位于户主子樊之子即户主孙难之后。

⑥ 如前所述，简中男弟城可能为户主非的男弟。据贰·2171等可知，户主男弟一般位于户主子女之后，那么位于户主男弟之后的"妻男弟悬"自然也位于户主子女之后。

出现此种情况不是因为吴简记载错误，也不是当时家庭伦理出现了问题，而在于复杂多样的孙吴家庭结构，特别是包含了原本可以独立为户的家庭成员的复合家庭的结构。户主的大父、小父、伯父、叔父、季父、从父、从小父、兄、弟、姊、从兄、妻父、妻男弟等，不少人有妻有子，且与其妻或子同简连记。不论是年龄还是身体状况，或是家庭的完整程度，他们都可以独立为户。但他们却带着妻、子甚至其他亲属与户主合户。大母、小母、叔母、季母、姑、寡姑、从姑、寡嫂等在丈夫亡故之后与户主合户，寡姊、寡女弟等出嫁的姐妹丧夫后也带着子女回到娘家与已经成为户主的兄弟合户。正是这种普遍存在的“合户”现象，冲击着家庭伦理中的辈分尊卑关系。

这些“合户”者多位于户主子女之后。就孙吴家庭结构看，户主子女是家庭结构中至为关键的一环。户主父、母、妻多位于户主子女之前，大父、小父、伯父、叔父、季父、从父、从小父、大母、小母、叔母、季母、姑、寡姑、从姑、兄、姊、男弟、女弟、从兄、从男弟、寡嫂、寡姊、寡女弟、弟寡妇、从兄嫂、妻母等家庭成员，通常位于户主子女之后。这种位次关系可能与中国古代社会强调核心家庭有关。学者认为，中国传统社会存在“重纵轻横”的心理，家庭中重视纵向的父子、母子关系，轻视横向的夫妻、兄弟、族人等关系，于是出现了很多祖孙父子代代相传的绵延家庭。[①] 这种“重纵轻横”的心理是传统社会重视核心家庭的重要心理因素，在孙吴家庭结构中也得到体现。

户主、父、母、妻、子女是中国古代家庭的核心成员，学者将

---

① 岳庆平：《中国的家与国》，第235—238页。

其称之为“主干家庭”，或是“核心家庭”。他们是家庭中血缘最为亲近、关系最为亲密的人，相互之间特别是父——户主——子三者之间具有强烈的直系血亲关系。[①]当户主只有妻而无中妻、小妻、妾及其子女时，父——户主——子之间甚至是嫡系血亲关系。大父、小父、伯父、叔父、季父、从父、从小父、从兄等与户主有着不同程度的血缘关系，但这种血缘关系属于旁系宗亲的范畴。户主与其兄弟姊妹是户主父之下的直系血亲，但孙吴家庭结构是以户主而不是户主父为中心建构的。在确定家庭的户主时，就已确定了家庭成员间的亲疏关系。对于户主而言，子女是直系血亲，兄弟姊妹是旁系血亲。亲疏有别正是兄弟姊妹位于子女之后的原因所在。

大父、小父、伯父、叔父、季父、从父、从小父、从兄等为旁系宗亲，大母、小母、叔母、季母、姑、寡姑、从姑等也是旁系宗亲，妻父、妻母、妻男弟、妻女弟、外姪子等是血缘更为疏远的外亲。兄子、男弟子女、姑（寡姑）子女、寡嫂姪子、姪子、姪女、从男姪、兄男姪等与户主并非直系血亲，而是旁系宗亲，甚至是远亲。吴简家庭简所反映的孙吴家庭结构大致遵循了这样的位次序列：直系血亲——旁系血亲——旁系宗亲——外亲、远亲。这种位次关系正是血缘亲疏次序的伦理要求。

孙吴家庭结构中不少辈分高、年龄大的成员却位于辈分低、年龄小的成员之后，这是按照血缘亲疏原则排序的结果。户下奴婢、衣食客等与户主之间没有血缘关系，他们位于所有血缘亲属之后，也应是血缘亲疏原则的体现。

---

① 本书所用血亲、宗亲、外亲等概念，参见胡士云《汉语亲属称谓研究》，北京：商务印书馆，2007年，第3—4页。

3. 同身份成员间的长幼次序原则

家庭简中某些成员具有相同的身份，如都是某人的子女，或是某人的姪子等。这些家庭成员因为身份相同，既无法以辈分高低排序，也没有血缘亲疏的差别，他们的位次关系主要是以年龄的长幼次序来确定的。

户主的子女中，长子、长女一般是排在次子、次女之前。吴简中没有长子、长女、次子、次女这样的称谓，一般是以“子男”“子女”来称谓长子、长女，次子、次女则多以“子男/子女名+男弟/女弟+名”的格式来登录。如：

宜子女卯年六岁　卯女弟将年三岁　　贰·1572[①]

·郿子女陵年五岁　陵弟仕伍长年三岁　　贰·1844

卯和将同为宜的子女，长和陵同为郿的子女。他们身份相同，无法以辈分和血缘排序，只有以年龄长幼排序。也有户主子女不以相互之间的男弟、女弟关系登录而以与户主关系登录的家庭简，如：

海妻阿年卅五　海子女汝年八岁　　叁·1416

海子男淇年四岁　海子男载年二岁　　叁·1536

此家庭中汝、淇、载都为海的子女。按照常见的户主子女登录格式，叁·1536应该登录为：“汝男弟淇年四岁　淇男弟载年二岁”。但是叁·1536简没有按照常见格式登录，而是都以“海子男”来登录淇、载的身份。即便格式如此特殊的家庭简，海的三个子女汝（8岁）、淇（4岁）、载（2岁）依然是按照年龄长幼次序登录的。子女中年龄大的排在前面，年龄小的排在后面。

不仅户主子女按年龄长幼排序，户主的兄弟姊妹之间也按照年

① 整理者注：“卯”，或释为“肥”。

龄长幼排序。如柒·3214:“金男弟生年十八　生男弟儿年八岁。”如前所述,生、儿是户主烝金(柒·3213)的男弟。姪子也按年龄长幼排序,如壹·4471:“登姪子男由龙年十一　龙女弟□客年十。”也有特殊的情况,如壹·20:“礼姪子男鲁年五岁　鲁兄勉年八岁苦痈病。”鲁为礼的姪子,但鲁的兄勉却在鲁之后。出现此种情况,可能是因为鲁是礼的姪子但勉不是礼的姪子,二人同父异母。也可能是“兄”记载有误,实际当为“从兄”。如果记载无误,都是礼的姪子,因为此类情况极其少见,可作为特例看待。

孙吴家庭结构中,不仅同身份的亲属成员间按年龄大小确定位次先后,非亲属成员的户下婢之间、户下奴之间也按年龄长幼排序。[1]柒·3576载:“户下婢新年卌　户下婢严(?)年十三。”户下婢按年龄大小次序登录。壹·7637载:“□户下奴右长六尺　户下奴进长五尺。”户下奴不以年龄而以身高确定先后位次。于振波师认为身高“五尺”的年龄约为7—8岁,身高“六尺”的年龄约为13—14岁。[2]一般而言,身高和年龄成正比。身高的高低次序应是年龄长幼次序的反映。客可能也是按年龄长幼排序,如壹·7754:“□依食客五役年廿五刑左足　僮客□年十六。”由此可知,孙吴的家庭结构中,不论是亲属成员还是非亲属成员,只要身份相同,他们之间都应是按长幼次序登录。

同身份间的年龄次序登录原则,十六国时期还有一定程度的存

① 户下奴和户下婢之间也有不是年龄长幼次序,如前引柒·1712。此类简例较少,位次原因不明。

② 于振波:《略论走马楼吴简中的“户下奴婢”》,《走马楼吴简续探》,第116页。

在，[1]但唐朝已经发生重大改变。池田温先生指出，唐代户籍的一般格式是不论年龄，将男子归在一起列在前面，女子则附在男子后面。[2]唐代这种具有重男轻女色彩的户籍登录格式，与孙吴的户籍登录格式存在很大差别。吴简中同身份家庭成员之间一般按照年龄长幼次序进行位次排列，姐在弟前的简例十分常见。两汉以来重男轻女的社会风气有日渐强烈的倾向，但孙吴家庭中长幼有序的家庭伦理较为浓烈，重男轻女的社会观念还没有完全改变家庭结构中的男女位次关系。学者认为重男轻女观念的程度与家庭类型有关，“大家庭中的重男轻女色彩相对浓厚，而小家庭中的重男轻女色彩相对淡薄”。[3]就吴简所见，孙吴家庭内的重男轻女观念还不太明

---

① 吐鲁番出土的《前秦建元二十年籍》中，户主张晏的弟、妹之间依然是按年龄长幼排序。《前秦建元二十年籍》内容参见张荣强《再谈〈前秦建元二十年籍〉录文问题》，《史学史研究》2015年第3期，内容誊录如下：

昌郡高宁县都乡安邑里民张晏年廿三

叔聪年卅五物故	奴女弟想年九	桑三亩半
母荆年五十三	晏妻辛年廿新上	城南常田十一亩入李规
叔妻刘年卌六	丁男一	得张崇桑一亩
晏女弟婢年廿物故	丁女三	沙车城下道北田二亩
婢男弟隆年十五	次丁男三	率加田五亩
隆男弟驹［年　］	［小女二］	［舍一区］
驹女弟［□年　］	凡□九	［建元廿年三月籍］
聪息男［奴年　］		

弟婢、婢男弟隆、隆男弟驹、驹女弟某等有人年龄残缺，但从录文中亲属称谓及现存年龄判断，他们是按年龄长幼排序的。此为前秦建元二十年（384）的文书，表明“同身份成员间的长幼次序原则”在十六国时期仍有体现。此外，该文书中所用亲属称谓、家内成员的登录格式以及位次关系等与吴简有相似之处，但也发生了某些变化，如叔聪与聪息男奴之间相隔悬远。此值得注意。

② 池田温：《中国古代籍帐研究》，第51页。

③ 岳庆平：《中国的家与国》，第232页。

显，可能与此地区多为3—6人的小家庭有关。①

孙吴户籍与唐代户籍中男女的位次差别，可能还与赋役制度有关。孙吴赋役制度大体上是继承秦汉制度，年龄和性别是赋役征派的重要依据，年龄似较性别更为重要。唐代赋役的征派同样与年龄和性别有关。从西晋开始，占田、课田数额与租调交纳数额等都有明显的性别差别。《晋书·食货志》载：

又制户调之式：丁男之户，岁输绢三匹，绵三斤，女及次丁男为户者半输。其诸边郡或三分之二，远者三分之一。夷人输賨布，户一匹，远者或一丈。男子一人占田七十亩，女子三十亩。其外丁男课田五十亩，丁女二十亩，次丁男半之，女则不课。男女年十六已上至六十为正丁，十五已下至十三、六十一已上至六十五为次丁，十二已下六十六已上为老小，不事。②

租调制上的性别差异同样存在于唐代。《新唐书·食货志》载：

凡民始生为黄，四岁为小，十六为中，二十一为丁，六十为老。授田之制，丁及男年十八以上者，人一顷，其八十亩为口分，二十亩为永业；老及笃疾、废疾者，人四十亩，寡妻妾三十亩，当户者增二十亩，皆以二十亩为永业，其余为口分。

凡授田者，丁岁输粟二斛，稻三斛，谓之租。丁随乡所出，岁输绢二匹，绫、絁二丈，布加五之一，绵三两，麻三斤，非蚕乡则输银十四两，谓之调。③

在西晋、唐代的租调制中，性别有超越年龄成为赋役制度首要影响

---

① 具体统计数据见后文表1.1《吴简所见孙吴家庭人口规模统计表》。

② 房玄龄等：《晋书》卷26《食货志》，北京：中华书局，1974年，第790页。

③ 欧阳修、宋祁：《新唐书》卷51《食货志一》，北京：中华书局，1975年，第1342—1343页。

因素的倾向。唐代户籍以男女性别排序，除了男尊女卑观念的强化外，可能也与性别在唐代赋役制度中的影响加大有关。

4. 合户家庭的“完全登录”原则

吴简中有不少亲属成员，有的有妻，有的有子，有的甚至有妻、子，是原本可以独立为户的家庭，但也登录在户主的家庭简中。这些可称为“合户家庭”的登录次序有一定的特殊性。如下：

宜都里户人公乘□□年□□□　訾　五　十　　叁·4336

豪母大女思年七十五　豪妻大女银年廿二　　叁·4339

豪兄礼年卅四　礼妻大女左年廿二　　叁·4338

礼子男床年五岁　床男弟秃年三岁　　叁·4337

姪子男通年六岁　　叁·4330

·右豪家口食八人　其五人男 三人女　　叁·4335[1]

豪为户主，无子女。豪的兄长礼有妻，有两个儿子，而且礼及其妻左也正值壮年，身体无残疾，完全可以独立为户，但却与弟豪合户。豪家的登录位次为：户主——母——妻——兄——兄妻——兄长子——兄次子——户主姪子。作为“合户家庭”，豪兄礼家成员的登录遵循了夫——妻——子的次序原则。礼家成员登录完毕之后才登录户主豪的姪子。即便礼的长子床（5岁）、次子秃（3岁）年龄小于豪的姪子通（6岁），但是床、秃依然登录在秃之前。

如果说豪家中兄长礼的长子、次子与豪姪子的位次是因为亲疏有别，那么下面的家庭简则可说明问题。如：

𪊨兄黑年五十　黑妻大女客年卌五　　柒·3595

---

① 凌文超先生曾对此家庭简进行过复原，参见氏著《走马楼吴简采集簿书整理与研究》，第126页。

黑子女草年五岁　贗子男儿年七岁　　柒·3594

黑有妻有子，却与弟贗合户。黑家成员按夫——妻——子的次序登录。在黑家成员登录完毕之后，才登录了户主贗的子男儿。虽然贗子男儿（7岁）的年龄比黑子女草（5岁）的年龄大，且与户主贗的血缘要比草亲近，但位次却在草之后。

如此登录的简例在吴简中并不少见。吴简的家庭简中，一旦记录到与户主合户者，接着就登录他的妻、子、男弟、女弟甚至姪子等。合户者的夫妻连记简、母子连记简、兄弟姊妹连记简等都是如此登录。我们称此种登录为合户家庭的"完全登录"原则，即合户到户主家的人员，只要记录到合户者，都先将与其相关的亲属登录完毕后再登录其他家庭成员。

合户家庭的"完全登录"原则，对孙吴家庭结构会造成什么影响，为什么会有如此登录的方式？这也是应该回答的问题。就影响而言，"完全登录"原则不仅直接影响了整个家庭结构中成员之间的位次关系，对其他建构原则如辈分次序原则、血缘亲疏原则和年龄长幼次序原则等也会带来一定的冲击，也给孙吴家庭结构的复原带来极大不便。但是，按照此种原则登录的家庭简，可以体现合户家庭内部成员之间的亲属关系，免于将其与合户家庭之外的其他成员相混淆。"完全登录"原则保证了合户家庭内部的完整性和序列性。即便合户家庭将来要独立为户，将其从复合家庭的簿籍中移出即可，不会给簿籍造成大的混乱。这种合户家庭的"完全登录"原则，可能是出于方便人口管理的考虑。

5.非亲属成员间的依附程度次序原则

吴简中的非亲属成员，是指户下奴、户下婢、衣食客（衣食少）等依附于家庭并作为成员登录于家庭简的人员。户下奴婢与客的连记简并不多，但从柒·289“户下奴有长三尺 [依][食]客义年廿六”可知，户下奴位于衣食客之前。户下奴和户下婢只是性别不同，身份没有本质区别。其他如僮客等与衣食客虽然性质有一定区别，但都属于“客”的范围，[①]也应如同衣食客，位于户下奴婢之后。这意味着奴婢可能都位于客之前。

客与奴婢之间的位次，既不是辈分次序的要求，也不是血缘原则的体现。柒·289中身高三尺的户下奴有尚在婴幼期，却位于26岁的衣食客义之前，不是年龄长幼排序的结果。客与奴婢在家庭结构中的位次，与前面论述的家庭结构建构原则都没有关系，而应与其身份所体现出来的人身依附关系有关。奴婢虽然与户主没有血缘关系，但往往被视为主人的财产，与主人之间有着极强的人身依附关系。吴简中以“户下”来修饰奴婢，说明他们已被视为家庭成员。

客则不同。以“客”的身份登录于家庭之中，可能是为了便于人口管理和赋役摊派，并不是说他的地位已经发生根本性变化。秦汉魏晋时期客的地位呈下降趋势，有时甚至被视同奴婢，但尚无证据显示孙吴时期客已经完全等同于奴婢。客和奴婢是两个性质完全不同的身份名词，客还没有奴化到失去“客”这一身份的地步。唐长孺先生曾指出，自西汉中叶起客的地位开始卑微化，逐渐由外来人的原始含义变成一种身份性称呼，但直到东汉末三国初期，将客

---

① 谷口建速先生注意到吴简中有两种“客”：一是登记于主家户籍、与主家有很强从属性的客；一是自己拥有独立户籍的客。后一种虽有“客”的身份，但是作为给役从事佃客劳役的人，自身作为独立的编户民登录到吏民簿。没有迹象表明他们是私人的依附民或隶属民，参见氏著《長沙呉簡にみえる佃客と限米》，伊藤敏雄、窪添庆文、关尾史郎编：《湖南出土簡牘とその社会》，第143—165页。这里的“客”是与主家有人身依附关系的“客”。

视同于奴的社会事实并未得到法律认可，客仍属于良人。[①]也有学者认为，登录在家庭简中的客没有像奴婢那样用“户下”来加以限制，说明“身份上他们还是自由人”。[②]孙吴时期客的地位具有相当的独立性，与主人的人身依附关系远没有奴婢那样强烈。从秦汉魏晋的社会结构关系看，三国孙吴时期客的地位还没有下降到与奴婢完全相同的地位。即便到了魏晋时期，客的地位急剧下降、几乎与奴婢相同时，至少在法律上或者名义上，客的地位都要略高于奴婢。研究魏晋社会结构的学者将客和奴婢视为两个不同的阶级，认为居于社会最下层的奴婢地位要低于客。[③]

家庭简中客位于奴婢之后，并不是因为客的地位比奴婢低，而是因为客和奴婢与户主的依附程度不同。[④]与客和户主的依附关系相比，户下奴婢与户主的依附关系要强烈很多，故而奴婢列在亲属成员之后，并以“户下”限制。客的依附性相对较弱，且没有加以“户下”限制，说明客还不算完全意义上的家庭成员。客排在户下奴婢之后，是非亲属成员间按与户主依附关系从强到弱排列的次序原则的结果。[⑤]

---

① 唐长孺：《魏晋南北朝隋唐史三编》，北京：中华书局，2011年，第28—36页。

② 沈刚先生认为限佃客“身份上他们还是自由人”，参见氏著《长沙走马楼三国竹简研究》，第202页。我们认为所有的客都具有类似性质和地位。

③ 何兹全：《中国古代社会及其向中世社会的过渡》，北京：商务印书馆，2013年，第585页；朱大渭、刘驰、梁满仓、陈勇：《魏晋南北朝社会生活史》，北京：中国社会科学出版社，2005年，第18、27页。

④ 陈爽先生曾对客和奴的身份和地位进行区别，参见氏著《走马楼吴简所见奴婢户籍及相关问题》，《吴简研究》第1辑，第160—166页。

⑤ 如果用“依附”一词来比附家庭成员与户主的关系，他们与户主的“依附”程度关系为：血缘亲属＞非血缘亲属；直系血缘＞旁系血缘；家庭成员＞非家庭成员。这也符合血缘亲疏原则。

孙吴家庭的建构原则，至少在秦代已初见端倪。里耶秦简中有登录户籍的“户版”，家庭成员的登录顺序与孙吴家庭简有相似之处，列举2例如下：

（1）南阳户人荆不更大□　妻曰嬛　子小上造视

弟不更庆　庆妻规　子小造□　　里耶K43

（2）南阳户人荆不更宋午　子小上造传　卫子小女子□　臣曰禚

弟不更熊　熊妻曰□□　子小上造逐

弟不更卫　卫妻曰□　□子小上造□　熊子小上造□

里耶K2/23[①]

“户版”中“（前一人名+）亲属称谓+爵位+人名”的登录格式，与吴简中“（前一人名+）亲属称谓（+公乘/士伍）+名”的格式如出一辙。铃木直美先生注意到，在亲子型、兄弟型的扩大家族中以夫妻为单位登录家庭成员，秦代户籍记载体现出男女、大小之别以及血缘与奴隶的差异。[②]里耶秦简“户版”对家庭成员的记载顺序虽然与孙吴并不完全相同，但诸如血缘亲疏、年龄大小、奴隶排后的登录原则与孙吴家庭是一致的。古代中国的家庭在诸如建构原则等方面，虽然经历了时代变迁，但依然体现出强烈的传承特征。

通过对吴简中家庭连记简的分析，可以总结出孙吴建构家庭结构的五大原则，即辈分次序原则、血缘亲疏次序原则、同身份成员间的长幼次序原则、合户家庭的“完全登录”原则和非亲属成员间

① 湖南省文物考古研究所编：《里耶发掘报告》，长沙：岳麓书社，2006年，第203—204、205页。

② 铃木直美：《中国古代家族史研究－秦律・漢律にみた家族形態と家族観－》，东京：刀水书房，2012年，第42—53页。

的依附程度次序原则。这些建构原则可用于复原那些与家庭相关的簿籍。但是，具体到某个家庭结构的建构时，其优先使用了哪一原则，不能一概而论，需要视情况而定。这会影响我们的复原工作。另外，家庭简中存在一些位次特殊的简例。虽然这些特殊的简例数量较少，但也会对具体的复原工作造成影响。不过，家庭简的成员登录一般都要记载亲属称谓，甚至在亲属称谓前还有上一简成员（或连记简中最后一人）的名字。如果我们将这些信息与建构原则配合使用，再参考吴简的揭剥图，可能会更有利于簿籍复原工作的顺利推进。

二、孙吴家庭结构的影响因素

孙吴家庭结构的构建原则多样，家庭结构非常复杂，这是什么原因所造成？在此，我们以吴简为依据，结合当时的时代背景，对影响孙吴家庭结构建构的主要因素进行分析。

1. 血亲、姻亲关系与家庭的自然凝结

吴简所见孙吴家庭结构较为复杂。于振波师认为吴简中存在核心家庭、主干家庭、复合家庭等多种家庭结构类型，[①]町田隆吉先生用“同居”的概念将名籍中的“户”分为单纯家族世代（核心家族世代）、扩大家族世代、多核家族世代和非家族世代四类。[②]不论家庭结构如何复杂，不论什么时候，对于中国家庭而言，“使得家的各个成员联系起来的基本纽带便是亲属关系”[③]。孙吴家庭结构得以

---

① 于振波：《吴简所见户的结构小议》，《走马楼吴简续探》，第25—38页。

② 町田隆吉：《長沙呉簡よりみた“戸”について—三国呉の家族構成に関する初步的考察—》。

③ 费孝通：《江村经济》（修订本），第71页。

建构的主要因素，正是家庭成员之间的血亲、姻亲等亲属关系。

户主和父、子女之间具有直系血亲关系，母、妻等为直系血亲的配偶。古代社会的“五口之家”，一般是由户主、父、母、妻、子这样的血亲、姻亲组成。祖父、祖母和孙子、孙女与户主之间也是直系血亲关系，不过他们是祖、孙关系。从祖辈到孙辈的结构完整的家庭，在数世同堂的大家庭中较为常见，“五口之家”中并不多见。吴简中存在由祖、孙构成的残缺家庭。[①]鲁肃“生而失父，与祖母居”，[②]正是这样的残缺家庭。

吴简中很多亲属已经超越了核心家庭的范围，但他们与核心家庭成员间存在着或亲或疏的血亲、姻亲关系。大父、小父、伯父、叔父、季父、从父、从小父、姑等户主的父辈，是以祖父为中心的血亲关系。大母、小母、叔母、季母是大父、小父、叔父、季父之妻，丈夫在世时以“妻”的身份同简连记于丈夫之后，丈夫亡故后则以大母、小母、叔母、季母的独立身份登录。这些父辈、母辈及其配偶、子女，在孙吴家庭结构中属于旁系血亲或宗亲以及姻亲，以祖父为血缘纽带合并于家庭结构之中。兄、姊、寡姊、寡嫂、男弟、女弟、从兄、从兄嫂、从男弟、从女弟等，与户主是平辈的旁系血亲或宗亲。户主的兄弟姊妹及其配偶、子女，是以父为纽带的亲属成员。母父、舅父、舅、舅妻、舅嫂、母的姪子、舅女等母族成员，妻父、妻母、小妻母、妻兄、妻从兄、妻弟、妻男弟、妻从男弟、妻女弟、妾男弟、妻姪等妻族成员，属于关系较为疏远的姻亲。这些母族、妻族成员及其配偶、子女，以母、妻为纽带存在于

---

① 柒·2载：“宜阳里户人韩时年七十九　妻汝年六十四　孙子男客年九岁。”应是子、媳双亡。

② 陈寿：《三国志》卷54《吴书·鲁肃传》，北京：中华书局，1982年，第1267页。

家庭结构之中。孙吴家庭的亲属构成可用下图（图1.1）表示：

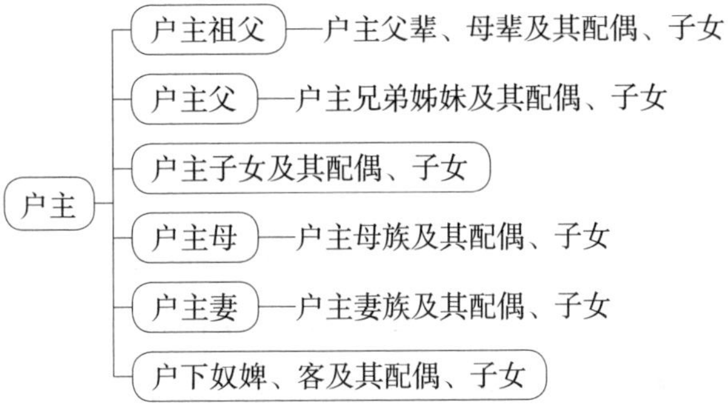

图1.1：孙吴家庭亲属构成示意图

吴简中家庭成员都记有各自的身份。这些身份名词中除户下奴、户下婢、衣食客等之外，其他都含有亲属称谓。户下奴、户下婢、衣食客等在吴简中出现的人次并不多，[1]所依附的家庭户数自然更少。以亲属称谓进行家庭成员之间的先后联结，标明了成员之间的亲属关系。亲属关系既是接纳亲属成员的重要原因，也是选择合户对象的考虑因素。吕蒙南渡之后“依姊夫邓当”，陆逊年少时“随从祖庐江太守康在官”。[2]吴简中一份木牍文书记载：

都市掾潘羜叩头死罪白：被曹敕，推求私学南阳张游发遣诣屯言。案文书，辄推问游外王母大女戴取。辞：游昔少小随姑父陈

---

① 于振波师曾依据当时公布的竹简推算奴婢约占总人口的1.85%，参见氏著《略论走马楼吴简中的“户下奴婢”》，《走马楼吴简续探》，第123页。虽然现今公布的竹简大幅增加，但奴婢在总人口中所占比例没有太大变化。

② 陈寿：《三国志》卷54《吴书·吕蒙传》，第1273页；《三国志》卷58《吴书·陆逊传》，第1343页。

密在武昌，密以黄龙元年被病物故。游转随姊聟州吏李恕，到今年六月三日游来（？）□取家。其月十三日，游随故郭将子男钦□到始安县读书，未还。如取辞。□曹列言。□南部追□发遣□诣大屯。又游无有家属应诏课者。谨列言。狞诚惶诚恐、叩头死罪死罪。

诣　户　曹

十一月十五日辛丑白　　　肆·4550①

南阳人私学张游先后随姑父陈密、姊聟（婿）李恕和外王母戴取生活，选择和被选择都在亲属关系之中。孙吴家庭结构以户主为核心，以户主、祖父、父、母和妻为纽带，将亲属中的血亲、姻亲等凝结到家庭之中，在自然状态下建构而成。

2. 经济、健康状况与家庭结构的形成

吴简显示孙吴时期有很多残缺家庭。女子为户主的家庭一般是丈夫亡故，孙子直接位于户主（或户主妻）之后的家庭应是儿、媳双亡，大母、小母、叔母、季母、舅妻、舅嫂、妻母、小妻母等虽然没有登录“寡”字但实际已经丧夫，寡姑、寡嫂、寡姊等明确表明了丧夫的寡妇身份。这些人员不少有子或女，但又丧夫，属于“尪羸老顿贫穷”的残缺家庭。战乱、赋税徭役以及苛政等产生了大量残缺家庭。如学者所言，残缺家庭合并到户主家庭之中，体现了家庭接纳老幼、救助亲属等相互扶助、救济的社会功能。[①]

孙吴家庭结构的形成不仅与亲属关系有关，也跟家庭的经济状况有关。据蒋福亚先生对《嘉禾吏民田家莂》中吏民佃种土地数额

① 于振波：《吴简所见户的结构小议》，《走马楼吴简续探》，第35—37页；町田隆吉：《長沙呉簡よりみた“戸”について—三国呉の家族構成に関する初步的考察—》，第36—38页。

的统计数据可知，嘉禾四年有65.27%的家庭佃种土地在40亩以下，嘉禾五年佃种土地在40亩以下的家庭达到80.07%，上升了14.8%。其中佃种土地1—5亩的家庭从嘉禾四年的25户激增到嘉禾五年的104户，增长了316%；佃种土地6—10亩的家庭从嘉禾四年的62户增加到嘉禾五年的169户，增长率为172.58%；佃种土地11—20亩的家庭从嘉禾四年的111户增加到嘉禾五年的282户，增长率为154.05%。嘉禾四年和嘉禾五年纳入统计的户数不一样，嘉禾四年为622户，嘉禾五年为1144户。[①]即便考虑到两年间的民户增长率（83.92%），土地在20亩以下的家庭数量依然增长太快。家庭不仅耕种土地较少——多在40亩以下，且有明显减少的趋势。在赋役繁重和土地减少的双重背景下，孙吴时期多数家庭面临日渐贫困的经济状况。

孙吴家庭的贫困化可能不限于嘉禾四年、五年，而是较长时期内存在的普遍现象。考虑到北方民众的南迁、山地蛮夷的内徙、人口的自然增长等多种因素，孙吴控制的民户数量呈整体上升趋势。在土地资源有限的情况下，即便不断开垦土地，民众的大量增加也必将导致每户耕种土地的减少。农业社会中土地是家庭特别是下层民众家庭最主要的经济来源，土地的减少意味着家庭的贫困化。町田隆吉先生认为连续的耕地细分可能会带来生活的贫困化，为了避免出现此种情况就不能分割财产，也不能分家别户，其结果就是扩

① 蒋福亚：《走马楼吴简经济文书研究》，北京：国家图书馆出版社，2012年，第16页。另外，林益德先生也曾对《嘉禾吏民田家莂》进行统计，数据与蒋先生略有不同，可以相互参阅，详见氏著《孙吴时期长沙郡的土地问题——以〈嘉禾吏民田家莂〉为中心》，《台湾师大历史学报》第56期，2016年。

大家族世代或多核家族世代等家族形态的产生。[1]林益德先生分析了嘉禾四年、五年田家土地占有及变化情况，认为土地数量和单块土地面积大小都与田家贫富程度存在关联，贫穷者土地少，土地碎裂程度高，占有享受税率优惠的余力田较少。[2]日益贫困的家庭经济状况，要求两个或数个残缺家庭相互联合才能应对生活压力。江陵凤凰山《郑里廪籍》中有田8亩的户人圣移户到越的户籍，[3]是因土地较少、经济贫困而合户的有力例证。西汉初期尚且如此，经过汉末大乱的孙吴时期更是可想而知。

不过，贫困化的家庭经济并未推动孙吴家庭规模的大幅扩张。我们以家庭合计简为依据，对孙吴家庭的人口规模统计如下表（表1.1）：

① 町田隆吉:《長沙呉簡よりみた“戸”について一三国呉の家族構成に関する初步的考察一》，第37—38页。

② 林益德:《孙吴时期长沙郡的土地问题——以〈嘉禾吏民田家莂〉为中心》。

③ 整理者认为圣把户口移入他户是因为圣已经丧失土地而沦为耕庸了，释文及观点参见湖北省文物考古研究所编《江陵凤凰山西汉简牍》，北京：中华书局，2012年，第106、141页。这种合户应是圣受经济压力所迫而不是因为丧失土地，因为简文中明确记载他有土地8亩。

表1.1：吴简所见孙吴家庭人口规模统计表[①]

家庭人数	户数	家庭人数	户数	家庭人数	户数
1人	21	10人	67	20人	1
2人	236	11人	67	21人	2
3人	436	12人	42	22人	2
4人	503	13人	30	23人	1
5人	497	14人	20	24人	1
6人	340	15人	20		
7人	232	16人	13		
8人	129	17人	5		
9人	122	18人	4		
		19人	1		
10人以下	2516	10—19人	269	20人以上	7
不明	506[②]	总计	3298		

① 本表数据来自《长沙走马楼三国吴简　竹简》(壹)—(玖)。其中，柒·5032“右口食五十一人”，与“右”类家庭合计简的格式不同，且人数较大，可能不是某家人口的统计，应是数户人口的合计简。另有如壹·825“☐朋家口食☐”，壹·5099“☐筭二☐”，和玖·6076“☐筭一事”，符合家庭合计简的格式，暂视为家庭的合计简。但仅残留“訾一百”“訾五十”字样的简，因为某些户主简中也有类似记载，暂不将其视为家庭合计简。需要特别说明的是，因为家庭简中有多年登记的内容，可能有的家庭在吏民簿等户籍中有登记，在诸吏簿等簿籍中也有登记，以家庭合计简统计得出的户口数量有重复统计的情况。但是很多简文残缺，不少家庭简无年份记载，无法将这些家庭简完全复原，也就无法剔除重复的内容。本表数据虽然不够精准，但依然有重要参考价值。需要说明的是，不能以此来判断临湘的民户数量。

② 如伍·4977“☐　·右一家合十□☐”这样记录不完整的简，也暂归入“不明”统计。

由表可见，吴简中人数最少的家庭为1人，有21户。人数最多的家庭为24人，只有1户。绝大多数家庭的人口在10人以下，有2516户，在3298户家庭中占76.29%。10—19人的家庭有269户，占比8.16%，不到1/10。20人以上的大家庭非常稀少，只有7户。值得注意的是，人口规模在3—6人的家庭，户数都超过了300户，共1776户，占比53.85%，是吴简中家庭人口分布最集中的数值段。

就吴简所见，孙吴时期家庭人口多在10人以下，尤以3—6人的家庭居多，占一半以上。这种家庭人口的分布情况，与中国古代家庭平均4—6人的传统认识基本相符。①江陵凤凰山10号墓出土的《郑里廪籍》所见，该里25户民户中有19户（76%）为3—6人的家庭。②麻国庆先生认为："土地的拥有量和家庭规模的大小呈正比。"③蒋福亚先生曾统计孙吴家庭土地多在11—40亩之间。考虑到亩产量以及赋税制度，11—40亩可能是3—6人的家庭能勉强维持生活的土地数量。孙吴的家庭规模与民户的土地数额存在内在关联。家庭的经济状况既要求残缺家庭相互联合以应对生活压力，同时也限制了家庭规模的大小。

孙吴家庭结构的形成不仅与家庭经济状况有关，可能还与家庭成员的身体健康状况有关。长沙地区自建安二十年（215年）归吴以来，先后发生了建安二十一年（216年）的吴砀之叛，建安二十四年（219年）吴蜀的荆州之战，建安二十六年（221年）至吴黄武元年（222年）的夷陵之战，黄龙三年（231年）至嘉禾三

① 麻国庆：《家与中国社会结构》，第24—26页。

② 湖北省文物考古研究所编：《江陵凤凰山西汉简牍》，第106—112页。

③ 麻国庆：《家与中国社会结构》，第155页。

年（234年）的讨伐五溪蛮夷之战。[①]二十年间，大战数起。战争不仅造成社会动荡，百姓流离失所，更为重要的是造成大量人员特别是成年男子的伤亡。此外，还有因为其他原因而身有残病者。日本学者福原启郎先生将吴简中近百种伤病分为踵足类、刑类、[苦]腹心病、盲目类、聋耳类、雀类、[苦]风病、[苦]狂病·[苦]凴病、[苦]喉病、[苦]癰（通“痈”）病、其他等共11类。[②]可见当时残病名目繁多。长期战乱导致的社会动荡和对经济的破坏，苛政下百姓自残以逃避赋役的无奈选择，[③]是造成孙吴家庭成员身体诸多残病的根本因素。

现今公布的吴简有数万枚之多，短时间内无法对每一家庭的簿籍进行复原，未能得知家庭成员身体健康的程度和比率。但从吴简中众多的残病名目以及高频率的残病人次推测，即便吴简中存在成员都无身体残病的家庭，这样的家庭也不会太多。多数家庭中有一人或数人身体有残病。残病的身体既无助于保护自己及家人，也无法较好地组织生产以改变家庭的生活状况。为了保护自己及家人，也为了自己及家人能生存或更好地生存下去，身体有残病者选择与亲属合户无疑是最佳选择。家庭成员身体普遍化的残病状况，也推动着孙吴家庭结构的形成。

3. 孙吴“从俗而治”的家庭治理策略

秦国商鞅变法时规定：“民有二男以上不分异者，倍其赋”，

---

① 王素：《汉末吴初长沙郡纪年》，《吴简研究》第1辑，第40—86页。

② 福原启郎：《長沙呉簡の傷病表記の特徴》，伊藤敏雄、窪添庆文、关尾史郎编：《湖南出土簡牘とその社会》，第197—216页。

③ 于振波：《苛政与自残》，《走马楼吴简初探》，第153—174页。

“令民父子兄弟同室内息者为禁”。[①]一般认为，“二男分异”是秦国要求民众分家别户以增加赋税收入的管理政策。自此以后，儿子成年后必须与父亲分家、另立户籍成为秦汉的家庭治理政策。[②]许倬云先生对居延汉简28户家庭研究后发现，在家庭结构上未见一家有两口壮丁及两兄弟都已婚而仍在同一户的例子。[③]可见“二男分异”的人口政策到汉代仍在执行。成年男子需要分家，成年女子也必须出嫁，否则要受到国家的经济惩罚。汉惠帝时规定：“女子年十五以上至三十不嫁，五算。”[④]正是“二男分异”“不嫁五算”等国家政策催促百姓不断地分家和嫁女，从而产生出的众多小家庭，成为国家统治的社会基础。除了国家政策之外，家庭的经济状况一般也难以维持大家庭的存在。罗彤华先生认为，出于家庭经济状况、土地和居住等现实条件的限制，汉代兄弟婚后共居的大家庭，一般是富有的家庭。[⑤]两汉时期出现了一些数世同堂的大家庭，“同居共财”是东汉大家庭的显著特征，但这只是在社会上层或权势之家中出现的少数情况。出于国家政策和家庭经济的压力，儿子成年后需要从原家庭中分离出来另立门户，女子也要出嫁。

孙吴时期存在分家别户的情况。贰·816载：“右三户口食六人

---

① 司马迁：《史记》卷68《商君列传》，北京：中华书局，1982年，第2230、2232页。

② 前引里耶秦简“户版”K2/23中，户人的弟弟宋熊、宋卫都已经成婚，甚至有子，但并未分家别户，而是与哥哥宋午合户共籍。“户版”中有“荆+爵位”，学界一般认为这是秦国刚占领楚地、暂时按楚地习俗登记的结果。“户版”中未强制分家别户，可能是刚刚纳入秦国统治下的暂时性过渡措施。

③ 许倬云：《汉代家庭的大小》，《求古编》，台北：联经出版事业公司，1982年，第521—528页。

④ 班固：《汉书》卷2《惠帝纪》，北京：中华书局，1962年，第91页。

⑤ 罗彤华：《汉代分家原因初探》，《汉学研究》1993年第1期。

过年别户各有父母兄☐。”“别户”即从原来的户籍中独立出来，分别建立自己的户籍。有学者认为中国社会的分家很多是基于现实生活的“农民社会的一种理性的选择”。[①]鹫尾祐子先生认为经济因素左右家庭人数的多寡，经济条件与家庭规模相关联。[②]家庭人口的多少是判断家庭贫富的重要标志。岳庆平先生认为：“家庭规模越大，财产越集中，户等也就越高，承担的赋役也就越重。”[③]别户会带来家产的分散和户等的降低，进而可能会减少承担的赋役。柒·4466载：“□曹言答府部吏区光等料实今年下户未讫事　十一月廿日户曹掾兼□曹史赵野白。”区光等核查下户的行为说明当时可能存在冒充下户的事例，因为下户所交赋税较少。下户与老弱病残的民户有关，也与家庭人口的多寡有关。别户行为可能伴随有逃避赋役的情况发生。料实下户正是为了防止通过别户减少家庭人口以降低户品，进而少交赋税的舞弊行为。

政府料实下户的行为与民众别户的现象同出现于吴简中，说明孙吴政府对民众家庭的管理有一整套制度和行政机构。这些管理制度和行政机构的良好运行，是孙吴政府持续存在的重要保证。问题在于，有着良好运行制度和机构的孙吴政府，如果也施行过强制民众分家别户的政策，那么为何吴简中又会有如此多的复合家庭？吴简中6人以上的家庭多有两个成年男子或其他合户人员。即便是6人以下的家庭，也不乏可以别户的复合家庭。家庭简中有户主、父、母、妻、子之外亲属成员的家庭多为复合家庭。有的是因为原家庭成年男子亡故而来合户，有的是因为原家庭男子身体残病而来

---

① 麻国庆：《家与中国社会结构》，第48页。

② 鹫尾祐子：《長沙走馬楼呉簡にみえる“限佃”名籍について》。

③ 岳庆平：《中国的家与国》，第164页。

合户，可能还有其他原因。于振波师曾经指出："在走马楼户籍简中，主干家庭与复合家庭占有较高比例，核心家庭在数量上并不占绝对优势。"[①]鹫尾祐子先生也认为吴简中核心家庭可能居于少数。[②]这些主干家庭和复合家庭不少是有两个成年男子的家庭。按照"二男分异"政策，很多家庭须要别户，但实际上它们却以复合家庭等形式普遍存在着。

吴简中复合家庭的大量存在，说明孙吴在选择家庭治理政策时，并没有采取强制民众分家别户的政策，而是选择了"从俗而治"的策略，即遵从民众的自主选择。如果民众愿意分家，国家就为他们另立户籍。如果民众愿意联合在一起组建复合家庭，国家也不强制分拆。

孙吴之所以采取"从俗而治"的家庭治理策略，是多种原因所致。细细考究，其主要原因可能有以下几方面。

（1）顺应民心以获取支持的政治诉求

孙吴政权没有曹魏和蜀汉那样可以凭借的家资和名望，完全是凭借武力建立的政权。如果没有民众的支持和拥护，政权将很难维持。自东汉中后期以来，社会常年动荡，特别是黄巾起义之后，军阀混战，百姓流散。在此背景下，社会上出现了许多复合家庭来共同应对经济压力和生活困难。复合家庭是因某些成员需要救济和扶持而形成，如果孙吴政府强制他们分家别户，建立复合家庭的初衷就会丧失，那些合户家庭将可能再次沦为贫弱民户而时刻面临死亡的威胁。死亡的直接威胁是激起民变最直接、最重要的原因。孙吴

---

① 于振波：《吴简所见户的结构小议》，《走马楼吴简续探》，第37页。

② 鹫尾祐子：《呉簡吏民簿と家族・女性》，窪添庆文编：《魏晋南北朝史のいま》，第260—263页。

如果强制要求复合家庭分家，可能会遭到民众的激烈反抗。相反，如果遵从民众自己的选择，承认复合家庭的既成事实，则可以顺民意、得民心，在较短时间内得到民众的支持和拥护，从而快速建立和巩固政权。利弊权衡之后，孙吴政府不难做出明智的决策。

（2）家庭结构不决定财政收入的经济因素

吴简所见孙吴赋税名目繁多，但最主要和最稳定的财政收入应是户钱和田租。① 按户品高低交纳的户钱是孙吴财政的重要部分，但户品高低由家资决定，与家庭结构无关。政府会经常核查户品，通过降低户品减少户钱交纳的行为有很大风险。户品受到政府的严密监控，一般民众难以通过降低户品来少交租税。在孙吴的财政收入构成中，按户征收的户钱是财政的重要来源，但可能不是最主要的构成部分。② 更为重要和稳定的财政收入应是田租。田租以田亩多少为征收依据，与家庭结构、人口数量无关。在此赋税体制下，社会成员如何组成家庭，家庭规模大小如何，对孙吴财政没有太大影响。③ 因此，尊重民众的家庭组合，既可获得民心，又无损于实际的经济利益，“从俗而治”的家庭治理策略无疑是最优的政策选择。

---

① 有学者认为“汉代的主体税种是田租与口赋”，参见杨际平《秦汉财政史》，长沙：湖南人民出版社，2015年，第58页。孙吴亦是如此。

② 凌文超先生认为“户品出钱”（我们所说的“户钱”）是孙吴在嘉禾五年临时征收的调钱，不是常税性质的“户税”“户訾”“户赋”，其与吴简中的“八亿钱”是同类钱种，一强调数量，一强调征收方式，参见氏著《吴简与吴制》，北京：北京大学出版社，2019年，第292—297页。

③ 韩树峰先生也认为孙吴百姓共籍与赋税政策有关，参见氏著《汉魏法律与社会：以简牍、文书为中心的考察》，第175—179页。

（3）“二男分异”政策松动的制度影响

如前所述，商鞅变法所确立的“二男分异”政策是秦汉时期重要的家庭治理政策，长期得到执行。不过，这种政策后来可能出现了新的变化。长沙尚德街东汉简2011CSCJ482②：1–1载：

诏书：庶人不与父母居者，为仕伍，罚作官寺一年。

这批简牍的时代为东汉中晚期到三国孙吴早中期。[①]诏书要求，如果庶人与父母别居，具有“士伍”（汉代指成年健壮的男子）身份者将被处罚到官署劳作一年。诏书本意可能只是处罚与父母分居的行为，而不是要禁止成年男子分家别户。但正是这份诏书带来了东汉家庭治理的政策变化。

这份提倡孝道的诏书，可能产生了突破“二男分异”政策的客观影响。诏书本身并不是对“二男分异”政策的废止，但这份提倡孝道的政治文件无疑推动了大家庭的发展和家庭结构的变化。国家提倡孝道，鼓励与父母“同居”在一个屋檐下，顺应了西汉以来大家庭发展的趋势，这是促成诏书出台的社会动因。诏书的出台和执行，又反过来推动了大家庭的发展。按照诏书要求，百姓特别是成年男子可以与父母居住在一起。随着制度的长期执行，家人“同居”将日益普遍。家人“同居”的普遍化、长期化和常态化，必将推动家人“同居”走向家人“同居共籍”。既然为了孝道可以长期“同居”在一起，那么为了彰显孝道而“共籍”，即登录在同一户籍，也就不是不可逾越的鸿沟。可能从东汉中后期开始，“二男分异”政策既未明文废止，也不强制执行。但“同居共籍”现象的出

① 长沙市文物考古研究所编：《长沙尚德街东汉简牍》，长沙：岳麓书社，2016年，第220、82页。

现并日渐普遍，从事实上突破了“二男分异”对家庭结构的政策限制。“同居共籍”的复合家庭，逐渐成为东汉政府默许的社会现实。

“二男分异”政策和“同居共籍”现象，从东汉中后期开始就已经共同存在，并一直延续到孙吴时期。作为承袭汉制的孙吴政府，自然没有必要强力改变这一长期存在、已被政府和百姓认同的社会现状。相对于百姓的支持和并无太大损失的国家财政而言，百姓是否“同居”，是否“共籍”，其实已经不那么重要了。“二男分异”政策松动对家庭结构的制度影响，加之顺应民心以获取支持的政治诉求，以及家庭结构不决定国家财政收入的状况，孙吴政府采取“从俗而治”的家庭治理策略，也就顺理成章了。

费孝通先生对1930年代开弦弓村的调查结果显示，大约58%的家庭是以一对已婚配偶为核心，再包括几个父系亲属。即便后来某些成员结婚，这类不稳定的家庭仍然占总数的27%。[①]这种不稳定的家庭结构，在1700多年前的孙吴时期已很常见。不过，孙吴家庭结构远比开弦弓村的家庭结构复杂。孙吴的家庭结构以户主、祖父、父、母、妻为纽带，成员之间通过血亲、姻亲等亲属关系自然凝结而成。日益贫困的经济状况要求残缺家庭通过相互联合来应对生活压力，但经济状况也限制了家庭规模的无限扩张。普遍存在的家庭成员身体残病的状况，也推动着多种家庭结构的形成。面对多种家庭结构并存的既成事实，孙吴政权选择了“从俗而治”的家庭治理策略，遵从民众的自主选择以换取民众的支持。孙吴家庭结构的建构是多种因素共同作用的结果，在较为自然的状态下建构而成。

---

① 费孝通：《江村经济》（修订本），第34页。

孙吴家庭结构的建构过程中，既没有强制施行分家别户的家庭治理政策，也没有完全遵从家庭伦理的辈分尊卑，说明孙吴政权并不关心单个家庭的内部构成。商鞅变法要求民众分家的政策与耕战政策相辅相成，主要意图并不在于抑制家庭规模，而是要通过分家后建立众多小家庭来促进农业生产，以最大限度地调动劳动资源来实现其“耕战”目标。正如学者所言，商鞅分异令是要“通过细分家族来提高各家的生产意识，并使其拥有生产的责任感”。[①]与商鞅变法时秦国地广人稀的情况不同，孙吴面临着人口众多而土地有限的社会问题。孙吴政府不能通过分家政策来促进农业生产，而只能改变国家税赋体制来适应已经存在的家庭结构，从而实现巩固统治和增加税收的双重目的。秦国、孙吴虽然施行了不同的家庭治理政策，但却殊途同归，基本上都实现了政策的预设目标。这说明国家主要关心的不是家庭结构，而是因时制宜，选择那些最有利于自身统治的政策。

不少学者认为，汉代以小家庭为主，魏晋南北朝隋唐时期则出现了不少大家庭。从汉代的小家庭为主到魏晋南北朝时出现不少大家庭，家庭规模和家庭结构的变化可能都与孙吴时期这种复杂多样的家庭结构存在关联。虽然没有资料来对曹魏、蜀汉的家庭结构进行详细考察，但同处乱世的曹魏和蜀汉，可能具有与孙吴相类似的家庭结构。汉末大乱后所形成的类型多样的家庭结构，待社会稳定、经济恢复之后，既可以分成众多的小家庭，也很容易发展为大家庭。处于秦汉与魏晋之间的孙吴，正处于“承上启下”的家庭结构的过渡时期。

---

① 守屋美都雄：《中国古代的家族与国家》，钱杭、杨晓芬译，上海：上海古籍出版社，2010年，第232页。

第二章

走马楼吴简与士伍、公乘及孙吴爵制

士伍和公乘是秦汉以来就已存在的身份。传世文献对士伍和公乘虽有所记载，但更为详细的记录则出现在睡虎地秦简、里耶秦简、岳麓秦简、张家山汉简、居延汉简等秦汉简牍中。关于秦汉时期的士伍和公乘，学界已有相当丰富的研究成果。不过，某些问题上还存在分歧，某些疑问并未得到很好的解释。另外，走马楼吴简中出现了秦汉简牍中未曾见到的新情况，有专门研究的必要。

走马楼吴简出土前，学界对孙吴爵制研究并不多，[①]主要原因在于传世文献对孙吴爵制记载较少。传世文献多记载王、侯等较高的

---

① 主要有，高敏：《孙吴奉邑制考略》，《中国史研究》1985年第1期；高敏：《孙吴封爵制的创始年代考略》，《许昌学院学报》1992年第2期，两文后收入氏著《魏晋南北朝史发微》，北京：中华书局，2005年，第1—15、94—106页；陈明光：《孙吴封爵制度商探》，《中国史研究》1995年第3期，后收入氏著《汉唐财政史论》，长沙：岳麓书社，2003年，第43—51页；李文才：《孙吴封爵制度研究——以封侯为中心》，《魏晋南北朝隋唐政治与文化论稿》，北京：世界知识出版社，2006年，第5—64页；沈刚：《汉代国家统治方式研究：列卿、宗室、信仰与基层社会》，北京：社会科学文献出版社，2017年，第123—132页。

爵位，很少涉及低级爵位。走马楼吴简中不仅出现了王爵、侯爵，[①]还出现了大量的公乘爵位，为探讨孙吴爵制提供了新的契机。孙吴爵制的价值何在，也是我们关注的问题。

第一节　汉晋时期士伍的身份及变化

士伍身份问题历来受到学界关注。睡虎地秦简出土后，不少学者结合传世史料，对士伍进行过多角度的研究。张家山汉简中关于士伍的资料修正了过去的某些观点，走马楼吴简中也有不少关于士伍的记载。士伍不是孙吴首创，而是继承秦汉而来。虽然不少学者对秦汉、孙吴（主要依据吴简）时期的士伍身份进行过研究，但是某些问题依然存在争论，某些问题还需继续加以辨析。

一、问题的提出

不少学者对秦汉时期士伍的身份进行过专门研究。刘海年先生梳理各家观点后认为士伍是无爵或被夺爵后的男性成丁，属于庶民。[②]高敏先生表示赞同。[③]秦进才先生认为秦汉士伍存在差异，秦士伍从某种意义上说是庶民的一部分，汉代士伍一般是有重罪的人或其后代，身份低于庶人。[④]周厚强先生认为士伍是曾经有爵但被

① 吴简中出现了“桓王”“桓王庙”的记录，相关研究可参见王素《走马楼孙吴“桓王庙”简与长沙“孙坚庙”》，《汉唐历史与出土文献》，北京：故宫出版社，2011年，第193—200页。

② 刘海年：《秦汉“士伍”的身份与阶级地位》，《战国秦代法制管窥》，北京：法律出版社，2005年，第313—321页。

③ 高敏：《秦简中几种称谓的涵义试析》，《云梦秦简初探》（增订本），郑州：河南人民出版社，1981年，第329—332页。

④ 秦进才：《秦汉士伍异同考》，《中华文史论丛》1984年第2期。

夺去爵位的人。[①]朱绍侯先生分析认为秦汉士伍是“居住在里伍或什伍中的没有官职、没有爵位，在户籍上有名的成年男子”。[②]陈抗生先生认为秦代有一个广泛的“士伍”阶层，他们是由“什伍”组织相约束，以“士民”为内容的秦代男性百姓。[③]罗开玉先生认为秦代士伍可能源于商鞅的“什伍制”，是地方上的“伍”和军中“什伍”中无爵适龄男性的单称。[④]郑有国先生认为士伍是秦的无爵的“耕战之士”。[⑤]施伟青先生则认为士伍是必须服“正卒”徭役的无爵的男子。[⑥]

海外学者的观点与中国学者有相似之处。日本学者片仓穰先生认为士伍是有爵而被夺爵的人。[⑦]越智重明先生认为秦的士伍是对无爵的庶（=无爵、非官人）的称呼，汉代士伍是指无爵的庶的男子。秦“士伍”的“士”为军人之意，但汉“士伍”的“士”已丧失军人的意思。[⑧]鹰取祐司先生将张家山汉简《二年律令·户律》中从彻侯到隐官的一系列身份视为“爵制身份序列”，士伍处于该序列第0级的位置。[⑨]椎名一雄先生整理出汉代基本的身份序列为：

---

① 周厚强：《秦士伍的身份及其阶级属性辩析》，《求索》1991年第4期。

② 朱绍侯：《士伍身份考辨》，《军功爵制研究》（增订本），北京：商务印书馆，2017年，第395—403页。

③ 陈抗生：《“睡简”杂辨》，中国历史文献研究会编：《中国历史文献研究集刊》第1集，长沙：湖南人民出版社，1980年，第165—175页。

④ 罗开玉：《秦“什伍”、“伍人”考》，《四川大学学报（哲社版）》1981年第2期。

⑤ 郑有国：《秦简“士伍”的身份及特征》，《福建论坛（文史版）》1991年第6期。

⑥ 施伟青：《也论秦“士伍”的身份——与周厚强同志商榷》，《中国社会经济史研究》1993年第1期。

⑦ 片仓穰：《漢代の士伍》，《東方学》第36号，1968年。

⑧ 越智重明：《漢時代の賤民、賤人、士伍、商人》，《九州大学東洋史論集》第7号，1979年。

⑨ 鹰取祐司：《秦漢時代の刑罰と爵制的身分序列》，《立命館文学》第608号，2008年。

有爵称者——庶人——有劳动刑名者，士伍为无爵者之一。[①]石岗浩先生对椎名氏以军功来区分公卒、士伍、庶人三者身份的观点进行了批评，认为士伍是负有承担“从卒”职务义务的“卒”身份。[②]韩国学者任仲爀先生认为士伍的身份是有爵者和徒隶身份的交汇点，士伍处于爵制序列的第0级。[③]

吴简出土后，学者也对吴简中士伍的身份进行研究。王子今先生认为吴简中的未成年士伍可能与秦汉时期的“小爵”有关。[④]黎石生先生认为，按照秦汉法律的规定，士伍专指“因罪失官爵而从士卒之伍者”。吴简中的“士伍”籍具有世袭性，户籍身份不能随意变更。[⑤]沈刚先生依据吴简中士伍的年龄，认为“士伍就是不需要服役的儿童”。[⑥]凌文超先生认为秦汉初年士伍具备进入爵制序列的最低资格，延续了二十等爵制的级差。有服兵役权利和义务的男性才能成为士伍。孙吴时期士伍丧失了作为进入爵制序列的起始资格的意义，已无爵制等级身份的意义，只是特定乡里户籍簿中男童

---

① 椎名一雄：《“庶人”の語義と漢代の身分秩序》，《大正大学東洋史研究》創刊号，2008年；《漢代爵制的身分秩序の構造—“庶人”と民爵賜与の関係—》，《大正大学東洋史研究》第2号，2009年。

② 石岗浩：《公卒・士伍・庶人—秦代軍功爵制下的差別標識—（上）》，《アジア文化研究所研究年報》第48号，2014年。

③ 任仲爀：《秦汉律中的耐刑——以士伍身份的形成机制为中心》，卜宪群、杨振红主编：《简帛研究2008》，桂林：广西师范大学出版社，2010年，第55—68页。

④ 王子今：《走马楼简载录的未成年“公乘”、“士伍”》，《长沙简牍研究》，北京：中国社会科学出版社，2017，第271—284页。

⑤ 黎石生：《走马楼吴简所见“士伍”、“岁伍”、“月伍”考》，《史学月刊》2008年第6期。

⑥ 沈刚：《长沙走马楼竹简研究》，北京：社会科学文献出版社，2013年，第194—195页。

的称号。[1]日本学者永田拓治则认为鹰取祐司关于士伍的见解可以用来理解吴简中的士伍。[2]

关于士伍的身份，学者大多认为是无爵者——不论是曾经有爵后被夺爵或是原本就无爵，士伍本身不是爵位。即便如此，在士伍身份的具体判定上依然分歧明显。有的学者认为士伍属于庶民，有的认为是男子或男性百姓，有的认为是战士，有的认为士伍属于“卒”——士卒或“从卒”（或“从士卒之伍”），有的认为是罪人。意见并不统一。

鹰取祐司、椎名一雄和任仲爀等学者将士伍与爵位一并视为“爵制身份序列”。[3]《二年律令·户律》中确实存在一个包括士伍在内、上至彻侯（即列侯）下至隐官的身份体系，但将有爵者、无爵者甚至刑徒等都视为“爵制身份序列”的做法，多少有些不妥。无爵者和刑徒为什么就必须是“爵制”的身份？《汉书·百官公卿表》《汉官旧仪》等将列侯到公士的身份作为爵位，并未将士伍与爵制相关联。将士伍与爵制同视为爵制身份序列，不仅显得牵强，结论

① 凌文超：《走马楼吴简所见“士伍”辨析》，长沙简牍博物馆、北京大学中国古代史研究中心、北京吴简研讨班编：《吴简研究》第3辑，北京：中华书局，2011年，第153—166页。

② 永田拓治：《長沙呉簡にみえる公乘・士伍について》，南北科研・西南班编：《長沙呉簡研究報告　2008年度特刊》，新潟，2009年，第30页。

③ 楯身智志先生也持相似观点，他将上至诸侯王、包括侯、官爵、民爵、无爵者和刑徒在内的身份视为“爵制秩序”。另外，陶安あんど先生虽然认为士伍与公士等“有爵身份”和司寇等“刑罚身份”都是连续的身份制度的构成因素，相互之间具有序列关系，但也明确指出士伍是“庶人”、无爵的身份。椎名一雄先生也认为士伍与爵位存在序列关系并在同表中表示，但在“士伍”处明确标明“无”（无爵者之意）。陶安、椎名与鹰取等人的观点存在一定区别。分别参见楯身智志《前漢国家構造の研究》，东京：早稻田大学出版部，2016年，第2页；陶安あんど《秦漢刑罰体系の研究》，东京：创文社，2009年，第73、82、87—88页；椎名一雄《“庶人”の語義と漢代の身分秩序》。

也很奇怪。鹰取先生既然将士伍定为爵制序列的第0级，那么只能将身份略高的公卒视为第0+级，将身份略低的庶人视为第0–级，甚至将司寇作为该序列的第–1级，隶臣妾作为第–2级，鬼薪白粲为第–2.5级，城旦舂为第–3级。[①]这种排序方法甚为罕见。将公士之下的公卒到城旦舂的身份划分为第0+级到第–3级，[②]如此奇怪的身份等级划分可能不是古人的思维。将庶人甚至刑徒都纳入爵制身份序列的观点，稍稍有欠妥当。

士伍身份具体如何，其与爵制、庶人、刑徒之间是怎样的关系，在整个社会身份体系中处于何种位置，具有什么样的作用，身份特殊性从何而来，特殊性的意义何在，诸如此类的问题都有待详加考察。

二、秦汉简牍文书所见士伍

士伍在秦汉简牍中大量出现。里耶秦简中有士伍的多种记录。[③]有负责文书传递的士伍，如下：

七月癸亥旦，士五（伍）臂以来。/嘉发。　　里耶5-1背

校释者认为“以来”指“把文书送达”。[④]臂以士伍身份承担了传递文书的任务。此外又有执行戍守任务的士伍，如：

☑【尉】府爵曹卒史文、守府戍卒士五（伍）狗以盛都結。

里耶8-247

---

① 鹰取祐司：《秦漢時代の刑罰と爵制的身分序列》。

② 任仲爀先生将它们划分为从第0+级到第–5级，与鹰取祐司先生的表述略有不同，参见氏著《秦汉律中的耐刑——以士伍身份的形成机制为中心》，《简帛研究2008》，第65页。

③ 本书所引简牍中，有的写为“士五”，有的写为“仕伍”，有的写为“士伍”。除所引简文依照释文外，其他地方统一称为“士伍”。

④ 陈伟主编：《里耶秦简牍校释》第1卷，武汉：武汉大学出版社，2012年，第1、7页。

罚戍士五（伍）资中宕登爽署迁陵书。☐　　里耶8-429

卅年五月戊午朔辛巳，司空守敞敢言之：冗戍士五（伍）□归高成免衣用。　　里耶8-666+8-2006

☐人忠出贷更戍士五（伍）城父阳郑得☐　　里耶8-850

☐贷適（谪）戍士五（伍）高里庆忌☐　　里耶8-899

卅一年十月乙酉，仓守妃、佐富、稟人援出稟屯戍士五（伍）孱陵咸阴敞臣。富手。　　里耶8-1545[①]

里耶秦简中至少存在戍卒士伍、[②]罚戍士伍、冗戍士伍、更戍士伍、適（谪）戍士伍、屯戍士伍等6种与戍守有关的士伍。出于各种原因他们去执行戍守任务，但基本身份依然是士伍。

里耶秦简中还有其他的士伍，如下：

敦长买、什长嘉皆告曰：徒士五（伍）右里缭可。

里耶8-439+8-519+8-537

启陵津船人高里士五（伍）启封当践十二月更。　　里耶8-651

☐城父士五（伍）□九月食。　　里耶8-1109

粢粟二石以稟乘城卒夷陵士五（伍）阳□□□□。　里耶8-1452

卅二年正月戊寅朔甲午，启陵乡夫敢言之：成里典、启陵邮人缺。除士五（伍）成里匄、成，成为典、匄为邮人，谒令尉以从事。　　里耶8-157[③]

仓守士五（伍）敦狐☐　　里耶9-2267背[④]

不仅有徒士伍、津船人士伍、城父士伍、乘城卒士伍、仓守，还有

---

① 陈伟主编：《里耶秦简牍校释》第1卷，第122、147、197、237、245、354—355页。

② 里耶秦简8-1094中记有“卒戍士五”，或为“戍卒士五”之误。

③ 陈伟主编：《里耶秦简牍校释》第1卷，第149、191、278、330、94页。

④ 陈伟主编：《里耶秦简牍校释》第2卷，武汉：武汉大学出版社，2018年，第442页。

可被除为里典、邮人的士伍。此外还有“居赀士伍”，如下：

□出贷居赀士五（伍）巫南就路五月乙亥以尽辛巳七日食。

里耶 8-1014[1]

里耶秦简中士伍繁多，似曾按职事身份分别予以统计，如下：

☐士五（伍）一

☐□居赎士五（伍）一

☐【士】五（伍）一　　里耶 8-1061[2]

由里耶秦简可知，因为承担的杂役不同，士伍可以成为戍卒、徒、津船人、里典、邮人等。即便因为承担杂役而被赋予了新的身份，士伍的身份也并没有改变或被取消，而是与新身份一起使用。士伍可能因为犯罪受罚而成为罚戍士伍、適（谪）戍士伍甚至徒士伍，但也可以成为戍卒、津船人、里典、邮人。可见，士伍既不是罪人、刑徒，也不是卒，更不具有“什伍制”下的军人身份。

里耶秦简的另外一份文书记载：

☐□二户

大夫一户

大夫寡三户

不更一户

小上造三户

小公士一户（第一栏）

士五（伍）七户

司寇一【户】☐

---

① 陈伟主编：《里耶秦简牍校释》第1卷，第262页。

② 陈伟主编：《里耶秦简牍校释》第1卷，第271页。

小男子□☒

大女子□☒

·凡廿五☒（第二栏）　　　　里耶 8-19[①]

士伍与大夫、不更、小上造、小公士、司寇、小男子、大女子等一样，以“户”为单位进行统计。还有直接记为“户人士伍”者，如下：

☒陵乡成里户人士五（伍）成隶☒　　　　里耶 8-1813[②]

甚至士伍的身体特征也有详细记载，如下：

迁陵狱佐士五（伍）朐忍成都谢，长七尺二寸，年廿八岁，白皙色。舍人令佐冣占。　　　　里耶 8-988[③]

由此可见，最迟从里耶秦简的时代开始，士伍就作为一种户籍身份而存在。

士伍不仅在秦代被使用，汉代仍在继续使用。居延汉简中有不少关于士伍的名籍，如：

田卒昌邑国湖陵治昌里士五（伍）彭武年廿四　　　　居延 501.1

田卒淮阳郡长平平里士五（伍）李进年廿五　酒　居延 509.18[④]

里耶秦简、居延汉简的簿籍中都有士伍，士伍是秦汉时代普遍使用的社会身份。

三、秦汉时期士伍身份与地位

士伍作为一种社会身份被普遍使用，那么，士伍的身份具体如

---

① 陈伟主编：《里耶秦简牍校释》第1卷，第32—33页。

② 陈伟主编：《里耶秦简牍校释》第1卷，第395页。

③ 陈伟主编：《里耶秦简牍校释》第1卷，第257页。

④ 中国社会科学院考古研究所编：《居延汉简甲乙编》（下册），北京：中华书局，1980年，第255、262页。

何，士伍的来源有哪些，士伍在秦汉国家身份体系中的地位如何，在此就这些问题进行讨论。

1. 士伍的无爵者身份

前引居延汉简中士伍名籍的格式（格式一）为：职役+郡（国）县里名+士五（伍）+姓名+年龄。此外，同属于《吏卒名籍》的其他简牍载有士伍以外的其他爵位，如：

田卒昌邑国祁成里公士公丘异　　居延513.8+513.41

戍卒张掖郡居延龙山里上造孙盛已年廿二　　居延188.32

戍卒张掖郡居延当遂里大夫殷则年卌五　　居延133.9

戍卒魏郡繁阳宜岁里公乘李广宗　　居延198.21[1]

这些简的格式（格式二）为：职役+郡（国）县里名+爵名+姓名+年龄。将格式一与格式二比较可知，士伍和公士、上造、大夫、公乘等爵位记在相同位置上。

即便如此，也不能认为士伍就是爵位或者属于爵制身份序列。《汉书·百官公卿表》对爵制的爵名和爵级有详细记载，如下：

爵：一级曰公士，二上造，三簪袅，四不更，五大夫，六官大夫，七公大夫，八公乘，九五大夫，十左庶长，十一右庶长，十二左更，十三中更，十四右更，十五少上造，十六大上造，十七驷车庶长，十八大庶长，十九关内侯，二十彻侯。[2]

《汉书·百官公卿表》所载爵位20级，起于公士止于彻侯，不包括士伍。此外，张家山汉简《二年律令·赐律》中有"毋爵者"，如下：

① 中国社会科学院考古研究所编：《居延汉简甲乙编》（下册），第265、128、94、133页。

② 班固：《汉书》卷19上《百官公卿表上》，北京：中华书局，1962年，第739—740页。

赐棺享（椁）而欲受赍者，卿以上予棺钱级千、享（椁）级六百；五大夫以下棺钱级六百、享（椁）级三百；毋爵者棺钱三百。

赐不为吏及宦皇帝者，关内侯以上比二千石，卿比千石，五大夫比八百石，公乘比六百石，公大夫、官大夫比五百石，大夫比三百石，不更比有秩，簪袅比斗食，上造、公士比佐史。毋爵者，饭一斗、肉五斤、酒大半斗、酱少半升。司寇、徒隶，饭一斗，肉三斤，酒少半斗，盐廿分升一。

赐吏六百石以上以上尊，五百石以下以下尊，毋爵以和酒。①

上述律文都以身份为基准赐予钱物，其中有“毋爵者”。第1条和第3条律文内容不够详细，不知“毋爵者”具体所指。第2条律文涉及从关内侯到司寇、徒隶等一系列身份。在这份详细的身份记录中，“毋爵者”前为“公士”后为“司寇”，位置比较明确。《二年律令·户律》中也有非常详细的身份记录，如下：

关内侯九十五顷，大庶长九十顷，驷车庶长八十八顷，大上造八十六顷，少上造八十四顷，右更八十二顷，中更八十顷，左更七十八顷，右庶长七十六顷，左庶长七十四顷，五大夫廿五顷，公乘廿顷，公大夫九顷，官大夫七顷，大夫五顷，不更四顷，簪袅三顷，上造二顷，公士一顷半顷，公卒、士五（伍）、庶人各一顷，司寇、隐官各五十亩。

宅之大方卅步。彻侯受百五宅，关内侯九十五宅，大庶长九十宅，驷车庶长八十八宅，大上造八十六宅，少上造八十四宅，右更

---

① 张家山二四七号汉墓竹简整理小组编：《张家山汉墓竹简［二四七号墓］》（释文修订本），北京：文物出版社，2006年，第49、50页。

八十二宅，中更八十宅，左更七十八宅，右庶长七十六宅，左庶长七十四宅，五大夫廿五宅，公乘廿宅，公大夫九宅，官大夫七宅，大夫五宅，不更四宅，簪褭三宅，上造二宅，公士一宅半宅，公卒、士五（伍）、庶人一宅，司寇、隐官半宅。[①]

将《赐律》所记身份与《户律》所记身份进行比较，可以得知“毋爵者”的具体内容。《户律》与《赐律》所记身份比较如下表（表2.1）：

表2.1：张家山汉简《户律》与《赐律》所记身份比照表

《户律》	《赐律》
彻侯——公士	关内侯——公士
公卒、士伍、庶人	毋爵者
司寇、隐官	司寇、徒隶

由表可知，毋（无）爵者包括公卒、士伍和庶人。意即士伍属于无爵者。

虽然公卒、士伍和庶人都属于无爵者，但三者的地位并不相同。睡虎地秦简《封诊式》中一份文书这样记载：

□捕　爰书：男子甲缚诣男子丙，辞曰：“甲故士五（伍），居某里，乃四月中盗牛，去亡以命。丙坐赋人□命。自昼甲见丙阴市

---

① 张家山二四七号汉墓竹简整理小组编：《张家山汉墓竹简［二四七号墓］》（释文修订本），第52页。

庸中，而捕以来自出。甲毋（无）它坐。”①

甲现在的身份是“男子”，同时也是“故士五（伍）”，即过去的身份是士伍。出于某种原因，甲从“士伍”变成了“男子”。“男子”甲强调他“故士五（伍）”的身份，至少说明“男子”与“士伍”二者之间存在差别。前引《二年律令·户律》中士伍、庶人虽然授予田宅的数额相同，但二者并列，应是两种不同的身份。依据该律文从高到低的身份次序，学界一般认为士伍地位略高于庶人。

综上可知，秦汉时期士伍本身不是罪人、卒和军伍，而是一种户籍身份，并以士伍身份承担各种杂役。士伍地位高于庶人，低于公卒，为无爵者之一。

2. 士伍的来源

士伍为无爵者应没有异议。但作为无爵者的士伍从何而来？史籍中有“无爵为士伍”的说法。《汉官旧仪》载：“秦制二十爵。男子赐爵一级以上，有罪以减，年五十六免。无爵为士伍，年六十乃免者，有罪，各尽其刑。”②卫宏用“无爵”来解释“士伍”，但并不是所有“无爵者”都能成为士伍。《二年律令·赐律》中无爵者包括公卒、士伍、庶人，刑徒也具有“无爵”特征。“无爵者”如何通过“为”而成为“士伍”，具体途径并不清楚。因此，暂不将“无爵为士伍”视为士伍的身份来源。

在其他的传世文献与出土简牍中，士伍有以下三种来源。

---

① 睡虎地秦墓竹简整理小组编：《睡虎地秦墓竹简》，北京：文物出版社，1990年，释文部分第150页。

② 孙星衍等辑：《汉官旧仪卷下》，《汉官六种》，周天游点校，北京：中华书局，1990年，第53页。

（1）夺爵为士伍

此说法在史料中较为常见。略举几例：

（秦昭襄王）五十年十月，武安君白起有罪，为士伍，迁阴密。（《集解》引如淳注曰：“尝有爵而以罪夺爵，皆称士伍。”）

（吕后）四年，（棘丘）侯襄夺侯，为士伍，国除。

大夫但、士五开章等七十人与棘蒲侯太子（柴）奇谋反，欲以危宗庙社稷。（《集解》引如淳注曰：“律‘有罪失官爵称士五’者也。”）[①]

廷尉信谨与丞相议曰：“吏及诸有秩受其官属所监、所治、所行、所将，其与饮食计偿费，勿论。它物，若买故贱，卖故贵，皆坐臧为盗，没入臧县官。吏迁徙免罢，受其故官属所将监治送财物，夺爵为士伍，免之。”（李奇注曰：“有爵者夺之，使为士伍，有位者免官也。”颜师古注曰：“此说非也。谓夺其爵，令为士伍，又免其官职，即今律所谓除名也。谓之士伍者，言从士卒之伍也。”）[②]

史籍中有不少关于“夺爵”“削爵”为士伍的资料，出土简牍中也有类似记录。岳麓秦简《奏谳文书》的《多小未能与谋案》记载：“多初亡时，年十二岁，今廿二岁，巳（已）削爵为士五（伍）。”[③]

---

① 司马迁：《史记》卷5《秦本纪》，北京：中华书局，1982年，第214、217页；《史记》卷18《高祖功臣侯者年表》，第919页；《史记》卷118《淮南王列传》，第3077、3078页。

② 班固：《汉书》卷5《景帝纪》，第140、141页。

③ 朱汉民、陈松长主编：《岳麓书院藏秦简（叁）》，上海：上海辞书出版社，2013年，第142页。

多之前的爵位为“小走马”，[①]因为脱离户籍而被“削爵为士伍”。岳麓秦简又载：

尉卒律曰：黔首将阳及诸亡者，已有奔书及亡毋（无）奔书盈三月者，辄筋〈削〉爵以为士五（伍）。（1234）[②]

其中有“削爵为士伍”的律文。“削爵”与“夺爵”意思相同。“夺爵为士伍”即有爵者因为犯罪被夺爵后成为士伍。此外，依如淳所言，汉代应存在“有罪失官爵称士五”的律文。

“夺爵为士伍”是士伍的重要来源之一，但这可能不是士伍的主要来源。不能认为国家在制定身份体系时就预测到有爵者必将犯罪，并为此专门预设了“士伍”身份。况且，有爵者犯罪后并不都是“夺爵为士伍”，也有免为庶人的情况。吕后三年（前185），任侯张越“坐匿死罪，免为庶人，国除”。[③]有鉴于此，更为可能的情况是：原本就存在一个士伍阶层，部分有爵者被夺爵后下降到这一阶层而成为士伍。换言之，士伍应有更为常态化的、制度化的来源，“夺爵为士伍”不过是士伍来源的补充形式。

（2）傅籍为士伍

岳麓秦简中有这样的律文：

●尉卒律曰：黔首将阳及诸亡者，已有奔书及亡毋（无）奔书盈三月者，辄筋〈削〉爵以为士五（伍）（1234），有爵寡以为毋

① 王勇、唐俐先生认为秦爵走马相当于汉爵簪袅；岳麓秦简整理者认为秦王政二十六年前后走马替代簪袅，小走马是未傅籍者占有的走马爵位。分别参见王勇、唐俐《“走马”为秦爵小考》，《湖南大学学报（社科版）》2010年第4期；朱汉民、陈松长主编《岳麓书院藏秦简（叁）》，第117、141页。

② 陈松长主编：《岳麓书院藏秦简（肆）》，上海：上海辞书出版社，2015年，第112页。

③ 司马迁：《史记》卷18《高祖功臣侯者年表》，第919页。

（无）爵寡，其小爵及公士以上，子年盈十八岁以上，亦筋〈削〉小爵。爵而傅及公（1259）士以上子皆籍以为士五（伍）。（1258）[1]

从律文可知，公士以上有爵者的儿子，可以通过“傅籍”的形式成为“士伍”。但这条律文记载比较简单，张家山汉简《二年律令·傅律》中有更为详细的记载：

不更以下子年廿岁，大夫以上至五大夫子及小爵不更以下至上造年廿二岁，卿以上子及小爵大夫以上年廿四岁，皆傅之。公士、公卒及士五（伍）、司寇、隐官子，皆为士五（伍）。[2]

男子达到一定年龄后都要傅籍，不同身份的人傅籍年龄不同。公士、公卒、士伍、司寇、隐官之子达到一定年龄（可能是“不更以下子年廿岁”规定的20岁）需要傅籍，傅籍后即可获得士伍身份。这就是“傅籍为士伍”。随着年龄的自然增长，到了傅籍年龄的公士、公卒、士伍、司寇、隐官之子，都将按照国家的法律规定傅籍，随即“自然”地成为士伍。授予“士伍”称号并给予特殊地位，大概是对傅籍行为的酬谢。因为有制度保障，“傅籍为士伍”应该才是士伍常态化、制度化的来源。

一般而言，儿子之间有“后子”“它子”之别，获得的身份也不一样。那么，公士、公卒、士伍、司寇、隐官之子是否也有“后子”“它子”之别，哪些子才能“傅籍为士伍”？《二年律令·置后律》规定：

疾死置后者，彻侯后子为彻侯，其毋適（嫡）子，以孺子□□□子。关内侯后子为关内侯，卿侯〈后〉子为公乘，【五大

① 陈松长主编：《岳麓书院藏秦简（肆）》，第112—113页。

② 张家山二四七号汉墓竹简整理小组编：《张家山汉墓竹简［二四七号墓］》（释文修订本），第58页。

夫】后子为公大夫，公乘后子为官大夫，公大夫后子为大夫，官大夫后子为不更，大夫后子为簪褭，不更后子为上造，簪褭后子为公士，其毋適（嫡）子，以下妻子、偏妻子。[①]

“疾死置后者”的规定到簪褭后子止，簪褭之下的上造、公士等的后子不在《置后律》的规定之内。《二年律令·傅律》规定：

不为后而傅者，关内侯子二人为不更，它子为簪褭；卿子二人为不更，它子为上造；五大夫子二人为簪褭，它子为上造；公乘、公大夫子二人为上造，它子为公士；官大夫及大夫子为公士；不更至上造子为公卒。当士（仕）为上造以上者，以適（嫡）子；毋適（嫡）子，以扁（偏）妻子、孽子，皆先以长者。[②]

此条律文止于“上造子”，傅籍后为公卒。《置后律》中没有对上造后子身份继承的规定，如果没有其他律文予以规定，则可能上造之子不分后子、它子，都依据《傅律》傅籍为公卒。可能如上造一样，公士、公卒、士伍、司寇、隐官之子不分后子、它子，一律傅籍为士伍。

这些律文都没有涉及庶人之子的身份。刘欣宁先生和任仲爀先生认为庶人之子应与公士、公卒、司寇、隐官之子一样成为士伍。[③]庶人之子成为士伍的方式，应该也是“傅籍为士伍”这种形式。

---

① 张家山二四七号汉墓竹简整理小组编：《张家山汉墓竹简［二四七号墓］》（释文修订本），第59页。

② 此处释文断句遵从彭浩先生等人的观点，参见彭浩、陈伟、工藤元男主编《二年律令与奏谳书——张家山二四七号汉墓出土法律文献释读》，上海：上海古籍出版社，2007年，第233页。

③ 刘欣宁：《由张家山汉简〈二年律令〉论汉初的继承制度》，台北：台湾大学出版委员会，2007年，第79页；任仲爀：《秦汉律中的耐刑——以士伍身份的形成机制为中心》，《简帛研究2008》，第67页。

将《二年律令》中《置后律》《傅律》对各身份人员后子、非后子等身份继承的规定整理如下表（表2.2）：

表2.2：张家山汉简《二年律令》所见诸子身份承袭表

父的身份	后子	非后子（傅）	
		二人	它子
关内侯	关内侯	不更	簪袅
卿	公乘	不更	上造
五大夫	公大夫	簪袅	上造
公乘	官大夫	上造	公士
公大夫	大夫	上造	公士
官大夫	不更	公士	
大夫	簪袅	公士	
不更	上造	公卒	
簪袅	公士	公卒	
上造	公卒		
公士	士伍		
公卒	士伍		
士伍	士伍		
庶人	士伍		
司寇	士伍		
隐官	士伍		

公士、公卒、士伍、庶人、司寇、隐官之子可以通过傅籍成为士伍，他们自己是否有可能成为士伍，值得分析。公士为爵位，依据“夺爵为士伍”，公士夺爵后完全可能降为士伍。公卒、庶人、司寇、隐官是否能成为士伍，依据目前所见材料还不得而知，但不排除这种可能性。总之，“傅籍”是秦汉时期“士伍”的主要来源。

（3）免为士伍

除了前述两种士伍的来源之后，士伍还有第三种来源。岳麓秦简载：

佐弋隶臣、汤家臣，免为士五（伍），属佐弋而亡者，论之，比寺车府。内官、中官隶臣（0782）妾、白粲以巧及劳免为士五（伍）、庶人、工、工隶、隐官而复属内官、中官者，其或亡（2085）☑……□□论之，比寺车府。（0796）

寺车府└、少府、中府、中车府、泰官、御府、特库、私官隶臣，免为士五（伍）、隐官，及隶妾（1975）以巧及劳免为庶人，复属其官者，其或亡盈三月以上而得及自出，耐以为隶（0170）臣妾，亡不盈三月以下而得及自出，笞五十，籍亡不盈三月者日数，后复亡，軵（2035）数盈三月以上得及自出，亦耐以为隶臣妾，皆复付其官。（2033）[①]

以上2条律文都是秦《亡律》的内容。第1条律文中，佐弋的隶臣、汤官的家臣可以免为士伍，内官、中官的隶臣妾、白粲也可以凭借“巧”和“劳”免为士伍、庶人、工、工隶、隐官。据第2条律文可知，寺车府、少府、中府、中车府、泰官、御府、特库、私官中只有隶臣可以免为士伍和隐官，隶妾只能免为庶人。由此推测，

① 陈松长主编：《岳麓书院藏秦简（肆）》，第41、49—50页。

内官、中官可能也只有隶臣能免为士伍。隶臣为男性，隶妾为女性。只有男性的隶臣被免为士伍，这与士伍都为男性的事实相符。佐戈、汤、内官、中官、寺车府、少府、中府、中车府、泰官、御府、特库、私官都是官署。意即，秦代某些官署的隶臣、家臣[①]可以凭借“劳”等而被免为士伍。依据“汉承秦制”的传统认识，汉代可能也有“免为士伍”的规定。

当然，“免为士伍”也不是士伍常态化、制度化的来源，而只是一种补充形式。此外，隶臣之外的司寇、隐官、城旦可能也能成为士伍。任仲爀先生依据张家山汉简《二年律令》分析认为司寇可以成为士伍。[②]隐官、城旦当也有此种可能。

里耶秦简中有“免为士伍”的记录，如下：

……☑

出四人。☑

其二人以令免为士五（伍）戍☑

一人弟□□□□□□ ☑ 里耶9-1011[③]

简文明确记载，将2名某种身份人员直接免为士伍。遗憾的是，简文残缺严重，无法知道此2人的具体身份。不过，里耶秦简有不少对徒隶、隶臣妾等进行管理的簿籍，推测此2人可能与这些身份有关。不论如何，“免为士伍”不仅是制度的文本规定，也是切实执行的国家政策。

---

① 整理者认为此“家臣”是在官署室内劳作的臣，身份地位或与“隶臣”相当，参见陈松长主编《岳麓书院藏秦简（肆）》，第74页。此“家臣”也是男性。

② 任仲爀：《秦汉律中的耐刑——以士伍身份的形成机制为中心》，《简帛研究2008》，第67页。

③ 陈伟主编：《里耶秦简牍校释》第2卷，第241页。

依据目前所见资料，可以确定士伍的来源至少有3种：（1）有爵者“夺爵为士伍”，这是士伍来源的补充形式；（2）公士、公卒、士伍、庶人、司寇、隐官等人之子“傅籍为士伍”，这是士伍来源的常态化、制度化形式。（3）隶臣、家臣、司寇等“免为士伍”，这也是士伍来源的补充形式。“夺爵为士伍”体现对有爵者的司法处罚精神，“傅籍为士伍”有将社会基层人员后代的身份整齐划一、扩大统治基础的意图，“免为士伍”则是国家预设的改变奴隶、刑徒身份的机会。在这三大来源之外是否还有其他来源，有待资料的进一步公布。

3. 士伍在秦汉国家身份体系中的地位

虽然前文对将有爵者、无爵者（公卒、士伍、庶人）、司寇和隐官等同列入爵制身份序列的做法表示了反对意见，但是，正如张家山汉简《二年律令·户律》所载，当时的确存在这样一个国家身份体系：有爵者——无爵者（公卒、士伍、庶人）——司寇、隐官。该身份体系中的身份不仅有等级区别，还可以等级升降。这个身份体系中不仅有“爵制”的身份，还有“非爵制”的身份。实际上，这个超出爵制范围的身份体系是由三个子系统组成：爵制系统（有爵者）——民系统（公卒、士伍、庶人）——刑徒系统（司寇、隐官等）。

（1）士伍与爵制系统

“夺爵为士伍”是士伍的重要来源之一，这意味着在整个身份体系中存在“有爵者（爵制系统）→士伍”的身份流动。爵制系统与士伍之间的身份流动并不是单方向的，士伍也可能成为有爵者。

一般认为，士伍有服役的义务。如前所述，里耶秦简中就有不少士伍承担杂役的记录。在服役的过程中，士伍可以依据

“功”“劳”获得一定爵位，从而成为有爵者。军功、事功都是获得爵位的重要途径。此外，普赐民爵也是士伍成为有爵者的重要途径。西嶋定生先生已经指出，普赐民爵的对象不限于家长，而及于家庭中的其他男子。[①]那些已经傅籍的成年男子——士伍，不论是家长还是家庭成员，都是赐爵对象。通过建立功劳和普赐民爵，可以实现“士伍→有爵者（爵制系统）”的身份流动。秦汉时期有爵者除极个别上层社会女性有爵位外基本都是男性，[②]士伍也都是男性，性别上的一致暗示着二者的内在联系。

（2）士伍与民系统

民系统包括公卒、士伍、庶人三种身份。关于公卒，有学者推测公卒可能是没有特定职务的“卒”身份。[③]因为资料匮乏，“公卒”的具体身份还无从考证。公卒虽然地位高于士伍，但在出土简牍中出现的次数远低于士伍。士伍似乎更为普遍和重要。但囿于资料缺乏，公卒与士伍的关系目前还不清楚。

庶人也属于民系统。陶安先生对用奴婢和刑徒来解释庶人的传统观点进行批驳，认为庶人“既可以指没有以‘公卒’‘士伍’等特定身份‘傅籍’者，如‘妻’‘子’‘免妾’等依附他人户籍者，又可以包括‘工’‘乐人’等特殊身份者，甚至‘公士’以上的有爵者也不排除在外”。[④]吕利先生认为庶人首先是那些可称为“生来

---

① 西嶋定生：《中国古代帝国的形成与结构——二十等爵制研究》，武尚清译，北京：中华书局，2004年，第225—250页。

② 部分女性在儿子去世、无子嗣的情况下被封为列侯（详后），部分女性被赐爵封君。她们都是上层社会的女性。普通民众中女子一般无爵。

③ 石岗浩：《公卒·士伍·庶人—秦代軍功爵制下的差別標識—（上）》。

④ 陶安：《秦汉律“庶人”概念辩正》，武汉大学简帛研究中心主编：《简帛》第7辑，上海：上海古籍出版社，2012年，第265—275页。

自由人”的男女的阶等身份，其次是可以经过赎免、放免、赦免的罪人、徒隶、收人、奴婢等依法获得的身份。男子在傅籍或获得爵位前是庶人，未嫁女子也是庶人。[①]此外，庶人之妻一般也是庶人。男女皆可成为庶人，但只有庶人中成年、健壮的男子才可以通过傅籍成为士伍。张家山汉简《二年律令·傅律》载：“当傅，高不盈六尺二寸以下，及天乌者，以为罢瘗（癃）。”[②]身材矮小或天生残疾者不能通过傅籍而成为士伍。此为“（健壮男性）庶人→士伍”的身份流动。

士伍犯罪后可被赦免为庶人。岳麓秦简《猩、敞知盗分赃案》中，[③]士伍猩犯罪后本应被判为“黥城旦”，“遝戊午赦（赦）为庶人”，遇到赦免而成为庶人。此为“士伍→庶人”的身份流动。

（3）士伍与刑徒系统

士伍似乎没有刑罚豁免权，除非遇到赦免，违法行为都会依据律法定罪，前引《猩、敞知盗分赃案》中士伍猩按律当为“黥城旦”即为明证。士伍犯罪后身份降为刑徒，即有“士伍→刑徒”的身份流动。

刑徒可以被免为庶人，庶人又可以成为士伍，意即存在“刑徒→庶人→士伍”的身份流动。不过，这种身份流动需要“庶人”来转换。刑徒是否能直接被免为士伍？答案是肯定的。前引岳麓秦简《亡律》中，隶臣、家臣等都可以凭借劳免为士伍。刑徒成为士伍

① 吕利：《律简身份法考论：秦汉初期国家秩序中的身份》，北京：法律出版社，2011年，第189—207页。

② 张家山二四七号汉墓竹简整理小组编：《张家山汉墓竹简［二四七号墓］》（释文修订本），第58页。

③ 该案载于朱汉民，陈松长主编：《岳麓书院藏秦简（叁）》，第119—124页。

的途径，可能与刑徒成为庶人的途径相同，都是赦免、赎免、放免等形式。

综上，士伍在秦汉国家身份体系中的地位，及与其他身份之间的关系，可如下图（图2.1）所示：

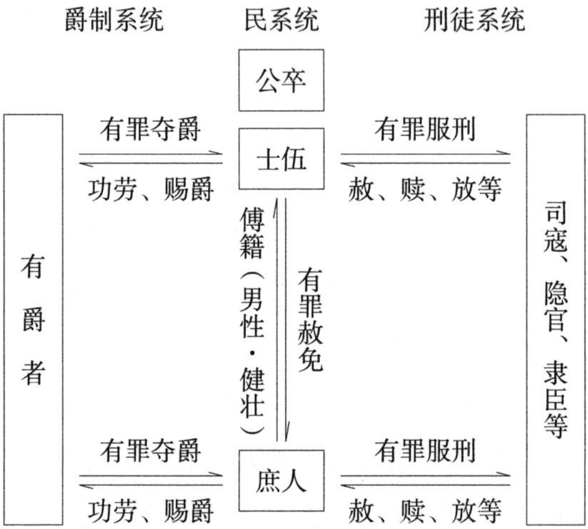

图2.1：秦汉时期士伍与国家身份体系关系图

如图所示，士伍在秦汉国家身份系统中处于非常重要的地位。刑徒一般都没有爵位，也不能被直接赐爵。赐爵的对象都是民系统以上的身份。庶人也有获得赐爵的机会，但因为庶人中成年、健壮的男子大多已通过傅籍而上升为士伍，剩下的老弱妇孺较难获得赐爵。虽然夺爵和由刑徒赦免而来的壮年“庶人”也可能获得爵位，但就整个身份阶层而言，地位略高、承担各种杂役的士伍应比庶人有更多成为“有爵者”的机会。如果此论成立，那就意味着士伍是整个身份系统“爵制系统——民系统——刑徒系统”中身份转变过程中至为关键的一环。士伍既是爵制的“起点”，也是刑徒身份上升的“终点”，在整个身份系统中起着重要的枢纽作用。[①]

四、汉晋时期士伍身份地位的变化

秦汉时期士伍在整个国家身份体系中居于至关重要的位置。公士、公卒、士伍、庶人、司寇、隐官之子在傅籍时的身份转变，说明士伍是一个有条件赋予的身份。以向国家输送劳力为代价所获得的士伍身份，必然有其社会价值。秦代，士伍在任职、徭役派遣等方面有特别的规定。岳麓秦简载：

·尉卒律曰：里自卅户以上置典、老各一人，不盈卅户以下，便利，令与其旁里共典、老，其不便者，予之典（1373）而勿予老。公大夫以上擅启门者附其旁里，旁里典、老坐之㇗。置典、老，必里相谁（推），以其里公卒、士五（伍）年长而毋（无）害（1405）者为典、老，毋（无）长者令它里年长者。为它里典、老，毋以公士及毋敢以丁者，丁者为典、老，赀尉、尉史、士吏主（1291）者各一甲，丞、令、令史各一盾㇗。毋（无）爵者不足，以公士，县毋命为典、老者，以不更以下，先以下爵。其或复，未当事（1293）戍，不复而不能自给者，令不更以下无复不复，更为典、老。（1235）

置吏律曰：县除有秩吏，各除其县中。其欲除它县人及有谒置

---

① 任仲爀先生认为士伍是“有爵者和徒隶阶层的交汇点”，凌文超先生认为秦汉初年士伍具备进入爵制序列的最低资格，延续了二十等爵制的级差。分别参见任仲爀《秦汉律中的耐刑——以士伍身份的形成机制为中心》，《简帛研究2008》，第68页；凌文超《走马楼吴简所见“士伍”辨析》，《吴简研究》第3辑，第158页。

人为县令、都官长、丞、尉、有秩吏，能任（1272）者，许之㇗。县及都官啬夫其免徙而欲解其所任者，许之。新啬夫弗能任，免之，县以攻（功）令任除有秩吏㇗。（1245）任者免徙，令其新啬夫任，弗任，免。害（宪）盗，除不更以下到士五（伍），许之。（1247）

置吏律曰：县除小佐毋（无）秩者，各除其县中，皆择除不更以下到士五（伍）、史者为佐，不足，益除君子子、大夫子、小爵（1396）及公卒、士五（伍）子年十八岁以上备员，其新黔首勿强，年过六十者勿以为佐㇗。（1367）

●繇（徭）律曰：毋敢倳（使）叚（假）典居旬于官府；毋令士五五（伍）为吏养、养马；毋令典、老行书。（1374）

●戍律曰：城塞陛鄣多决（决）坏不修，徒隶少不足治，以闲时岁一兴大夫以下至弟子、复子无复不复，各旬（1267）以缮之。尽旬不足以索（索）缮之，言不足用积徒数属所尉，毋敢令公士、公卒、士五（伍）为它事，必与缮城塞。（1273）[①]

《尉卒律》规定士伍可以被推选为里典和里老，《置吏律》规定士伍可以担任如宪盗、小佐等基层小吏，《徭律》规定不能派遣士伍承担“吏养”“养马”等差役，《戍律》规定征发劳力修缮城塞时不能让士伍干其他无关的事情。可见士伍身份有一定的特殊性，受到官府的某种保护和优待。

不仅秦代如此，承袭秦制的汉代也有类似的规定。虽然未见与前引律文相同的汉律内容，但张家山汉简的多条律文都显示出士伍

① 陈松长主编：《岳麓书院藏秦简（肆）》，第115—116、136—137、137—138、119、130页。

身份的特殊性。即便《二年律令·户律》中士伍与庶人的授田宅数额相同，但他们是不同的身份，附带着不同的政治权利。《二年律令·傅律》规定：

大夫以上【年】九十，不更九十一，簪裊九十二，上造九十三，公士九十四，公卒、士五（伍）九十五以上者，稟鬻[①]米月一石。

大夫以上年七十，不更七十一，簪裊七十二，上造七十三，公士七十四，公卒、士五（伍）七十五，皆受仗（杖）。

大夫以上年五十八，不更六十二，簪裊六十三，上造六十四，公士六十五，公卒以下六十六，皆为免老。

不更年五十八，簪裊五十九，上造六十，公士六十一，公卒、士五（伍）六十二，皆为睆老。[②]

不同身份者稟鬻、受仗、免老和睆老的年龄并不相同。免老的规定中"公卒以下"可能包括公卒、士伍以及庶人等，但在稟鬻、受杖、睆老等政策上都止于士伍，没有庶人。可能庶人不能享受这些政策，或另有规定。即便另有规定，庶人稟鬻、受杖、睆老的年龄也应比士伍晚。士伍在这些方面比庶人具有身份优势。

士伍曾长期作为一种特殊的社会身份被使用。《汉书·丙吉传》载：

元帝时，长安士伍尊上书，言："臣少时为郡邸小吏，窃见孝宣皇帝以皇曾孙在郡邸狱。是时治狱使者丙吉见皇曾孙遭离无辜，

① "鬻"字的释读，参见彭浩、陈伟、工藤元男主编《二年律令与奏谳书——张家山二四七号汉墓出土法律文献释读》，第230页。

② 张家山二四七号汉墓竹简整理小组编：《张家山汉墓竹简［二四七号墓］》（释文修订本），第57页。

吉仁心感动，涕泣凄恻，选择复作胡组养视皇孙，吉常从。臣尊日再侍卧庭上。”[①]

尊上书时没有记载官职——可能此时无官职在身，所记身份不是“男子”“大男”而是“士伍”，其自称“臣”而不是“草民”，虽有谦称的意味，[②]但也表明西汉中晚期士伍仍是具有特殊意义的社会身份。

甚至到了三国时期，士伍身份依然具有某种特殊性。诸葛恪死后暴尸荒野，臧均在请求收葬的上表中说道：

今（诸葛）恪父子三首，悬市积日，观者数万，詈声成风。……（中略）且已死之人，与土壤同域，凿掘斫刺，无所复加。愿圣朝稽则乾坤，怒不极旬，使其乡邑若故吏民，收以士伍之服，惠以三寸之棺。昔项籍受殡葬之地，韩信获收敛之恩，斯则汉高发神明之誉也。[③]

臧均请求“收以士伍之服，惠以三寸之棺”，对诸葛恪父子施以恩惠。其强调“士伍之服”，说明士伍不仅身份特殊，可能还有彰示身份的特殊服饰。

不过，士伍并不只有“傅籍为士伍”这一个来源，还有“夺爵为士伍”和“免为士伍”。在“夺爵为士伍”“免为士伍”的场合，虽然身份也是士伍，但因为是有爵者被降为士伍，或是刑徒等免为士伍，会逐渐形成这样一种社会印象：士伍是曾经的“犯罪记录”。这种“耻辱性”的成分，会影响整个士伍阶层的社会声誉和地位。

---

① 班固：《汉书》卷74《丙吉传》，第3148—3149页。

② 学者分析了秦汉时期“臣”作谦称的用法，官民上书也称“臣”，表示臣属关系，参见白芳《人际称谓与秦汉社会变迁》，北京：人民出版社，2010年，第25—38页。

③ 陈寿：《三国志》卷64《吴书·诸葛恪传》，北京：中华书局，1982年，第1442页。

另外，普赐民爵的频繁施行导致爵制泛滥，有爵者增多，士伍的实际价值越来越小，几近于无。本就地位低下的士伍变得更加卑微。

士伍向卑微化发展是迟早的事情。魏晋以降，士伍作为一个表示地位低下的身份称谓被多次提及。如：

其吏从兵众，皆士伍小人，给使东西，不得自由，面缚乞降，不忍诛杀，辄听纳受，徙充边城。

蜀郡一都之会，户口众多，又（诸葛）亮卒之后，士伍亡命，更相重冒，奸巧非一。[①]

（赵志）母曰："汝先世本非微贱，世乱流离，遂为士伍耳。尔后能如此不？"至感母言，诣师受业。

太康中，（赵志）以良吏赴洛，方知母亡。初，至自耻士伍，欲以官学立名，期于荣养。[②]

魏晋以降，士伍虽然有"士伍之服"，有一定的特殊性，但整体而言，士伍已经与"小人"为伍，身份极为低下。士伍逐渐脱离原始身份，更多时候成为地位低下的代名词。士伍身份有明显的卑微化趋势。

魏晋时期士伍虽处于身份卑微化的趋势中，但诸葛恪丧葬中"士伍之服"作为恩惠而使用，说明至少在诸葛恪下葬前后，孙吴治下的士伍不仅与士卒有别，可能还具有与秦汉士伍相同的身份等级意义，尚不是一个低贱的身份。关于孙吴的士伍，将在下一节专门论述。

---

① 陈寿：《三国志》卷8《魏书·公孙度传》，第256页；《三国志》卷39《蜀书·吕乂传》，第988页。

② 房玄龄等：《晋书》卷92《文苑列传·赵志》，北京：中华书局，1974年，第2377、2379页。

第二节　吴简所见士伍、公乘的特征

一、吴简所见士伍的特征

目前公布的吴简中，《嘉禾吏民田家莂》中没有士伍的记录，士伍出现在9卷《竹简》中。士伍多出现于家庭简中，粗略统计有476人。[①]部分简中记有两个士伍。如：

孙子仕伍陵年九岁　□□仕伍汉年六岁　　壹·7645

记有两个士伍的简并不多见，多数是士伍的单记简或1人为士伍的连记简。

此外，有几枚非家庭简也记有“士伍”，如下：

☐十月廿三日廉丘士伍潘特关邸阁李嵩☐　　壹·3416

□州吏陈放[士][伍]胡□田九町合三亩卅步　　壹·3420

☐月廿七日下俗丘士伍胡元关邸阁李嵩付仓[吏]☐　　壹·3539

☐[下]爽丘[士]伍张利二年财用钱二千〣乂嘉禾二年十月[十][九][日]……☐　　叁·3248

☐[嘉]禾元年十一月廿日绪中丘[士]伍吴□民吴[关]☐　　叁·3897

☐□下丘[仕][伍]□□[关]☐　　叁·4040

☐□□丘仕伍唐升关邸阁郭据□☐　　叁·4109

☐年十一月六日石下丘士伍□□关☐　　捌·5943

凌文超先生核对图版后，认为壹·3416、壹·3420、壹·3539、叁·3248、叁·3897、叁·4040、叁·4109等简中的“仕伍”似为

① 部分竹简因为残缺，未能确定是“士伍”还是名字，暂不纳入统计，如：

壹·5062：☐……　主弟士……☐

贰·2628：☐　·丞子男仕☐

“比伍”之误。[1]孙闻博先生核对图版后也认为壹·3539、叁·3248、叁·4109中的“士伍”当为“比伍”。[2]就后文可知，吴简中公乘只出现在家庭简中。可能士伍亦是如此。学者认为租税簿籍中“士伍”为“比伍”的观点，应该可以成立。

1.士伍的年龄

在476名具有“士伍”身份的人员中，有65人的年龄记录残缺，[3]约占13.66%。在年龄记录完整的411名士伍中，年龄最小者为1岁，有13人；年龄最大者为39岁，有1人（玖·1317）。士伍的年龄分布具体如下表（表2.3）：

表2.3：吴简所见士伍年龄分布表

年龄	人数	年龄	人数	年龄	人数	年龄	人数	年龄	人数
1岁	13	6岁	49	11岁	6	16岁	1	33岁	1
2岁	18	7岁	54	12岁	8	18岁	1	39岁	1
3岁	41	8岁	38	13岁	5	21岁	2		
4岁	63	9岁	38	14岁	3	22岁	1		
5岁	53	10岁	11	15岁	2	29岁	2	不明	65

① 凌文超:《走马楼吴简所见“士伍”辨析》,《吴简研究》第3辑，第154—155页。

② 孙闻博:《走马楼吴简所见乡官里吏》,《吴简研究》第3辑，第281页。

③ 肆·2517:“▨□子仕伍絅年□给县卒……▨。”絅为“给县卒”，年龄当在15岁以上，但具体不明。陆·1052“仙姪子仕伍虑年十□秃头　仙从兄羊年七十七”，陆·1108“赣姪子仕伍□年十□　□……　踵两足”，和玖·267“▨□□士伍綵（?）年十□▨”，因为简文字迹模糊，年龄为10岁以上，但具体年龄不能确定，暂纳入“不明”统计。

吴简中14岁以下称“小”，即未成年人；15岁以上称“大”，即成年人；60岁以上称“老”，即老人。由表可知，14岁及以下的“小”士伍有400人，[①]占士伍总人数的84.03%，占可确定年龄士伍人数的97.32%。15—59岁的“大”士伍有11人，占士伍总人数的2.31%，占可确定年龄士伍人数的2.68%。目前未见“老”的士伍。由此可知，孙吴家庭中士伍多为称为“小”的未成年人，士伍年龄偏小的特征非常明显。不过，7名20岁以上士伍的存在，说明当时士伍并没有绝对的年龄限制。因此，难以将吴简中的士伍视为未成年人特有的身份。

按照汉代对民众的年龄区划，6岁及以下称为“未使男”“未使女”；7—14岁为“使”，称为“使男”“使女”；“未使男”“未使女”和“使男”“使女”可统称为“小男”“小女”；15岁以上称为“大男”“大女”。[②]按照此年龄段的划分，我们将士伍年龄结构整理如下图（图2.2）：

① 陆·1052、陆·1108、玖·267中士伍年龄为“十□”，应在10—19岁年龄段，但不知具体年龄，无法计入。

② 杨联陞：《汉代丁中、廪给、米粟、大小石之制》，《中国语文札记》，北京：中国人民大学出版社，2011年，第2页。

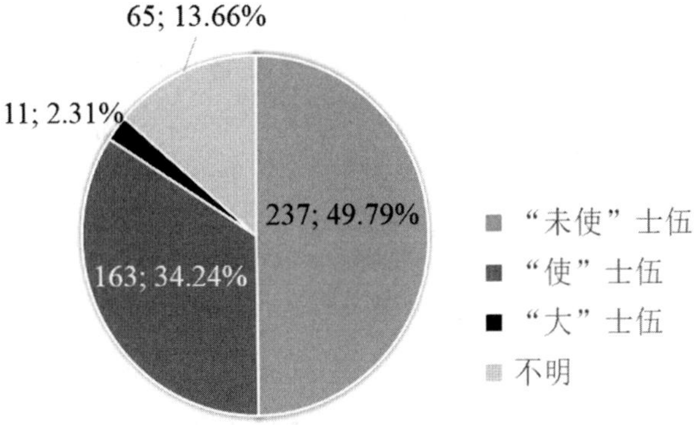

图2.2：吴简所见士伍年龄结构示意图

由图可知，近一半的士伍属于"未使"范围，34.24%的士伍属于"使"的范围，只有约2.31%的士伍属于"大"的范围。王子今先生认为"使"字表示具有基本的劳动能力。[①]"未使""使"的区分，表明国家对二者承担赋税徭役能力的差别化认定。孙吴时期，"小""大""老"不同年龄人员承担不同的口钱、算赋及徭役。[②]吴简中士伍绝大多数为未成年人，有年龄偏小的倾向，"未使"士伍和"使"士伍之间应存在某种差别。

---

① 王子今：《两汉社会的"小男""小女"》，《秦汉儿童的世界》，北京：中华书局，2018年，第429—430页。

② 韩树峰：《吴简中的口算钱》，《历史研究》2001年第4期；汪小烜：《走马楼吴简户籍初论》，北京吴简研讨班编：《吴简研究》第1辑，武汉：崇文书局，2004年，第143—159页；高敏：《从〈长沙走马楼三国吴简·竹简（壹）〉看孙权时期的口钱、算赋制度——读〈长沙走马楼三国吴简·竹简［壹］〉札记之五》，《长沙走马楼简牍研究》，桂林：广西师范大学出版社，2008年，第109—116页；张荣强：《孙吴户籍结句简中的"事"》，《汉唐籍帐制度研究》，北京：商务印书馆，2010年，第144—162页；李恒全：《战国秦汉经济问题》，南京：江苏人民出版社，2012年，第192—203页；凌文超：《走马楼吴简采集簿书整理与研究》，桂林：广西师范大学出版社，2015年，第138—142页。

2. 士伍的家庭内身份

吴简中士伍除了年龄偏小的特征外还有一现象，即士伍都是家庭成员，没有一例是户主。理由有三：（1）家庭简中的士伍，除玖·1824中“石新”有姓氏外，其他士伍都只记名不记姓，而户主都有姓有名。玖·1824载：“☒……士伍石新年五岁　□姪子男开年十三。”此简虽然残损，但石新只有5岁，不可能是户主。（2）士伍前的亲属称谓多是子、兄、弟、从弟、兄子、侄子、姪子、男姪、外姪子、妻弟、孙、族孙、荪孙等，他们是家庭成员而不是户主。（3）户人之前一般要记载里名，士伍无一例记载了里名。由此可知，家庭简中的士伍都是家庭成员。

3. 士伍的性别

吴简对家庭成员的性别有明确记载。凡是女性成员，都要用如“母”“妻”“妾”“嫂”“女弟”“子女”“女孙”等词标明性别。同样，男性成员也要用“父”“兄”“弟”“子男”“孙（男孙）”等标明性别。可以确定性别的士伍简中，一般称“子”“弟”“孙”等，个别地方为“妻弟”“子男”“男弟”“兄子”“男姪”“（外）姪子”“荪孙”“族孙”。目前尚未发现女性士伍，说明孙吴时期士伍是男性独有的身份。这与秦汉时期士伍都是男性的现象一致。

4. 士伍的身体状况

吴简中的士伍还有一大现象，即有身体残病的人很少。身体有残病的士伍共35人，[①]约占士伍总人数的7.35%，占比非常小。士伍身体残病名目有刑左手、雀右手、刑（荆）足、踵两足、盲目（盲

---

① 有3枚简无法确定士伍是否有残病，暂不统计，分别为：壹·2646：“□子士伍□年三岁□□□□☒”；贰·1896：“□□仕伍□年四岁　□弟仕伍[白]年四[岁]□□□”；贰·2222：“[妻]弟仕伍□年□岁□□　……年六十二。”

左目、盲右目）、聋耳、腹心病、闇病、耳聋病足、秃头等。身体有残病的士伍中，年龄最小者2岁，[①]最大者22岁。[②]士伍中有身体残病者人数很少，可能与士伍年龄整体偏小有关。士伍多为未成年人，大多不在服役的范围，故而残病人数较少。[③]

综上所述，吴简中士伍具有四大特征：（1）年龄普遍偏小，（2）都是家庭成员，（3）都是男性，（4）身体残病率很低。孙吴时期士伍既保留了秦汉时期士伍的某种特征，如都为男性，但也有重大变化。秦汉时期士伍都是成年男子，孙吴时期士伍则多为未成年人。不仅如此，孙吴士伍的身份来源可能也发生了变化。捌·5382载："冒（？）弟仕伍主年一岁　新上"。"新上"当为"新占上"，即刚登录于户籍之意。前文总结出秦汉时期士伍有三大来源：（1）夺爵为士伍；（2）傅籍为士伍；（3）免为士伍。孙吴时期刚出生不久的主就有了士伍身份，获得途径不太可能是"夺爵为士伍"和"傅籍为士伍"，更不可能是"免为士伍"，而是一种新的身份来源途径。结合吴简中有13名1岁的超低龄士伍，特别是捌·5382中主的情况推测，孙吴时期可能某些人一出生就具有了"士伍"身份。学者曾用秦汉"小爵"制度、身份世袭性来进行解释，[④]并非全无可能。遗憾的是，因为缺乏制度记载而难以定谳。即便如此，可以断言的是，孙吴关于士伍的制度规定已有诸多变化。但这些变化

---

① 贰·1690："黝（？）女弟枲年七岁　枲弟仕伍奴年二岁闇病。"

② 贰·2322："□□仕伍□年廿二腹心病　□妻大女□年廿二腹心病。"

③ 福原启郎先生对吴简中的残病进行专门研究，参见氏著《長沙呉簡の傷病表記の特徴》，伊藤敏雄、漥添庆文、关尾史郎编：《湖南出土簡牘とその社会》，东京：汲古书院，2015年，第197—216页。

④ 相关论述分别参见王子今《走马楼简载录的未成年"公乘"、"士伍"》；黎石生《走马楼吴简所见"士伍"、"岁伍"、"月伍"考》。

产生的时间及产生原因等，亟待资料佐证。

二、吴简所见公乘的特征

作为秦汉爵位之一，公乘在秦及汉初的地位并不低。汉高祖时期，“七大夫、公乘以上，皆高爵也”。颜师古注曰：“七大夫，公大夫也，爵第七，故谓之七大夫。”[1]第7级爵公大夫以上是高爵。汉文帝六年（前174）左右，公乘成为官爵、民爵的分界并逐渐稳定下来。[2]此后，受限于“民爵不得过公乘”的规定，[3]一般民众的爵位止于公乘，难以获得更高的爵位。

公乘爵位在孙吴时期继续被使用。吴简中公乘并不少见，都出现在家庭简中。对公乘的资料进行整理后发现，吴简中有不少姓名相同的公乘，如：

常迁里户人公乘朱仓年卅一筭⧄　　壹·2694

常迁里户人公乘朱仓年卅一　筭一⧄　　叁·6956

常迁里户人公乘朱仓年卌筭一　　壹·2954

安阳里户人公乘朱仓年卅九筭一盲左目　　贰·7368

简中都有“户人公乘朱仓”。前3枚属于常迁里，除年龄外其他内容完全相同。学者依据图版和壹·2694、叁·6956，将壹·2954的“卌”改释为“卅□”。[4]图版字迹确似“丗”字，但该简从中剖裂，

---

① 班固：《汉书》卷1下《高帝纪下》，第54、55页。

② 杨振红：《从新出简牍看二十等爵制的起源、分层发展及其原理——中国古代官僚政治社会构造研究之三》，《史学月刊》2021年第1期。

③ 明帝、章帝、安帝、顺帝都曾下诏：“爵过公乘，得移与子若同产、同产子。”参见范晔《后汉书》卷2《明帝纪》，北京：中华书局，1965年，第96页；《后汉书》卷3《章帝纪》，第129页；《后汉书》卷5《安帝纪》，第220页；《后汉书》卷6《顺帝纪》，第259页。

④ 连先用：《走马楼吴简所见临湘西乡辖里考》，邬文玲、戴卫红主编：《简帛研究2021》秋冬卷，桂林：广西师范大学出版社，2022年，第332页。

竹简右边残损，不能完全排除为“卌”字的可能。此处只容一字空间，字下为编痕，无法判断是否有“一”字。故壹·2954的年龄暂不改释。贰·7368的朱仓，里名、年龄都与前3枚简不同。

这些姓名相同的公乘是否为同一人，值得商讨。森本淳先生对田家莂近2000个人名中同名同姓情况进行考察后认为，同丘、同身份、同姓同名者为同一人，同丘、同姓同名、不同身份也极可能是同一人，考虑到临湘侯国内两人以上同姓名存在的可能性极低，不同丘但同姓同名的吏也应为同一人。[①]关尾史郎师对广成乡平乐里户人简的格式和记载内容进行比较后认为，广成乡平乐里存在4种以吏、民为对象的吏民簿，同一年中可能制作了多份吏民簿，明确记载纪年和里名的吏民簿可能是当时最正式的名籍，不记载纪年和里名的吏民簿可能在里内作成并保管。[②]若此，则姓名相同之人为同一人的可能性极高。不过，根据生活经验可知，即便是在当今多用双字取名的情况下，同村、同乡、同班等同一单位中，同名同姓但不同人的现象依然不算罕见，更毋论是多用单字取名的孙吴时期了。毋庸置疑，孙吴时期也存在同名不同人的情况。学者早已指出，田家莂中同丘、同姓同名、不同身份者甚至同身份者都有不同人的情况。[③]综合以上因素，我们对同姓同名的公乘是否为同一人作如下判断标准：

---

① 森本淳:《嘉禾吏民田家莂にみえる同姓同名に関する一考察》，长沙吴简研究会编:《嘉禾吏民田家莂研究—長沙呉簡研究報告—》第1集，东京，2001年，第68—79页。

② 关尾史郎:《簿籍の作成と管理からみた臨湘侯国—名籍を中心として—》，伊藤敏雄、窪添庆文、关尾史郎编:《湖南出土簡牘とその社会》，第95—116页。

③ 黎石生:《〈嘉禾吏民田家莂〉中的田家姓名问题》，《故宫博物院院刊》2004年第1期。

（1）里名、年龄、訾算、身体记录等完全相同者，视作同一人。

（2）里名、年龄相同，但某简多记訾算或身体健康记录时，据关尾师的判断，也视为同一人。

（3）里名或年龄不同的同名者，暂不视为同一人。

（4）残存简文相同者，本着“疑简从无”原则，暂不视为同一人。[①]

依据这样的判断标准，核查出同名同人者至少有38人。另外还有一些姓存名阙或姓名俱阙的情况，可能也有同名同人者，因为无法排除，暂不视为同名同人。

排除38人同名同人之后，统计显示吴简中公乘有2550人，约为士伍人数的5.36倍。公乘不仅人数众多，年龄、性别等特征也较士伍复杂。

1.公乘的年龄

2550位公乘中有397人的年龄记录残缺，无法确定，[②]占比15.57%。可以确定年龄的公乘2153人，年龄大小不一。最高99岁，1人（壹·945）。最小2岁，2人（玖·5960，玖·6084[③]）。我们将

---

① 这种情况的简如：

富贵里户人公乘高文年五十一　踵两足　　捌·2123

富贵里户人公乘高文年五……⊠　　玖·6109

② 如壹·5417：“平乐里户人公乘龙☐年☐十六……”无法判断具体年龄，归入“不明”一项中。又如贰·6735：“⊠车弟公乘双年十☐”年龄为10多岁。但因为我们以14岁为界，将10多岁的人分为两个年龄段，无法将其纳入，暂纳入“不明”。不过如贰·3069：“☐☐里户人公乘许春年六……⊠”，虽然年龄只剩“六”，但他的身份为“户人”，推测年龄应在60岁—69岁之间。此类情况归入相应年龄段。

③ 玖·6084：“子公乘鼠年二⊠”，竹简残断，暂视为岁。

公乘的年龄分布绘制如下图（图2.3）：

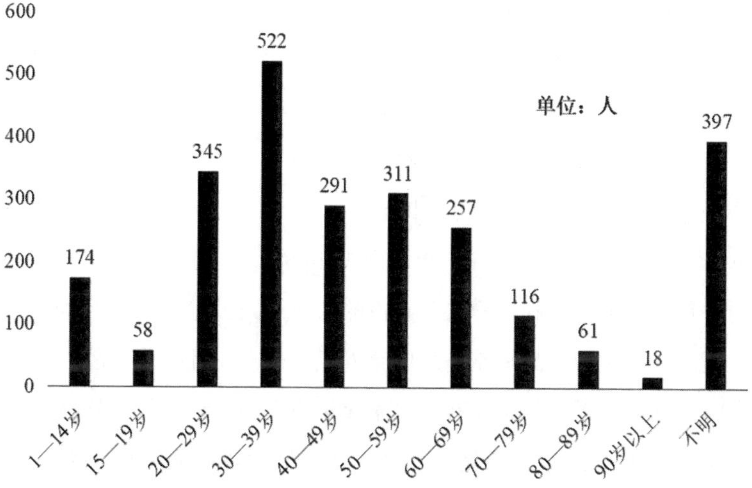

图2.3：吴简所见公乘年龄分布图

就图中数据可知，14岁以下的公乘并不多，共174人，约占公乘总人数的6.82%，约占可确定年龄公乘人数的8.17%。说明拥有公乘爵位的未成年人很少。60岁以上的公乘共452人，约占公乘总人数的17.73%，约占可确定年龄公乘人数的20.99%。说明拥有公乘爵位的老人也不多。公乘主要集中在15—59岁之间，共有1527人，约占公乘总人数的59.88%，约占可确定年龄公乘人数的70.92%。15—59岁的青壮年为国家的服役人口，他们有更多机会通过因功拜爵、普赐民爵、继承等途径来获得公乘爵位。此年龄段公乘人数最多，说明爵位授予在国家的控制之中。从公乘的年龄分布看，公乘爵位有向国家服役人口集中的倾向。

14岁以下公乘的家庭身份，多为“兄”“(男)弟”“子(男)”“侄子”“从男姪”“外孙”等。值得注意的是，14岁以下的公乘中有5例身份为户人。其中12岁2人，14岁3人。如下：

春平里户人公乘□厚年十二聋耳　　柒·1724

常迁里户人公乘朱[张]年十[二]筭一[1]　　柒·5439

东阳里户人公乘扶侈年十四　　壹·5471

富贵里户人公乘鲁义年[十]四　　叁·6810

[吉]阳里户人公乘李襄年十四秃头[剥]旨　　捌·2281

同时具有“公乘”和“户人”身份的未成年人虽然不多，但也说明户人没有绝对的年龄限制。未成年人成为户人，且有公乘爵位，与家中无其他直系成年亲属有关。未成年户人的公乘爵位，是因户人身份而被国家授予，还是继承已故父、兄的爵位而来，尚无材料佐证，但继承的可能性较大。未成年的公乘基本是男性，只有1例是女性，为玖·5610：“复姪子女公乘□年七岁。”核查图版，“女”字痕迹明显，此为未成年的女性公乘无疑。这种情况仅见1例，是误写还是本就如此，目前存疑。

2.公乘的家庭内身份

正如学者已经注意到的一样，吴简中的公乘多有户人身份。拥有公乘爵位的人员中，可以确定至少有2061人为户人，约占公乘总人数的80.82%，即当时公乘有向户人集中的倾向。

吴简中还有这样的家庭简，如下：

[民]男子[公][乘]☑　　贰·2749

---

① 整理者中：“‘十二’上疑有脱字。”按：核对图版发现“十二”前应是“年”字，无其他字。

这是以“吏”“民”来表示的户主简，但不是“户人”简。类似简还有：

民男子苍般年□七　　壹·8943

“民男子”可能是这类簿籍的一种固定称谓，但贰·2749为“男子公乘”，其他简没有登录“公乘”爵位。“民”和“公乘”爵位是相互排斥的身份称谓，“民”不能同时是“公乘”，“公乘”也不同时称“民”。贰·2749记有“公乘”，或有误写的可能。该简图版残损，字迹模糊，难以判断，暂时存疑。

另外还有489人（19.18%）的非户人。他们的身份较为复杂，主要有父、大父、小父、叔父、舅、兄、从兄、弟、男弟、从弟、从男弟、子（子男）、兄子、寡嫂子、男侄、侄子等。这些拥有公乘爵位的非户人中，有些是户人的父辈，有的是兄弟辈，有的则是户人的子辈等。他们都是家庭成员。

另外，奴婢、衣食客等依附人员都没有公乘爵位。

3.公乘的性别

与士伍全为男性不同的是，公乘并不全是男性，也有女性。吴简中有“户人公乘大女”11人，为壹·8500、壹·8517、壹·10496、肆·494、肆·779、伍·2367、伍·2373、伍·3291、伍·7018、柒·2407、柒·6059，约占公乘总人数的0.43%。另有不确定的“姪子女公乘”（玖·5610）。不过，吴简中还有57位户人身份为“大女”却没有公乘爵位，另有1位户人身份为“老女”但也没有公乘爵位。[①]拥有公乘爵位的女性户人在69位女性户人中

---

① 壹·10111：“吉阳里户人老女赵妾年八十一。”另外，陆·1248载：“吉阳里户人大女赵妾年八十一　訾　五　十”。两简都是吉阳里的赵妾，年龄都是81岁，前者是“老女”，后者是“大女”，或有为同一人的可能，但无明显证据，暂时视为不同的两人。

约占15.94%，所占比率较低。女性公乘在所有公乘中约占0.43%，在女性户人中约占15.94%，可见当时女性在爵位占有方面并不具有优势。

吴简中公乘多为男性，并不意味着大多数成年男子都能获得爵位。家庭简中，很多男性虽然已经成年却没有公乘爵位，他们多是家庭成员。甚至部分男性户人也没有公乘爵位，如：

义成里户人陈市年卅一　妻□年廿三　子男儿年□岁☐

壹·4131

吴简中没有公乘爵位的男性户人共有199人。另有40位户人因为简文残缺无法确定是否有公乘爵位，部分简也无法确定性别。其中可能部分人是有公乘爵位的男性户人，当然也不排除其中存在有公乘爵位的女性户人。

4.公乘的身体状况

有公乘爵位的人员中，也有不少有身体残病。其名目大致有：风病、腹心病、喉病、苦病（包括苦风病、苦腹心病、苦喉病、苦苔病、苦信病、苦踵病、苦狂病、苦伛病）、聋病（包括聋病、聋耳、聋两耳、聋左耳）、盲目（含盲两目、盲左目、盲右目）、断足、雀手足（包括雀两足、雀左足、雀右足、雀左手、雀右手指）、刑（刵）手足（包括刑要、刑两手、刑左手、刑右手、刑右手指、刑足、刑两足、刑左足、刑右足）、踵手足（包括踵手、踵两足、踵足、踵左足、踵右足）、断足、欧背、赖（癞）病等。可以确定身体有残病的公乘有671人，占公乘总人数的26.31%。

公乘的残病率较高，与公乘爵位向国家服役人口集中之间存在内在联系。于振波师分析认为，虽然不能完全排除战争或偶然因素致残的可能性，但苛政才是造成吏民身体残病的主要原因。[①]这正是公乘高残病率的原因所在。

5.公乘的地理分布

公乘简中有些是户主简，有些是家庭成员简。但只有户人的简记载了里名，其他户主简和家庭成员简都不记载里名。因为无法复原所有家庭简，作为家庭成员的公乘属于哪个里就无法确定。因此，在讨论公乘的地理分布时，我们将以户人简为依据。户人是家庭的代表，分析户人中公乘在各里的分布，也能大致反映所有公乘的地理分布情况。

可以确定身份为户人的2369枚户人简中，[②]有360枚简的里名残缺。虽然其中一些简有公乘爵位，但因无法确定所属的里，暂不将他们纳入统计。在此，只将能确定里名的户人作为统计对象。先将其统计如下表（表2.4）：

表2.4：吴简所见户人公乘地理分布表[③]

里名	户人总数	公乘人数	百分比（%）	里名	户人总数	公乘人数	百分比（%）
安阳里	21	20	95.24	变中里	45	45	100

---

① 于振波：《苛政与自残》，《走马楼吴简初探》，第153—174页。

② 吴简家庭简中有些简明确记载了“户人”身份，部分简有残缺。依据残留信息，我们推测有些家庭简可能也有“户人”身份。判断依据如下：（1）残留信息记载了年份和里名，如柒·2819：“嘉禾五年常迁里……☑”，可参照完整简如柒·809：“嘉禾五年常迁里户人公乘孙赤年卌六筭一”；（2）有姓有名的人也暂视为户人，如肆·3275：“☑□公乘陈（？）□年□☑”。因为家庭成员一般不记载姓只记载名，有姓有名的家庭成员是很少的。

③ 沈刚先生也曾统计公乘在里中的分布，参见氏著《长沙走马楼三国竹简研究》，北京：社会科学文献出版社，2013年，第196—199页。我们在新出吴简资料的基础上进行了新的统计。

续表

里名	户人总数	公乘人数	百分比（%）	里名	户人总数	公乘人数	百分比（%）
春平里①	40	40	100	苌龙里	4	4	100
常迁里	131	127②	96.95	弹溲里	1	1	100
东□里	1	1	100	东安里	1	1	100
东龙里	1	1	100	东阳里	88	87	98.86
东扶里	52	51	98.08	大成里	28	27	96.42
度里	6	5③	83.33	番里	1	1	100
夫秋里④	51	50	98.04	富贵里	142	138⑤	97.18
高里	5	5	100	高平里	43	41	95.35
高迁里	185	177⑥	96.95	广成里	25	24	96
何里	6	5	83.33	吉阳里	179	172⑦	96.09
尽里	1	1	100	进渚里	42	42	100
酒里	3	3	100	乐安里	17	1	5.89

① 里名“春平里”可能是“春平里”之误，纳入此处统计。

② 柒·2819简文有缺，无法确定是否有爵位。

③ 柒·644简文有缺，无法确定是否有爵位。

④ 里名“夫□里”“□秋（？）里”当为“夫秋里”，纳入此处统计。

⑤ 壹·660、壹·928、贰·3641、捌·253简文有缺，无法确定是否有爵位。

⑥ 壹·10329、柒·2510、捌·1591简文有缺，无法确定是否有爵位。

⑦ 壹·10180简文有缺，无法确定是否有爵位。壹·3552的“谷阳里”当为“吉阳里”之误。

续表

里名	户人总数	公乘人数	百分比（%）	里名	户人总数	公乘人数	百分比（%）
梨下里①	53	50	94.34	临里②	1	1	100
领山里	16	15	93.75	刘里	2	2	100
娄□里	1	1	100	曼溲里③	50	18④	36
漂里	1	1	100	平□里⑤	1	1	100
平乐里	32	28	87.5	平眆里⑥	23	21⑦	91.30
平阳里	52	48	92.31	浦里	52	52	100
乔里⑧	5	5	100	区里	3	3	100
上乡里⑨	30	2⑩	6.67	尚里⑪	1	1	100
石门里	5	5	100	石下里	1	0	0
市阳里	5	5	100	首里	27	26⑫	96.30

① 陆・6141里名为“梨□里”当为“梨下里”，脱“下”字。

② 玖・7309里名为“临（？）里”，图版模糊，无法确认，暂时单列。

③“曼浭里”“曼涢（？）里”“益溲里”应是“曼溲里”之误，纳入此处统计。

④ 肆・707简文有缺，无法确定是否有爵位。

⑤ 壹・3660里名“平□里”脱字，无法确定，暂时单列。

⑥ 里名“平晀里”当为“平眆里”之误，纳入此处统计。

⑦ 伍・3546简文有缺，无法确定是否有爵位。

⑧ 贰・7398里名为“洂里”，可能是“乔里”之误，纳入此处统计。

⑨ 陆・6153里名“上即里”当为“上乡里”之误，纳入此处统计。

⑩ 壹・776、壹・844、柒・2499简文有缺，无法确定是否有爵位。

⑪ 壹・573里名“尚（？）里”，无法确认，暂时单列。

⑫ 贰・3633简文有缺，无法确定是否有爵位。

续表

里名	户人总数	公乘人数	百分比（%）	里名	户人总数	公乘人数	百分比（%）
万岁里	21	2①	9.52	五唐里	8	7②	87.5
西阳里	1	1	100	息里	2	2	100
下菱里	25	2	8	象水里	1	1	100
小赤里	31	31	100	小尚里	1	1	100
新成里	36	35	97.22	新造里	1	1	100
绪中里	37	37	100	阳成里	1	1	100
阳贵里	65	60	92.31	阳里	1	1	100
宜都里	54	50	92.60	宜阳里	186	158③	84.95
义成里	31	27	87.10	祐乐里	1	1	100
庾阳里	18	18	100	中乐里	2	2	100
中乡里	1	1	100	中□里④	1	1	100
中兴里⑤	3	3	100	竹□里	1	1	100

表中个别里的户人非常多，如宜阳里（186人）、高迁里（185

① 壹·839简文有缺，无法确定是否有爵位。

② 壹·8840简文有缺，无法确定是否有爵位。

③ 壹·9938、伍·5276简文有缺，无法确定是否有爵位。

④ 捌·5557里名“中□里”脱字，无法确定，暂时单列。

⑤ 壹·5475里名“□[兴][里]”、壹·10539里名“□兴里”，当是“中兴里”，脱“中”字，纳入此处统计。

人)、吉阳里(179人)、富贵里(142人)、常迁里(131人),都超过了130名户人。1名户人代表1个家庭,意即这5个里的民户都在130户以上,甚至将近190户。里名残缺的360枚简中可能也有属于这5个里的民户。而且,这是我们尽可能排除了同姓同名为同一人情况之后的统计数据。也就是说,临湘部分里的民户数非常多。但学界一般认为,孙吴时期临湘辖里的民户数在50户左右。[①]统计结果与学界认识相差甚大。

如何看待表中统计数据较大的问题,或者说表中统计数字是否可信?这个问题需要回答。一种可能是,数据与统计时限较长有关。家庭简中出现了“嘉禾四年”“嘉禾五年”“嘉禾六年”等年份,说明统计数据可能是数年的户数。户人姓名不同,可能是某些家庭更换了户人,或者某些家庭有迁徙的缘故。如此解释似乎能圆通里民户的规制和各里民户数据之间的矛盾。但也与后引简文相冲突。也有学者认为临湘存在“同名里”现象,至少有宜阳里、富贵里、阳贵里、义成里、高迁里、吉阳里、平乐里、平阳里、常迁里9个“同名里”,涉及都乡、模乡、小武陵乡、广成乡、西乡、南乡、平乡7个乡,并认为这是孙吴进行户籍整顿的结果。[②]不过,正如学者所注意到的,秦汉时期并不存在这种情况。如此,为何到了孙吴时期突然出现这么多“同名里”?乡、里名称本就是为了便于政府管理和民众的地理身份识别,对于只有11个乡的临湘而言,

① 于振波:《走马楼吴简所见户与里的规模》,《走马楼吴简初探》,台北:文津出版社,2004年,第148—151页;连先用:《吴简所见里的规模与吴初临湘侯国的户籍整顿》,《中国农史》2019年第1期。

② 连先用:《吴简所见临湘模乡辖里与“同名里”现象考论》,《出土文献》2021年第2期。

县域之内有如此高频度的“同名里”是很难想象的。故“同名里”的说法我们暂不取。而且，吴简中还有这样的简：

□迁里领吏民户二百五十五户口一千一百一十三人收□□口筭钱合六万二千一百一十八钱 壹·9407①

集凡春平里领吏民一百□□户口食三百六十三人 捌·463

捌·463中春平里超过100户，表2.4中春平里是40户，壹·9407中某迁里有民户255户，表2.4中高迁里、常迁里分别为185户、131户，都在里所“领吏民”的户数之内。说明这些里可能本就有如此数量的民户，而非多年的民户数，更不是“同名里”所致。虽然吴简中里的民户多在50户左右，但鉴于壹·9407、捌·463的记录，临湘可能存在个别里户数较多的情况。某迁里的户数较多，可能是民众迁徙频繁的缘故。高迁里、常迁里可能正是因为民众迁徙频度高而命名的里。春平里应是彰显吉祥寓意的里，故而户数也比较多。而且，依据第四章第一节的分析可知，吴简所载临湘民户数量在2200—2700户之间。前文统计得出户人有2369人，对应2369户家庭，在当时临湘户口数量的合理范围之内。因此，虽然不能排除表中数据有重复统计的成分，但所反映的各里中户人公乘的数据是可信的，是可以使用的。

就表2.4所见，公乘在各里的分布并不均衡。有的里如变中里、春平里、进渚里、浦里、绪中里等，户人全都是公乘。户人数最多的5个里宜阳里、高迁里、吉阳里、富贵里、常迁里中，公乘占比

① 连先用《吴简所见里的规模与吴初临湘侯国的户籍整顿》一文，核对图版后认为“□迁里”当释为“☑过年”。我们核对图版后发现，“迁”字墨迹有脱落但不排除为“迁”字的可能，“里”字完整且较清晰，整理者释读无误。整理者的释读也符合吴简中户籍的登录格式，本书遵从整理者的释读。

都在85%以上。但有的里如上乡里（30人，6.67%）、下薮里（25人，8%）、万岁里（21人，9.52%）、乐安里（17人，5.89%），有公乘爵位的户人占比不到10%。石下里只有1名户人，不是公乘，但不排除该简里名误写的可能。数据显示，公乘爵位有向某些里集中的倾向。

表中数据是以户人为对象的统计结果。某些家庭成员虽有公乘爵位，但因为无法确定所属里而未纳入上表统计数据。可能某些有公乘爵位的家庭成员正好属于那些公乘较少的里。即便如此，因为吴简中公乘向户人集中的倾向非常明显，如果某里有公乘爵位的户人很少，那么该里中有公乘爵位的人数也不会太多。无论如何，吴简中公乘的地理分布都很不均衡。

三、士伍与公乘的比较

前面分别对士伍和公乘的年龄、家庭内身份、性别、身体状况等进行了统计分析。为了清楚二者的差异，现将统计结果列入下表（表2.5）：

表2.5：吴简所见士伍、公乘特征对比表

身份		士伍	公乘
总人数		476	2550
年龄分布	1—14岁	400（84.03%）	174（6.82%）
	15—59岁	11（2.31%）	1527（59.88%）
	60岁以上	无	452（17.73%）
	不明	65（13.66%）	397（15.57%）

续表

身份	士伍	公乘
家庭内身份	家庭成员100%	户人2061（80.82%） 家庭成员489（19.18%）
性别	男性100%	女性11人（0.43%）+1[①] 男性2538人（99.53%）
身体残病	35（7.35%）	671（26.31%）

由表可知，士伍和公乘具有某些共性：（1）年龄分布具有某种倾向性；（2）家庭内身份具有某种倾向性；（3）都以男性居多；（4）部分人员有身体残病。

同时，表中数据也显示，在总人数、年龄分布、家庭内身份、性别、身体残病等方面，士伍和公乘之间也存在明显差别。具体如下：

1.身份普遍性方面：士伍人数远低于公乘人数，公乘较士伍更为普遍。

2.年龄方面：士伍以未成年为主，成年人非常少；公乘则以成年人为主，特别是15—59岁的服役人口约占3/5，而未成年人很少。

3.家庭内身份方面：士伍都是家庭成员；公乘中绝大多数是户人，家庭成员占比不到1/5。

4.性别方面：士伍都是男性，没有女性；公乘绝大多数是男性，但有12名女性公乘，其中11名是具有公乘爵位的女性户人。

5.身体残病方面：士伍的残病率相对较低；公乘的残病率较高，

① 此“1”为不确定的“姪子女公乘”（玖·5610）。

4个人中就有1个人身体有残病。

吴简中士伍与公乘在人数上相差很大，这是目前还无法很好解释的现象。士伍与公乘在年龄方面的差别，目前也不清楚原因。秦汉时期士伍都是成年健壮的男子，吴简中士伍不仅绝大多数是未成年男子，还有一定的残病率。什么原因造成了士伍的这些变化，目前还无从考证。士伍与公乘在家庭内身份的差别可能与拥有者的年龄和爵制本身有关。公乘多为成年人，成年人在因功拜爵、普赐民爵、爵位继承方面有更多机会，更容易积累到公乘爵位。国家将公乘爵位作为激励手段来授予户人，因此公乘多为户人。士伍与公乘在身体残病方面的差异，应与是否服役有关。

士伍与公乘的另一重要差别在于公乘中有女性，而士伍全为男性。妇女拥有爵位的现象在汉代并不罕见。汉初吕媭（临光侯）、羹颉侯刘信的母亲（阴安侯）、鲁侯奚涓的母亲底（重平侯）、萧何的夫人同（酂侯）等都曾被封为列侯。[①]她们都为女性。不过，吕后之后女性多赐“君”爵，不再封侯。列侯、封君是很高的爵位，不是一般民众所能获得。吴简中12位女性民众拥有公乘——民爵的最高级，这是非常珍贵的材料。

秦汉时期女性一般没有爵位。一些学者认为秦汉时期女性有爵位继承权，但不论是秦汉史书还是出土简牍，除了极少数女性列侯和女性封君之外，关内侯以下的爵位中未见到女性有爵者。秦汉时期有“妇人无爵”的通例。《礼记·郊特牲》载：“共牢而食，同

① 司马迁：《史记》卷9《吕太后本纪》，第402页；《史记》卷10《孝文本纪》，第415—416页；班固：《汉书》卷16《高惠高后文功臣表》，第565页；《汉书》卷39《萧何传》，第2012页。

尊卑也。故妇人无爵，从夫之爵，坐以夫之齿。"[①]《白虎通·爵篇》言："妇人无爵何？阴卑无外事。是以有三从之义：未嫁从父，既嫁从夫，夫死从子。故夫尊于朝，妻荣于室，随夫之行。"[②]学者也多认为汉代妇女没有爵位。

秦汉妇女有另一种身份，即"有爵寡"。这些称谓多见于秦汉简牍，如下：

今见一邑二里：大夫七户，大夫寡二户，大夫子三户，不更五户，□□四户，上造十二户，公士二户，从廿六户。☑

里耶 8-1236+8-1791[③]

十三户，上造寡一户，公士四户，从百四户。元年入不更一户，上造六户，从十二 ☑ 里耶 8-2231+9-2335[④]

十二年八月壬寅朔己未，建乡畴敢告地下主，□阳关内侯寡大女精死，自言以家属、马牛徙。今牒书所与徙者七十三牒移。此家复不事。可令吏受数以从事，它如律令。敢告主。[⑤]

这些"大夫寡""上造寡""关内侯寡"，是有爵者去世后对其遗孀的称谓。前引岳麓秦简1259"有爵寡以为毋（无）爵寡"中的"有爵寡"，是对"大夫寡""上造寡""关内侯寡"等的泛称。"爵"是亡夫的爵位，"寡"指丧夫的状态。"有爵寡"是在有爵者去世后，

① 阮元校刻：《十三经注疏》，北京：中华书局影印本，1980年，第1456页。

② 陈立：《白虎通疏证》卷1《爵篇》，吴则虞点校，北京：中华书局，1994年，第21页。

③ 陈伟主编：《里耶秦简牍校释》第1卷，第297页。

④ 陈伟主编：《里耶秦简牍校释》第2卷，武汉：武汉大学出版社，2018年，第475页。

⑤ 此木牍的部分释文和照片、全部释文分别载于：中国考古学会编：《中国考古学年鉴1987》，北京：文物出版社，1988年，第204页；湖北省博物馆编：《书写历史：战国秦汉简牍》，北京：文物出版社，2007年，第77页。刘国胜先生依据照片对木牍进行了重新释读，参见氏著《读西汉丧葬文书札记》，《江汉考古》2011年第3期。此处所录释文从刘氏。

国家授予寡妻的政治身份。寡妻可以凭借“有爵寡”的身份，享受与亡夫爵位相对应的政治、经济权益。张家山汉简《二年律令·置后律》规定：“女子比其夫爵。”[①]妇女虽然无爵，但可以比照其丈夫爵位享受相关待遇。[②]“有爵寡”身份的存在，正是秦汉时期妇女没有爵位的反映。[③]

最迟到三国孙吴时期，出现了女性有爵（低爵）者的明确记录。前引吴简中有11名女性户人有公乘爵位，还有1名年仅7岁的女性公乘，如下：

曼溲里户人公乘大女黄客年五十筭一　☐　壹·8500

☐户人公乘大女朱妾年五十二　壹·8517

小尚（?）里户人公乘大女五西年□□筭一　……　壹·10496

嘉禾五年绪中里户人公乘大女杨姑年六十一　肆·494

嘉禾六年东扶里户人公乘大女李范（?）年六十　肆·779

嘉禾五年绪中里公乘大女张妾年卌一筭一　伍·2367

小赤里公乘大女祁如年七十筭一　伍·2373

嘉禾六年东扶里户人公乘大女李思年五十二筭一　伍·3291

吉阳里户人公乘女谢阿年卅七　伍·7018

吉阳里户人公乘大女郑妾年五十七　柒·2407

阳贵里户人公乘大女邓汝年八十九　买妻珠年卅四筭一

① 张家山二四七号汉墓竹简整理小组编：《张家山汉墓竹简〔二四七号墓〕》（释文修订本），第59页。

② 朱绍侯：《从〈二年律令〉看与军功爵制有关的的三个问题》，《军功爵制研究》（增订本），北京：商务印书馆，2017年，第251页。

③ 关于“有爵寡”称谓的内涵和权益等，参见拙文《简牍所见秦及汉初“有爵寡”考论》，《中国史研究》2019年第2期。

柒·6059

复姪子女公乘□年七岁 玖·5610

这些简多为单记简，连记简只有1枚。在连记简柒·6059中，户人大女邓汝有公乘爵位，后一位家庭成员为买的“妻”，也是女性，无爵位。按照吴简登录格式，女性在丈夫在世或在婚状态时，一般以“丈夫名+妻”的格式连记于丈夫之后。“买妻”也是这样的登录格式，但却连记在女性户人之后，说明珠的丈夫买可能已经亡故。该家庭不是男性为户人，而是89岁的大女邓汝为户人，表明邓汝的丈夫也已经亡故。邓汝和珠都是女性，年龄相差55岁，家中可能没有男子，至少没有成年男子，应是吴简中常见的“女户”。[①]正如学者所言，女性成为户人的契机是离异或丧夫。[②]吴简中离异的女性一般是回娘家登录于娘家户籍，成为户人的女性基本都是丧夫。其他有公乘爵位的女性户人的家庭亦应如此。

那些妇女拥有公乘爵位的家庭，多是没有男子或成年男子的女户。当家庭中有成年男子的时候，如果家中有爵位的话，爵位为成年男子所有。如下：

阳贵里户人大女彭如年八十 子男公乘卒年廿四 卒妻思年廿一 捌·5447

此家中户人为女性，属于“女户”。但家中公乘爵位的拥有者不是

① 赵宠亮先生认为“女户”并非绝对没有成年男性，但如赘婿等虽是成年男性却不能成为户主，而是其妻子即女性为户主，这样的家庭也是“女户”。另外，钟良灿、张治华先生也对吴简中的“女户”有所研究。分别参见赵宠亮《走马楼吴简所见“女户”》，《石家庄学院学报》2016年第5期；钟良灿《走马楼吴简所见女性户人身份研究》，《齐鲁学刊》2016年第6期；张治华《走马楼吴简所见孙吴“女户”问题研究》，郑州大学硕士学位论文，2021年。

② 鹫尾祐子：《中国古代的户籍与家庭》，小滨正子等编：《被埋没的足迹：中国性别史研究入门》，台北：台湾大学出版中心，2020年，第397页。

户人大女彭如，而是已婚的儿子卒。说明即便是女户，如果家中有成年男子，爵位归男性所有。

孙吴时期女性户人能否成为有爵者，主要不是凭借她们的户人身份，更多是取决于家中是否有成年男性。若家中有成年男子，即便是户人，女性也不能成为有爵者。这不仅符合秦汉以来男性有爵的基本原则，也说明孙吴女性有爵者的出现可能是出于现实的无奈。汉末以来，社会动乱和连年战争对家庭造成极大破坏，由此产生了许多残缺家庭。某些家庭中男性或成年男性都因故死亡，于是出现了大量女性为户人的“女户”。在那些无男子或无成年男子的“女户”中，如果家庭原本有爵位需要传承，则爵位自然就落到女性户人身上。如前所述，为了争取百姓支持，孙吴在家庭结构建构方面采取了“从俗而治”的治理策略。同理，为了换取支持，有爵位的家庭即便无成年男子，孙吴可能也不会让他们的爵位断绝，而是让女性户人继承爵位。加之秦汉以来“有爵寡”现象的长期化和普遍化，爵位突破性别的藩篱将并非难事。多种因素影响之下，孙吴出现了女性有爵者。

第三节　孙吴爵制的价值

学界一般认为孙吴时期公乘等民爵已经失去实际价值。不过，如前所述，公乘是部分人拥有的身份，还有不少具有某些相同特征（如都是成年男性）的人并没有公乘爵位。甚至，吴简中还存在“无爵家庭”，如下：

阳贵里户人大女马□年八十一　孙子男名年廿一　名妻婢年十五

捌·5348

宜阳里户人邓平年六十五　妻妾年五十四　子男棠年廿六　柒・147

平阳里户人蕈还年七十　还子男勉年廿一　勉妻俗年廿　柒・160

上乡里户人吴宗年六十　宗子男射年卅二　射妻□年廿　柒・162

富贵里户人唐宗年卅一腹心病　宗母妾年八十　宗男弟箸年十五　柒・173

这些家庭中即便户人已婚、有儿子，甚至儿子、孙子都已成年且已婚，但家中都没有公乘爵位。它们是“无爵家庭”。公乘爵位的“有”“无”差别，说明孙吴时期爵制并非毫无价值。

一、爵位不影响孙吴家庭结构

吴简中的公乘都出现在家庭简中，但它并不影响家庭成员的位次关系。某些家庭简中无爵者位于公乘爵位之前，如：

州吏惠巴年十九　巴父公乘司年六十七张（涨）病　贰・1675

郡吏黄士年十三　士兄公乘追年廿三刑□　贰・1623

□子男汉年四岁　囊叔父旨公乘年八十六盲　伍・6428

儿子女思年五岁　儿季父公乘□年八十五　柒・3786

连男弟仕伍葥年一岁　库男弟公乘石年十五　贰・1609

这是无爵者与公乘的连记简。贰・1675、贰・1623是户主（非户人）与父、兄的连记，伍・6428、柒・3786是户主子女与户主叔父、季父的连记，贰・1609是户主子与户主弟的连记。这些连记简中，前者没有爵位（士伍是无爵者之一），后者都有公乘爵位，且年龄都比前者大。但这些年龄更大、辈分更高的公乘，依然位于年龄更小、辈分更低的无爵者之后。即便是户主，如果不是户人，也可能是家庭中的无爵者。这样的简例在吴简中并不少见。由此可知，爵位并不影响孙吴家庭成员的位次关系，不是构建孙吴家庭结构的影响因素。

二、爵位用来赏功奖劳

虽然吴简中看不出公乘爵位有多少实际价值，但就传世文献所见，孙吴时期依然在实行赐爵，并按功劳大小晋爵。如：

（孙）权以使聘魏，具上破（刘）备获印绶及首级、所得土地，并表将吏功勤宜加爵赏之意。

吴王太子（孙）登为皇太子。将吏皆进爵加赏。

（建兴元年）闰月，以（诸葛）恪为帝太傅，（滕）胤为卫将军领尚书事，上大将军吕岱为大司马，诸文武在位皆进爵班赏，冗官加等。[①]

在战争获胜、立皇太子、即位等重大事件时，孙吴都曾进行“爵赏”。用来赏赐将吏和文武的爵位，不可能都是关内侯、列侯那样的高爵，而应是按照爵位等级逐级晋升。吴主孙浩时，韦曜曾上书说：

又见刘熙所作《释名》，信多佳者，然物类众多，难得详究，故时有得失，而爵位之事，又有非是。愚以官爵，今之所急，不宜乖误。囚自忘至微，又作《官职训》及《辩释名》各一卷，欲表上之。[②]

---

① 陈寿：《三国志》卷47《吴书·吴主传》注引《吴历》，第1125页；《三国志》卷47《吴书·吴主传》，第1134页；《三国志》卷48《吴书·三嗣主传》，第1151页。

② 陈寿：《三国志》卷65《吴书·韦曜传》，第1463页。

其说“愚以官爵，今之所急，不宜乖误”，表明孙吴时期爵制依然非常重要。虽然目前所见孙吴爵位只有王爵、列侯（包括县侯、乡侯、亭侯）、关内侯、公乘等，但并不表示孙吴没有较为系统的爵制。“进爵班赏”的进行，以及吴简中大量的公乘，都足以说明孙吴不仅存在较为完备的爵制，而且爵制还在发挥赏功奖劳的激励作用。

三、“爵减”的司法价值

秦汉时期爵位具有减免罪行的法律价值，此已为学界共识。随着普赐民爵的进行，爵位泛滥，爵位占田等经济价值大减，而爵位的“爵减”价值却得到彰显。湖南益阳兔子山木牍J3⑤：1载：

鞫　（正）

鞫：勋，不更，坐为守令史署金曹，八月丙申为县输元年池加钱万三千临湘，勋匿不输，即盗以自给。勋主守县官钱，臧二百五十以上。守令史恭劾，无长吏使者，审。

元始二年十二月辛酉，益阳守长丰、守丞临〈顾〉湘、右尉顾兼、掾勃、守狱史胜言：数罪以重，爵减，髡钳勋为城旦，衣服如法，驾责如所主守盗，没入臧县官，令及同居会计，备偿少内，收入司空作。　（背）[①]

这是张勋监守自盗案的“鞫文书”，[②]其中有“数罪以重，爵减”。

① 释文参见张春龙《益阳兔子山三号井“爰书”简牍一组》，何驽主编：《李下蹊华——庆祝李伯谦先生八十华诞论文集》（下），北京：科学出版社，2017年，第859—862页。

② 欧扬先生曾问籾山明先生此文书是否可称“鞫文书”，籾山明先生直接称为“兔子山‘鞫文书’”，参见苏俊林、陈弘音整理，游逸飞校对《日本东洋文库研究员籾山明：在简牍学、古文书学、法制史与秦汉史之间》，《文汇报》2017年2月3日第W10版。

这是汉平帝元始二年（2年）以爵减罪的事例。[①]此外，长沙五一广场东汉简也有相关记载，如：

廷谒言府移书邯单严都　乡削除汉胡爵为士伍尽　力实核匡定等之上下湘　　　木两行2010CWJ1③:201-31

辤（辞）纯就郡无他奸诈由即疑　威态参内等证纯以县　官事他贼殴人当以律削爵　　　木两行2010CWJ1③:282-318+261-21[②]

这是东汉中后期有关“爵减”的司法文书。吴简中也有“爵减”的记录，如下：

□曹言……诣大屯□请杀（?）爵（?）事　嘉禾[五]年五月七日[书][佐]烝志（?）具封　　　贰·7195

简文中的“杀爵”，蒋福亚先生认为是指剥夺爵位。[③]即以爵位来减免处罚。爵位的“爵减”功能在孙吴时期依然存在。

四、爵位构建身份秩序

爵位将身份序列化，是秦汉身份秩序的重要内容。孙吴时期，爵位依然具有构建身份秩序的社会价值。岳麓秦简《数·衰分》中有依据爵位高低分配物品的算题，如下：

夫=（大夫）、不更、走马、上造、公士，共除米一石，今以爵衰分之，各得几可（何）? 夫=（大夫）三斗十五分斗五，不更

---

① 徐世虹：《西汉末期法制新识——以张勋主守盗案牍为对象》，《历史研究》2018年第5期。

② 长沙市文物考古研究所等编：《长沙五一广场东汉简牍（贰）》，上海：中西书局，2018年，第173、196页。

③ 蒋福亚：《走马楼吴简经济文书研究》，北京：国家图书馆出版社，2012年，第166页。

二斗十五分斗十，走马二斗，上造一斗十五分五，公士大半斗。[①]

类似算题也保留在《九章算术·衰分》中，其记载为：

今有大夫、不更、簪袅、上造、公士，凡五人，共猎得五鹿。欲以爵次分之，问：各得几何？答曰：大夫得一鹿三分鹿之二；不更得一鹿三分鹿之一；簪袅得一鹿；上造得三分鹿之二；公士得三分鹿之一。[②]

《九章算术·衰分》明言："衰分，以御贵贱禀税。"[③]《九章算术·衰分》中大夫、不更、簪袅、上造、公士5人出百钱的算题中也明确说道："欲令高爵出少，以次渐多。"[④]物品分配等经济活动中有明显利于高爵者的倾向，这正是爵位构建身份秩序的体现。西嶋定生在其名著《中国古代帝国的形成与结构——二十等爵制研究》一书中提出"爵位构建乡里秩序"理论，这一理论在三国时期仍然适用。学者认为吴简中的公乘可能在孙吴乡里社会的身份秩序构建中发挥过作用。[⑤]孙吴时期爵位依然具有标示身份等级、构建身份秩序的社会意义。"进爵加赏"和"进爵班赏"就是有力的证据。

孙吴主要是承袭秦汉爵制，并未创设新爵。爵名是秦汉爵制的爵名，"公乘→……关内侯→亭侯→乡侯→县侯→王"的等级序列是秦汉的爵制序列。因为非常成熟的秦汉爵制特别是东汉爵制，能

---

① 朱汉民、陈松长主编：《岳麓书院藏秦简（贰）》，上海：上海辞书出版社，2011年，第95页。

② 郭书春：《汇校九章算术》（增补版），沈阳：辽宁教育出版社，2004年，第105—106页。

③ 郭书春：《汇校九章算术》（增补版），第105页。

④ 郭书春：《汇校九章算术》（增补版），第110页。

⑤ 永田拓治：《長沙呉簡にみえる公乘・士伍について》，《長沙呉簡研究報告　2008年度特刊》，第28页。

够满足孙吴对爵制的需求。更为重要的原因在于，保持秦汉爵制的稳定性，不仅有利于论证孙吴政权的合法性，[①]而且可以利用民众已经熟悉的爵制来快速恢复社会秩序，建立和巩固孙吴政权。为人们所熟悉的国家制度，能最快地同化孙吴统治区民众的国家认识，进而融入孙吴国家和社会秩序之中。孙吴在爵制上的选择，与秦末大乱后刘邦利用秦代爵制、王莽大乱后刘秀利用西汉爵制来快速恢复社会秩序的做法如出一辙。

处在秦汉和两晋南北朝之间的孙吴爵制，具有“承上启下”的地位和作用。孙吴爵制更多的是继承秦汉爵制特别是东汉爵制，“承上”的成分更多一些。三国之后，南北政权中都有使用爵制，并多次普赐民爵。[②]这些爵制与秦汉爵制和孙吴爵制有所差别，但也应有某种联系。王素先生在讨论西晋户调式的“南朝化”问题时指出，中原王朝制定政策不得不考虑江南的因素，实际上从西晋灭吴就开始了，具有地域特色的江南地区的建制对中原产生了影响。[③]作为江南建制的一部分，孙吴爵制可能在传承爵制内容和使用规则等方面，对两晋南北朝爵制产生了一定影响。

---

① 沈刚：《长沙走马楼三国竹简研究》，第196页。

② 日本学者户川贵行先生曾对魏晋南朝的民爵赐与进行过专门研究，参见氏著《魏晋南朝の民爵賜与について》，《九州大学東洋史論集》第30号，2002年。

③ 王素：《长沙吴简中的佃客与衣食客——兼谈西晋户调式中的“南朝化”问题》，《中华文史论丛》2011年第1期。

第三章

走马楼吴简与孙吴姓氏使用

先秦时期姓、氏有别，且多为贵族所有。战国时期开始出现姓氏合一的倾向，秦汉以降姓氏最终合一，并成为定制。[①]人人都有的姓氏，逐渐成为身份识别的重要标志。魏晋南北朝时期以姓氏来区分士族、寒门，是姓氏标识社会身份最显著的时代。姓氏不仅是人身区别的符号，同时也是区分身份等级的标识。郡望、大姓等带有家族姓氏的词，成为此时期体现个人身份及家族地位的重要标识。高门大姓试图将姓氏贯穿到所有身份称谓之中，但地位低下的民众有时只见名而不记姓。这种现象在孙吴时期已经存在。吴简中的姓氏使用问题，正是孙吴身份秩序的现实反映。

关于吴简中的姓名问题，学者已对姓名用字、男女名字、同名同姓、取名风俗和原则、姓氏与宗族、姓氏与民族关系等问题进行

---

① 俞樟华：《〈史记〉与古代姓氏》，《人文杂志》1991年第1期；闫晓君：《论姓氏合一》，《寻根》1998年第3期；何晓明：《中国姓名史》，武汉：武汉大学出版社，2012年，第54—58页；王泉根：《先秦“氏”的作用与秦汉姓、氏合一》，《文化学刊》2015年第1期。

了研究，成果颇丰。[①]我们将对两个学界关注不多的孙吴姓氏使用问题进行分析。

第一节　吴简中“无姓”与“有姓”现象

吴简中使用个人姓名的场合，大多是“姓”与“名”一起使用。田家莂等租税交纳简中，不论是交纳者还是收纳人，一般都要记录“大男”“大女”“吏”“卒”等身份，同时记录完整的姓名。有时候还需要记录所属乡、里、丘名。这种“行政机构+身份+姓名”的登录格式，有助于区别同名同姓的人，也有助于准确定位相关事务的当事人。不过，并不是所有场合、所有人都记录了完整的姓名。吴简中存在记载姓氏（后称“有姓”）和不记载姓氏（后

① 相关成果主要有，森本淳《嘉禾吏民田家莂にみえる同姓同名に関する一考察》，长沙吴简研究会编：《嘉禾吏民田家莂研究—長沙呉簡研究報告—》第1集，东京，2001年，第68—79页；满田刚《長沙走馬楼吏民田家莂に見える姓について》，《嘉禾吏民田家莂研究—長沙呉簡研究報告—》第1集，第80—93页；王子今《走马楼竹简女子名字分析》，《长沙简牍研究》，北京：中国社会科学出版社，2017年；第160—189页；高凯《从走马楼吴简〈吏民田家莂〉看孙吴初期长沙郡民的起名风俗》，《寻根》2001年第2期；高凯《从走马楼吴简看孙吴时期长沙郡吏民的联姻》《从走马楼吴简看孙吴时期长沙郡吏民的社会生活》《从走马楼吴简看孙吴时期长沙郡的人口性比例问题》，《汉魏史探微》，郑州：大象出版社，2014年，第66—71、84—88、182—189页；黎石生《〈嘉禾吏民田家莂〉中的田家姓名问题》，《故宫博物院院刊》2004年第1期；黎石生《孙吴时期长沙及周边地区生态环境考察——关于〈嘉禾吏民田家莂〉所见人名、丘名的思考》，陈建明主编：《湖南省博物馆馆刊》第1辑，长沙：船山学社，2004年，第323—329页；魏斌《吴简释姓——早期长沙编户与族群问题》，武汉大学中国三至九世纪研究所编：《魏晋南北朝隋唐史资料》第24辑，武汉：武汉大学文科学报编辑部，2008年，第23—45页；魏斌《单名与双名：汉晋南方人名的变迁及其意义》，《历史研究》2012年第1期；黎明钊《辐辏与秩序：汉帝国地方社会研究》，香港：香港中文大学出版社，2013年，第279—356页；胡苏姝《〈嘉禾吏民田家莂〉人名研究》，西南大学硕士学位论文，2009年；王震华《〈长沙三国走马楼三国孙吴简牍·竹简（柒）〉人名研究》，西南大学硕士学位论文，2017年。

称“无姓”）这两种现象。需要强调的是，所谓“有姓”和“无姓”，并不是说本身没有姓氏，而是说在实际生活中是否使用姓氏的情况。

一、吴简中的“无姓”现象

吴简中，个人的“姓”与“名”并不是在所有场合都一起使用，有些场合中只记录了“名”而未记录“姓”。这种“无姓”现象多出现于家庭简中，家庭简之外也有少量存在。

1.家庭简内的“无姓”现象

家庭简内的“无姓”现象较为普遍，主要有：

（1）祖父、祖母“无姓”，如：

·狶祖父读年五十一筭一　　贰·7482

欣祖母妾年七十三　　壹·9238

（2）父、母“无姓”，如：

军吏潘圭　圭父尽年七十二老钝　　叁·1588

鸿母演年五十九　鸿妻从年卅四　　壹·1328

（3）妻、妾“无姓”，如：

桥大妻曲年卅八　桥小妻仕年卅　　壹·8925

岑子仕伍元年一岁　岑中妻大女□年廿　　贰·1848

贤妻大女孝年卅四　贤妾大女澈（？）年廿四　　柒·3994

（4）子女“无姓”，如：

□子男桥年五岁　　壹·4855

唐子女黑年八岁　　壹·2855

（5）大父、大母“无姓”，如：

·□大父公乘梧年八十一　☑　　贰·6790

·桓妻大女姑年十九筭一　桓大母大女妾年五十八　贰·1833

（6）小父及其妻（小母）“无姓”，如：

士小父曰年卅苦腹心病　曰妻金年廿　壹·8410

胤小母大女汝年五十一　壹·9344

（7）伯父及其妻“无姓”，如：

仲伯父张年七十九苦腹心病　张妻姓年六十三　柒·255

（8）叔父、叔母“无姓”，如：

棐叔父负年廿八筭一　壹·10079

恕叔母大女囊年卅五筭一　壹·10455

（9）季父及其妻（季母）“无姓”，如：

季父至年八十六　妻姑年七十五　柒·532

屈季母大女妾年八十五　壹·7364

（10）从父、从小父“无姓”，如：

平从父盖年六十五苦风病　☑　壹·9778

囊从小父坚年六十三　壹·8913

（11）姑、寡姑“无姓”，如：

永（?）姑（?）专年五十七　专子女闲年卌一算一　贰·1921

·悋母大女縹年六十六　悋寡姑大女芬年五十　贰·1589

（12）兄、从兄及其妻（嫂、寡嫂、从兄嫂）“无姓”，如：

郡吏黄士年十三　士兄公乘追年廿三刑□　贰·1623

大男番象年卌九惪病　妻归年卅二　象从兄林年五十一

捌·3605

赞嫂大女是年廿二　是子男纹年六岁　柒·3795

宜弟仕伍密年三岁　桐寡嫂大女是年七十八　贰·1643

从兄嫂（?）苌年六十二苦填（?）宫病　肆·1869

（13）姊、寡姊、寡妇、弟寡妇“无姓”，如：

□□女姊取年卌八　□男弟讳年六岁　　贰·2379

·衣（？）弟仕伍心年九岁　前寡姊大女□年七十□　　贰·2530

素寡妇大女思年卅六筭一八十可复　　壹·3322

☒□弟寡妇秭年廿二　□☒　　壹·4176

（14）男弟、从男弟及其妻“无姓”，如：

□男弟期年五十腹心病给□吏　期妻事年卌七　　壹·8934

宣（？）从男弟次年廿　次妻大女杨年十八　　柒·3549

（15）女弟、寡女弟“无姓”，如：

健妻大女仵（？）年廿五　健女弟洎年廿一踵两足　　壹·2

妻大女顷年廿二　县寡女弟姑年廿九　　贰·1872

（16）兄子“无姓”，如：

昊妻王年廿八　昊兄子黑年六　　壹·8619

（17）聟（婿）“无姓”，如：

图聟（婿）蔯年卅五筭一给县卒　　贰·3035

（18）侄子、姪子及其妻“无姓”，如：

银弟仕伍奴年七岁　造（？）侄子仕伍平年八岁　　贰·1559

姪子男智年十五　智妻大女思年十七　　柒·2912

（19）从男姪及其妻“无姓”，如：

□从男姪山年十六筭一　山妻大女津年十五筭一　　柒·4762

（20）外姪子“无姓”，如：

妻外（？）姪子男狗年四岁　妻外姪子男仲年五岁　　柒·3634

姪子男逞年十　外姪子男栋年七岁苦雀（？）手　　柒·2452

（21）外甥“无姓”，如：

东外甥贵年七十三　　柒·2464

（22）孙、族孙、菾孙“无姓”，如：

[阳]贵里户人大女马□年八十一　孙子男名年廿一　[名]妻婢年十五　捌·5348

专族孙仕伍佰（?）年五岁　专中妻大女纯年五十已死　贰·1952

沙菾孙仕伍诸年四岁　文寡女弟雒年五十六踵两足　贰·1955

（23）外男孙、外女孙“无姓”，如：

□外男孙青年十岁　壹·5155

平外女孙并（?）年七岁　贰·1977

（24）母族“无姓”，如：

强母父□年[八]十二　壹·7426

直舅父车年七十踵两足　柒·1013

舅妻大女取年卅四⍁　壹·9699

⍁母妾年七十九　妾姪子小女氵年六岁　肆·1771

尽舅嫂怨（?）年廿二　柒·1154

文舅女绵年廿一　柒·1060

（25）妻族“无姓”，如：

[新]成里户人公乘[宗][买]年[卅][七]　妻大女妾年卅三　妻父从年五十九　柒·3924

·客妻母大女妾年六十二踵两足　客姪子男谋（?）年七岁　贰·4667

章小妻母大女[寿]年八十二　⍁　贰·2041

高妻兄张年六十二　壹·9430

[尔]妻大女蘘年六十一　蘘弟公乘军年十四腹心病　贰·1639

[取]（?）妾男弟多年十五　[多]男弟奴年十三　柒·3779

（26）户下奴婢及其妻、子女"无姓"，如：

吉奴客年卅三　客妻鼠年☐　　叁·2428

其户下婢□年七十　户下婢子女汝年一岁　　柒·1690

（27）客"无姓"，如：

辦弟仕伍黑年七岁　衣食客成年十五刑右足　　贰·1842

"无姓"现象不只在户籍中存在，也存在于师佐簿、叛走簿中，如：

□□师临湘益买兄并年五十六在本县　　壹·5832

□□□文昭兄从年卅八　嘉禾二年十二月十五日叛走

壹·7906

壹·5832属师佐簿、壹·7906属叛走簿，"并"和"从"只有名，没有记载姓氏。

2. 家庭简外的"无姓"现象

吴简家庭简外也有一些没有记载姓氏的情况，如下：

·□外从兄忠年卅九苦腹心病嘉禾元年八月十日已列言……

贰·7052

这枚简属于行政文书简，具体内容已难以复原。在一些可以确定性质的簿籍、文书中也存在"无姓"现象。

（1）田地簿中的"无姓"，如：

黄桑妻项田长卅……广□☐　　壹·500

士黄尾妻合唐田长□☐　　贰·2846

士区宗妻军田长一百卅☐　　贰·4580

士黄果（？）妻顷田长卅　☐　　贰·6475

士黄男妻酉波田长廿三步　☐　　叁·2988

后4枚简的登录格式相同，为：士+士的姓名+妻+妻名+田的类型+数额。壹·500的登录格式与之相似，但"黄桑"前残缺身份。

残缺的身份可能是“士”。之所以用此格式登录，因为：（1）士（战士）虽在世但随军在外，无法直接参与田地的经营和管理，故以其妻来登录。这是方便田地管理的需要。（2）田地登录中标明“士”的身份，与士耕种的田地性质和租税标准有关。嘉禾吏民田家别中士的常限熟田不交纳租税，但其他租税简中的“卫士田”却要交纳2斛/亩的限米。田地登记簿中，项、合、军、顷、酉作为士的妻子，只有名而“无姓”。

（2）行政文书中的“无姓”，如：

田地簿之外的行政文书中，存在官吏也不登录姓氏的情况。如下：

据曰望白被何中书注如此故写示便促腾告丞〼　　　　肆・4218

吴简中有长沙太守于望。壹・7270载：“出长沙大守于望（？）贸吏〼。”叁・1049载：“〼沙大守于望遣□〼。”肆・4218中的“望”，与壹・7270、叁・1049中的“于望”应是同一人，但省略了姓。就简文内容看，肆・4218只是某份文书中的一部分，在该文书中可能有完整的姓名记录。吴简有这样1枚简，内容如下：

大火数告于望白　　　　肆・4215

肆・4215与肆・4218的简号相近，有属于同一文书的可能。果真如此，就意味着行政文书简中有完整的姓名记录，也有只有名没有姓的记录。那么，个人姓名在行政文书中到底如何使用？

先看这几份内容完整的行政文书，如下：

都市史唐玉叩头死罪白：被曹敕，条列起嘉禾六年正月一日讫三月卅日吏民所私卖买生□者收责估钱言。案文书，辄部会郭客料实。今客辞：男子唐调、雷逆（逆）、郡吏张桥各私买生口，合三人，直钱十九万，收中外估具钱一万九千。谨列言。尽力部客收责，送调等钱传送诣库。复言。玉诚惶诚恐、叩头死罪死罪。

诣　金　曹

四月七日白　肆·1763①

都乡劝农掾郭宋叩头死罪白：被曹敕，条列乡界方远□居民占上户籍分别言。案文书，辄部岁伍五京、陈□、毛常等隐核所部。今京关言：州吏姚达、诚裕、大男赵式等三户口食十三人，□在部界，谨列人名口食年纪别为簿如牒，谨列言。宋诚惶诚恐、叩头死罪死罪。

诣　户　曹　肆·4523①

都市掾潘羜叩头死罪白：被曹敕，推求私学南阳张游发遣诣屯言。案文书，辄推问游外王母大女戴取。辞：游昔少小随姑父陈密在武昌，密以黄龙元年被病物故。游转随姊聟州吏李恕，到今年六月三日游来（？）□取家。其月十三日，游随故郭将子男钦□到始安县读书，未还。如取辞。□曹列言。□南部追□发遣□诣大屯。又游无有家属应诏课者。谨列言。羜诚惶诚恐、叩头死罪死罪。

诣　户　曹

十一月十五日辛丑白　肆·4550①

这3份文书中所涉事由不同，但都涉及吏员和当事人的姓名使用问题。有的地方是完整的姓名，有的地方只有名而无姓。不过，即便某些地方没有登录姓氏，也不会对涉事人的确定发生混乱，因为文书中他们的完整姓名与略称是可以对应的。具体如下表（表3.1）：

表3.1：吴简三份行政文书中姓名与名对应表

身份	姓名	名	简号
都市史	唐玉	玉	肆·1763①
吏	郭客	客	
男子	唐调	调	
都乡劝农掾	郭宋	宋	肆·4523①
岁伍	五京	京	
都市掾	潘羜	羜	肆·4550①
私学	张游	游	
游外王母大女	戴取	取	
游姑父	陈密	密	

由表可知，吴简的行政文书中似乎存在“无姓”现象，但在完整的文书中，“无姓”的名与涉事吏民的完整姓名可以一一对应，不会因为某处姓氏的省略而发生混乱。值得注意的是，省略姓氏而只使用名的地方，都不是涉事吏民首次出现的场合。涉事吏民首次出现时都有完整的姓名记录，再次出现时可以不记姓而只记名。这种姓名的使用方式，可能是行政文书的惯例。行政文书中的“无姓”与家庭简中的“无姓”性质并不相同。它们虽然也是“无姓”记录，但它们是文书内的人名略称。严格意义上讲，这类情况可以不算作“无姓”现象。

行政文书中省略姓氏的现象，在秦汉时期已经非常普遍。岳麓秦简、张家山汉简的司法文书中，审理案件的官员、涉事的吏民也多不记载姓氏。居延汉简中也有不记载姓氏的文书。这些文书中多以“官职或爵位+人名”来称谓，但不使用姓氏。居延汉简的档案文书中，姓氏的使用有两种情况：有的记载全名，多为基层士卒；有的只记名不记姓，多为官吏。不记载姓氏的官吏，可以通过他的职位及任职时间来确定全名。[①]这不失为一种确定涉事吏民姓氏的方式。以吴简行政文书中省略姓氏的书写习惯来推测，秦汉时期的档案文书可能也是人名再次出现时省略了姓氏。在完整文书的其他部分——或是文书的标题简，或是文书的开头部分，有对涉事人员完整姓名的记录。将文书复原完整，则可以确定文书中涉事吏民的完整姓名。不论使用哪种方法，这些行政档案或行政文书中的“无姓”现象多为个人姓名的略称，与吴简家庭简中的“无姓”现象有根本区别。

吴简中的生口有不记载姓氏的情况，如下：

［都］市吏唐玉（王）谨列起嘉禾六年正月讫三月卅日受［吏］民卖贾生口（［者收责估钱簿（?）］）（肆·1758）。□士文钱卖女生口易，直钱［八］万，嘉禾六年正月廿□［日］贷（?）男子唐调，收中外（肆·1759）［傚］具钱八千（肆·1760）。大女依汝卖女生口叶，直钱六万，嘉禾六年正月廿日贷男子［雷］逆，收中外傚（肆·1761）具钱［六］千（肆·1762）。大女刘佃卖男生口得，直钱五万，嘉禾六年三月廿八日［贷（?）郡］吏［张桥（?）］，收中外傚（肆·1763）〔具钱五千〕（简号不明）。[②]

“生口”不见于家庭简，是对被买卖人口的专称，可能具有“前奴

① 拙文：《关于“质日”简的名称与性质》，《湖南大学学报（社科版）》2010年第4期。

② 释文从伊藤敏雄先生的考释成果，参见氏著《長沙呉簡中の生口売買と“估銭”徵収をめぐって—“白”文書木牘の一例として—》，（大阪）《歴史研究》第50号，2013年。伊藤先生将释文分行书写，本书不分行。标点为我们所加。

婢”的身份属性，即被卖之前称“生口”，买回之后在家庭简中登录为“户下奴婢”。这份关于生口买卖的完整文书中，女生口“易”“叶”和男生口“得”都不记姓氏，属于“无姓”现象。因为某些文书中生口记载了姓氏（见后文），没有记载姓氏的生口如何确定姓氏，现在还不得而知。

二、吴简中的“有姓”现象

吴简中存在“无姓”现象，但也有一些简记录了完整的姓名，甚至家庭简中也有记载完整姓名的情况。

1.家庭简内的“有姓”现象

（1）户主“有姓”，如：

富贵里户人公乘胡礼年六十踵两足　壹·14

户人不论男女无一例外都有姓有名。户人之外的其他户主也都有姓有名，如：

县吏唐达年廿一　壹·7631

民周明年卅五盲[左][目]　壹·7633

大男周生年五十二踵两足　壹·5178

大女娄妾年卅五　壹·5183

县吏唐达、民周明、大男周生、大女娄妾等虽然不是户人，但都是家庭简中的户主，他们都有姓有名。由此可知，不论是否具有“户人”身份，只要是家庭简的户主，都有完整的姓名。是否登录姓氏也是判断户主身份的重要依据之一。

（2）母（？）“有姓”，如：

母邓主年六十四　捌·1089

家庭简中户主母一般不记载姓氏。核查图版，“母”字处有编绳，前面有一团墨迹，但已模糊不清。怀疑此简中“母”前有脱字，暂时存疑。

（3）大母“有姓”，如：

达大母区妾年六十五　　柒·1791

（4）小父、叔父、叔母“有姓”，如：

妾小父邓得年五十七雀左足　　壹·5170

种叔父脃选年八十六盲右目　　柒·1176

奇叔母里姑年五十六□□　　捌·3543

（5）季父“有姓”，如：

☑……年十八筭一　季父谢腾年七十五刑右手　　贰·4476

（6）从父、从小父“有姓”，如：

☑从父区道年五十二　　捌·2696

从小父李朋年卌六筭一　苦风病　　捌·2295

（7）姑“有姓”，如：

逸姑陈妾年六十盲右目　　捌·2568

（8）从兄“有姓”，如：

钦从兄郑章年六十盲左目　　捌·225

（9）男弟、女弟、从弟、从男弟、从女弟“有姓”，如：

洼男弟黄地年廿一筭一　　捌·443

典女弟郭勉年十三踵两足　　柒·6153

文从弟吴兰年六十一　佳足　　柒·5200

狗从男弟唐厚年七十六　　捌·1951

从女弟陈叱年卌六筭一　　捌·1731

（10）姪、从姪“有姓”，如：

登姪子男由龙年十一　龙女弟□客年十　　壹·4471

客从姪男李运年卌五筭一　肆·168

（11）孙姪“有姓”，如：

棠孙姪常（？）监年卅六男　柒·5155

（12）聟（婿）、姊聟、姪聟“有姓”，如：

斂女聟王知年十六筭一苦腹心病　柒·1898

窟姊聟五坐年六十二筭一　捌·1140

大男□赵年……　赵姪聟陈公年□十□公女姪赞年十一　捌·3556

前文列举了聟（婿）“无姓”的情况，但聟（婿）“有姓”的简例似乎更多。

（13）外姪子“有姓”，如：

⧄逢外姪张录年廿二佳两足　录妻大女思年廿佳两足 玖·4812

（14）外孙“有姓”，如：

仙外孙周□年廿一　□妻□年廿　柒·6130

（15）母族“有姓”，如：

亮舅何铁年卌筭一　铁妻大女姑年卅九筭一　贰·4655

冯舅何读年六十一　读妻大女互年五十一　陆·257

湛（？）母兄邓猔年七十一踵两足　⧄　捌·672

（16）妻族“有姓”，如：

□妻父邓虆年九十一　聋苔　柒·5370

种外父张建年八十六盲左目　十二月三日被病物故　捌·1705

金妻男弟潘忧年一岁　柒·5257

⧄　妻从男弟胡建（？）年十五　⧄　壹·1329

（17）户下奴“有姓”，如：

户下奴黄德年九十二龙耳　柒·5470

（18）客“有姓”，如：

□依食客五役年廿五刑左足　僮客□年十六[①]　　壹·7754

⧄文阳客番达年五十以黄龙三年⧄　　叁·3975

（19）僮子“有姓”，如：

磐僮子郑属年廿三　筭一　　捌·1846

（20）私学的兄“有姓”，如：

私学黄星　星兄黄张□民昷□不上星□　　肆·3976

2.家庭简外的“有姓”现象

家庭简内的“有姓”现象并不太多。不过，在家庭简外的其他簿籍文书中，“有姓”现象非常普遍。

（1）田地簿中“有姓”，如：

□州吏陈放士伍胡□田九町合三亩卅步　　壹·3420

该简中登录了州吏陈放和士伍胡的田地数额，二人都有姓有名。

（2）租税簿中“有姓”，如：

入都乡嘉禾元年租米十斛‖※嘉禾元年十一月十一日州吏董宣关邸阁郭据付仓吏黄讳史潘虑受　　贰·76

出黄龙三年税米一百七十斛七斗七升被吏黄阶勅付大男胡乌运诣州中仓乌以嘉禾　　叁·1323

模乡大男烝忠新户下品出钱五千五百九十四钱临湘侯相　嘉禾五年十二月十八日模乡典田掾烝若白　　肆·1394

租税簿中交纳者、收纳者、经办人甚至是运送者，都记录了完整的姓名。

---

① “依”“僮”2字，为王素先生依据图版的改释，参见氏著《长沙吴简中的佃客与衣食客——兼谈西晋户调式中的“南朝化”问题》，《中华文史论丛》2011年第1期。

（3）贷禾簿中“有姓”，如：

大男潘详一夫取禾一斛　⧄　叁·5

大男谢立一夫取禾一斛　居　在　⧄　叁·7

贷禾簿中借贷者都记录了完整的姓名。

（4）行政文书中“有姓”，如：

草言乞坐殷大常诚吴□曹□□□司马赵奴诣县与大男张吉对验事　……曹史贺帛白　叁·475

草言府乞□□□刘阳□□□□□□□大男莫鱼诣宫并关□刘阳部吏将送□……事　……白　叁·494

金□席（?）休（?）私（?）结郡吏吴□钱（?）□事对封嘉禾三年正月十二日书佐烝斌具封　叁·2263

这些行政文书中大多记录了完整的姓名。叁·475中“殷大常”是以“姓氏+官职”的称谓格式来代称人名。这种现象在秦汉时期已经非常普遍。除了叁·475中的“殷大常”之外，其他人员都记录了完整的姓名。①即便是“殷大常”的称谓也属于“有姓”现象。

文书中有的生口也有姓氏，如：

醴陵男子杨英买生口大女张汝直钱五万五千　属⧄　柒·1634

这是生口买卖的文书内容，生口大女“张汝”有姓氏。

（5）奉直簿中“有姓”，如：

都尉兒福仓曹掾阮父所领师士九十人嘉禾元年六月直其卒六人人三斛廿二人⧄　壹·1993

领士李已等四人嘉禾二年五月直人二斛其二年五月十三日付屯士李黑　柒·2364

① 简文残缺所导致的姓名不全不属于“无姓”现象。

关于奉直发放的簿籍中，不论是长官还是属吏，都记载了完整的姓名。

（6）垦食簿中“有姓”，如：

□□□□长一百丈沃田卌九顷溏儿民吴金王署等岁自垦食 叁·7216

☑六千夫民大男毛市陈丈陈建等自垦食 叁·7206

这些需要自己垦食的人员也记载了完整的姓名。

就吴简的整体情况来看，家庭简外的簿籍文书中，除了田地簿中士妻只记名不记姓、属于“无姓”现象外，其他簿籍和往来文书中除“生口”外，其他人都要记载完整的姓名，文书中人名再次出现时可以只记名不记录姓。

三、“无姓”与“有姓”的比较分析

如前所述，吴简的姓氏使用方面存在“无姓”和“有姓”现象。现将“无姓”“有姓”及使用场合如下表所示（表3.2）：

表3.2：吴简中“有姓”“无姓”及使用场合一览表

簿籍类型	“无姓”成员身份	“有姓”成员身份
家庭简（含户籍、师佐簿、叛走簿、私学簿等）		户主
	祖父、祖母	
	父、母	母（？）
	妻、妾	
	子女	
	大父、大母	大母

续表

簿籍类型	“无姓”成员身份	“有姓”成员身份
家庭简（含户籍、师佐簿、叛走簿、私学簿等）	小父及其妻（小母）	小父
	伯父及其妻	
	叔父、叔母	叔父、叔母
	季父及其妻（季母）	季父
	从父、从小父	从父、从小父
	姑、寡姑	姑
	兄、从兄及其妻（嫂、寡嫂、从兄嫂）	从兄
	姊、寡姊、寡妇	
	男弟、从男弟及其妻	男弟、从弟、从男弟
	女弟、寡女弟	女弟、从女弟
	兄子	
	聟（婿）	聟（婿）
	从男姪及其妻	姪、从姪
	外姪子	外姪子
	孙	孙姪
	外孙、外女孙、外姪孙、外甥	外孙
	母父、舅父、舅、舅妻、母的姪子、舅女、舅嫂等	舅、母兄

续表

簿籍类型	“无姓”成员身份	“有姓”成员身份
家庭简（含户籍、师佐簿、叛走簿、私学簿等）	妻父、妻母、小妻母、妻兄、妻从兄、妻弟、妻男弟、妻从男弟、妻女弟、妾男弟、妻姪等	妻父、外父、妻男弟、妻从男弟
	户下奴婢及其妻、子女	户下奴
	客	客、僮子
		私学的兄
田地簿	士的妻	其他都有姓
“估钱”报告书	生口	生口
其他簿籍文书		都有姓

由表所见，“无姓”现象主要集中在家庭简中。家庭简之外的簿籍、文书中，除田地簿中士的妻和“估钱”报告文书中部分生口不记姓氏外，一般都要记载姓氏，涉事人再次出现时可以省略姓氏。

家庭简中“无姓”成员与“有姓”成员相比，有以下几个特点：

1.“无姓”成员较多，且多为非户主成员。“有姓”的非户主成员较“无姓”成员少很多。姓氏的有无基本可以作为判断某人是户主还是家庭成员的重要依据。

2.以亲属称谓看，户主之外的家庭成员基本都属于“无姓”成员，只有极个别身份如小父、叔父、叔母、季父、从父、从小父、姑、从兄、男弟、从弟、从男弟、女弟、从女弟、聟（婿）、姪、从姪、外姪子、孙姪、外孙、舅、母兄、妻父、外父、妻男弟、妻从男弟、户下奴、客、僮子等“有姓”，某些称谓如祖父、祖母、父、母、子女、伯父及其妻、季母、大父、小母、兄、嫂、姊、男弟、兄子、孙、外甥、母父、舅妻、舅女、舅嫂、妻母、小妻母、妻兄、妻从兄、妻女弟、妾男弟、妻姪、户下婢等都是“无姓”成员。除聟（婿）的“有姓”的人较多外，其他身份人员中即便存在“有姓”的情况，但人数也非常少。

3.“有姓”成员中除户主之外多为男性，女性“有姓”的情况非常少见。

4.“聟（婿）”这一群体中，有的不记录姓氏，有的记录姓氏，但记录姓氏的居多。

5.户下奴、僮子、生口等身份低下的社会成员也有记载姓氏的情况。

聟（婿）的姓氏使用较为复杂。一般而言，赘婿要改随女方姓，则他们在家庭简中不需要登录姓氏。那么，登录了姓氏的聟（婿），可能都不是赘婿，而是无法单独立户而来合户的亲属。

作为家庭的财产，奴婢一般不登录姓氏。吴简家庭简中也有不少奴婢是“无姓”的，但也存在“有姓”的户下奴。日本学者曾就汉代奴婢是否有姓氏进行讨论，尾形勇先生梳理诸家之说后分析认为，因为不能组成单独的“家”，古代奴婢一般是无姓的。[①]但就吴简内容看，孙吴时期的奴婢可能本有姓氏，但如其他合户成员一样，并不一定记录在家庭简中。

---

① 尾形勇：《中国古代的“家”与国家》，张鹤泉等译，北京：中华书局，2010年，第73—82页。

家庭简中的“无姓”成员都是非户主成员。非户主成员在簿籍中必须登录性别、年龄等，但并不一定登录姓氏。与姓氏相比，国家更为关心社会成员的性别和年龄，因为性别和年龄是国家征收赋税、摊派徭役的重要依据。基层吏民的姓氏并不影响赋税徭役，在政治生活中没有多大实际意义。非户主成员多为“无姓”，户主则全都“有姓”，这种姓氏使用的差别，可能会进一步增强户主在国家与家庭往来中的地位和作用。

家庭简中“无姓”成员如祖父、父、子女、孙等与户主同姓，即便不记录他们的姓氏也可以凭借与户主的关系来判断。但也有部分成员如祖母、母、妻、妾、大母、小母、伯父之妻、叔母、季母、嫂、寡嫂、从兄嫂、男弟之妻、从男弟之妻、聟、姪子之妻、从男姪之妻、外姪子、外甥、外孙、外女孙、外姪孙、母父、舅父、舅、舅妻、母的姪子、舅女、舅嫂、妻父、妻母、小妻母、妻兄、妻从兄、妻弟、妻男弟、妻从男弟、妻女弟、妾男弟、妻姪、奴及其妻、婢、奴婢子女、客等，是与户主姓氏不同的“外姓”成员。他们当中也有很多人未记载姓氏，属于“无姓”的“外姓”成员。这些“无姓”的“外姓”成员，合户之后是否改随户主的姓，现在还不得而知。三国时期存在因养于外家而改姓的现象。如：

马忠字德信，巴西阆中人也。少养外家，姓狐，名笃，后乃复姓，改名忠。

王平字子均，巴西宕渠人也。本养外家何氏，后复姓王。①

马忠和王平年轻时养于外家，都曾改随外家姓氏。《傅子》曾言：

---

① 陈寿：《三国志》卷43《蜀书·马忠传》，北京：中华书局，1982年，第1048页；《三国志》卷43《蜀书·王平传》，第1049页。

宁以衰乱之时，世多妄变氏族者，违圣人之制，非礼命姓之意，故著《氏姓论》以原本世系，文多不载。[①]

改易姓氏的情况在动乱的社会环境中较易出现。可能当时社会上存在着随养家姓的习俗。家庭简中“无姓”的“外姓”成员，不排除部分人受此习俗影响而改随户主姓的可能。

扬州胥浦101号西汉墓出土的《先令券书》，也反映了西汉末年民间的姓氏使用情况。其内容如下：

元始五年九月壬辰朔辛丑〔亥〕，高都里朱凌〔庐〕居新安里，甚疾其死，故请县、乡三老，都乡有秩、左、里師〔师〕、田谭等为先令券书。

凌自言：有三父〔夫〕，子男女六人，皆不同父。〔欲〕令子各知其父家次，子女以君、子真、子方、仙君，父为朱孙；弟公文，父吴衰近君；女弟弱君，父曲阿病长宾。

妪言：公文年十五去家自出为姓，遂居外。（后略）[②]

朱庐先后有三个丈夫，跟每个丈夫都生有子女，“皆不同父”。子女的姓氏问题值得注意。《先令券书》中说道，“公文年十五去家自出为姓”。公文在15岁时离开的家——可能是朱孙为户主的家。“自出为姓”，学者认为是“公文承接其生父自立衰姓门户”，[③]即恢复亲生父亲的姓。选在15岁“自出”，当与西汉以15岁为法定成年年龄有关。公文“自出为姓”之前，应是随后父朱孙姓“朱”。此时期朱孙为户主，在户籍簿中可以不记载公文的姓氏。公文“自出为

① 陈寿：《三国志》卷11《魏书·管宁传》注引《傅子》，第360页。

② 图版和释文参见扬州博物馆《江苏仪征胥浦101号西汉墓》，《文物》1987年第1期；陈平、王勤金《仪征胥浦101号西汉墓〈先令券书〉初考》，《文物》1987年第1期。

③ 陈平、王勤金：《仪征胥浦101号西汉墓〈先令券书〉初考》。

姓”后，即便没有在户籍上分家别户，可能也要记载其亲生父亲的姓氏——因为此时不为“朱”姓。《先令券书》中姓氏变更的情况，孙吴时期可能也存在。捌·3512载：“□□□变易名姓留在诸县为吏宜各隐核县若有新出。”虽然原因不同，但孙吴时期确有改姓的情况存在。

家庭简中那些“有姓”的家庭成员，如季父、叔父、叔母、小父、从父、从小父、姑、从兄、从弟、从男弟、从女弟、姪、从姪、孙姪、聟（婿）、外姪子、舅、母兄、妻父、外父、妻男弟、妻从男弟、外孙、户下奴、客、僮子等，大都是外来的合户成员，其中身份为“姪”“从姪”“聟（婿）”的人数较多。他们没有同其他相同身份的人员那样在家庭简中只记载名，而是保留了自己的姓氏。肆·4550①所载私学张游的文书中，张游“昔少小随姑父陈密在武昌，密以黄龙元年被病物故，游转随姊聟州吏李恕”，先后随姑父陈密和姊聟李恕生活，但都没有改姓。可能当时不改随户主姓也为社会所允许。家庭简中外来的合户成员可以登录自己的姓，也可以不登录自己的姓，再次说明国家并不关心基层吏民的姓氏使用问题。

女性的姓氏使用问题也值得关注。王子今先生曾指出，女子大约只是作为“户人”或者单独发生经济交往时才记录姓氏。[1]虽然家庭简中有极少数记载姓氏的女子，但女性不记载姓氏的特征非常明显。不仅户主所生的女儿“无姓”，嫁入的女性也都“无姓”（丈夫死后成为户主的情况除外），嫁出去后因为丧夫或离异又回归娘家的女性也“无姓”。此外，田地簿中士的妻子也都没有记载姓。

---

① 王子今：《走马楼竹简女子名字分析》，《长沙简牍研究》，第162页。

不仅如此，田地簿中甚至有女性无名无姓的情况，如：

·右区景妻田四町合廿六亩　　壹·3370

☐·右士黄尾妻田五亩合六□□六□六□☐　　贰·6168

·右士黄卑（?）妻田九亩合……　☐　　贰·6230

☐·右士彭苌妻田二亩合□□　　贰·6238

这些简用“士+士的姓名+妻”格式登录女性信息，连名都没有记载，更不用说姓氏了。彭卫先生指出，中国古代社会中，结婚后的女子——成为他人妻子后，她的姓往往被取消，代之以“某某（丈夫名）妻”来称谓，或者以“妻子姓名=丈夫之姓+妻子原名（或其他称呼）”的格式来称谓。这样的称谓带有歧视女性的性质。[①]吴简对已婚女子的称谓多属于第一种情况，以“丈夫名+妻”来称谓，或者在此称谓格式后面再加上自己的名。家庭简中有的地方还省略了丈夫的名。除了女性户主外，家庭简中其他已婚女子一般不记载姓氏。学者认为不记载妻子姓氏可能是妻从夫姓、省略了夫姓。[②]这虽不无可能，但如前所述，“无姓”现象涉及的家体内身份很多，妻子以及其他家庭成员不登录姓氏，更主要的原因可能是他们不是户主，对国家而言他们的姓氏无足轻重，故而省略吧。

家庭简和田地簿中女性“无姓”甚至“无姓无名”的现象，可以推知当时社会中女性地位低下、已经沦为男性附属品的状况。吴简中记载的那些参与各种政治、经济活动的、有名有姓的“大女”“老女”等女性，应该都是家庭的户主。确如王子今先生所言，孙吴时期的基层社会中，女子可能只有在成为户主、作为家庭代表

① 彭卫：《汉代婚姻形态》，北京：中国人民大学出版社，2010年，第130页。

② 孙兆华、王子今：《里耶秦简牍户籍文书妻从夫姓蠡测》，《中国人民大学学报》2018年第3期。

的时候才有使用姓氏的权力。这种“权力”的拥有，是以丈夫死亡、家庭经济状况可能大受影响为代价的。

第二节 姓氏与封爵称谓——从“步侯”“吕侯”说起

吴简中除了“有姓”和“无姓”现象外，还出现了“步侯”“吕侯”等的称谓。这些带有受封者姓氏的封爵称谓具有特殊意义。学者对与步侯相关的“还民”研究较多，[①]但尚无文章对“步侯”“吕侯”这样的封爵称谓进行专门讨论。封爵称谓中使用受封者姓氏的情况，除有学者略有提及外，[②]学界还未曾予以深入研究。我们试图以吴简中的“步侯”“吕侯”为切入点，对封爵称谓中使用受封者姓氏的现象进行分析。

一、问题的提出

吴简中记有“步侯”“吕侯”的竹简并不多。其中记有“步侯”的竹简有壹·1532、壹·1556、壹·1564、叁·905、叁·1223、叁·1876、叁·1991、叁·6175、叁·7001、伍·7330、伍·7407、柒·1862、柒·3104、捌·232、捌·2182、玖·4132、玖·4155、玖·4161、玖·4204、玖·4945、玖·4956、玖·6069，共22枚；记有“吕侯”的竹简有壹·2301、叁·481、肆·1243、伍·7349、伍·7406、陆·2622、柒·3104，共7枚。

---

① 关于“还民”问题，详见第四章第一节。

② 如，马丽《〈三国志〉称谓词研究》，复旦大学博士学位论文，2005年；雷小芳《〈宋书〉称谓语研究》，中南大学硕士学位论文，2010年。

此外，还有“吕步侯”（陆·148、柒·3104），或是“步吕侯”（伍·7408），它们是“步侯”与“吕侯”的合称。记有“步侯”的竹简多是“步侯还民”交米和户籍的记录，记有“吕侯”的竹简多出现在行政文书中。“步侯”“吕侯”出现在官府文书中，说明这是国家认可的称谓方式。

学界一般认为，吴简中的步侯为临湘侯步骘，吕侯为番禺侯吕岱。吴简中与“临湘侯”相关联的称谓多以“临湘侯相”出现，出现的次数较多。此外，吴简中还有“将军步骘”（肆·1178）的称谓。“临湘侯”“步侯”“将军步骘”虽然称谓不同，但实际上是同一个人。关于“吕侯”，吴简中有称“吕岱”者，如壹·2257、壹·2326、壹·2378、贰·794，但尚未见到“番禺侯”的记录。步骘、吕岱在不同的场合使用了不同的称谓。目前所见“步侯”一词只与“还民”连用。“吕侯”有与“都尉”连用的情况，为“吕侯都尉”（壹·2301、肆·1243）；也有“吕岱所督都尉”（贰·794）、“吕岱所领都尉”（壹·2378）的记录。何处使用“吕侯”，何处使用“吕岱”，并无明显界限，似可通用。由此可见，吴简中“步侯”“吕侯”等称谓的使用范围可能并无特别的规定。

“步侯”“吕侯”为临湘侯步骘、番禺侯吕岱的称谓，涉及二人的姓氏和爵位，当为封爵称谓的一种。人际称谓的形式多种多样。有以官职称呼，有以爵位称呼，有以字号称呼。称谓方式各不相同，但不少地方都使用到姓氏。秦汉时期人际称谓中使用姓氏的现象，除了个人姓名及家族姓氏之外，其他一些称谓也有使用到姓氏。如称萧何为“萧相国”，[1]称公孙弘为“公孙丞相”，[2]称孙坚为“孙破虏”。[3]不仅在任时可以如此称谓，李广免官之后还可称“故李将军”。[4]此类“姓氏+官职名”的称谓格式，在秦汉史籍中经常见到。但在封爵称谓中使用姓氏的情况，秦汉时期则非常少见。关于封爵者的称谓，秦汉以来主要是以“封国名+封爵等级”的格式来称谓受封者，少数地方使用到受封者的谥号。除了极个别特殊的事例外（见后文），基本不在封爵中使用受封者的姓氏。“步侯”“吕侯”这样的封爵称谓，使用了受封者的姓氏，且为国家所允许。这应当引起我们的注意。那么，在封爵称谓中使用受封者姓氏，是孙吴政权所独有，还是南、北政权共有的现象？除了侯爵称谓中使用了受封者姓氏之外，其他封爵如王爵、公爵、伯爵、男爵、子爵等封爵称谓中是否也存在同样的现象？封爵称谓中使用受封者姓氏的现象有何时代意义？这些问题正是我们关注的重心所在。

二、侯爵称谓中使用姓氏的现象

秦汉时期，对于封侯者主要以“封国名+侯”的格式来称谓。如萧何称“酂侯”，曹参称“平阳侯”，卫青称“长平侯”，酂、平阳、长平都是封国名。用“封国名+侯”的格式来称谓列侯，既是当时封侯制度的内在要求，也是当时社会人际称谓的惯例。

---

① “萧相国”一词在《史记》《汉书》中多次出现，如《史记·萧相国世家》《史记·黥布列传》。《汉书》中除了前列人物的纪传之外，还见于《汉书·宣帝纪》中。

② 《汉书·东方朔传》：“上复问朔：‘方今公孙丞相……。’”参见班固《汉书》卷65《东方朔传》，北京：中华书局，1962年，第2863页。

③ 陈寿：《三国志》卷46《吴书·孙破虏讨逆传》，北京：中华书局，1982年。

④ 班固：《汉书》卷54《李广传》，第2443页。

虽然如此，也有极其个别的情况。《史记·三王世家》载："陛下奉承天统，明开圣绪，尊贤显功，兴灭继绝。续萧文终之后于酂，褒厉群臣平津侯等。"[①]"萧文终"为酂侯萧何，"文终"为其谥号。此处不是"封国名+侯"的称谓格式，而是"姓氏+侯爵谥号"格式。又有"翟侯"翟方进。《汉书·李寻传》载："事丞相翟方进，方进亦善为星历，除（李）寻为吏，数为翟侯言事。"[②]"翟侯"不是"封国名+侯"的称谓，而是"姓氏+侯"格式。

东汉有著名的"蔡侯纸"之称。《后汉书·宦者列传·蔡伦》载：

自古书契多编以竹简，其用缣帛者谓之为纸。缣贵而简重，并不便于人。（蔡）伦乃造意，用树肤、麻头及敝布、鱼网以为纸。元兴元年奏上之，帝善其能，自是莫不从用焉，故天下咸称"蔡侯纸"。[③]

"蔡侯"为蔡伦，但此前未见蔡伦封侯的记录。两年之后，永初元年（107），蔡伦以"久宿卫"被邓太后封为龙亭侯。[④]如此，元兴元年（105）就不应称尚未封侯的蔡伦为"蔡侯"。不过，蔡伦曾与中常侍郑众一起，辅佐汉和帝铲除了窦宪等当朝外戚。郑众因辅佐之功，于永元十四年（102）"封为鄛乡侯，食邑千五百户"。[⑤]同样辅佐有功的蔡伦，可能也在此时封侯。不过，蔡伦可能不是被封为

---

① 司马迁：《史记》卷60《三王世家》，北京：中华书局，1982年，2107页。

② 班固：《汉书》卷75《李寻传》，第3179页。

③ 范晔：《后汉书》卷78《宦者列传·蔡伦》，北京：中华书局，1965，第2513页。

④《后汉书·宦者列传》载蔡伦封龙亭侯在"元初元年"，曹金华先生据刘珍等校书东观事，认为"元初"为"永初"之讹，参见氏著《后汉书稽疑》，北京：中华书局，2014年，第1040—1041页。今从。

⑤ 范晔：《后汉书》卷78《宦者列传·郑众》，第2512页。

列侯，而是封为次于列侯的关内侯。蔡伦曾侍奉窦氏，[①]可能正是因为此事，史书未载其封关内侯一事。后来蔡伦被封龙亭侯，但封侯原因不是如郑众那样“念众功美”，而是因为“久宿卫”，有勉强、安慰的意味，似乎能佐证前文的推测。永初元年蔡伦被封龙亭侯后，才从关内侯升为列侯。如果我们的推论成立，那么有关内侯爵位的蔡伦被称为“蔡侯”，在当时也不算违制，因为关内侯也属于侯爵。“蔡侯”也是“姓氏+侯”的称谓格式。

此外，东汉还有“阴侯”阴识。《后汉书·桓荣列传》载：

二十八年，大会百官，诏问谁可傅太子者，群臣承望上意，皆言太子舅执金吾原鹿侯阴识可。博士张佚正色曰：“今陛下立太子，为阴氏乎？为天下乎？即为阴氏，则阴侯可；为天下，则固宜用天下之贤才。”[②]

原鹿侯为阴识定封之后的侯爵名，虽然阴识之前曾封阴德侯、阴乡侯，[③]但从“原鹿侯阴识”的文语可知，“阴侯”应与姓氏有关。“阴侯”也是“姓氏+侯”的称谓格式。整体而言，侯爵称谓中使用受封者姓氏的情况，秦汉时期甚为少见，且都是有卓越功业或特殊贡献者，应视为特例。

到了魏晋南北朝时期，侯爵称谓中使用姓氏有增多的迹象。搜检史籍后发现，如下侯爵称谓中曾使用受封者的姓氏。整理如下表（表3.3）：

---

① 事见范晔《后汉书》卷55《章帝八王传》，第1800页。

② 范晔：《后汉书》卷37《桓荣列传》，第1251页。

③ 范晔：《后汉书》卷32《阴识列传》，第1129—1130页。

表3.3：魏晋南北朝时期侯爵异称表①

姓名	封国名或谥号	异称	称谓格式	异称出处
曹操		曹侯	姓氏+侯	《全三国文·魏武帝》
杜畿	丰乐亭侯	杜侯	姓氏+侯	《三国志·魏书·毌丘俭传》注引《魏晋春秋》
名阙		张侯	姓氏（？）+侯	《全三国文·钟繇》
关羽	汉寿亭侯	关侯	姓氏+侯	《三国志·蜀书·廖立传》
诸葛瞻	武乡侯	葛侯	姓氏+侯	《三国志·蜀书·诸葛瞻传》
何曾	颍昌侯	何侯 颍昌何侯	姓氏+侯 封国名+姓氏+侯	《三国志·魏书·三少帝纪》注引《汉晋春秋》，《晋书·何曾传》
荀彧	万岁亭侯	荀侯	姓氏+侯	《全三国文·陈王植》
荀顗	临淮侯	荀侯	姓氏+侯	《晋书·何曾传》

---

① 表3.3、表3.4、表3.5的制作，主要参考了以下资料，钟华编《史记人名索引》，北京：中华书局，1977年；魏连科编《汉书人名索引》，北京：中华书局，1979年；李裕民编《后汉书人名索引》，北京：中华书局，1979年；高秀芳、杨济安编《三国志人名索引》，北京：中华书局，1980年；张忱石编《晋书人名索引》，北京：中华书局，1977年；张忱石编《南朝五史人名索引》，北京：中华书局，1985年；陈仲安、谭两宜、赵小鸣编《北朝四史人名索引》，北京：中华书局，1988年；严可均校辑《全上古三代秦汉三国六朝文》，北京：中华书局，1958年；余嘉锡《世说新语笺疏》附录《〈世说新语〉常见人名异称表》，周祖谟、余淑宜、周士琦整理，北京：中华书局，2011年。

另外，我们借用《〈世说新语〉常见人名异称表》中“异称”一词来表示含有姓氏的封爵称谓。

续表

姓名	封国名或谥号	异称	称谓格式	异称出处
顾雍	醴陵侯	顾侯	姓氏+侯	《世说新语·雅量篇》
吕岱	番禺侯	吕侯	姓氏+侯	《三国志·吴书·诸葛恪传》注引《志林》
吕据	南昌侯	吕侯	姓氏+侯	《三国志·吴书·孙綝传》
滕胤	高密侯	滕侯	姓氏+侯	《三国志·吴书·孙峻传》
王述	蓝田侯	王蓝田	姓氏+侯国名	《南齐书·谢朓列传》
王戎	安丰侯	王安丰	姓氏+侯国名	《世说新语·德行篇》
王珣	东亭侯	王东亭	姓氏+侯国名	《宋书·蔡廓列传》
王谧	武岗侯	王武冈	姓氏+侯国名	《世说新语·品藻篇》
王浑	京陵侯	王侯	姓氏+侯	《世说新语·尤悔篇》
孔岩	西阳侯	孔西阳	姓氏+侯国名	《世说新语·品藻篇》
桓温	宣武侯	桓宣武	姓氏+侯爵谥号	《世说新语·言语篇》
羊孚		羊侯	姓氏+侯	《世说新语·文学篇》
杨淮		杨侯	姓氏+侯	《世说新语·赏誉篇》
周顗	武城侯	周侯	姓氏+侯	《世说新语·言语篇》
荀勖	济北侯	荀济北	姓氏+侯国名	《世说新语·巧艺篇》
殷浩		殷侯	姓氏+侯	《世说新语·品藻篇》
朱龄石	丰城县侯	朱侯	姓氏+侯	《晋书·谯纵列传》

续表

姓名	封国名或谥号	异称	称谓格式	异称出处
王俭	豫宁侯	王君侯	姓氏+君侯	《梁书·张充列传》
苏峻	邵陵县公	苏侯	姓氏+侯	《宋书·礼志》
周文育	南移县侯	周侯	姓氏+侯	《陈书·侯安都列传》
高湖	东阿侯 敬侯	高敬侯	姓氏+侯爵谥号	《魏书·高湖列传》
贾逵	阳里亭侯	贾侯	姓氏+侯	《晋书·食货志》

上表所列魏晋南北朝时期的侯爵异称中都使用了受封者的姓氏。这些在侯爵称谓中使用姓氏的列侯，有的属于孙吴政权，有的属于曹魏政权；有的属于南朝政权，有的属于北朝政权。由此可见，此时期侯爵称谓中使用受封者姓氏的现象并无地域限制，南、北政权中都有人使用。

表中的个别异称需要说明。关于“张侯”，《全三国文·钟繇·杂贴》载：

十二日繇白：雪寒想胜常。得张侯书，贤从帷帐之悼。①

此“张侯”不知何人，无法确定“张”为姓氏还是封国名。另外，曹操欲自称“曹侯”，但此时尚未封侯。《全三国文·魏武帝·让县自明本志令》载：

后征为都尉，迁典军都尉。意遂更欲为国家讨贼立功，欲望封

① 严可均校辑：《全上古三代秦汉三国六朝文》，第1186页。

侯作征西将军，然后题墓道言“汉故征西将军曹侯之墓”。[①]

曹操希望建功立业，封侯拜将，以能自称“曹侯”。这正是社会称谓习俗的反映。此外，《世说新语·品藻篇》称殷浩为“殷侯”，但《晋书》本传未见其封侯、嗣侯的记录。羊孚、杨准在《世说新语·文学篇》《世说新语·赏誉篇》等篇中分别称为“羊侯”“杨侯”，但受封的侯爵名也未见于《晋书》等史书的传记。“殷侯”“羊侯”“杨侯”等既然如此称谓，或有其他依据。[②]又有封县公而称“侯”者。苏峻曾封“邵陵县公”，[③]但《宋书·礼志》称其为“苏侯”，如下：

宋武帝永初二年，普禁淫祀。由是蒋子文祠以下，普皆毁绝。孝武孝建初，更修起蒋山祠，所在山川，渐皆修复。明帝立九州庙于鸡笼山，大聚群神。蒋侯宋代稍加爵，位至相国、大都督、中外诸军事，加殊礼，钟山王。苏侯骠骑大将军。四方诸神，咸加爵秩。[④]

“公”与“侯”是两个不同等级的爵位，称县公苏峻为“苏侯”，应是当时社会称谓的习俗使然。故上表的侯爵异称中，除了“张侯”暂不确定外，“曹侯”“殷侯”“羊侯”“杨侯”都应是当时社会习俗的反映，暂视为侯爵异称予以考察。

如此，上表中还有29例侯爵异称。虽然都是侯爵异称，但

---

① 严可均校辑：《全上古三代秦汉三国六朝文》，第1063页。

② 孔岩曾封西阳侯一事，不见于正史传记，但《世说新语·品藻篇》第40条刘孝标注引《中兴书》中有载。殷侯、羊侯、杨侯的封侯记录，可能也如孔岩一样，虽不见于正史传记，可能当时的其他史书中有载。

③ 房玄龄等：《晋书》卷6《明帝纪》，北京：中华书局，1974年，第162页。

④ 沈约：《宋书》卷17《礼志四》，北京：中华书局，1974年，第488页。“蒋侯”蒋子文未见在世时封侯的记录，不予讨论。

称谓格式并不完全相同。这些侯爵异称的格式大致可以分为以下几种：

格式一：姓氏+侯（21例）[①]

格式二：姓氏+侯国名（6例）

格式三：姓氏+侯爵谥号（2例）

格式四：侯国名+姓氏+侯（1例）[②]

这些不同格式的侯爵称谓中，无一例外地都使用了受封者的姓氏。虽然这些侯爵异称数量较少，只有29例，而且此时列侯称谓依然是以“侯国名+侯”的格式为主，但侯爵异称在魏晋南北朝的南、北政权中都存在，这一情况应予关注。从秦汉时期多以封国名称谓列侯，到魏晋南北朝时期在侯爵称谓中出现不少使用受封者姓氏的事例，这是一种新现象，即在人际称谓中有越来越重视姓氏的倾向。

三、公爵、王爵等称谓中使用姓氏的现象

魏晋南北朝时期在封爵称谓中使用受封者姓氏，不只见于侯爵称谓，公、王等封爵称谓也存在此种情况。先将史例整理如下两表（表3.4、表3.5）：

---

① “君侯”是对封侯者的一种尊称，“姓氏+君侯”实际应属于格式一，纳入其中统计。

② 何曾的侯爵异称有2种格式，统计了2次，特此说明。

表3.4：魏晋南北朝时期公爵异称表

姓名	封国名或谥号	异称	称谓格式	异称出处
曹操	魏公	曹公	姓氏+公	《三国志·魏书·武帝纪》注引《曹瞒传》
贾充	鲁郡公	贾公	姓氏+公	《晋书·后妃列传》
庾亮	永昌县公	庾公	姓氏+公	《晋书·戴洋列传》
石苞	乐陵郡公	石公	姓氏+公	《晋书·刘毅列传》
石鉴	昌安县公	石公	姓氏+公	《晋书·傅玄列传》
桓温	宣武公	桓宣武	姓氏+公爵谥号	《世说新语·言语篇》
桓玄	南郡公	桓南郡	姓氏+公国名	《晋书·王恭列传》
谢灵运	康乐公	谢康乐	姓氏+公国名	《宋书·谢灵运列传》
王僧虔	简穆公	虔公	名+公	《南齐书·王慈列传》
江湛	忠简公	江忠简	姓氏+公爵谥号	《南齐书·江斅列传》
褚渊	南康郡公	褚公	姓氏+公	《南齐书·褚渊列传》
袁湛	晋宁敬公	袁敬公	姓氏+公爵谥号	《宋书·后妃列传》
欧阳頠	阳山郡公	欧阳公	姓氏+公	《陈书·陈宝应列传》
王敦	武昌郡公	王公	姓氏+公	《晋书·周访列传》
陶侃	长沙郡公	陶公	姓氏+公	《晋书·陶侃列传》
高欢	平阳郡公	高公	姓氏+公	《北齐书·神武帝》

续表

姓名	封国名或谥号	异称	称谓格式	异称出处
高肇	平原郡公令公	高令公	姓氏+公爵谥号	《魏书·彭城王列传》
崔浩	东郡公	崔公	姓氏+公	《魏书·崔浩列传》
侯莫陈悦	白水郡公	侯莫陈公	姓氏+公	《周书·李弼列传》
冯子宗	昌黎郡公	冯公	姓氏+公	《北齐书·袁聿修列传》
李崇	陈留公	李陈留	姓氏+公国名	《魏书·鹿悆列侯》
韦孝宽	穰县公	韦公	姓氏+公	《周书·韦孝宽列传》
封隆之	安德郡公	封公	姓氏+公	《北齐书·封隆之列传》
薛安都	河东公	薛公	姓氏+公	《魏书·傅竖眼列传》
贺拔岳	清水郡公	贺拔公	姓氏+公	《周书·文帝纪》
贺拔胜	真定县公	贺拔公	姓氏+公	《周书·贺拔胜列传》

表3.5：魏晋南北朝时期王爵异称表

姓名	封国名或谥号	异称	称谓格式	异称出处
司马懿	宣王	司马宣王	姓氏+王爵谥号	《三国志·魏书·文帝纪》
司马师	景王	司马景王	姓氏+王爵谥号	《三国志·魏书·三少帝纪》

续表

姓名	封国名或谥号	异称	称谓格式	异称出处
司马昭	晋文王	司马文王	姓氏+王爵谥号	《三国志·魏书·三少帝纪》
张骏	凉王、文王	张文王	姓氏+王爵谥号	《晋书·秃发傉檀列传》
石勒	平晋王	石王	姓氏+王	《晋书·载记·刘曜》
谯纵	成都王、蜀王	谯王	姓氏+王	《晋书·谯纵列传》
萧宏	临川王	萧临川	姓氏+王国名	《南史·临川王列传》
司马承	谯王、愍王	司马愍王	姓氏+王爵谥号	《世说新语·仇隟篇》
司马珍之	梁王	司马梁王	姓氏+王国名	《世说新语·豪爽篇》
司马道子	会稽文孝王	司马文孝王	姓氏+王爵谥号	《世说新语·谗险篇》
萧宝夤	齐王	萧王	姓氏+王	《周书·周惠达列传》
尒朱荣	太原王	尒朱王	姓氏+王	《魏书·高崇列传》
冯朗	燕宣王	冯宣王	姓氏+王爵谥号	《魏书·礼志》

表3.4、表3.5对魏晋南北朝时期公爵、王爵称谓中使用受封者姓氏的情况进行了罗列。关于“公”，阎步克先生指出，“公”似由老人的尊称引申为尊贵者之称，进而发展为君主、权贵之称，在周

秦汉时期有以“公”为尊称的情况，“公”也用作五等爵的最高爵号和内爵称的最高爵号，也可看作官号。[①]此外，还有亲属称谓的“公”，西汉成帝开始随着“公”爵的增设，谥号的“公”也逐渐流行。[②]“公”用作尊称的情况，在汉晋时期亦很常见，刘邦就曾称“沛公”，但他并无“公”爵，“公”是尊称。即便如此，表3.4公爵异称中的“公”可能都是公爵，因为它们都是封公爵之后依然使用的称谓。而且“郡公”“县公”这种“行政区划等级+公”的称谓，不可能是对他人的尊称，而只能是爵位的反映。表3.4中不仅有“姓氏+公”的格式，还有“姓氏+公国名”“姓氏+公爵谥号”，[③]甚至还有“(受封者)名+公”的格式。表3.4中使用姓氏的情况都有公爵爵位，异称中的“公”应都跟公爵有关。

甚至，魏晋南北朝时期有人本无公爵，但因皇帝曾用“姓氏+公”格式来称谓而被封公爵的事例。《周书·艺术列传·姚僧垣》载：

宣帝初在东宫，常苦心痛。乃令(姚)僧垣治之，其疾即愈。帝甚悦。及即位，恩礼弥隆。常从容谓僧垣曰：“常闻先帝呼公为姚公，有之乎?”对曰：“臣曲荷殊私，实如圣旨。”帝曰：“此是尚齿之辞，非为贵爵之号。朕当为公建国开家，为子孙永业。”乃封长寿县公，邑一千户。[④]

---

① 阎步克：《从爵本位到官本位：秦汉官僚品位结构研究》(增补本)，北京：生活·读书·新知三联书店，2017年，第45—46页。

② 白芳：《人际称谓与秦汉社会变迁》，北京：人民出版社，2010年，第45—77页。

③ 学者曾对前四史中“公”谥号称谓进行整理，参见白芳《人际称谓与秦汉社会变迁》，第75—76页。

④ 令狐德芬等：《周书》卷47《艺术列传·姚僧垣》，北京：中华书局，1971年，第843页。

北周武帝曾称姚僧垣为“姚公”，但那时姚僧垣并无公爵，此“公”当为尊称。但以“姓氏+公”来称谓者，拥有公爵似更名副其实。故北周宣帝说无公爵的姚僧垣被称“姚公”是“尚齿之辞，非为贵爵之号”，因此封姚僧垣为长寿县公。由此可见社会称谓对封爵的影响。

表3.4、表3.5中的称谓格式有：“姓氏+公”“姓氏+公国名”“姓氏+公爵谥号”“名+公”“姓氏+王”“姓氏+王爵谥号”“姓氏+王国名”等。除了公爵、王爵之外，男爵称谓中也有使用受封者姓氏的情况。《宋书·刘穆之列传》载：

族叔（刘）秀之为丹阳尹，（刘）瑀又与亲故书曰：“吾家黑面阿秀，遂居刘安众处，朝廷不为多士。”[①]

刘安众为刘湛，曾袭封安众县五等男。[②]刘安众属于“姓氏+封国名”的称谓格式。至此可知，使用受封者姓氏的情况，不仅在侯爵称谓中存在，在公爵、王爵甚至男爵等封爵称谓中也普遍存在。

四、封爵称谓中使用姓氏的时代意义

在封爵称谓中使用受封者姓氏的情况，秦汉时期还极为罕见。侯爵称谓如此，王爵称谓中也甚少见到使用姓氏，仅有寥寥数例，如称陈胜（名号不明）为陈王，项羽（西楚霸王）为项王，张敖（赵王）为张王，彭越（梁王）为彭王，隗嚣（朔宁王）为隗王。[③]他们都是称王或受封于秦末汉初或两汉之际，有战乱、政局动荡的

---

① 沈约：《宋书》卷42《刘穆之列传》，第1310页。

② 沈约：《宋书》卷69《刘湛列传》，第1815页。

③ 司马迁：《史记》卷7《项羽本纪》，第298、311页；《史记》卷89《张耳列传》2584页；《史记》卷90《彭越列传》，第2594页；范晔：《后汉书》卷13《隗嚣列传》，第528页。

特殊背景，应视为特例。两汉政局稳定之后，未见其他使用姓氏的王爵称谓。

到了魏晋南北朝时期，封爵称谓中使用姓氏的情况已经比较普遍。此种情况不仅出现于“步侯”“吕侯”这样的侯爵称谓中，还出现于公爵、王爵的称谓中，甚至爵位较低的男爵称谓中也有此种现象存在。魏晋南北朝时期，使用姓氏的封爵称谓不是时代“主流”。“封国名+爵位等级”或以“谥号+爵位等级”的称谓格式，依然是此时期称谓封爵者的惯例和主要称谓形式。但是，在王爵、公爵、侯爵、男爵等爵位中不同程度地出现了使用受封者姓氏的现象，足以说明此时期的人际称谓发生了新的变化，即人们有更加重视姓氏的倾向。

使用受封者姓氏的封爵称谓，不少是人们私下的人际称谓，可视为当时社会称谓的流俗。吴简中的“步侯”“吕侯”等称谓出现于官府文书中，是国家所认可的称谓格式。在封爵称谓中使用姓氏的情况，并没有被视为非法而受到官方禁止，甚至皇帝的诏书中也使用此类称谓。可知使用含有受封者姓氏的封爵称谓，是当时国家允许的称谓方式。就目前资料所见，在国家正式文书中以姓氏称谓受封者的情况似乎出现较早，如“萧文终”“步侯”“吕侯”等，然后此种称谓方式才在社会上广泛流传。使用受封者姓氏的封爵称谓逐渐增多，是受到了这种自上而下的影响吗？此外，秦汉时期使用“姓氏+官职名”的称谓格式也十分普遍。封爵称谓中使用受封者姓氏，是受到了“姓氏+官职名”称谓格式的影响，进而由官职扩大到封爵吗？可能两者兼而有之。

就封爵称谓而言，“封国名+爵位等级”称谓格式的重心在封国，而“姓氏+爵位等级”格式的重心不在封爵而在姓氏。值得注意的是，封爵称谓中出现的这种新变化，与社会上越来越重视姓氏的趋势是一致的。至少从东汉中后期开始，世家大族的势力逐渐形成，家族姓氏越来越受到个人和社会的重视。有学者认为："在'门第'发展形成的过程中，先有'族姓'，次有'门户'，而后有'地望'的观念"，"'家族'的，尤其是'姓'的荣誉感，重于一切。而'姓'，实际上代表了'家族'。'家族'地位的高低，由'姓'表露无遗。"[1]以姓氏为标识来显示家族势力和地位的大姓、郡望，成为魏晋南北朝的时代特征。此时期家谱、族谱也尤为兴盛。由三国而起，终魏晋南北朝时代，姓氏始终是区分个人及其家族社会等级地位的重要标志。学者研究发现，魏晋以来讲究门第，士族、庶族等姓氏之间的等级贵贱判然分别，姓氏存在高低贵贱之分。[2]封爵称谓中使用姓氏的现象，既是该时期姓氏成为社会等级区分重要标志的现实反映，也是家族势力发展的必然要求。封爵称谓中使用姓氏的普遍化，又会进一步推动姓氏在社会等级区分中发挥更为重要的作用。

在封爵称谓中使用姓氏者，多是地位显赫的人物。不能说那些拥有封爵但未在封爵称谓中使用姓氏的人物地位不显赫，但在封爵称谓中使用姓氏的人物地位显赫，从表3.3、表3.4、表3.5即可得知。就"步侯"步骘而言，其个人及家族的地位十分显赫。据《三国志·吴书·步骘传》所载，步骘从孙权招为主记开始，历任海盐长、车骑将军东曹掾、鄱阳太守、交州刺史、立武中郎将、征南中郎将、平戎将军、广信侯、右将军左护军、临湘侯、骠骑将军、冀

① 何启民：《中古门第之本质》，《中古门第论集》，台北：台湾学生书局，1978年，第1—2页。

② 籍秀琴：《中国姓氏源流史》，台北：文津出版社，1998年，第252—260页。

州牧等，后代陆逊为丞相。步骘为孙权所倚重的大臣之一。据《三国志·吴书·步夫人传》记载，步骘同族有为孙权步夫人者，“以美丽得幸于权，宠冠后庭”。孙权多次想封步夫人为后，但由于朝臣反对而未能如愿。步夫人生前“宫内皆称皇后，亲戚上疏称中宫”，[①]她的赏赐连孙权长子、后为太子的孙登也不敢拒绝，史载：

> 初，(孙)登所生庶贱，徐夫人少有母养之恩，后徐氏以妒废处吴，而步夫人最宠。步氏有赐，登不敢辞，拜受而已。[②]

步夫人死后被追封为皇后。可见步氏家族为孙吴时期的权势之家。据《三国志·吴书·吕岱传》载，“吕侯”吕岱历任余姚长、督军校尉、昭信中郎、庐陵太守、交州刺史、安南将军、都乡侯、番禺侯、镇南将军、交州牧、大将军、大司马等，封侯拜将，也是孙权时期的重臣之一。“步侯”步骘、“吕侯”吕岱都是孙权时候的重臣，都在封爵称谓中使用了姓氏。

但是，吴简中也有侯爵称谓中未使用姓氏的情况。叁·2507载：“大常刘阳侯兵曹王攀。”“刘阳侯”为潘濬，黄龙元年(229)进封刘阳侯。“刘阳侯”为“侯国名+侯”的称谓格式，不是“姓氏+侯”的称谓格式。潘濬也是孙吴时期的重臣之一，但吴简称“刘阳侯”而没有称“潘侯”。是因为地位不如步骘、吕岱显赫，还是有其他原因，目前尚不清楚。即便如此，在封爵称谓中使用姓氏的受封者，无疑与个人及家族地位有关。

从秦汉到魏晋南北朝，姓氏都是一种显示个人身份地位的标识。秦汉时期多以“姓氏+官职名”的称谓来体现姓氏的作用，魏

① 陈寿：《三国志》卷50《妃嫔传》，第1198页。

② 陈寿：《三国志》卷59《吴主五子传》，第1365页。

晋南北朝时期在封爵称谓中使用姓氏的情况逐渐增多。姓氏的使用范围从官职向爵位扩张。《白虎通·姓名篇》言："姓所以有百者何？以为古者圣人吹律定姓，以纪其族。"①姓氏与家族密切相关。姓氏带有私有属性，官职、爵位则为国家公器。与家族相关、带有私有属性的姓氏，使用范围逐渐从国家公器的官职扩展到封爵，说明姓氏重要性的逐渐强化，家族等私人势力对国家事务的影响增强。东汉中后期逐渐形成的世家大族，魏晋南北朝的门阀士族与寒门庶族等，这些成为时代政治和社会特色的标志性事物，都以姓氏相标榜，用姓氏来区分。魏晋南北朝时期姓氏与封爵称谓的关系，正是时代特色的写照。

孙吴时期，有以姓氏来称谓个人的情况。《三国志·吴书·吴主传》注引《江表传》载：

（孙）权于武昌新装大船，名为长安，试泛之钓台圻。时风大盛，谷利令柂工取樊口。权曰："当张头取罗州。"利拔刀向柂工曰："不取樊口者斩。"工即转柂入樊口，风遂猛不可行，乃还。权曰："阿利畏水何怯也？"利跪曰："大王万乘之主，轻于不测之渊，戏于猛浪之中，船楼装高，邂逅颠危，奈社稷何？是以利辄敢以死争。"权于是贵重之，自此后不复名之，常呼曰谷。②

孙权不呼谷利之名，而用其姓"谷"来称呼，以此彰显对谷利的格外尊重。由此可知，孙吴时期如何使用姓氏，已经成为判断个人社会身份高低的重要标识。

关于孙吴的姓氏使用问题，吴简中存在着这样两种现象：（1）

---

① 陈立：《白虎通疏证》卷9《姓名篇》，吴则虞点校，北京：中华书局，1994年，第401页。

② 陈寿：《三国志》卷47《吴书·吴主传》注引《江表传》，第1133—1134页。

对下层民众有轻视姓氏的倾向，很多人根本不记载姓氏。（2）在上层社会中却有重视姓氏的倾向，封爵中有使用姓氏的情况。这两种截然不同的姓氏使用现象，正是孙吴社会中身份等级性在个人姓氏上的反映。

第四章

走马楼吴简与孙吴吏民身份

就个人而言，最为重要的身份有两种。一是家庭内身份，这种身份带有先天性和血缘性，基本上是自然形成。二是国家和社会中的身份，这种身份具有后天性和不可抗拒性。国家为了建立和巩固社会秩序，必然通过各种方式赋予每个社会成员相应的身份，将其纳入诸多身份体系之中。然后按照个人身份与等级给予相应的政治、经济权益，并要求社会成员以其身份向国家履行相应的责任和义务。国家和社会层面的身份多按照职业划分。每个身份系统内又可细分为很多种类。职业和种类赋予身份以差异性和等级性意义。正是因为身份的差异性和等级性，各身份之间在享有的权益和需要履行的义务上展现出千姿百态的状态。这也正是“秩序建构赋予身份、身份构建秩序内容”的体现。

前面分别对家庭内身份、爵制问题、姓氏使用问题进行了考察，本章主要以吴简为依据，对国家和社会层面的职业身份“吏民”进行分析，考察各身份体系内部的身份种类和等级，并对孙吴吏民的身份转变问题进行简要分析。

第一节　吴简中"还民"问题再讨论

吴简中有"步侯还民限米"的记录，学者对此曾有讨论。吴简整理者曾认为"步侯还民限米"是步骘归还居民的限米。[①]孟彦弘先生认为还民似指过去曾一度脱籍而现在重新归附的百姓，还民身份具有特殊性，"步侯还民"是归步侯所领的"还民"。[②]黎石生先生进一步指出"步侯还民"强调的是还民现籍属于步侯的临湘侯国，还民除了原本归步侯所领者外，还有原籍在临湘侯国周边地区者，以及其他被步骘非法占有的人口，还民非国家正户，且籍属临湘侯国，"步侯还民"应与临湘侯步骘存在某种人身依附关系，或就是步骘的依附人口。[③]王素先生后来改变了旧有观点，改为同意孟氏、黎氏的看法。[④]于振波师在孟氏、黎氏二位先生观点的基础上进一步深化"还民"的内容，认为其包括返乡的流民、为逃避战乱而南下的北方移民、东吴通过战争掠夺的北方人口以及讨伐山越

① 王素、宋少华、罗新：《长沙走马楼简牍整理的新收获》，《文物》1999年第5期。

② 孟彦弘：《释"还民"》，《出土文献与汉唐典制研究》，北京：北京大学出版社，2015年，第91—92页。

③ 黎石生：《长沙走马楼所见"步侯还民"简探讨》，长沙市文物考古研究所编：《长沙三国吴简暨百年来简帛发现与研究国际学术研讨会论文集》，北京：中华书局，2005年，第107—112页。

④ 王素：《关于长沙吴简几个专门词汇的考释〈长沙走马楼三国吴简〉释文探讨之二》，长沙简牍博物馆，北京吴简研讨班编：《吴简研究》第2辑，武汉：崇文书局，2006年，第258—269页。

过程中“补户”的山民。[1]胡平生先生则将“步侯”释为“步兵”，认为“步兵还民”指复员回乡的陆军兵士，他们享有一定的优待。[2]

学界虽有争论，但大多将“还民”看作一个身份名词。不少学者将“还民”理解为“返还”之民，即重新还乡的平民。但《竹简（肆）》中有1枚内容与“步侯还民限米”极其相似的竹简，如下：

领黄龙三年将军步骘所还民限米一百八十六斛　　肆·1178

此简中的“还民”不能与“限米”断开而理解为“返乡平民”，应将“所还民限米”连读，即“所归还的民限米”的意思。“还”字应归前与“所”连读，表示行为动作，“民”字归后与“限米”连读成“民限米”。“民限米”是吴简中常见的一种限米。那么，这枚关于将军步骘归还“民限米”的简，与“步侯还民限米”的记录是不是同一个意思？“步侯还民限米”是否也应该如肆·1178简那样理解？“步侯还民”“还民”到底是什么意思？有待专门考察。

一、“步侯还民”中“还民”性质再考察

吴简中虽然出现了“将军步骘所还民限米”的记录，但它与“步侯还民限米”是否为相同的意思还需详加考察。吴简中关于“步侯还民限米”的竹简并不多，为了便于讨论，先将其罗列如下：

右西乡入步侯还民一斛四斗　☒　　壹·1532

入都乡嘉禾二年步侯还民限米一斛☒　　壹·1556

右诸乡入步侯还民限米十斛□☒　　壹·1564

---

① 于振波：《走马楼吴简中的“限米”与屯田》，《走马楼吴简初探》，台北：文津出版社，2004年，第25—42页。

② 胡平生：《说“步兵还民”》，卜宪群、杨振红主编：《简帛研究2005》，桂林：广西师范大学出版社，2008年，第244—252页。

入嘉禾元年步侯还民限米二斛　　叁·905

其二斛嘉禾二年步侯□⧄[1]　　叁·1223

入四年步侯还民限米卅一斛　　叁·1876

入四年步侯还民限米八斛　　叁·1991

入西乡嘉禾元年步侯还民限米二斛胄毕‖嘉禾三年正月⧄　　叁·6175

⧄入步侯还民……⧄　　叁·7001

其二斛嘉禾元年步侯还民限米　　玖·4132

其二斛嘉禾二年步侯还民限米　　玖·4155

其二斛嘉禾二年步侯还民限米　　玖·4161

其二斛嘉禾元年步侯还民限米　　玖·4202

其二斛嘉禾元年步侯还民限米　　玖·4945

其二斛嘉禾元年步侯还【民】限米[2]　　玖·4956

入嘉禾元年步侯还民……嘉⧄　　玖·6069

为了弄清楚“步侯还民限米”的意义，先将这些简的信息统计如下表（表4.1）：

表4.1：“步侯还民限米”简信息统计表

乡名	年份	米的类别	斛数	简号	备注
西乡			1斛4斗	壹·1532	“右”字合计简

① 参照其他简文内容推测，该简可能残损了“还民”等内容。

② 整理者注：“‘步侯还’下应脱‘民’字”。今按：意见可从，今补出。

续表

乡名	年份	米的类别	斛数	简号	备注
都乡	嘉禾二年	限米	1斛	壹·1556	“入”米简，残损
诸乡		限米	10斛	壹·1564	“右”字合计简，残损
	嘉禾元年	限米	2斛	叁·905	“入”米简
	嘉禾二年		2斛	叁·1223	“其”米简，残损
	四年	限米	31斛	叁·1876	“入”米简
	四年	限米	8斛	叁·1991	“入”米简
西乡	嘉禾元年	限米	2斛	叁·6175	“入”米简，胄毕，残损
				叁·7001	“入”米简
	嘉禾元年	限米	2斛	玖·4132	“其”米简
	嘉禾二年	限米	2斛	玖·4155	“其”米简
	嘉禾二年	限米	2斛	玖·4161	“其”米简
	嘉禾元年	限米	2斛	玖·4204	“其”米简
	嘉禾元年	限米	2斛	玖·4945	“其”米简
	嘉禾元年	限米	2斛	玖·4956	“其”米简
	嘉禾元年			玖·6069	“入”米简，残损

这些关于“步侯还民限米”的竹简中，除了叁·7001、

玖·6069内容残损严重外，其他简基本保留了年份、交米斛数等信息，甚至某些简还保留了西乡、都乡、诸乡等涉事行政单位。从简的性质看，有的是合计简，如壹·1532；有的是内容简，如叁·1223；有的是赋税纳入简，如壹·1556。简的性质并不完全相同。[①]从时间上看，“步侯还民限米”至少涉及嘉禾元年、嘉禾二年、嘉禾三年、四年（可能是嘉禾四年），涉及年次较多。从交米数额看，除了叁·1876简为31斛，其他简都不超过10斛。其中10斛1例，8斛1例，2斛9例，1.4斛1例，最少1斛，有1例。叁·6175内容为：“入西乡嘉禾元年步侯还民限米二斛胄毕⟋⟋嘉禾三年正[月]☐。”“胄毕”表示应交米已经交纳完毕的意思。[②]可见“步侯还民限米”单次交米的数额并不多。从入米的乡看，有西乡、都乡等，并以“诸乡”的形式合计，“步侯还民限米”涉及多个乡。如果“步侯还民限米”如同肆·1178是步侯归还民限米，意即在黄龙三年、嘉禾元年、嘉禾二年、嘉禾三年、嘉禾四年这五年间，步侯步骘都在归还民限米，并且向多个乡还米。对于列侯而言，这实在难以想象。况且每次涉及米的数额如此之少，实在不必如此。

壹·1532载：“右西乡入步侯还民一斛四斗　☐。”按照学界对吴简的理解，“右”字有合计的意思。此简应为以西乡为单位的“步侯还民”交米数额的合计。壹·1564为诸乡某年“步侯还民”交米数额的合计。如果“步侯还民限米”是步侯归还民限米之

---

① 关于这些竹简的性质，2015年4月20日，关尾史郎师在“東アジア歷史文化特論”课程（日本新潟大学现代社会文化研究科科长室）中，专门对《吴简中“还民”问题再讨论》进行指导，他将前9枚竹简分为四类。正文中列举了前三类，第四类为“其他”，有叁·905、叁·1876、叁·1991、叁·7001。第玖卷内容为后来公布

② 于振波：《走马楼吴简习语考释》，《走马楼吴简初探》，第233—236页。

意，为何要以乡为单位还米，且每次还米数额如此之少？黄龙元年（229）孙权称尊号后，步骘“都督西陵，代陆逊抚二境”，[①]自此离开长沙。如果说黄龙三年所还的民限米是离开长沙之前所借贷，难道离开长沙之后在嘉禾年间也经常借贷，而且分年次以较少数额归还给临湘？这无论如何都难以理解。“步侯还民限米”简的记载格式与其他身份的人按乡统计交米数额的格式并无不同。这是否暗示“步侯还民”也是一种身份？

黄龙三年步骘以将军身份所还的民限米，当为早前在长沙时所借的米。那么，离开长沙的临湘侯步骘，是否有必要多年借米？我们可以对临湘侯国的财政收入进行估算。先看临湘辖乡的数量。杨振红先生考察认为临湘侯国下辖都乡、东乡、西乡、中乡、乐乡、南乡、平乡、桑乡、小武陵乡、模乡、广成乡、北乡共12个乡，但北乡有待证实。[②]后来，学者从不同角度梳理材料，没有发现北乡的记录。[③]吴简中这样的记录：

右十一乡财用钱[八]十四万六千八百七十　　陆·4696

“十一乡”的具体所指不明，但与学者推测的临湘辖乡数量一致。[④]

---

① 陈寿：《三国志》卷52《吴书·步骘传》，北京：中华书局，1982年，第1237页。

② 杨振红：《长沙吴简所见临湘侯国属乡的数量与名称》，卜宪群、杨振红主编：《简帛研究2010》，桂林：广西师范大学出版社，2012年，第139—144页。

③ 杨芬：《孙吴嘉禾年间临湘中乡所辖里复原初步研究》，“中日长沙吴简学术研讨会”会议论文，长沙：长沙简牍博物馆，2011年3月14—15日；徐畅：《三国孙吴临湘侯国辖乡的数量与名称再探》，《人文杂志》2019年第10期；拙文：《走马楼吴简中“私学”相关簿籍与文书的地域考察》，黄正建主编：《中国古文书学研究初编》，上海：上海古籍出版社，2019年，第74—76页。

④ “十一乡”的记录虽为临湘辖11乡提供了佐证，但也不能绝对说明临湘只有11乡。如果11乡就是临湘全部的乡，为何这里要明确写明“十一乡”而不是写作“临湘”或“县”？“十一乡”的表述是否说明这只是不完全的统计？此类问题目前尚无法回答，暂时存疑。

关于临湘的户口数量，于振波师已注意到临湘各乡户数并不多，最多可能是广成乡，不超过550户。[①] 乡的户数最少者为某乡99户，最多者可能为广成乡，如下：

⧄乡领三年吏民户九十九户□□□□钱八百合七万九千□百钱　　伍·7218

□凡广成乡领吏民□□五十户口食二千三百一十人　　贰·2529

于师按每户5人推算广成乡可能为462户，最多不超过550户。这可能是临湘县户数最多的乡。简文完整的吴简中，都乡有390户，户数相对较多，如下：

都乡领吏民户三百九十户收财用钱八百合卌一万二千　伍·5316

这样的记录还有不少。但因为不少简文残损，各乡的户数记录并不完全清楚。而且，吴简中还有这样的记录：

□迁里领吏民户二百五十五户口一千一百一十三人收□□口筭钱合六万二千一百一十八钱　　壹·9407[②]

集凡春平里领吏民一百□□户口食三百六十三人　　捌·463

某迁里有255户，春平里的户数在100户以上，突破了学界关于临湘每里50户的一般认识。这些简虽然记载了乡、里的户口数量，但差别太大。在乡、里数据不全的情况下，难以根据个别乡、里的

① 于振波：《走马楼吴简所见乡级行政》，长沙简牍博物馆编：《长沙简帛研究国际学术研讨会论文集》，上海：中西书局，2017年，第109页。

② 连先用先生核对图版后认为“□迁里”当释为“⧄过年”，参见氏著《吴简所见里的规模与吴初临湘侯国的户籍整顿》，《中国农史》2019年第1期。我们核对图版后发现，“迁”字墨迹有脱落但不排除为“迁”字的可能，“里”字完整且较清晰，整理者释读无误。整理者的释读也符合吴简中户籍的登录格式，本书遵从整理者的释读。

民户统计数据来估算临湘的民户数量。

实际上，新公布的吴简中有临湘的户口统计，如下：

县元年领吏民户二千六百九十三户口一万□□四百卌四口　　陆·2014

定领户二千六百五十三户口一万四千二百卌九口　　陆·2016

属泄府不随县定领户二千二百廿二□女……　　陆·4732

县领吏民户二千六百□□　　陆·4733

书言料核合领户二千六百卌五户其卌七户苦贫穷流移比县吴昌　　陆·4744

临湘谨列今年吏民户数如牒　　陆·4754

⧄死罪案文书县领户二千二百八十二户　　玖·5323

简中有“元年”“今年”，表明临湘每年都会统计民户数量。简中的“县”无疑是指临湘。各简所记户数不同，最高为2693户，最低2222户，表明不同年份民户数量有所差别。陆·2016、陆·4732有“定领户”字样，即除去死亡、迁徙等人口后最终统计所得的户数，是临湘县的实际户数，其中最低者为2222户（年份不详）。各简所记民户在2200户—2700户之间，对于长沙郡治临湘而言，这是一个非常低的人口数据。

虽然临湘侯国的户数较低，但收入并不少。孙吴时期侯国租税收入的详细名目尚不完全清楚，但吴简中民户要按户品向临湘侯相交钱，即“户品出钱”。户品出钱有新户、故户以及上品、中品、下品等区别，具体数额如下表（表4.2）

表4.2：孙吴故户、新户“户品出钱”数额表

品级	故户	新户
上品	12000	13000
中品	8000	9000
下品	4400	5594

户品出钱最少的是故户下品，每户交纳4400钱。即便临湘所有民户都按故户下品出钱，按最低定领户数2222户计算，临湘侯国仅此一项收入一年就达9776800钱。按当时较高的折米率1600钱=1斛米的比率折算，得米6110.5斛。这只是按下品户出钱计算的收入，其中还有不少上品、中品户。此外，制度性收入中还有数额庞大的田租，但无法估算具体数据。①在制度性收入之外，侯国可能还有商业等自营性收入及赏赐等临时性收入。②拥有如此巨额收入的临湘侯，无须多次借贷米。即便借的米需要偿还，也可以如肆・1178那样一次归还上百斛米，而不是要分年次、数斛数斛地归

① 因为田租和田地类型相关，无法统计每种田的数量，也就难以计算具体数额。但以第七章第一节所见田租额看，临湘侯国的田租应该不少。

② 罗庆康先生认为列侯可以收取户赋、地租，有俸禄、赐餐钱、山林税等；我们曾分析认为汉代侯国收入主要有以下三部分：（1）食邑：制度性收入，（2）商业和手工业：自营性收入，（3）赏赐：其他临时性收入；尤佳先生认为东汉列侯在食邑内征收土地税、算赋、口赋及各种“私奉养”；秦铁柱先生从租入、俸禄、赏赐、受田、工商业收入、其他收入等方面详细讨论了汉代列侯的收入。分别参见罗庆康《西汉财政官制史稿》，郑州：河南大学出版社，1989年，第300—303页；拙文《列侯与两汉经济》第二章第一节《列侯的经济收入》，湖南省研究生科研创新项目“列侯与两汉经济”（CX2011B147）结题书，2013年，第23—46页；尤佳《东汉列侯爵位制度》，昆明：云南大学出版社，2015年，第92—94页；秦铁柱《帝国中坚：汉代列侯研究》，济南：齐鲁书社，2018年，第222—247页。孙吴时期侯国收入未必与两汉侯国收入完全相同，但也应有制度性收入、自营性收入及临时性收入等内容。

还。黄龙三年（231）步骘以将军身份一次性归还了186斛民限米，正是凭借侯国的巨额收入——黄武二年（223）改封临湘侯，[1]有能力归还之前（可能是有侯国收入前）所借的米。既然黄龙三年有财力还米，侯国收入又是年年不断，黄龙三年之后似无多年借米的必要。况且嘉禾年间步骘已经离开长沙郡，也不应向临湘借米，并以"分乡别、小数额"如此奇怪的方式还米。黄龙三年步骘以将军身份而不是以步侯身份归还民限米，说明此次还米与将军任职有关，而与列侯身份没有关系。但"步侯还民"明确出现了列侯身份，与黄龙三年还米时的将军身份明显不同。

考虑到"步侯还民限米"所涉及交米记录的性质、交米年份、单次交米的数额，以及临湘侯国的财力，还有此时步骘已经离开长沙郡等综合因素，很难将"步侯还民限米"理解为"步侯归还民限米"的意思。"步侯还民限米"与"领黄龙三年将军步骘所还民限米一百八十六斛"（肆·1178）的记录，有着根本性的区别。"步侯还民限米"理解为步侯还米的话，不仅于理不通，也会导致简文内容无法理解。

之前对"步侯还民"以及"还民"性质的理解，多为学者的推测，并没有确切的史料证据。《竹简》（柒）（捌）这2卷中有关于"还民"的新资料，对于理解"还民"的意义很有帮助。在此先罗列如下：

其一户步侯还民　柒·1862

☑二年尫羸还民限米八十六斛……☑　柒·2821

☑年尫羸还民限米十一斛六斗　柒·3297

---

① 陈寿：《三国志》卷52《吴书·步骘传》，第1237页。

其二户步侯还民出限米　　捌·232

“步侯还民”一词虽在《竹简》(壹)(叁)(玖)这几卷中出现过，但都是“入”米、“其”米等赋税记录，未曾出现柒·1862、捌·232这样的记载。就记载格式看，柒·1862、捌·232属于户籍类的簿籍。

与柒·1862、捌·232相类似的记载，吴简中多次出现，如：

其一户州吏　　贰·2049

其二户郡医师　☑　　贰·2115

☑　·其四户郡县卒　　贰·2298

其五户□郡县吏下品　　贰·2338

·其三户给州吏　　贰·2674

·其一户郡卒下品　☑　　贰·3304

其二户县吏[下]品　☑　　贰·3307

·其二户方远州吏□　☑　　贰·4458

☑　其十七户新占民户　☑　　贰·3198

其一户佃吏出限米　　捌·181

这些简中的州吏、郡医师、郡县卒、郡县吏、给州吏、郡卒、县吏、方远州吏、新占民户、佃吏，无不是表示吏民身份的名词。那么，记录格式相似的柒·1862、捌·232中的“步侯还民”，无疑也应是身份名词。

柒·2821、柒·3297中“还民”之前多了“尩羸”一词。“尩羸”是指身体瘦弱。用“尩羸”来修饰的“还民”，理解为身份名词似更合理。

吴简中的“乡”是表示所在地的行政单位，具有明显的地理属性。如果将“步侯还民限米”理解为“步侯归还其所借贷的民限米”，就意味着步侯既属于西乡，又属于都乡，还属于诸乡。这种解释难以理解。如果认为“步侯还民”是一种身份，是隶属步侯的还民，那么他们分散住在西乡、都乡等地方则完全可能。“乡”这一具有地理归属的行政单位称谓，也说明“步侯还民”只能是一个身份名词。

汉末三国之际民众流亡现象严重。《三国志·魏书·卫觊传》载：

至长安，道路不通，觊不得进，遂留镇关中。时四方大有还民，关中诸将多引为部曲。觊书与荀彧曰：“关中膏腴之地，顷遭荒乱，人民流入荆州者十万余家，闻本土安宁，皆企望思归。而归者无以自业，诸将各竞招怀，以为部曲。郡县贫弱，不能与争，兵家遂强。一旦变动，必有后忧。”[①]

这里的“还民”是指之前流亡在外、重新返还故里的民众，与吴简中作为固定身份称谓的“还民”存在性质区别。[②]当时还归乡里的不止流入荆州的十万余家，而是“四方大有还民”。因为战乱、灾害等原因民众逃离故乡、脱离户籍，待社会稳定后再返还故里的现象十分普遍。孙吴时期当也有不少因为各种原因曾离开故里、后来又返还的民众。对于这些返还乡里的民众，孙吴政府将他们重新编入户籍，并赋予他们“还民”的专门身份。如同后文“复民”的“复”表示来源一样，“还民”的“还”也表示他们的来源，即还乡之民。

① 陈寿：《三国志》卷21《魏书·卫觊传》，第610页。

② 王素：《长沙走马楼三国吴简时代特征新论》，《文物》2015年第12期。

二、“还民”与“民还”的区别

“民还米”和“步侯还民限米”不同，孟彦弘先生早就有所注意。[①]虽然如此，某些吴简中“还民”“新还民”的性质确实不好理解。如：

入都乡还民所贷嘉禾元年税米一斛七斗|||X嘉禾三年正月九日新唐丘男子廖口关邸阁李嵩付仓吏黄讳潘虑受　　柒·105

入新还民嘉禾元年限米五斛　　柒·1519

入新还民嘉禾元年限米七斛　　柒·2192

此3简为“入”米简，跟“还民”“新还民”有关。它们既可以理解为“还民”“新还民”的入米简，也可以理解为“归还的民所贷的米”或“新归还的民限米”的记录。吴简的赋税记录一般都要记录交纳人的身份甚至姓名。如果这3简理解为“归还的民所贷的米”或“新归还的民限米”的话，则缺乏还米者的身份。当然也可能是省略了身份。但是，肆·1178中将军步骘归还民限米都记录了身份、姓名，其他人员还米即便不记载姓名也应记载身份。将与“还民”“新还民”相关的柒·105、柒·1519、柒·2192解释为“归还的民所贷的税米”或“新归还的民限米”的记录，将导致入米者身份和姓名的缺失。这种不符合吴简簿籍记录格式的理解，应该谨慎对待。

吴简中存在很多“民还”即民归还米的记录，如：

入民还二年所贷嘉禾元年□米七十六斛三斗四升　☒　　壹·1176

右民还黄龙三年所贷杂米□百卅三斛三斗☒　　壹·1645

---

① 孟彦弘：《释“还民”》，《出土文献与汉唐典制研究》，第91—92页。

入黄龙三年民还贷食黄龙元年租米六斛六斗　　　　壹·3130

“民还”的记录在几卷《竹简》中多次出现。既然有“民还”的记录，为何又出现“还民”的记录？或许“还民”为“民还”的误写。但尚没有证据支持这种假设。此外还有“新还民”的存在。目前吴简中只见“民还”，未见“新民还”的记录。如果“还民”为“民还”的误写，那么“新还民”又做何解释？“新还民”的存在，提醒我们将“还民”视为“民还”误写的推测可能难以成立。

吴简中有1枚简，先将其内容摘录如下：

右民还二年所贷杂米十五斛七斗黄龙元年新还民限米

捌·5463

简中同时记载了“民还”和“还民”，说明二者性质有别。按照学界的一般理解，“新还民限米”是身份为“新还民”的人所交纳的限米，在仓库中以“交纳者身份+米的性质”的格式登录，以方便管理。捌·5463是民所归还的新还民限米。

三、临湘地区可能存在“还民”群体

吴简中除了“步侯还民”外，还有“新还民”“还民”，多为交纳限米的记录。一般认为，限米与耕种者身份或田地类型与性质相关。[1]我们也注意到，耕种者身份、田地类型与米的性质三者之间

① 整理者认为限米是吏、兵等非国家“正户”所缴的米，于振波师认为限米是卫士、邮卒等非普通民户被组织起来进行屯田所交纳的米，谷口建速先生则认为限米是对特定身份·职役者的田所课的赋税，都认为限米与耕种者身份有关，侯旭东先生则认为限米与田地性质有关。分别参见王素、宋少华、罗新《长沙走马楼简牍整理的新收获》；于振波《走马楼吴简中的“限米”与屯田》，《走马楼吴简初探》，第36—42页；谷口建速《長沙走馬楼呉簡の研究：倉庫関連簿よりみる孫呉政権の地方財政》，东京：早稻田大学出版部，2016年，第216—225页；侯旭东《走马楼竹简的限米与田亩记录——从“田”的类型与纳“米”类型的关系说起》，《吴简研究》第2辑，第157—160页。

存在密切联系。[①]吴简的入米记录中明确记载了交米者的身份，他们的身份都较为特殊。正如学者所说，还民交纳限米，表明其身份具有特殊性。

还民、新还民等的身份为民，具体有称“大男”或“男子”。如：

入都乡嘉禾二年还民限米廿斛|||X嘉禾三年正月廿二日[刘][里]丘大男刘元关邸阁李嵩付仓吏黄讳史潘虑　　贰·383

入都乡嘉禾二年新还民限米二斛|||X嘉禾三年正月十二日滭（？）山丘男子义柱关邸阁李嵩付仓吏黄讳史潘虑　　贰·2729

大男、男子虽称谓不同，但都属于平民。此外，又有壹·2118，如下：

黄龙三年新还民限米九十九斛新吏黄龙三年限米八十四斛六斗黄龙三年过湎米

从简文内容可知，“新还民”是跟“新吏”相对应的身份名词。

还民有新、故之分，正如民户有新户、故户，吏有新吏、故吏之分一样。[②]秦汉简牍中已有“故民”“新占民”。“故民”有：

官大夫年廿四姓夏氏故民地节三年十一月中除为　居延10.10[③]

河平元年九月戊戌朔丙辰不侵守候长士吏猛敢言之谨验问不侵候史严辞曰士伍居延鸣沙里年卅岁姓衣氏故民今年八月癸酉除为不侵候史以日迹为职严新除未有追逐器物自言尉骏所曰毋追逐物骏遣

① 详见本书第七章第一节。

② 吴简中的“故吏”与“门生”“故吏”中的“故吏”意义不同，指曾经为吏现已离职的吏。

③ 谢桂华、李均明、朱国炤编：《居延汉简释文合校》，北京：文物出版社，1987年，第15页。

严往来毋过　　居延E.P.T59:1[①]

“新占民”有：

迹候备盗贼寇虏为职迺丁亥新占民居延临仁里　居延E.P.T68:35

迺四月戊子新占民居延临仁里□☑　　居延E.P.T68:47[②]

吴简中有“新占民户”的记录，如下：

其廿户新占民户☑　　贰·3186

□宋魁唐升所主春平里新占民合廿户口食七十八人　陆·1638

如此看来，民户中的新、故之别早已有之。吴简中“新还民”和“还民”的区分标准，“新还民”如何转变为“还民”，二者的身份差别是否可能意味着待遇不同，诸如此类问题尚不得而知。“新还民”“还民”“新占民”等词出现在官方档案、文书中，说明孙吴对民众的身份区分非常细致，民户管理非常严格。

吴简中“步侯还民”“新还民”“还民”涉及的地方有都乡（柒·105）、西乡（贰·8906）、广成乡（贰·457）、模乡（玖·7114）、中乡（伍·4239）等，涉及年份有黄龙二年、黄龙三年、嘉禾元年、嘉禾二年、嘉禾三年、嘉禾四年、（不明）五年等，涉及米的数额从数斛到数百斛不等。可见还民不仅数量较多，而且分布地域较广。由此推测，临湘地区应存在一个特殊的“还民”群体。

吴简中“还民”的记录多为租税交纳、流转的簿籍，柒·1862、捌·232等虽是户籍简，但有分类合计的性质。《竹简》（捌）中的1枚户人简直接登录了“步侯还民”，如下：

① 甘肃省文物考古研究所等编：《居延新简——甲渠候官与第四燧》，北京：文物出版社，1990年，第358页。

② 甘肃省文物考古研究所等编：《居延新简——甲渠候官与第四燧》，第458页。

夫秋里户人公乘步侯还民这龙年八十一 捌·2182

户人简中登录“步侯还民”是首次出现，这也正好印证了柒·1862、捌·232的记录。户人简中有“步侯还民”，合计简统计其户数，正是户籍的特色所在。目前仅见这1枚户人简登录了“步侯还民”，依据柒·1862、捌·232所统计户数，至少应该还有2枚登录“步侯还民”的户人简。目前尚未见到户人简中登录“还民”，但不排除这种可能性。捌·2182、柒·1862、捌·232这3枚关于“步侯还民”的户籍简的存在，说明当时临湘地区确实存在一个“还民”群体。

“还民”不仅有新、故之分，在身份隶属上也有区别。“步侯还民”应是隶属步侯的民众，与其他隶属国家的“还民”“新还民”有所差别。此外还有“尪羸还民”，他们是“还民”中的身体羸弱者。“尪羸”表明身体状况，与户品评定、租税交纳有关。

综上，吴简中“将军步骘所还民限米”的记录，与“步侯还民限米”不是一回事。学界关于“还民”身份的观点已经比较明确且较为一致，即“还民”是曾经脱离户籍而现在返还乡里、重新著籍的民众。需要明确的是，作为一种特定身份称谓，吴简中的“还民”是已登录在户籍中的民户，不同于那些从其他地方返乡但还未登录于户籍的“游民”或“遗脱之民”。“还民”是返还乡里的民众，有新、故之别，还有身体状况的差别。多种“还民”记录的存在，还民在多个乡的地域分布，说明临湘地区存在一个“还民”

群体。[①]

第二节 吴简所见复民身份辨析

走马楼吴简中有很多表示人物身份的名词，其中有些人被称为“复民”。关于复民的身份，学界已有不少研究成果。检讨各家观点之后发现，复民的身份仍有探讨的必要。我们试图在学者研究成果的基础上，对复民的身份进行新的诠释和考察。

一、现有研究成果及存在的问题

关于吴简中复民的身份，不少学者进行过研究。王素先生认为“复民”为“复人”（或“复客”），是当时“专门赐给功臣的一种特殊依附人口”。[②]胡平生先生认为“复”为复除、优复之意，“复人”是唐代避李世民名讳而改，本为“复民”，复民也赐予功臣。[③]王明前先生认为复民由复客或复人转变而来。[④]高敏先生认为复民要承担租税，不是复除租税、徭役的“优复之民”，临湘侯国内存

① 蒙故宫博物院王素先生提示，西南大学陈荣杰先生曾写有《吴简“步侯还民”的解读及相关问题探讨》一文，提交“典籍·社会与文化国际学术研讨会暨中国历史文献研究会第34届年会”（2013年6月29日—30日，北京：中国人民大学），该文修订稿《吴简“还民”“新还民”“步侯还民”考辨》收入氏著《走马楼吴简词汇研究丛稿》，重庆：西南大学出版社，2021年，第141—145页。其与本书观点大致相同，但所用方法有别。可以参阅。

② 王素、宋少华、罗新：《长沙走马楼简牍整理的新收获》，《文物》1999年第5期；王素：《〈嘉禾吏民田家莂〉所见“己酉丘复民”性质新探》，《汉唐历史与出土文献》，北京：故宫出版社，2011年，第180—185页。

③ 胡平生：《嘉禾四年吏民田家莂研究》，《胡平生简牍文物论稿》，上海：中西书局，2012年，第363—366页。

④ 王明前：《东吴农业经济的国家政权主导因素》，《江南大学学报（社科版）》2012年第6期。

在“复民”阶层，但“复民”不是“复客”。[①]王伟雄先生推测复民可能是从军士兵的家属，被政府在己酉年集中安置在己酉丘并被免除徭役。[②]蒋福亚先生认为复民是吴简中的“尪羸老顿贫穷女户”和“老顿穷独女户”，他们的身份是平民，不是功臣的依附人口。[③]张文杰先生认为复民为“复为平民”之意，即参与叛乱的民众在平定叛乱后重新恢复平民身份，复民是针对逋逃、新户而言的。[④]

“复民”的称谓已明确了他与士、复客有别，属于“民”的范围。壹·1537载：“入南乡嘉禾二年复客限米十斛|||X嘉禾三年三月十七日[惠]（？）⍁。”高敏、张文杰二位先生据此认为复民、复客的身份有区别。[⑤]我们赞同此观点。就现有资料看，也很难将复民与“老顿穷独女户”联系起来。复民是受到国家政策优待的群体，如果复民是叛贼、逋逃而来，岂不是国家鼓励民众叛乱、逃亡？这样的政策是不可思议的。据《三国志·吴书·吕岱传》载，嘉禾四年吕岱讨平庐陵、会稽、南海叛贼后，孙权下诏言：“自今已去，国家永无南顾之虞，三郡晏然，无怵惕之惊，又得恶民以供赋役，

---

① 高敏：《〈嘉禾吏民田家莂〉中的“士”和“复民”质疑》《再论长沙走马楼简牍中的“复民”问题》，《长沙走马楼简牍研究》，桂林：广西师范大学出版社，2008年，第27—35、81—85页。

② 王伟雄：《长沙走马楼吴简中的“复民”与“复”》，简牍学会编：《简牍学报》第18期，2002年，第287—308页。

③ 蒋福亚：《走马楼吴简经济文书研究》，北京：国家图书馆出版社，2012年，第87—96页。

④ 张文杰：《三国孙吴政治社会结构及其统治政策探研》，中兴大学博士学位论文，2007年，第159—164页。

⑤ 高敏：《再论长沙走马楼简牍中的“复民”问题》，《长沙走马楼简牍研究》，第85页；张文杰：《三国孙吴政治社会结构及其统治政策探研》，第163页。

重用叹息。”[①]孙权视叛民为“恶民”，且要其“供赋役”，没有给予优惠政策。

吴简中有将叛逃者称为“贼”、他们的物品称为“叛物”的记录，如下：

其卌二斛一斗七升贼黄勋黄龙三年叛物买米　　贰·3859

吴简中还记载了追捕“叛民”的事情，如下：

草言府逐捕叛民郑□……事

四月廿五日兼兵曹史□□白　　柒·4453

“叛民”指叛逃的民众，与复民身份不同。吴简又载：

▨□隐核叛吏区苏家财□传送□▨　　叁·6869

有的叛走者的家产要被籍没充公。[②]对叛走者予以惩戒、没收家产，自然不会有优待政策了。

关于复民的现有研究，学者都认同其身份属于“民”，只是在具体的身份属性判定上存在分歧。不少学者受“复”为“复除、优复”之意的影响，过于看重田家莂中复民受到优待的情况，将“复民”中的“复”理解为“复除、优复”。的确，史书中以“复除、优复”义项而使用的“复”字频繁出现。但是，田家莂中的复民并没有被免除租税或徭役，仅仅是享受了较普通田家低的熟田的交米标准而已，甚至交纳钱、布的标准都与普通田家相同。由此可知，“复民”的“复”不是“复除租税（或徭役）”的意思。张文杰先生试图跳出复民受到部分租税减免优待这一现象的思维限制，从来源上分析复民的身份属性，但结论难以让人信服。因此，复民的身份

---

① 陈寿：《三国志》卷60《吴书·吕岱传》，第1385页。

② 沈刚：《长沙走马楼三国竹简研究》，北京：社会科学文献出版社，2013年，第35页；凌文超：《走马楼吴简采集簿书整理与研究》，桂林：广西师范大学出版社，2015年，第167页。

有进一步考察的必要。

二、从来源看复民的身份

吴简中关于复民的记载，有的出现于《嘉禾吏民田家莂》中，如：

己酉丘复民五（？）麦，佃田三町，凡廿九亩，皆二年常限。其廿四亩旱田，亩收布六寸六分。定收五亩，亩收米五斗八升六合。亩收布二尺。其米三斛七升六合，四年十二月十日付仓吏李金。凡为布二丈六尺一寸四分，五年二月十二日付库吏番有。其旱田亩收钱卅七，其熟田亩收钱七十。凡为钱八百八十八钱，五年二月十日付库吏…。嘉禾五年三月□日□户……　4・42

田家莂中的复民共有13户，都居住在己酉丘。[1]田家莂中有复民，其他簿籍中也有复民。如：

南乡领复民田六十四亩亩一百廿步收□⧄　壹・1605

……二千复民三年租钱　壹・5180

入邑下复民杨樊租钱四千　壹・5328

承正月旦簿余嘉禾二年复民租钱一千　壹・5625

右□乡入复民限米一斛五斗　贰・522

入四年复民租米十四斛三斗五升　叁・1983

都乡领复民田□□亩……　⧄　伍・5401

模乡领复民田廿五亩五十步收租米□□斛□斗五升　陆・61

① 这13件田家莂分别是：4・42、4・43、4・44、4・45、4・46、4・47、4・48、4・49、4・50、4・51、4・52、4・537、4・589。其中4・537、4・589原释文中的丘名缺，王素先生认为都是己酉丘，参见氏著《〈嘉禾吏民田家莂〉所见“己酉丘复民”性质新探》，《汉唐历史与出土文献》，第182页。

·右五年领复民田一顷[五]十七亩五十步亩收租米五斗八升五合为米六十八斛五斗七升　陆·66

其五斛一斗一升复民嘉禾元年租[米]　柒·18

入嘉禾二年复民租米二斛二升　捌·2839

右南乡入[复]民租米十三斛六斗[四]升　捌·2859

复民不仅要交纳租米、限米，还要交纳租钱，并以乡为单位、分年份进行统计。不仅已酉丘有复民，都乡（邑下也属都乡）、南乡、模乡也有复民。复民虽有集中居住的倾向，[①]但并非只居住于一个地方。嘉禾四年、五年有交纳米、布、钱的复民，[②]嘉禾元年、嘉禾二年、（嘉禾？）三年、五年有交纳租米、租钱的复民。复民极可能是嘉禾年间一直存在的具有特殊身份的群体。[③]高敏先生认为孙权时期临湘侯国内存在一个复民阶层，[④]较为符合实情。这样一个身份特殊的群体，他们到底是什么人？

如果单从“复”为“复除、优复”来理解复民的意思，只能解释受到优待的现象，无助于理解身份性质，甚至在解释“复”的内容时也存在分歧。[⑤]这说明以受优待现象来反推“复民”身份性质的思路难以成功。张文杰先生将“复”解释为“恢复”的观点为我

---

① 王伟雄：《长沙走马楼吴简中的“复民”与“复”》，《简牍学报》第18期，第291—292页。

② 虽然只有嘉禾四年田家莂中有复民，但如4·42等交米在嘉禾四年，交布、钱在嘉禾五年。

③ 就现有资料看，目前只能确定嘉禾年间有复民存在，但不排除嘉禾之前或之后复民存在的可能性。

④ 高敏：《再论长沙走马楼简牍中的“复民”问题》，《长沙走马楼简牍研究》，第82页。

⑤ 关于复民“复”的内容，学界多有论述，王伟雄先生有过总结，并提出“复”为免除徭役的观点，参见氏著《长沙走马楼吴简中的“复民”与“复”》，《简牍学报》第18期，第298—301页。

们提供了一条思路，即从复民的来源予以考察，可能更能接近复民的真实身份。

关于“复”义项的使用，翻检秦汉三国史籍，可以见到诸如“复其民”“复其身”“复其次”“复其家”“复其田”“复终身”“复其口算”“复其徭役”等记录。这里的“复”为“复除、优复”的意思，与“复民”之“复”意义有别。除此之外，还有不少将“复”作为“恢复”的用法，如“复为左丞相”“复为卫尉”等。这类用法在秦汉史籍中频见。此用法可以归纳为“复为+身份名词”的格式，其中“复”为“恢复”之意。在此义项下用到“复”的地方，除了恢复旧有官职外，还有恢复平民身份的记录。如；

（1）（建武七年）三月丁酉，诏曰：“今国有众军，并多精勇，宜且罢轻车、骑士、材官、楼船士及军假吏，令还复民伍。”

（2）（延平元年）五月辛卯，皇太后诏曰：“…（中略）…其大赦天下。自建武以来诸犯禁锢，诏书虽解，有司持重，多不奉行，其皆复为平民。”①

（3）（建安）二十三年，盗贼马秦、高胜等起事于郪，合聚部伍数万人，到资中县。时先主在汉中，（李）严不更发兵，但率将郡士五千人讨之，斩秦、胜等首。枝党星散，悉复民籍。

（4）（吕）蒙还寻阳，未期而卢陵贼起，诸将讨击不能禽，（孙）权曰：“鸷鸟累百，不如一鹗。”复令蒙讨之。蒙至，诛其首恶，余皆释放，复为平民。②

---

① 范晔：《后汉书》卷1下《光武帝纪下》，北京：中华书局，1965年，第51页；《后汉书》卷4《殇帝纪》，第197页。

② 陈寿：《三国志》卷40《蜀书·李严传》，第998—999页；《三国志》卷54《吴书·吕蒙传》，第1276页。

这些史料都是从其他身份重新恢复平民身份的记录。其中，（1）是从士卒身份恢复为平民身份，（2）是从被禁锢者的身份恢复为平民身份，（3）（4）是从叛贼身份恢复为平民身份。如前所述，孙吴不会对由叛贼复为平民的人予以政策优待，因为这样可能会产生鼓励叛乱的消极影响，不利于统治。虽然（3）（4）是恢复平民身份，但他们不会受国家政策优待，与吴简中复民的性质不同。（2）是由被禁锢的人复为平民。东汉时期，被禁锢者往往附带诸如不得为官等惩罚性限制。被禁锢者虽有社会影响力，但法律地位甚至低于平民。[①]将被禁锢者复为平民是免除被禁锢时所附带的身份限制，从而具有重新进入仕途的机会。某种意义上讲，从法律地位低于平民的被禁锢者到重新获得与平民同等的法律地位，这本身就是一种优待。对于这些人，未见国家予以租税优待政策的记录，也未见称他们为“复民”，他们也不是吴简中的“复民”。

于此，只剩下（1）中士卒恢复平民身份的情况了。士卒本来自平民。《汉书·冯唐传》载：“夫士卒尽家人子，起田中从军，安知尺籍伍符？”[②]来自平民的士卒，或因战争结束，或因伤病等失去战斗能力，或达到一定年龄等，都可以从军队复员。“还复民伍”即士卒恢复平民身份。他们曾是士卒，复员之后身份变为平民。他们曾为国家征战、有功于国家，复员后国家给予一定的优待，赋予不同于一般平民的特殊身份，以酬答他们过去的功劳，并借此鼓励其他民众从军，为国效命。他们不再是士卒而是民众，故以“民”

---

① 越智重明先生认为被禁锢者是身份受限制的庶人＝庶民，被禁锢的官吏要被剥夺官吏身份，身份降到庶人（农民）以下，被赦免之后才成为身份不受限制的平民，参见氏著《漢時代の賤民、賤人、士伍、商人》，《九州大学東洋史論集》第7号，1979年。

② 班固：《汉书》卷50《冯唐传》，北京：中华书局，1962年，第2314页。

称之。但他们有从军的经历，故又以“复”来标识。于是就出现了“复民”这种受到国家政策优待的特殊身份。孙吴政权处于战乱环境之中，如光武帝将“轻车、骑士、材官、楼船士及军假吏，令还复民伍”的政策，《三国志·吴书》等有关孙吴的史籍中未见记载，但士兵达到一定年龄可免为平民的政策，孙吴时期可能是存在的。[①]此外，那些因伤病而失去战斗力的士卒应也可以复员。他们构成了复民的来源。确如张文杰先生所说，复民为“复为平民”之意，但不是由叛民而来，而是由士卒复员而来。“复民”是孙吴政权对士卒复员、恢复平民身份后的特殊称谓。

三、两汉、孙吴对复员士卒的优待政策

孙吴对复员士卒（复民）有优待政策。两汉时期对复员士卒是否也有优待政策?《汉书·高帝纪》所载高祖“兵皆罢归家”诏书中有如下内容：

（高祖五年）夏五月，兵皆罢归家。诏曰：“诸侯子在关中者，复之十二岁，其归者半之。民前或相聚保山泽，不书名数，今天下已定，令各归其县，复故爵田宅，吏以文法教训辨告，勿笞辱。民以饥饿自卖为人奴婢者，皆免为庶人。军吏卒会赦，其亡罪而亡爵及不满大夫者，皆赐爵为大夫。故大夫以上赐爵各一级，其七大夫

①《宋书·武帝纪》载：“荆、雍二州，西局、蛮府吏及军人年十二以还，六十以上，及扶养孤幼，单丁大艰，悉仰遣之。”《陈书·宣帝纪》载：“军士年登六十，悉许放还。”分别参见沈约《宋书》卷2《武帝纪中》，北京：中华书局，1974年，第35页；姚思廉《陈书》卷5《宣帝纪》，北京：中华书局，1972年，第79页。东汉士卒到56岁可以复员，南朝宋、陈时期士卒到60岁可以复员。由此推测，处在两者之间的孙吴时期，士卒达到一定年龄后也应可以复员，不过尚不知具体年龄。

以上，皆令食邑，非七大夫以下，皆复其身及户，勿事。”[①]

对于复员士卒，刘邦给予了政策优待：有罪者赦免，无罪且无爵或爵低于大夫者赐爵为大夫；爵位大夫以上者赐爵一级；七大夫以上者可以享有食邑，七大夫以下者可以“复其身及户，勿事”。关于“复其身及户，勿事”，颜师古注曰：“复其身及一户之内皆不徭赋也。”即复除自身及家人的赋税徭役。汉代实行以爵位为基础的名田宅制，可以凭爵位占有田宅。张家山汉简《二年律令·户律》规定：

> 关内侯九十五顷，大庶长九十顷，驷车庶长八十八顷，大上造八十六顷，少上造八十四顷，右更八十二顷，中更八十顷，左更七十八顷，右庶长七十六顷，左庶长七十四顷，五大夫廿五顷，公乘廿顷，公大夫九顷，官大夫七顷，大夫五顷，不更四顷，簪袅三顷，上造二顷，公士一顷半顷，公卒、士五（伍）、庶人各一顷，司寇、隐官各五十亩。不幸死者，令其后先择田，乃行其余。它子男欲为户，以为其（田予之。其已前为户而毋田宅，田宅不盈，得以盈。宅不比，不得。
>
> 宅之大方卅步。彻侯受百五宅，关内侯九十五宅，大庶长九十宅，驷车庶长八十八宅，大上造八十六宅，少上造八十四宅，右更八十二宅，中更八十宅，左更七十八宅，右庶长七十六宅，左庶长七十四宅，五大夫廿五宅，公乘廿宅，公大夫九宅，官大夫七宅，大夫五宅，不更四宅，簪袅三宅，上造二宅，公士一宅半宅，公卒、士五（伍）、庶人一宅，司寇、隐官半宅。欲为户者，许之。[②]

---

① 班固：《汉书》卷1下《高帝纪下》，第54页。

② 张家山二四七号汉墓竹简整理小组编：《张家山汉墓竹简［二四七号墓］》（释文修订本），北京：文物出版社，2006年，第52页。

具体执行时此规定并非都能落到实处，以至于高祖又下诏责备地方官吏：

且法以有功劳行田宅，今小吏未尝从军者多满，而有功者顾不得，背公立私，守尉长吏教训甚不善。其令诸吏善遇高爵，称吾意。且廉问，有不如吾诏者，以重论之。①

复员士卒都能从政府手中获得一定数量的田宅。对于复员士卒，除了授予爵位、进而获得田宅外，诏书还规定免除自身和家人的赋税徭役。汉初复员士卒受到国家政策优待十分明显。《后汉书·光武帝纪》中说“且罢轻车、骑士、材官、楼船士及军假吏，令还复民伍”，没有提到对复员士卒的优待政策。依照东汉初期沿用西汉制度的惯例，可能此时也有对复员士卒赐爵、复除赋税徭役之类的优待政策。因为已有相关制度存在，可以依制度执行，故而无须特别提及。

随着普赐民爵所带来的爵位贬值以及土地的长期占有，到孙吴时期已经很难凭爵位占有田宅了。所以，对于复员士卒——复民，孙吴政府并没有统一地赐予爵位，这由“复民杨樊”（壹·5328）又称“大男杨樊”（壹·4362）可知。②孙吴所面临的内外环境决定了必须对平民征收租税，不能像汉代那样完全免除复民及其家人的赋税徭役，而只能在熟田交米标准上有所优待。

田家莂中3户复民（4·42、4·45、4·50）有熟田5亩，这个整齐划一的田亩数可能是安置时政府配给熟田的标准。其他复民没

---

① 班固:《汉书》卷1下《高帝纪下》，第54—55页。

② 高敏先生认为壹·5328简中的“邑下复民杨樊”与壹·4362简中的“大男杨樊”可能为同一个人，参见氏著《再论长沙走马楼简牍中的“复民”问题》,《长沙走马楼简牍研究》,第83页。

有熟田，是因为没有熟田可分，还是他们因为经济原因已把熟田卖掉，尚不得而知。田家莂中复民所佃旱田的亩数也不一样，从23亩到49亩不等。这是与配给旱田时的依据标准（如家庭人口）有关，还是与土地买卖导致他们旱田亩数的变化有关，目前也不清楚。伍·7345载："其五亩复民杜埤所种粢。"复民杜埤有粢田5亩，田地性质与熟田不同，但数额一致。另外，吴简中有这样的交米记录，如下：

其五斛一斗一升复民嘉禾元年限米	陆·6117
其五斛一斗一升复民嘉禾元年租[米]	柒·18
其五斛一斗一升嘉禾元年[复][民]租米	柒·2131
其五斛【一斗一升】嘉禾元年复民租米①	捌·2964
其五斛一斗一升嘉禾元年复民租米	捌·3040
其五斛一斗一升嘉禾元年复民租米	捌·3044
其五斛一斗一升嘉禾元年复民租米	捌·3305
其五斛一斗一升复民嘉禾元年租米	捌·3752

这些都是"其"字开头的明细简，交米数额、交纳时间、交纳者身份等完全相同。复民的交米数额相同，意味着对应的复民田数额相同。田家莂中复民都有不少田地（最少者旱田23亩），甚至3户复民有5亩熟田，复民所交租米数额又如此整齐，说明当时孙吴政府确实对复员士卒进行了统一安置。吴简中的"复民田"，可能就是政府配给给复民的土地。

复民不仅被统一安置，可能还要受到军事化的管理。吴简记载：

① "一斗一升"原释文阙，今据图版和其他简例补出。

户曹言乞弹治复民都尉□□逑鼠不出客周当谒　闰月廿日书佐
烝赟封　　陆·510

简中的“治复民都尉”，当是专门管理复民的官员。由军职都尉来管理复民，一定程度上可以佐证前文“复民由士卒复员而来”的观点，同时也说明即便士卒复员为民之后，也要受到孙吴政府的军事化管理。孙吴时期不仅复民的管理军事化，盐政也有“司盐都尉（肆·4581）”等军职参与管理。[①]这说明战乱时代的孙吴政权具有浓厚的军事化特征。

复民熟田交米标准为5.86斗/亩，租米交纳标准为5.85斗/亩（陆·66），都远低于普通民众12斗/亩的熟田交米标准，受到政策优待明显可见。田家莂中实际享受优待的复民只有3户，约占13户复民的23.08%。复民受优待的范围似乎并不大。但也应注意到，凡是有熟田的复民都享受到了优待，没有享受到优待的复民都没有熟田。这说明复民是否享有优待并非国家政策所致，而应跟其所佃田地性质有关。孙吴政府对复民的优待政策是存在的。

对于复员士卒，汉代有赐爵（可以凭爵位占有田宅）、复除自身及家人赋税徭役等优待政策。孙吴时期已经不再对复民赐爵，也不能免除他们自身及家人的租税徭役，只是在熟田交米标准上有一定程度的优待。虽然孙吴政府对其进行了统一安置，也配给了土地，但复民（复员士卒）受优待的程度远低于两汉时期。

四、复民与士及“优复之民”的身份差别

复民是受政策优待的群体。吴简中受优待的人员还有州吏、

---

① 关于孙吴盐政，参见拙文《走馬楼呉簡から見た孫呉の塩政》，伊藤敏雄、关尾史郎编：《後漢・魏晋簡牘の世界》，东京：汲古书院，2020年，第99—116页。

士，以及户籍中登有“复”的吏民。鉴于吏、民身份有别，暂不把州吏纳入讨论范围。在此只讨论复民、士以及那些“优复之民”，讨论他们的身份差别以及相互间的等级地位。

1.复民与士的身份差别

吴简中士的田家莂共有9件。[①]关于“士”身份虽曾有分歧，但“士为兵士”的说法越来越得到学者的广泛认同。[②]我们赞同此说法。准确地讲，士为正在服役的士卒，即现役士卒。就田家莂可知，士的熟田不仅“依书不收钱布”，也不收米。[③]可知士也是享受国家优待政策的群体。

国家对现役士卒予以优待是由来已久的惯例。汉高祖曾多次下诏对现役士卒及其家人予以优待，“关中卒从军者，复家一岁”，“令吏卒从军至平城及守城邑者皆复终身勿事”，“入蜀汉定三秦者，皆世世复”。[④]汉魏之际，“复除门户”依然是优待从军者的措施之一。《三国志·吴书·孙策传》注引《江表传》载：

刘繇既走，（孙）策入曲阿劳赐将士，遣将陈宝诣阜陵迎母及弟。发恩布令，告诸县：“其刘繇、笮融等故乡部曲来降首者，一无所问；乐从军者，一身行，复除门户；不乐者，勿强也。”旬日之间，四面云集，得见兵二万余人，马千余匹，威震江东，形势

---

① 这9件田家莂分别为：4·490、4·491、4·492、4·493、4·495、4·496、4·548、4·550、4·631。

② 蒋福亚：《走马楼吴简经济文书研究》，第80—85页；张文杰：《三国孙吴政治社会结构及其统治政策探研》，第166—169页；孙闻博：《走马楼吴简“枯兼波簿”初探》，卜宪群、杨振红主编：《简帛研究2008》，桂林：广西师范大学出版社，2010年，第282—283页。

③ 胡平生：《嘉禾四年吏民田家莂研究》，《胡平生简牍文物论稿》，第363页。

④ 班固：《汉书》卷1上《高帝纪上》，第33页；《汉书》卷1下《高帝纪下》，第65、78页。

转盛。[①]

孙策对从军者有“复除门户”的优待。从西汉到三国，兵士都受到政策优待。

吴简田家莂中，士和复民受优待的程度并不一样。就佃田亩数看，有熟田的复民只有3户，都是5亩；而士都有熟田，从5亩到10亩不等。熟田亩数最少的士李安家（4・491）为5亩，与复民熟田亩数相等。旱田亩数中，除了士李安家旱田48亩略低于复民中旱田最多者龙囷家（4・51）的49亩外，其他士的旱田亩数都在60亩以上，最高者94亩（4・496），远远多于复民的旱田亩数。即便是李安家，旱田亩数也要高于除龙囷之外的其余12家复民的旱田亩数。就熟田的租税交纳标准而言，士的熟田不收米、布、钱，而复民要按照平民标准收布、钱，只是在交米标准上较平民低，但是要较不交米的士高出不少。士与复民在土地占有和受优待内容等方面存在明显差别，具体如下表（表4.3）：

表4.3：田家莂中士与复民的待遇差别

<table>
<tr><th colspan="2"></th><th>士</th><th>复民</th></tr>
<tr><td rowspan="3">土地占有</td><td rowspan="2">熟田</td><td>5—10亩不等</td><td>5亩</td></tr>
<tr><td>每户都有熟田</td><td>只有3户有熟田</td></tr>
<tr><td>旱田</td><td>48—94亩不等
（李安家48亩，其他家都在60亩以上）</td><td>23—49亩不等</td></tr>
</table>

① 陈寿：《三国志》卷46《吴书・孙策传》注引《江表传》，第1104—1105页。

续表

	士	复民
优待内容	熟田不交米、钱、布	熟田以5.86斗/亩的标准交米，交钱、布的标准与普通田家相同

与复民相比，士不仅在土地占有数量上普遍高于复民，租税交纳上受优待的程度也大于复民。从受优待程度体现地位高低的角度讲，士的地位可能要高于复民。士的地位之所以高于复民，可能跟二者的身份有关。复民曾经是士卒，但现在已经复员为民。士则是现役士卒，是国家维护统治的直接依靠力量。士和复民之间的待遇差别，体现出孙吴依据身份予以优待的统治政策。这有鼓励民众直接为国效命的意图。

2.复民与"优复之民"的身份差别

在复民之外，吴简中还有登录"复"的民众。高敏先生称之为"优复之民"，我们借用之。这些"优复之民"多见于户籍，略举几例：

雷寡婢大女杷年卅三筭一刑右足复　　壹·2880

素寡妇大女思年卅六筭一八十[可]复　　壹·3322

有对身体残病者（如刑右足）的"复"，有对高龄者（80岁）的"复"。此外，还有对真吏、给吏的"复"，如下：

子公乘生年廿三筭一真吏复　　壹·3346

小成里户人公乘五陵年卌六给县吏复　　壹·9435

"复"的原因不尽相同，但似乎与爵位无关。即便如此，吴简中也有不少符合上述条件而没有登录"复"的情况，如：

屈季母大女妾年八十五　　壹・7364

□□公乘龙年八十六　□□大女□年廿三筭一　　贰・1541

宜阳里户人公乘信化年卌五真吏盲左目　　壹・2872

高迁里户人公乘□□年卅三算一给县吏　　壹・7353

东阳里户人公乘烝谓年廿二算一给州吏　　壹・8646

壹・7364的妾85岁，贰・1541的龙86岁，年龄都高于壹・3322的80岁，但都没有"复"。壹・2872爵位公乘，为真吏，且盲左目，也没有"复"。壹・7353、壹・8646爵位公乘，为给县吏、给州吏，也没有"复"。具有相同特征的人员为何有的"复"、有的不"复"，目前尚不知道原因，这需要进一步的考察。但就现今公布的吴简所见，"优复之民"是以个人为优待对象，即复除对象是具体的个人，而不是一家一户地复除。这与从军者"复家""复除门户"有别，也与以户为单位受到租税交纳优待的复民存在差别。复民以较低的熟田米标准为优待内容，[①]"优复之民"是以免除徭役或复除算赋为优待内容，[②]二者受优待的内容也存在差别。复民与"优复之民"的优待差别如下表（表4.4）所示：

---

① 复民已服兵役，免除其徭役也很有可能。汉高祖刘邦就曾免除复员士卒及其家人的徭役。但就目前资料所见，只能确定孙吴时期复民享有租税交纳优惠，无法确定是否被免除徭役。

② 关于户籍中"复"的内容，学界存有争论。凌文超先生总结为"免除徭役说"和"复除算赋说"，并支持后者，参见氏著《走马楼吴简采集簿书整理与研究》，第141页注释1。壹・3346中同时记载了"筭""真吏""复"三项内容，"复"的内容是什么尚难以断定。因此，本书暂将两种说法都列于此。

表4.4：复民与"优复之民"的优待差别

	复民	"优复之民"
优待对象	复民及其家庭——户	"优复之民"自己——个人
优待内容	熟田以较低标准交米（未知是否免除徭役）	免除徭役或算赋

复民与"优复之民"在优待对象和优待内容上都存在差别。确如高敏先生所言，复民与"优复之民"是两个身份有别的群体。[①]复民和"优复之民"虽然都是"民"，但复民是从士卒复员而来，这决定了他不同于其他一般民众的特殊身份。复民与"优复之民"不仅身份有别，可能地位也要高于"优复之民"。

五、余论

《竹简（柒）》中有1枚含有"复民"字样的竹简，内容如下：

户曹言理出小男利臣付典田掾蔡忠复民事

嘉禾五年十一月十二日……　　柒·4446

此简中的"复民"2字，到底是指"恢复民籍"的行为动作，还是与"复民"一样是身份名词，需要加以分析。这样的"言事"文书在9卷《竹简》中有不少，罗列两份与户曹相关的文书，如下：

户曹言依科结正大男陈修罪名事

嘉禾六年三月十三日干蔡□封　　柒·4436

户曹言……有入五万五千六百悉毕事

嘉禾六年二月廿四日书佐吕承封　　柒·4437

① 高敏：《再论长沙走马楼简牍中的"复民"问题》，《长沙走马楼简牍研究》，第81—83页。

按照“言事”文书的格式看，柒·4446中的“理出小男利臣付典田掾蔡忠复民”应是户曹所言事情的内容。《广雅·释故三》：“理，治也。”《淮南子·时则训》：“理关市，来商旅。”[①]“理”有“治理”之意。简中的“理出”当与吴简中的“料核”“隐核”等核查行为有关，[②]为“治理（户籍之后）而得出”之意，目的在于加强对民户的监管。柒·4446应是向上级提交的关于户籍核查结果的报告文书。如此，柒·4446的简文内容似应这样理解：户曹报告“核查出（之前曾脱离户籍或者不正当地取得了‘民’之外的其他身份的）小男利臣，然后交付给典田掾蔡忠，恢复（利臣）民籍”一事。此处“复民”当为“恢复民籍”的行为动作。[③]恢复民籍自然也恢复了民的身份，但这与受到政策优待的特殊身份“复民”不同。作为身份名词，“复民”中的“复”只表示来源或曾经的身份变化过程，不再是现时（如以优惠标准交米时）的行为动作。

若将柒·4446中的“复民”理解为与田家莂中“复民”具有相同意义的身份名词，则会导致如下两种理解上的困境。

其一，国家政策上难以圆通。返还乡里的“还民”未能在田家莂中享受国家的赋税优待，如果曾脱离户籍或者不正当地取得了

---

① 何宁：《淮南子集释》卷5《时则训》，北京：中华书局，1998年，第417页。

② 凌文超先生对学界关于“隐核”的观点有所总结，并认为“‘隐核’当为有所凭证或依据而进行的权宜、临时性核实，目的在于加强对某些重要政务的监察和掌控”，参见氏著《马楼吴简采集簿书整理与研究》，第443—444页。

③ 曾就柒·4446简中“复民”的理解问题向中国社会科学院古代史研究所邬文玲先生请教。邬先生在2014年9月12日的回信中指出：“从前后文看，该简中的‘复民’可能不宜理解为一种身份，而应理解为‘恢复民籍’的行为。‘复’为动词，是‘恢复’之意。简文大意是：‘清查出一个非法脱离正户民籍的小男利臣，交给典田掾蔡忠处理，使之恢复民籍。’”此种理解更为合适，我们在此基础上展开分析。

“民”之外的其他身份的人被核查出来之后会受到国家优待，如此政策让人难以理解。难道孙吴政权鼓励民众去脱离户籍或不正当地取得“民”之外的其他身份，然后再不厌其烦地让官府去把这些人核查出来，重新登记到民籍之中，并予以政策优待？这种“自找麻烦”的国家政策既不利于国家招抚流散的民众返还乡里，也不利于人口管理和社会控制。如此“奇怪”的政策不太可能存在。

其二，用语习惯和简文内容上也难以理解。如果此简中的“复民”为身份名词，那么它和“典田掾蔡忠”都是名词。“名词+名词”的用语习惯确实存在，如“官职称谓+人名”，但这种用语习惯往往指向同一个人，人名前的官职称谓实际起到具体说明的修饰作用。但此简中是“典田掾蔡忠+复民”。如果复民是身份名词，它指代的是“小男利臣”，而不是“典田掾蔡忠”。意即此简中并列使用了两个指向不同人物的名词。果真如此，“典田掾蔡忠”和“复民”（利臣）两个不同人物之间因为缺乏动词、助词等起连接作用的词，不仅不符合用语习惯，也会导致简文内容无法理解。二者之间的关系如何，户曹报告的内容是什么，这些问题都不能明白。

若将此简中的“复民”理解为同田家莂中“复民”一样的意义，不仅在国家政策层面难以圆通，也不符合用语习惯，更会导致简文内容无法理解。相反，若将柒·4446简中的“复民”理解为“恢复民籍”的行为动作，理解上的困境将迎刃而解，也不会出现不符合用语习惯的情况，简文的内容也变得容易理解。由此看来，

"复民"解释为"恢复民籍"的行为，似更符合逻辑。[①]柒·4446的"复民"与作为特殊身份的"复民"不是一回事。柒·4446的记录只能说明孙吴有较为严密的人口管理制度，不能成为否定前文所得出的"复民是士卒复员后的特殊民众"结论的证据。[②]

在排除复民为复人（或复客）、士兵家属、贫困女户、曾经的叛逃者等多种可能后，我们认为这些重新恢复平民身份的人是由士卒复员而来，"复"为"恢复"之意。"复民"是孙吴政权对士卒复员、恢复平民身份后的特殊称谓，他们身份低于士，但要高于"优复之民"。壹·4362载有："大男杨樊僦钱月五百。"学者认为僦钱跟商业活动有关。[③]高敏先生已指出此杨樊跟复民杨樊为同一个人。可知孙吴时期复民不仅拥有土地，从事农业生产，还可以经商。《后汉书·百官志》注引《汉官仪》载："材官、楼船年五十六老衰，乃得免为民就田。应合选为亭长。"[④]士卒达到一定年龄后复员为民，可以应选亭长。如果这种政策在孙吴时期也存在，那就意味着复民不仅身份特殊，受政府优待，可以从事农业，可以经商，

---

① 另外，王素《长沙走马楼三国吴简时代特征新论》一文中公布了这样一份文书，其中也有"复民"字样。文书内容如下：

模乡劝农掾鉏霸叩头死罪白：被辛丑书曰：发遣州所举私学陈风……风本乡常领正户民，岁岁随官调役，又不晓书画，愿曹列言府，留风复民役　　牍·223

此简中虽有"复民"字样，但"民"字应属后读，为"民役"，"复"为"恢复"，作动词理解。这也是将柒·4446中"复民"理解"恢复民籍"的又一佐证。

② 捌·5759载："☑□陵付一百□遣复民事☑"简文残缺严重，此"复民"的意义尚不确定。

③ 王素、宋少华、罗新：《长沙走马楼简牍整理的新收获》；宋超：《吴简所见"何黑钱"、"僦钱"与"地僦钱"考》，北京吴简研讨班编：《吴简研究》第1辑，武汉：崇文书局，2004年，第240—247页；王子今：《长沙走马楼竹简"地僦钱"的市场史考察》，《长沙简牍研究》，北京：中国社会科学出版社，第142—153页。

④ 范晔：《后汉书》志28《百官志五》，第3624页。

还可应选基层官吏，他们的政治地位和日常生活都较有保障。

士卒复员之后被称为“复民”，其他人员如官、吏、卒[①]等离职之后是否也能成为“复民”，需要予以考察。官、吏、卒在任职之前的身份是民，离职之后也应属于民的范畴，身份有一个由“民”到“官”“吏”“卒”再恢复为“民”的变化过程。他们离职后成为“复民”的可能性是存在的。不过，嘉禾吏民田家莂中只有州吏享有一定的租税优惠，郡吏、县吏、军吏、州卒、郡卒、县卒等都与普通民众交纳同样标准的租税。目前尚不清楚这些吏卒不享有优惠而复民享有优惠的原因何在。在职时尚且未能享有租税优待，如果说他们离职后会受到国家的租税优待，多少令人怀疑。离职的官员是受政府优待的群体。《风俗通义·穷通篇》载陈蕃言：“我故大臣，有罪，州郡尚当先请，今约敕儿客无素，幸皆坐之，何谓乃欲相及?”[②]抚恤、赏赐离职官员的记录也不绝于史。离职官员可以凭借任职经历、现有爵位受到政府礼遇，甚至可能凭此享有减免赋税徭役的权力。不过，官员离职后是否称为“复民”尚无史料记录，更没有凭借“复民”身份享受政府优待的记录。就现今公布的吴简所见，田家莂中没有对离职官员予以租税优待的记录。吴简中有“故+官职名/吏”的身份称谓格式，是对曾经任官、吏者的称谓，但田家莂中未见他们受租税优待的记录。依据目前所见传世文献和出土简牍等资料来看，官、吏、卒等离职后不会成为享受国家政策优待的复民。复民是士卒复员后的民众，是当时具有特殊地位的社会身份。

---

① 关尾史郎师提示，吴简中的“卒”多为在州、郡、县等单位的服劳役者，为差役，与服兵役的“士卒”不同。

② 王利器：《风俗通义校注》卷7《穷通篇》，北京：中华书局，2010年，第343页。

第三节　吴简中民的种类与等级

一、民的种类

吴简中民众的种类很多，分类标准也不一样，大致可分类如下。

1.按民族成分分

吴简中的民一般不记载民族成分，即便姓氏有汉姓和蛮姓的区别。[①]不过，吴简中有几枚简明确记载了民族成分，如下：

其卅一斛五斗付吏区业给稟夷（?）民　　壹·1648

[从]史位桂阳乐咨　[随]贵尚书部伍夷民　　伍·3637

[从]史[位]南阳周基　典桓周夷民　　伍·3989

□[曹][言][大]女□□□大男周震坐藏舍夷（?）民文起事　……[闰][月]……☒　　陆·766

学者认为"夷民"并非都是有别于官府编户的南方世居族群，而是南方的少数民族，除了将其纳入编户、成为"夷民"之外，还有"夷兵（叁·2169）""夷生口（伍·4255）"，也是孙吴对南方少数民族的处理办法。[②]夷民受到官府的严密监管，但家庭简中并未标明"夷"的身份。

2.按职业分

按从事的职业分，民众有如下几种。有"限佃民"，如：

① 满田刚：《長沙走馬楼吏民田家莂に見える姓について》，长沙吴简研究会编：《嘉禾吏民田家莂研究—長沙呉簡研究報告—》第1集，东京，2001年，第80—93页。

② 熊曲：《也说吴简夷民问题》，杨振红、邬文玲主编：《简帛研究2015》春夏卷，桂林：广西师范大学出版社，2015年，第229—236页。

下之品下□　其□□户限佃民　　　　　　　　　柒·3663

又有“屯田民”，如：

入嘉禾元年屯田民限米廿二斛六斗　中　　　　　贰·8961

限佃民和屯田民是耕种不同田地的民众，身份与耕种的土地类型之间存有关联。

此外又有“溏儿民”，如：

□□□□长一百丈沃田卌九顷溏儿民吴金王署等岁自墾食

叁·7216

学者认为溏儿民是耕种陂塘田的民众。[①]此说可从。

有“金民”，如：

领□金民二户下品　⧄　　　　　　　　　　　　伍·406

侯旭东先生认为金民可能是从事采金活动的民户，类同刘宋时期的“银民”。[②]金民可能是从事采金、冶金等金属铸造的技术民众。

有“船民”，如：

草言府□□五陵区光船民谷□□□创事

十月廿五日□□⧄　　　　　　　　　　　　　柒·1435

船民可能是负责造船或船运的民众。

有“守栗（粟）民”，如：

入嘉禾二年守栗民限米廿斛　　　　　　　　　柒·33

“栗”通“粟”。守栗（粟）民是在某机构看守粮食的民众，还是以专“守”种植粟为职业的民众，尚不得而知，不过应该是一种跟职业相关的民众。

---

① 凌文超：《走马楼吴简采集簿书整理与研究》，第451页。

② 侯旭东：《长沙三国吴简所见“私学”考——兼论孙吴的占募与领客制》，李学勤、谢桂华主编：《简帛研究2001》，桂林：广西师范大学出版社，2001年，第517页。

还有“小府炭民”“府县樵炭民”“官樵民”，如：

领小府炭民一户　☑　肆·5335

其十二户府县樵炭民　捌·797

其十三户官樵民　捌·2069

李均明先生认为炭民是烧炭专业户。[①]进言之，小府炭民、府县樵炭民、官樵民应是专门向官府供应樵、炭的民众。

3.按财产多寡分

吴简中民众以财产多少分为上、中、下三品（详后），甚至称贫穷民众为“贫民”，如下：

☑年贫民贷食连年吴平斛米一万☑　壹·6291

·其五户尪羸老顿贫穷女户　贰·1705

☑其卅四户各穷老及刑踵女户下品之下不任调役　叁·6327

贫民成为部分民众的特殊称谓，贫穷原因与尪羸、老顿、刑踵、女户等有关。

4.按行政隶属分

吴简中在记载民众时，有时也记载行政隶属关系。有的是“丘民”，如：

入广成乡平乐丘民监仙二年布四☑　壹·6317

☑□□所主桐丘民☑　壹·7057

有的是“县民”，如：

☑……取县民邓倚刘□等八家事　五月十七日兼户曹掾五□史张惕白　柒·2974

---

① 李均明：《长沙走马楼吴简所反映的户类和户等》，饶宗颐主编：《华学》第9·10辑，上海：上海古籍出版社，2008年，第272页。

县民也见于传世文献。《华阳国志·巴志·宕渠郡》载："先汉以来，士女贤贞，县民车骑将军冯绲、大司农玄贺、大鸿胪庞雄、桂阳太守李温等皆建功立事，有补于世。"[①]冯绲、玄贺、庞雄、李温四人都曾有官职，对于出身县而言，他们都是县民。县民是表示行政隶属的称谓，并非都具有"民"的身份。被称"县民"者可能是民，也可能是官吏。

可能还有"郡民"，如：

☑□[合]郡县吏民还□☑　　叁·3997

丘民、县民、郡民是按行政隶属关系划分的民众身份。长沙五一广场东汉简中也有"丘民""县民"，[②]可知孙吴时期的这种身份划分应是承袭汉制。

5. 按管理机构分

吴简中有按管理机构分类的民众，如：

☑其二户给[邸]阁民口合二人　　柒·2640

其六户官笙民下户之[下]□☑　　陆·6139

其二户官蒋民　　柒·526

其三户官[赞]民　　捌·400

其三户官[业]民　　捌·597

[其][五][户]官逆民　　捌·666

---

① 刘琳：《华阳国志校注》(修订本)卷1《巴志》，成都：成都时代出版社，2007年，第44页。

② "丘民"见竹简2010CWJ1③:266-6，"县民"见木两行2010CWJ1①:93、2010CWJ1③:140等，分别参见长沙市文物考古研究所等编《长沙五一广场东汉简牍(肆)》，上海：中西书局，2019年，第223页；长沙市文物考古研究所等编《长沙五一广场东汉简牍(壹)》，上海：中西书局，2018年，第199、234页。

领丞准民二户下品　　　　　　　　　　　　　　　　肆·5252

领尉准民二户下品　　　　　　　　　　　　　　　　肆·5267

邸阁民应是邸阁管理下的民众。官笙民可能是官府管理的乐户。《集韵·嗅韵》："笙，乐也，所以调弦。"官蒋民、官赞民、官业民、官逆民应是某官府机构管理的民众，丞准民、尉准民应受县丞、县尉管辖的民众。

6.按身体状况分

吴简家庭简中记载了民众的身体状况，但很少将身体状况和"民"组合成一个特殊身份的群体。此类称谓有"尫羸民"，如：

入嘉禾三年尫羸民□米七斛　十　二　月　入　☐　　柒·3274

还有"尫羸还民"，如：

☐二年尫羸还民限米八十六斛……☐　　　　　　　　柒·2821

如前所述，"还民"是返还故乡、重新著籍的民众。"尫羸民"和"尫羸还民"的登录可能跟赋税徭役有关。柒·5884载："其十二户尫羸穷老不任役。"因为身体瘦弱，"尫羸民"和"尫羸还民"多为"贫民"，故可以"不任调役"。

7.按是否服役分

吴简中有这样的记录，如：

☐其卅四户各穷老及刑踵女户下品之下不任调役　　　叁·6327

民户中的"下品之下"不用服役。家庭简中也有"不任役"的内容，如：

阳贵里户人大女吴妾年七十六　不任役　　　　　　　肆·1792

大女吴妾76岁为户人，是"穷老"且"女户"，故"不任役"。但这样标注的家庭简很少。

吴简中对服役人员有专门统计，如：

领应役民廿六户 贰·617

领事役民卌户 肆·5302

其十户县[役]（?）民 捌·739

庄小霞先生认为，“役民”是所有应正常承担徭役的百姓，“应役民”是受征召的“役民”，“事役民”是承担杂役的百姓。[①]我们认为，“应役民”是应该服徭役的民众，“事役民”是正在服徭役的民众。吴简中有这样的家庭合计简：

凡口六事五 筭四事二 訾 五 [十] 壹·3005

“事役民”的“事”，可能与家庭合计简中某一个“事”有关。[②]“县役民”可能是限定在县内服役的民众。

前文中“下品之下”的民户可以不服役。此外，新民之中似乎也有服役和不服役的差别，如：

其二户口食四人新民应[役]户 贰·241

凡十二户口食五十一人本乡民各贫穷展转部界诵债为业（?）不任调役 陆·1619

贰·241中2户新民，平均每户口食2人，为“应役户”，需要服役。陆·1619中12户迁徙民户，应该也属于“新民”，平均每户4.25人，但却可以“不任调役”。可知“应役户”不以家庭人口多寡决定。

8. 按户籍管理分

吴简中某些民众的身份可能跟户籍管理有关。如：

---

① 庄小霞：《走马楼吴简“役民”“应役民”“事役民”辨析》，长沙简牍博物馆编：《长沙简帛研究国际学术研讨会论文集》，第221—228页。

② “事”的含义学界存有争论，相关学术史的梳理，详见长沙简牍博物馆编《嘉禾一井传天下：走马楼吴简的发现保护整理研究与利用》，长沙：岳麓书社，2016年，第240—242页。

草言私学谢稚庐（卢）金正户民推求□□无有张违知□□□□

五月十一日☑　贰·6912

私学黄客　状客本正户民　☑　肆·3943

私学是正户民、遗脱成为正式吏过程中的过渡身份。[①]上述2简中“正户民”的记录，说明了“非正户民”的存在。王素先生认为在户籍中专门标注身份的“步侯还民”、诸吏，以及那些交纳限米的人员等都不是国家正户民。[②]

吴简中又有“黄簿民”，如下：

春平里魁唐升谨列所主黄【簿民】户数口食人名簿[③]

陆·1498

右黄簿民卌九户口食二百廿九人　捌·495

其八户黄簿民　捌·623

吴简中还有与“黄簿”相关的木牍，内容如下：

南乡劝农掾番琬叩头死罪白：被曹敕，发遣吏陈晶所举私学番倚诣廷言。案文书：倚一名文。文父广奏辞：本乡正户民，不为遗脱。辄操黄薄审实，不应为私学。乞曹列言府。琬诚惶诚恐，叩头死罪死罪。诣功曹。十二月十五日庚午白。　J22—2695

晋代户籍有“白籍”“黄籍”之分。《晋书·成帝纪》载：“实编户，王公已下皆正土断白籍。”[④]《晋书·礼志》载：“始不见绝，终

① 凌文超：《吴简与吴制》，北京：北京大学出版社，2019年，第70页。

② 王素、宋少华、罗新：《长沙走马楼简牍整理的新收获》；王素：《长沙走马楼三国吴简时代特征新论》。

③ 原释文为“孺□”，崔启龙先生改释为“簿民”，今从，文中径改。参见氏著《走马楼吴简所见“黄簿民”与“新占民”新探——以嘉禾五年春平里相关籍簿的整理为中心》，中国文化遗产研究院编：《出土文献研究》第18辑，上海：中西书局，2019年，第351页。

④ 房玄龄等：《晋书》卷7《成帝纪》，北京：中华书局，1974年，第183页。

又见迎，养姑于堂，子为首嫡，列名黄籍，则（陈）诜之妻也。”[①]晋代“白籍”“黄籍”登录的对象不同，已为学界共识。胡阿祥先生认为，东晋时期的“土断白籍”是将临时性的侨民白籍户，通过貌阅、重新编制里伍等形式，将其登录在正式户籍黄籍上。[②]傅克辉先生认为西晋时期简牍仍是编造户籍的法定材料，“黄籍”是登记在木简上的户口总册。[③]关于吴简中的“黄簿”，曾有学者认为它与“黄籍”存在性质差别，不是户籍，[④]但不少学者认为吴简中的“黄簿”与晋代的“黄籍”相同，为正式户籍，或属于户籍的一种。[⑤]张荣强先生进一步明确黄簿是“凡口若干”类简，属于广义的户籍。[⑥]富谷至先生认为“黄簿”是由简牍编制而成的正式户籍，“黄”不表示颜色，而是象征中央或土德的抽象词语，含有正统的意义。[⑦]凌文超后认为“‘黄簿’记录的应当就是常年在当地居住的故户民”，[⑧]连先用先生梳理各家观点后认为“黄簿民”是当地户籍

---

① 房玄龄等：《晋书》卷20《礼志中》，第642页。

② 胡阿祥：《东晋南朝侨州郡县与侨流人口研究》，南京：江苏教育出版社，2008年，第102—107页。

③ 傅克辉：《魏晋南北朝籍账研究》，济南：齐鲁书社，2000年，第1—5页。

④ 凌文超先生认为吴简中的“黄簿”是依据户籍制作的日常行政簿书，不属于户籍，韩树峰先生亦持类似观点。分别参见凌文超《走马楼吴简采集簿书整理与研究》，第92页；韩树峰《汉晋时期的黄簿与黄籍》，《史学月刊》2016年第9期。

⑤ 相关研究有：宋少华：《大音希声——浅谈对长沙走马楼三国吴简的初步认识》，《中国书法》1998年第1期；胡平生：《长沙走马楼三国吴简三文书考证》，《胡平生简牍文物论稿》，第405页；王素：《长沙走马楼简牍研究辨误》，《汉唐历史与出土文献》，第170页；汪小烜：《走马楼吴简户籍初论》，《吴简研究》第1辑，第155页。

⑥ 张荣强：《再论孙吴简的户籍文书——以结计简为中心的讨论》，《北京师范大学学报（社科版）》2014年第5期。

⑦ 富谷至：《木简、竹简述说的古代中国——书写材料的文化史》，刘恒武译，黄留珠校，北京：人民出版社，2007年，第134—135页。

⑧ 凌文超：《吴简与吴制》，第47页。

中的固有民户，普遍分布于临湘地区。[1]我们赞成“黄簿”为户籍的一种。“黄簿民”是与户籍管理相关的一种“民”的身份。

还有“叛民”，如：

草言府逐捕叛民郑□……事

四月廿五日兼兵曹史□□白　　　柒·4453

叛民是叛逃到其他地方、已经脱离户籍的民众。

此外还有“散民”，如：

☐……乡郎中陈最举散民　　　肆·4573

散民可能是尚未登录于户籍的民众。流浪到孙吴地区的民众也要登录到户籍，如：

☐诸郡生子受居比郡县者及方远客人皆应上户籍　　　肆·4490

☐□受居方远应占著户籍督条列人姓名　　　肆·4492

凌文超先生认为“方远客人”是外来的流民。[2]除了“方远客人”之外，散民是否也与吴简中的“遗脱”有关，还有待新资料的佐证。

9.按新、故分

吴简中有故户、新户之分。新户可能跟“新民”“新占民”“新还民”有关。连先用先生认为“黄簿民”与“故户”是对同一种民户的不同称谓，“新占民”或“新占民户”就是“户品出钱”简中的“新户”。[3]新民、新占民如下：

☐税米八斛六斗胄毕‖嘉禾元年十一月十三日新民文刘付三州仓吏谷汉受　　　肆·1797

① 连先用:《试论吴简所见的“黄簿民”与“新占民”》,《文史》2017年第4辑。

② 凌文超:《吴简与吴制》，第83页。

③ 连先用:《试论吴简所见的“黄簿民”与“新占民”》。

其十三户新占民五户　下品　　柒·3910

此外还有“新还民”。民众的“新”与“故”是户品出钱的重要依据。

10. 其他

吴简中有“并閭民”，如：

领并閭民一户下品　　贰·803

孙闻博先生认为是“居住于閭门附近的民户”，[1]庄小霞认为“并閭民”是孙吴征发的能够熟练采剥棕皮的民户。[2]未知孰是。

又有“南民”，如：

其三户南民　　捌·2550

“南民”是南来之民还是南方之民，或是其他民众，目前还不清楚。

又有“愚民”，如：

☑□省理愚民求袁□袁　　肆·3657

愚民是对民众的蔑称，不能成为一种社会身份。

如上所述，吴简中“民”的种类非常多，可见孙吴政府对民众的身份有非常详细的划分，赋予了多种多样与“民”相关的身份称谓。不同的场合使用的称谓不同，有的“民”可能具有多种身份。民称谓的使用，有的是单独使用，如“并閭民（贰·803）”；有的是组合使用，如“新民应役户（贰·241）”。孙吴政府对民众身份的细致划分，反映出其对民众的严密控制。

---

① 孙闻博：《走马楼吴简所见乡官里吏》，长沙简牍博物馆、北京大学中国古代史研究中心、北京吴简研讨班编：《吴简研究》第3辑，北京：中华书局，2011年，第277页。

② 庄小霞：《走马楼吴简所见“并閭民”考述——兼说魏晋南朝时期的杂役户》，中国文化遗产研究院编：《出土文献研究》第19辑，上海：中西书局，2020年，第404页。

二、民的等级

1.行政等级

前文提到民有“丘民”“县民”“郡民”的差别，他们既是按行政隶属分类的民的种类，也体现出民户之间的行政等级。这种行政等级差别在其他分类标准的民众中有所体现。如：

黄龙元年文入郡屯田民□吴平斛米一百六斛二斗料校不见前已列言诡责负者　　壹·6227

既然有“郡屯田民”，就可能有“州屯田民”“县屯田民”。贰·999载：“部长沙督军粮督□都尉□□书到复……郡县屯田☒。”郡、县都有屯田，自然有各自的屯田民。不过，吴简中尚未见到“州屯田民”“县屯田民”的称谓。

2.户品

吴简中民有“上品”“中品”“下品”的记录，如下：

都乡男子修[故][故]户上品出钱一万二千[侯][相]　☒　　壹·171正

模乡大男盖转故户中品出钱八千临湘侯相　□　☒　　壹·1518

都乡男子马米（?）故户下品出钱四千四百[侯]相☒　　贰·6764正

[模][乡]大男黄钦新户上品出钱一万三千临湘侯相　嘉禾五年十二月十八日模乡典田掾烝若白　　肆·1382

都乡大男郑□新户中品出钱九千侯相　□　嘉禾六年正月十二日典田……　　贰·2911正

[都][乡][大][男][区]通（?）新户下品出[钱]五千五百九十四侯相……　　贰·2941正

民户有故户和新户之分，又分为上、中、下三品。此外，还有“下品之下”，如：

⍁其八十四户下品之下　　壹·5319

学者认为吴简中的普通民户分为上品、中品、下品三个等级，“下品之下”不是九品户的名称，而是三品之外的贫困户。[①]“下品之下”没有指向特定的对象，如：

右七户下户之下新占　　柒·275

⍁其卅四户各穷老及刑踵女户下品之下不任调役　　叁·6327

“下品之下”有新占民户和女户，但并不是说新占民户和女户都是“下品之下”。新户有上、中、下三品，女户也有“下品”，如：

⍁　其六户穷独女户下品　　贰·557

其十六户老顿穷独女户下品　　贰·634

□老顿穷独女户八户下品　　贰·799

核对图版，这3枚简内容完整，都是“下品”。不过，吴简中“老顿穷独女户”一般是“下品之下”的“贫民”，为何这3枚简中是“下品”，原因不明。

不仅故户、新户、女户有上品、中品、下品的品级区别，其他身份的民众可能也有这样的品级区别，如：

⍁三户限佃民　其一户中品
二户下【品】[②]　　肆·2565

限佃民有中品、下品之别。同时，限佃客也有故户、新户之分。如：

□集凡小武陵西二乡新住限佃客卅四户口食卌一人故户中□

① 于振波：《略论走马楼吴简中的户品》，《走马楼吴简续探》，台北：文津出版社，2007年，第59—72页；李均明：《长沙走马楼吴简所反映的户类和户等》，饶宗颐主编：《华学》第9、10辑，第275—278页。

② 整理者注：“‘下’下脱‘品’字”。今按：意见可从，今补出。

贰・35

□□南乡领限佃户二户口食六人故户　　贰・427

“新住限佃[客]”当为新户。各乡要对限佃客的新户、故户分开统计。

孙吴民众不仅有故、新之别，又被分为不同的品级。这样的品级区别与赋税和徭役相关。“下品之下不任调役”，“下品之下”的民户不服徭役，上、中、下品的民户则要服徭役，而且要按品级出钱。①

各品级民户的“户品出钱”数额不同，因此需要对民户的品级予以记载。于是有了按户品出钱的簿籍，如下：

☐□□谨[以]所领户出钱上中下品人名为簿　　贰・8256

故户、新户的“户品出钱”数额不同，需要分开记录，就有了这样的簿籍：

□区谨列所领故户吏民年纪口食为簿　　柒・4818

让人疑惑的是，相同户品中新户比故户的“户品出钱”数额要多。新户一般是那些新占民户。这些新占民户不论是来自流动人口的著籍，还是来自旧有民户的“别户”，家庭资产一般不会高于同等户品的故户，但他们却要比同等户品的故户多出钱。这着实让人疑惑。

关于此种现象的原因，学界主要有两种解释。凌文超先生认为“户品出钱”即“八亿钱”，是孙吴为兴修陂田而征收的专项费用，故户、新户所出数额不同，与他们新从国家获得的土地（修复的陂田）数额不同有关。为了从官府获得较多的土地，以使土地总数与

① 户品出钱的具体数额参见前文表4.2《孙吴故户、新户“户品出钱”数额表》。

故户大致相等，新户就必须交纳更多的钱。[①]将“户品出钱”理解为“八亿钱”的观点，我们还持有疑虑。而且，“户品出钱”是制度规定的义务，不是民户的自主选择。连先用先生认为是因为新占民户在占籍前规避了不少赋税，占籍之后需对临湘侯国有所补偿。[②]这种推测缺乏史料证据，逻辑上也难以圆通。如果说所有新占民户都规避了赋税，而所有故户都没有规避赋税，这很难让人相信。这两种解释可能都难以成立。

新户比同等户品的故户多出“户品出钱”，更可能是新户以多出钱的方式，换取了免除某种徭役的权益。汉代允许交纳“更赋”代替服更役，就是出钱代役的例子。[③]孙吴时期可能也是如此。新户交纳更多的“户品出钱”，但不用服某种徭役，从而可以全力进行生产，发展家庭经济。当然，这也是一种尚不成熟的推测，还需要资料佐证和进一步研究。

第四节　吴简中吏的种类与等级

走马楼吴简中涉及的孙吴官方机构，不仅有民政机构，也有军事机构，还有屯田机构；不仅有郡县乡等机构，还涉及中央某些机构。吴简中众多的官方机构及职位设置，是研究孙吴职官乃至三国职官的重要材料。已有不少学者对秦汉魏晋的职官进行过较为系统的论述，其中以严耕望先生的研究最受关注。其所著《中国地方行

---

① 凌文超：《吴简与吴制》，第292—305页。

② 连先用：《试论吴简所见的“黄簿民”与“新占民”》。

③ 林甘泉主编：《中国经济通史》(秦汉)，第15章《赋税》(马怡撰写)，北京：经济日报出版社，2007年，第484—486页。

政制度史　秦汉地方行政制度》和《中国地方行政制度史　魏晋南北朝地方行政制度》对秦汉魏晋南北朝的职官设置进行了较为详细的研究。[①]这些研究多以传世文献为主。走马楼吴简中的职官有些与传世文献相符，有些并不见于传世文献。因此，有对吴简中的职官进行单独研究的必要。

走马楼吴简出土以来，职官一直是学者关注的重点之一。孙闻博先生对里魁、闾长、力田、比伍、亭伍、岁伍、月伍等进行了考证[②]，徐畅、王振华先生曾对吴简所见的临湘县廷列曹和曹吏以及临湘侯国官吏进行考证[③]，侯旭东先生、于振波师对乡吏的设置及职责进行了考察[④]，何立民先生也对部分职官进行了考证[⑤]。在此，我们以吴简中的职官为线索，对孙吴时期吏的种类和等级进行梳理和论述。

---

① 严耕望:《中国地方行政制度史　秦汉地方行政制度》，上海：上海古籍出版社，2007年；严耕望:《中国地方行政制度史　魏晋南北朝地方行政制度》，上海：上海古籍出版社，2007年。

② 孙闻博:《走马楼吴简所见乡官里吏》,《吴简研究》第3辑，第272—286页。

③ 徐畅:《走马楼简所见孙吴临湘县廷列曹设置及曹吏》,《吴简研究》第3辑，第287—352页；王振华:《走马楼吴简所见临湘侯国属吏官窥》，西南大学出土文献综合研究中心，西南大学汉语言文献研究所主办:《出土文献综合研究集刊》第2辑，成都：巴蜀书社，2015年第223—237页。。

④ 侯旭东:《长沙走马楼三国吴简所见"乡"与"乡吏"》,《北朝村民的生活世界——朝廷、州县与村里》，北京：商务印书馆，2015年，第370—396页；于振波:《走马楼吴简所见乡级行政》，长沙简牍博物馆编:《长沙简帛研究国际学术研讨会论文集》，上海：中西书局，2017年，第113—117页。

⑤ 何立民:《湖南长沙走马楼三国吴简复音词研究》，复旦大学博士学位论文，2012年，第157—174页。

一、吏的种类

吴简中吏的种类很多，大致以职务分类。其中有郡县、中央的曹官，也有屯田、部曲、漕运等特殊部门的职官。

1.列曹的职官

（1）功曹

吴简中有功曹，如：

四日功曹史蔡珠白　　叁·122

……嘉禾二年十一月八日县（?）功曹掾蔡珠白言答王审书催促

……杂署吏清驾（?）□□□□□□私学草倮行吴贷　肆·3993

功曹设有“功曹掾”和“功曹史”，“功曹史”频见，“功曹掾”仅见1例。蔡珠曾为功曹的掾和史，因为简文残缺，无法判断任职时间，不知是否有误写。

此外，还有“门下功曹史”，如：

门下功曹史烝若省　　捌·4115

（2）田曹

吴简中涉及田曹的竹简很多，如：

☑嘉禾元年五月廿四日领右金曹史烝堂□□右田曹掾□□

□以渍米二百斛□□□□五十四斛易杂米草（?）　　柒·61

草言府扁□高傅差民作仓事　六月十日田曹掾小史赵野白

柒·574

草言府部吏徙送武陵作唐□仓吏刑鈌父……事　十一月六日田曹史赵野白　　柒·577

☑　嘉禾五年五月廿七日中田曹史张□白　　柒·2738

年三百卅一斛一斗……閤事

十一月三日右田曹史烝堂白 柒·2817

☐……事 十一月廿七日中田曹掾☐耀白 柒·4668

从称谓看，田曹的吏员设置较为复杂。有“右田曹掾”“田曹史”“田曹掾小史”。柒·574、柒·577中都是赵野，前者是“田曹掾小史”，后者是“田曹史”，任“田曹掾小史”的时间似乎早于任“田曹史”的时间——如果两简所记时间为同一年的话，未知二者关系如何。

田曹有“右田曹掾”“中田曹掾”“中田曹史”“右田曹史”“田曹史”，未见左田曹掾、左田曹史，或未设置。这样的职位设置可能与当时田曹涉及事务繁多有关，可能也有分工合作、相互牵制的意图。

此外，还有“右田曹典田掾”，可能有左、右之分，如：

戍书给右田曹典田掾赵彻半年稟起嘉禾二年闰月讫十月月二斛除小 捌·2927

吴简中的“乡典田掾”，一般认为是县吏。乡典田掾应该也属于县的田曹。

（3）户曹

吴简中有户曹，如：

☐……取县民邓倚刘☐等八家事 五月十七日兼户曹掾五☐史张惕白 柒·2974

☐月七日左户曹史尹桓白 叁·3956

六斛被督军粮都尉移右节度府黄龙三年二月十五日己巳书给中户曹尚 肆·4909

草言府部诸乡典田掾温光等逐捕假（?）僮子吴和不在县界事

六月十六日兼户曹别主史张惕白 柒·2900

草言府……部屯田……付吏□□昭事　十月廿月廿三日兼户曹史张惕白　柒・2969

草答曹军书移邸阁仓监列溢米为运事　四月廿三日兼金户曹史赵野白　柒・2951

户曹下有“户曹掾”，又有“户曹史”“左户曹史”“中户曹”，未见右户曹史。田曹分为“中”“右”而无“左”，户曹有“左”“中”而无“右”，未知何故。又有“户曹别主史”，未知与其他职官的关系，但应是户曹下的职官。不知“金户曹史”是属于金曹还是属于户曹。

（4）仓曹

吴简中有仓曹，如：

⧄都尉蒋肃仓曹掾陈　叁・5317

元年十二月奉其年十二月廿七日付右仓曹掾烝修　柒・4191

右仓曹史烝堂白　州中仓吏黄讳潘虑列起嘉禾元年⧄　壹・2039

禾元年三月奉其年五月一日付左仓曹史区衍　柒・4197

仓曹言邸阁马维仓吏武河遗（?）玉（?）官印从科俗（?）□□罪法事　四月四日仓曹史吴王白　柒・1441

入守仓曹郎盖仪（?）嘉禾二年奉米六斛　伍・6089

粮都尉移右节度府黄龙三年八月九日戊申书给□右仓曹典事赵□奉起□□　伍・107

仓曹言考实西陵仓吏……米事⧄　伍・3479

徐畅先生认为仓曹是临湘县仓曹，有左、右之分[1]，戴卫红先生认为右仓曹是郡的仓曹[2]。伍·3479中仓曹核查西陵县仓吏，可能是郡仓曹。吴简中以“仓曹”名义发出的文书很多，其中可能有临湘县仓曹发出的文书。而且，郡、县都有仓，郡有仓曹，县也应有仓曹。

仓曹有“右仓曹掾”，又有“仓曹史”“右仓曹史”“左仓曹史”。伍·6089的“守仓曹郎”，当是中央临时派遣到仓曹的郎吏，负有监督之责。“右仓曹典事”当为仓曹主官的一种称谓。

吴简中有县仓、郡仓，还有临湘之外其他县的仓，[3]如下：

☒……九百七十斛吴昌仓吏唐魁米　　壹·1808

人李绶米与吴昌（?）郡吏唐谢□颉（?）米二百卅斛刘阳仓吏这焘（?）□□米　　贰·9080

永新仓吏区善（?）谨列所领☒　　肆·923

草言被督诸县仓郡仓邸阁兼丞应县问事　正月十五日右仓曹史赵野白　　柒·4481

此外还有太仓，如下：

申书给右大仓曹都典典事刘旦孙高……起嘉禾元年九月讫二年□☒　　柒·2036

军粮都尉移右节度府黄龙三年八月廿四日□□书给大仓丞张□奉□　　肆·4713

“右大仓曹都典典事”是太仓的主官，有左、右之分，设于中央，但与临湘有业务往来。“大仓丞”是太仓的副官，临时派驻临湘，

① 徐畅：《走马楼简所见孙吴临湘县廷列曹设置及曹吏》，《吴简研究》第3辑，第313—314页。

② 戴卫红：《长沙走马楼吴简所见孙吴时期的仓》，《史学月刊》2014年第11期。

③ 详见戴卫红《长沙走马楼吴简所见孙吴时期的仓》。

以协助军事行动。

吴简中临湘地区的仓多为三州仓及州中仓，其吏职设置如下：

☒丨丨丨乂嘉禾六年十一月六日上和丘谢义付三州仓吏谷汉受中　壹·44

☒丈一□丨丨丨乂嘉禾六年三月廿九日露丘县吏谷汉□☒　壹·344

☒□马关邸阁李嵩付仓掾谷☒　壹·220

☒付三州掾孙□□　壹·1248

☒乐关邸阁郭据付仓掾黄讳史潘☒　贰·7968

右仓曹史烝堂白　州中仓吏黄讳潘虑列起嘉禾元年☒　壹·2039

右仓曹史烝堂白　三州仓吏谷汉列　起嘉禾元年正月一　叁·4612

学界一般认为，三州仓应是县仓，州中仓为郡仓。[①]“仓吏”是仓中吏职的泛称，具体有掾、史等职。仓曹史与三州仓、州中仓之间经常有业务往来关系。

仓中设有“仓监”，如下：

出临湘四斗湘关渍米卌三斛丨丨丨乂嘉禾三年二月十七日市掾潘羜关邸阁李嵩付监仓掾监贤受　柒·126

草答曹军书移邸阁仓监列溢米为运事　四月廿三日兼金户曹史赵野白　柒·2951

仓监的全称为“监仓掾”。监仓掾监贤又是“郡仓吏”“州中仓吏”，如下：

① 相关学术史的梳理，详见长沙简牍博物馆编《嘉禾一井传天下：走马楼吴简的发现保护整理研究与利用》，长沙：岳麓书社，2016年，第255—257页。

▨卅斛郡仓吏监贤米六百卅斛通合吴平斛米二千二百五十斛　叁·227

钱□付州中仓吏监贤西库吏……领□▨　陆·1943

郡仓州中仓设有监仓掾，未见县仓设有“监仓掾”的记录。可能郡的监仓掾同时具有监督县仓的权力。

仓中还有“仓父”，如下：

其一户给三州仓父下品之下　壹·5435

三州仓有仓父，可能是具体看管仓的吏员。虽然未见记录，但推测州中仓以及太仓、郡仓、县仓等可能也有类似的职官设置。

（5）金曹

吴简中有金曹，如：

七月十二日□金曹掾□□白　壹·1037

▨……六日金曹史□□白　壹·989

军粮都尉移右节度府黄龙三年十一月十一日乙巳书给典事左金曹典事□□　壹·2008

草答曹军书移邸阁仓监列溢米为运事　四月廿三日兼金户曹史赵野白　柒·2951

▨依科结正故运书史许咨杝帅葛宜罪法事　嘉禾四年三月七日右金曹史赵野白　柒·4507

金曹有“金曹掾”“右金曹史”“金曹史”。“左金曹典事”当是金曹主官的一种称谓，有左、右之分。

（6）贼曹

吴简中有贼曹，如：

中贼曹言□□蔡……事

嘉禾五年十一月一日书佐吕承封　柒·2893

□□□中外部渚下贼曹　诸乡劝农掾潘羜　伍·112

二月十五日戊午临湘侯相君丞谷城部（？）□中贼曹史邓佃潘蔡唐　伍·2272

谷能渚下上湘贼曹掾五（？）伟文胤次守道刺奸潘习谷　伍·3203

十一月九日临湘侯相君丞告都市掾潘羜渚下贼曹史唐玉诸乡吏郭宋潘琬黄原　伍·3562

简中有“中贼曹”“中外部渚下贼曹”“渚下上湘贼曹”“渚下贼曹”等，可知贼曹应是分区设置，“中贼曹”当是“中部贼曹”的省称。

贼曹的职官有贼曹掾、贼曹史等，如：

草言府□□□□□□□不在县界□会事　六月十八日贼曹掾□□白　柒·571

中贼曹掾□□李郎中出米三斛给稟夷民石□等三人事　中贼曹……

郎中出米七斛给稟……等二人事　闰月五日书佐烝赟封　陆·596

☑并依部贼曹史信化☑　叁·6519

八月廿一日左贼曹史郭迈白　叁·3980

☑□□大屯事　十一月十日中贼曹史郭迈白　肆·2204

□曹言私学郡吏子弟……事

□月廿七日右贼曹史郭迈白　柒·1624

贼曹有“贼曹掾”“中贼曹掾”“右贼曹史”“中贼曹史”“左贼曹史”，贼曹史有左、中、右之分。不过，“左贼曹史”仅见1例，吏员郭迈也多为“中贼曹史”（壹·35、叁·4907、肆·2204、肆·2999、陆·3659、柒·1331），或为“右贼曹史”的误写，或是郭迈在贼曹史职官上的转迁。

贼曹掾、贼曹史之外，还有“贼帅”，如：

入运三州仓嘉禾三年贼帅限米卌斛　　叁·1773

贼帅具体职务不明，可能是贼曹下辖的职官之一。

（7）狱曹

吴简中未见到“狱曹”的记录，但吴简中有狱掾，如下：

☐□□贼曹□于都市行七人……事　八月十二日兼狱掾郑汤史陈水白　　柒·1211

“狱掾”似乎是贼曹的下辖职官。不过，其他简的“某掾”一般都对应着相应的曹，可能有独立的“狱曹”存在。

（8）献曹

吴简中有献曹，如：

献曹言入黄木□六斛七斗木衣一千八十六枚事　闰月四日书佐烝赟封　　陆·540

□言入□黄梅六斛七斗九……付郡献曹□草　闰月三日献曹史利豫白　　陆·563

孙吴时期郡、县都设有“献曹”，下设“献曹史”，目前未见掾的设置。

（9）兵曹

吴简中有兵曹，如：

草言府逐捕叛帅邓□不还县界乞绝会事　七月三日兵曹掾□□白　　伍·4555

草言府小男般秃为刘□区……走卑还□□事　闰月二日兵曹史监善白　　陆·536

□琦左别治兵曹典事袁潘二□事奉起黄龙三年□月□□讫嘉禾元年七月人月　　　　壹・2021

〼　十□月六日领兵曹别主（？）□烝□白　　　　柒・1271

〼甲子书给右别治兵曹史都□□□〼　　　　玖・6673

兵曹有“兵曹掾”“兵曹史”。又有“左别治兵曹典事”，可能是兵曹的某主官称谓。柒・1271中“兵曹别主”后当为“史”，是与柒・2900中“户曹别主史”相类似的职官。

（10）尉曹

吴简中有尉曹，如：

草言府入麻种□斛三斗与前所入十三斛合十四斛　闰月□日都尉曹史□□□　　　　陆・2416

尉曹谨列二乡领财用钱已入未毕簿　　　　陆・4687

尉曹史郭迈白　　　　陆・4753

……日　尉曹掾番栋白草　　　　玖・5295

尉曹全称当为“都尉曹”，设有“尉曹掾”“尉曹史”等职官。

（11）船曹

吴简中有船曹，如：

草言府都吏文腾诡大男张末家属□□事　闰月二日船曹掾番栋白　　　　陆・572

草言府部吏……　闰月二日船曹史□□□　　　　陆・594

船曹下辖船曹掾、船曹史等。2枚简都是船曹发出的文书，表明船曹是临湘列曹。

（12）马曹

吴简中有马曹，如：

〼一日兼马（？）曹掾□□白　　　　柒・679

如果释文无误，则说明孙吴曾设有马曹。孙吴地区并不产马，需要与北方产马地贸易，并设“马曹”来专门饲养和管理马匹。吴简中的“白”文书，多为临湘官署发出。若此，则可能孙吴在临湘也设有马曹。

（13）虞曹

吴简中有虞曹，设置有虞曹掾、虞曹史，如：

草言府□□□□县卒□□□□陵宜阳县□□男子□□□□□事

八月十三日领虞曹掾张□白　　　　柒·572

草言府吏利赤孙仪潘□传送吏民牛二百二头不付吏事　六月廿三日虞曹史烝□白　　　　柒·2980

户曹史尹　右仓曹史烝　司虞曹史史　白主库史☒　叁·1599

凌文超先生认为孙吴从中央到地方都设有虞曹，负责管理官牛等事务。[①]由柒·2980可知，虞曹确实跟管理牛的事务有关。

（14）保质曹

吴简中有保质曹，未见于秦汉职官，当为孙吴新设。如：

草言□□吏潘政止……所请□□封过所□□事

八月三日保质曹掾张□□白　　　　柒·1495

草言府都尉蔡德妻□病未差不任发遣事　闰月二日保质曹史利豫白　　　　陆·571

凌文超先生认为保质曹与孙吴的保任、质任制度有关，为专门管理保质的官署。[②]保质曹有“保质曹掾”“保质曹史”。陆·571中保

---

① 凌文超：《吴简与吴制》，第331页。

② 凌文超：《长沙走马楼孙吴“保质”简考释》，《文物》2015年第6期。

质曹史利豫向“府都尉”报告，表明其属于临湘。可知中央和郡县都设有保质曹。

这些都是见于临湘的列曹。此外，吴简中还有中央的列曹官。

（15）法曹

吴简中有法曹，如：

法曹掾区□年卅五　　　　贰·884

法曹设有“法曹掾”。汉代郡县皆有法曹，承袭汉制的孙吴郡县也有不少司法事务需要处理，因此临湘应设有法曹。但吴简中“法曹”仅见1例，而且不是文书，是区某的身份登记简，无法成为临湘设有法曹的证据。我们甚至怀疑临湘可能没有设置法曹。如果临湘有法曹，应该有不少该曹发出的文书，但这样的文书目前一份都没见到，不得不让人怀疑临湘设置法曹的可能性。到底如何，有待资料的进一步佐证。

（16）选曹

吴简中有选曹，如：

李嵩被督军粮都尉嘉禾二年四月七日丁酉书给右选曹尚书郎贵倩所将诸　　　　柒·2085

选曹有“右选曹”，职官全称为“右选曹尚书郎”。“选曹”负责人才选任，一般设于中央，“尚书郎”也是中央职官，由此可见选曹虽出现在吴简中，但并不受郡县管辖，而是中央曹官。

（17）军曹

吴简中有军曹，如：

二斛嘉禾元年四月四日付典军曹史许尚□人陈□　　　　壹·2024

凡付典军曹史许尚部人陈复　中　　　　壹·2189

军粮都尉移右节度府黄龙三年五月十七日丙寅书给典军曹史

许尚典事（？）邵　壹·2069

禾二年七月人月三斛除小月月人六日其年二月十二日付典军曹史□松傍人吴□□奴　柒·2018

其年二月十二日付典军曹史章松傍人吴衍任奴　捌·3292

这些都是向典军曹史等人支付口粮、俸禄的简，吴简中尚未见到以“典军曹史”或“军曹”名义发出的文书。由此可知，典军曹史不是郡县列曹，而是受中央管辖的军事系统的曹官。军曹有“典军曹史”，未见有“掾”。

“典军曹史”后有“部人”“傍人”。“部人”性质不明，或为“傍人”之误。关于“傍人”，王素先生认为是典军曹史的依附者，类似随从[1]；陈荣杰先生认为是在粮食、报酬支付中起证人监督作用的见证者[2]。后者所论无直接证据，也无法解释“傍人”不见于其他口粮、俸禄支付简的现象，暂时不取。“傍人”记于典军曹史之后，应与典军曹史存在某种隶属关系，不排除为依附者或部下的可能。“傍人”似有明确的对应关系，“傍人”吴衍、任奴记于典军曹史章松之后，朱德记于陈桑之后，如下：

嘉禾元年十一月除小月嘉禾二年四月廿一日付陈桑傍人朱德　捌·3088

至于“傍人”性质到底如何，需要资料进一步佐证。

另外，吴简在还有“郡曹”，如下：

草言乞郡曹料见吏肯……区取事　⧄　柒·4412

能如豫章柴桑郡曹□言□定税□□　玖·5252

---

① 王素：《长沙走马楼三国吴简时代特征新论》，《文物》2015年第12期。

② 陈荣杰：《走马楼吴简词汇研究丛稿》，重庆：西南大学出版社，2021年，第119页。

虽然2简中都有“郡曹”，但它可能是泛称，而不是一个具体的曹名。

在列曹的职官名称中，有一种较为特殊的情况，如下：

下伍丘男子五孙，田六町，凡十二亩，皆二年常限。……亩收布六寸六分……潘有。旱亩收钱卅七，凡为钱四百五十五钱，四年十一月八日付库吏潘有。嘉禾五年三月十日，田户经用曹史赵野、张惕、陈通校。 田家莂4·5

☒潘栋右仓田曹史烝室（？）户曹史□□兵曹史黄□☒ 贰·6765

草答曹军书移邸阁仓监列溢米为运事　四月廿三日兼金户曹史赵野白 柒·2951

田户经用曹为田曹+户曹，仓田曹为仓曹+田曹，金户曹为金曹+田曹。这类使用了两个曹名的职官，徐畅先生认为并不是简单的由于某两曹业务相近而同时提及，可能是一个曹职。[①]这些使用两个曹名的曹职到底与哪一个曹关系更大，尚难确定。

2.特殊事务部门的职官

吴简中有些机构带有一定的特殊性，此统称为“特殊事务部门”。

（1）佃田

佃田系统的职官设置较为复杂。有州、郡、县、乡级佃吏，如：

其廿二斛州佃吏蔡雅董基黄龙三年限米 柒·6

① 徐畅：《走马楼简所见孙吴临湘县廷列曹设置及曹吏》，《吴简研究》第3辑，第349页。

入郡佃吏潘清邓□等嘉禾元年限米卌斛　中　　　捌·3708

入广成乡县佃吏嘉禾二年限米二斛‖╳嘉禾三年四月十二日弦丘蔡□关邸阁李嵩付仓吏黄讳史番虑　　　贰·380

入广成乡佃吏潘礼限米十二斛胄米毕‖╳嘉禾元年十一月四日漂丘吏潘礼付三州仓吏谷汉受　中　　　肆·1035

肆·1035中的"佃吏"应是"乡佃吏"，因为前面记载乡名，故省略了1个"乡"字。如此，佃田有"州佃吏""郡佃吏""县佃吏""乡佃吏"之别。此外还有"佃帅"，如：

夫秋里户人公乘佃帅龚溲年六十一　　　捌·2179

入平乡嘉禾二年佃帅限米一斛胄毕‖╳嘉禾二年十二月廿一日平汤丘吕狗关邸阁董基付三州仓吏郑黑受　　　陆·2035

右诸乡入佃帅限米七十三斛六斗　　　陆·3572

可能临湘各乡都有佃帅。佃帅是各"佃"的管理者，是最基层的佃吏。也就是说，孙吴建立起了层级结构的佃田职官体系，如下：

州佃吏——郡佃吏——县佃吏——乡佃吏——佃帅

具体负责佃田的是佃卒、限佃民。吴简中"佃卒"记录很多，少数为"郡佃卒"，如：

入平乡嘉禾二年郡佃卒限米十二斛胄米毕‖╳嘉☒　　　壹·4409

其一户郡佃卒　　　肆·531

佃卒似乎也有行政级别的区分，但"郡佃卒"的记录很少。吴简中还有不少限佃民。田家莂中有不少"佃田 × 町""佃田 × 处"的记录，学者多将其视作吏民佃种官田的详细记录。

还有"佃吏""助佃吏""四六佃吏""助四六佃吏""新佃吏"等，如下：

领佃吏郑修嘉禾二年限粢十一斛‖╳嘉禾三年☒　　　壹·1389

入广成乡嘉禾二年助佃吏限米三斛‖嘉禾三年二月七日下弹浭丘男子黄鼠关邸阁李嵩付仓吏黄讳潘虑　　贰·385

☐四六佃吏限　☐　　壹·2586

☐□田霸助四六佃吏嘉禾二年限米二斛二斗‖嘉禾三年四月廿四日☐　　贰·445

☐合卌人嘉禾五年五月□□日……其二人新佃吏□　　叁·7438

"佃吏"为泛称，"四六"佃吏或与佃田者和国家的分成比例有关，[①]新佃吏当为新任职的佃吏。助佃吏、助四六佃吏将集中在"助吏"部分讨论。

（2）屯田

吴简中有屯田，如：

部长沙督军粮督□都尉□□书到复……郡县屯田☐　　贰·999

其三斛五斗郡屯田掾利焉黄龙☐　　壹·1147

☐事　……二日□司屯曹史□□白　　壹·974

屯田曹言部……毛钧所责□事　□曹言部吏……钱事　闰月七日书佐烝赟封　　陆·573

草言府传还西部屯田府吏李甫奴成付刑（?）西县事　闰月即（?）日兵曹史孟韦白　　陆·494

草言府西部屯田掾蔡忠区光等当署丘里不得使民舟入吴界事　十二月三日领列（?）曹史李□白　　柒·1436

十一月十九日屯田掾黄铭白　　陆·3807

由贰·999可知，当时郡、县都有屯田。郡的屯田由"郡屯田掾"

① 沈刚先生认为："四六或指佃田者与国家分成比例。"参见氏著《长沙走马楼三国竹简研究》，第156页。

管理。吴简中不少有“郡屯田掾利焉”交米的记录，未见他发送文书的明确记录，符合其为郡吏的特征。临湘的屯田可能是由屯田曹管理，简称“屯曹”。临湘屯田可能分多个部，“西部屯田掾”管理西部屯田区。陆·3807为屯田掾黄铭发出文书的署名，当为临湘的屯田掾，即县屯田掾。

又有“屯田司马”，如下：

入临湘中乡屯田司马黄松五年限米二☐　　伍·4121

入西乡还二年所贷司马黄升嘉禾元年子弟限米二斛⫼嘉禾三年正月五日□丘蔡□关邸阁李嵩付仓吏黄讳潘虑受　　陆·4251

屯田司马主要有黄松、黄升，按乡交纳限米，可能是负责乡的屯田官吏。[①]屯田司马也与县的田曹有往来，如柒·586：

☐条列司马黄升屯田民……事　八月廿六日右田曹史□□白

还有“屯田帅”，如下：

☐石下丘屯田帅周☐　　壹·8842

其二百七十斛屯田帅廖□守录　　伍·6444

戴卫红先生认为屯田帅可能直接管理屯田民，是他们的小头领。[②]屯田帅可能是最基层的屯田官吏，具体负责每个屯的管理。

屯田配有屯田民和屯田兵、屯士，如下：

黄龙元年文入郡屯田民□吴平斛米一百六斛二斗料校不见前已列言诡责负者　　壹·6227

---

① 蒋福亚先生认为屯田司马负责临湘县或一些乡的民屯的小官吏，不直接从事生产，参见氏著《走马楼吴简经济文书研究》，第162页。我们认为，负责县屯田的是屯田都尉、县屯田掾，司马是管理乡屯田的官吏。

② 戴卫红：《长沙走马楼吴简中所见“帅”的探讨》，武汉大学中国三至九世纪研究所编：《魏晋南北朝隋唐史资料》第38辑，上海：上海古籍出版社，2018年，第33—58页。

其廿六[户]……一百卌一人屯田民　伍·6362

☐……月九日区女丘屯田兵□连关丞[睾]☐　壹·2682

领士李已等四人嘉禾二年五月直人二斛其二年五月十三日付[屯]士李黑　柒·2364

屯士当为屯田兵的一种。孙吴不仅有民屯，也有军屯，但屯田民居多，屯田兵、屯士的记录很少。

此外还有"屯田吏"，如下：

都尉屯田吏盖郑□□□[蕲]（?）春郡□□☐　壹·2837

□□屯田吏戴章弟卒一千卌八　☐　肆·3730

屯田吏应是设置于各级屯田中杂吏的泛称。

关于孙吴屯田的职官，高敏先生依据传世文献认为有县级农官"屯田都尉"，郡级农官"典农校尉"，并认为吴简中的"郡屯田掾"是典农校尉的掾吏。[①]壹·2837中的"都尉"可能就是"屯田都尉"。由此可见，孙吴也建立起完善的屯田管理体系，如下：

郡（典农校尉、郡屯田掾）——县（屯田曹、屯田都尉、屯田掾）——乡（屯田司马）——屯（屯田帅）——屯田民/屯田兵·屯士

值得注意的是，孙吴的佃田和屯田虽然都是政府主导，但二者也有明显差别，具体如下表（表4.5）：

---

① 高敏：《长沙走马楼三国吴简中所见孙吴的屯田制度——读〈长沙走马楼三国吴简·竹简［壹］〉札记之八》，《长沙走马楼简牍研究》，第146—147页。

表4.5：孙吴佃田、屯田差异表

	佃田	屯田
职官设置	州佃吏	
	郡佃吏	典农校尉、郡屯田掾
	县佃吏	屯田曹、屯田都尉、县屯田掾
职官设置	乡佃吏	屯田司马
	佃帅	屯田帅
	佃卒、限佃民	屯田民/屯田兵·屯士
交米性质	佃卒限米、民限米	屯田限米
田租数额	2斛/亩（佃卒田）	1.6斛/亩（屯田民） 2斛/亩（卫士田）

学者多将佃田和屯田一起讨论[①]，但由上表所见，孙吴佃田与屯田在职官设置、交米性质、田租数额等诸多方面都区别明显，可能是独立并存的两个系统[②]。佃田与屯田一样，可能都有军、民之分。

（3）部曲

吴简中有部曲，有专门的管理部门，如下：

嘉禾二年十二月十一日右仓田曹史烝堂关部曲田曹掾□□白言答主郎中书列悬□米种领草　肆·1235

① 于振波师明确区分了佃田与屯田，参见氏著《走马楼吴简初探》卷1《走马楼吴简所见佃田制度》，卷2《走马楼吴简中的"限米"与屯田》，第1—24、25—42页。

② 戴卫红先生认为佃田和屯田分属不同系统，参见氏著《长沙走马楼吴简中所见"帅"的探讨》。

部曲田曹列言诸士妻子佃田四百五十九亩☑　　肆·5598

□部曲督□□……　　肆·4545

部曲田曹言依书察行县□□□□□□任事　三月廿九日录事小史蔡南白封　　伍·3018

草言府遣吏潘勇传送□龙□四侏诣大屯乞请致书　闰月廿日部曲田曹掾五蕊白　　陆·543

关于“部曲”，唐长孺先生指出：“部曲原是指军队的编制，此时（东汉末年）几乎成为私家武装的专称。这种家兵式的部曲，即是豪强大族武装化的田客，田客和部曲之间往往有密切的联系。三国时期的军事制度发生了显著变化，国家军队基本上仿照汉末以来的家兵部曲制度组成。”[①]唐先生对部曲变化的论述非常中肯。这种家兵式的部曲在孙吴时期依然存在。孙吴时期国家控制的部曲要参与田作，可能与田客和部曲之间的密切联系有关。部曲参与田作，于是设有专门的部曲田曹。部曲田曹虽有“田曹”之名，但鉴于“部曲”身份的特殊性，它可能不是临湘的列曹，而是设在临湘的特殊职官。如同郡县列曹，部曲田曹也下辖掾、史等职官，但又有“部曲督”，为统领部曲的官吏。肆·1235是部曲田曹掾回答郎中询问的文书简，可知部曲可能受到中央的直接监管。

（4）库

吴简中有临湘县的库和长沙郡的西库，[②]如：

入模乡□丘大男番水布三匹‖乂嘉禾元年八月一日关丞□□县库吏殷　　叁·478

---

① 唐长孺：《魏晋南北朝隋唐史三编》，北京：中华书局，2011年，第56页。

② 谷口建速：《長沙走馬楼呉簡の研究：倉庫関連簿よりみる孫呉政権の地方財政》，第195—196页。

府嘉禾四年二月十三日付西库吏江盖李从　　叁·6725

库吏应是泛称，其下有主库掾、西库掾等职官，如：

入模乡嘉禾二年布一匹‖嘉禾二年十一月十二日斩丘男子番庄付主库吏殷连受　　壹·7880

⧄付主库掾殷连受⧄　　壹·7988

十二月卅日主库史殷连白　　伍·3730

故主库史殷连谨列所□□□□元年刍钱□□簿　⧄　　伍·14

⧄□上草　嘉禾四（？）年□月十一日关邸阁□□付西库掾□⧄　　肆·3945

县库也设有掾、史，殷连曾在主库史、主库掾之间迁转。长沙郡的西库有掾，可能也有史，但尚未见于吴简。

（5）邸阁

吴简中有邸阁，如下：

八合邸阁左郎中郭据被督军粮都尉移右节度府嘉禾二年六月十一日己　　柒·2035

⧄三斛九斗五升付州中邸阁李嵩仓吏黄讳潘虑　　贰·833

⧄□一千卌四斛七斗九升邸阁右郎中李嵩　　贰·3856

付在所书带下县移三州邸阁董基仓吏郑黑□受　　肆·3577

入广成乡嘉禾二年租米廿七斛胄毕‖嘉禾三年四月十九日领下丘民谢饶关邸阁郎中董基付三仓吏郑黑受　　柒·4341

仓有州中仓和三州仓，邸阁也有州中邸阁和三州邸阁，仓和邸阁之间有对应的业务关系。[①]邸阁职官有邸阁左郎中、邸阁右郎中，也称“邸阁郎中”，简称“邸阁”。

关于“邸阁”，王素先生认为邸阁带有监督机构的性质[②]，谷口建速先生认为邸阁是监督粮谷流动的官员，与“节度”“督军粮都尉”一起构成了孙吴的多重监督体制[③]。郎中是中央职官，“邸阁郎中”的称谓说明邸阁是受中央直接控制的机构，有中央监控地方的意图。

目前吴简所见邸阁的职官名称有邸阁左郎中、邸阁右郎中、邸阁郎中、邸阁吏、邸阁等，但没有见到掾、史之类的职官。这也符合邸阁为监督机构的性质。邸阁是代表中央参与物资调度、进行监督的机构，自然不需设置过多吏职，有主官、书佐足矣。

（6）作部

与“作部”有关的记录如下：

☐□[午]书给作柏船吏□☐ 贰·3988

一斛通合稟斛米四百六十斛被监作部都尉王[暐]嘉禾二年正月廿九日庚寅 捌·3303

罗新先生认为作部是高度专业化的制造部门，吴简中的作部可能直

① 关于邸阁及其与仓的关系，学者进行过专门研究，参见伊藤敏雄《邸閣・穀物移送関係簡と水利関係簡について》，长沙吴简研究会编：《長沙呉簡研究報告》第2集，东京，2004年，第47—52页；伊藤敏雄《長沙走馬楼呉簡中の“邸閣”再検讨—米納入簡の書式と併せて—》，太田幸男、多田狷介编：《中国前近代史論集》，东京：汲古书院，2007年，第301—326页。

② 王素、宋少华：《长沙走马楼三国吴简的新材料与旧问题——以邸阁、许迪案、私学身份为中心》，《中华文史论丛》2009年第1辑。

③ 谷口建速：《長沙走馬楼呉簡の研究：倉庫関連簿よりみる孫呉政権の地方財政》，第158—160页。

属武昌。[①]作部下有监作部都尉，是监管作部的主官。作柏船吏应是负责柏船制造等具体事务的职官，此外还应有其他制造部门的官员。当然，作部下还有具体负责制作的各类技术人员，即吴简中的“师”和“佐”。

吴简中有“作曹”字样，如下：

〼三人给作曹　〼　　玖·2684

“作曹”可能是管理作部的曹，但简文残损，无法进一步讨论。

（7）关

吴简中有湘关，如下：

出临湘四斗湘关渍米卌三斛|||X嘉禾三年二月十七日市掾潘羜关邸阁李嵩付监仓掾监贤受　　柒·126

既然有关，就有相应的关吏。吴简中关于“关”的记录还有：

……斛四斗|||X嘉禾年三月廿一日尽丘继仁关丞峷纪付掾孙〼　　壹·42

〼[米]二斛|||X嘉禾六年二月九日何丘由远关主记〼　　壹·175

〼年广成里户人公乘周车年五十二腹心病给关父　　肆·1924

“关丞”“关主记”中的“关”，可能如“关邸阁”中的“关”一样，不是指机构，而是动词，为“关白”之意。[②]关父是关的低级职官，

---

① 罗新：《吴简中的“作部工师”问题》，长沙市文物考古研究所编：《长沙三国吴简暨百年来简帛发现与研究国际学术研讨会论文集》，北京：中华书局，2005年，第58页。

② 关尾史郎先生指出“关”是相当于“由”的动词，王素先生认为是“关白”之意。分别参见关尾史郎《吏民田家莂の性格と機能に関する一試論》，长沙吴简研究会编：《嘉禾吏民田家莂研究—長沙呉簡研究報告—》第1集，第12—13页；王素《关于长沙吴简“关”字解读及标点问题——〈长沙走马楼三国吴简〉释文探讨之三》，中国魏晋南北朝史学会、武汉大学中国三至九世纪研究所编：《魏晋南北朝史研究：回顾与探索——中国魏晋南北朝史学会第九届年会论文集》，武汉：湖北教育出版社，2009年，第712—716页。

如同仓中的“仓父”。

（8）市吏

市吏是负责市场管理事务的职官，相关记载如下：

府前言绞促市吏□书收责地僦钱有人言靖叩头叩头死罪死罪案文书辄绞促□　壹·4397

☐三月十一日北乡市掾潘邦白　壹·5157

都市史唐玉叩头死罪白被曹（后略）　肆·1763①

都市掾潘羜叩头死罪白（后略）　肆·4550①

市吏是泛称，具体有市掾、市史等。市吏具体负责地僦钱、酒租（酒租钱）等的征收和布等物品的购入和贩卖。[1]简中有“北乡市掾”，又有“都市史”“都市掾”，说明临湘地区不止一个市场，且每个市场都设有市吏。

（9）漕运

我们把吴简中与物资运输有关的职官放在一起分析。因为这些运输方式主要是水路运输，所以称其为“漕运”系统。吴简中漕运系统的职官记载有：

米四斛三斗四升监运兵曹张象杝师徐邵备所运黄[龙]二年八月税□贾米☐　壹·2089

十二月一日己亥书付监运司马赵斐运诣集所三年十二月五日付书史杨操　肆·4821

都尉嘉禾元年十一月三日乙丑书给监运掾□这所领师士十二人□☐　壹·2107

① 伊藤敏雄：《長沙呉簡中の生口売買と“估銭”徴収をめぐって—“白”文書木牘の一例として—》，大阪，《歴史研究》第50号，2013年。

军粮都尉黄龙三年二月四日□寅书给监运掾黄礼所领书史尹仕□　肆·4976

监运曹史陈□□□库吏般连列□□嘉禾二年八月一日烝若白　肆·1357

☐其卅六斛一升船师栂朋傅□建安廿六年折咸☐　壹·1267

入三州仓运船师张盖栂朋□□折咸米一百七十五斛八斗□升与所先受米五十八斛……　壹·9514

督军粮都尉移楼船仓书〈曹〉掾吴邦吏□□□□☐[①]　壹·2057

漕运系统的职官有监运兵曹、监运司马、监运掾、监运曹史、船师、柂师等。监运兵曹虽然也有“兵曹”二字，但可能不是郡县兵曹管辖，而应是漕运系统的职官。谷口建速先生认为“楼船”可能是官职的略称，吴简中冠以“楼船”之名的将领可能负责临湘侯国周边谷物的运输。[②]楼船仓曹掾也属于漕运系统。船师、柂师应是负责漕运的人员。壹·2107中说监运掾领有师士12人，可能包括船师、柂师和负责押运的士兵。监运掾领有一定数量的书史。

（10）校核

孙权时期曾设中书典校，由此引发了与典校文书相关的吕壹案（详后）。中书典校在吴简中也有记载，如下：

中书典校事吕壹□☐　壹·1296

因为残留的内容简单，无法判断中书典校的具体情况。不过，吴简

① 谷口建速先生认为“书”当为“曹”，参见氏著《穀物搬出記录の個別事例—“塩賈米”を中心として—》，南北科研·西南班编：《長沙呉簡研究報告　2010年度特刊》，新潟，2011年，第23页。其说可从。

② 谷口建速：《穀物搬出記录の個別事例—“塩賈米”を中心として—》，第23页。

中的其他记录保留了与校核相关的其他职官，如下：

其□五斛九斗五升校士黄龙三年限米　　壹·2097

☑□掾督邮旁己丑书曰部核事掾赵谭考实□□　　贰·7235

正月十八日临湘侯相君告核事掾□记识……　　柒·4095

中书典校事之外，与校核相关的职官大致有核事掾、校士等。核事掾应是具体负责校核事务的专职吏员，校士可能是为了保证校核事务的顺利进行而专门设置的士兵。可能校核事务繁多，所以又有“部核事掾”，即分“部”设置的“核事掾”。

此外，其他部门的职官也有校核之责。如下：

（前略）田户经用曹史赵野、张惕、陈通校。　　田家莂4·5

期会掾烝若录事掾陈旷校　　肆·1167

田家莂中的田户经用曹史赵野、张惕、陈通需要对田家莂进行校核，期会掾烝若、录事掾陈旷也负有校核义务。

（11）盐铁

吴简中还有盐铁曹，如下：

入盐铁曹掾五连□□☑　　玖·153

“盐铁曹”仅此1例，或不是临湘的列曹。可能是因为担任盐铁曹掾的五连为临湘人，需要交纳税赋，故而记录而已。

3. 其他部门的职官

（1）郎吏

吴简中有郎吏，如下：

□郎吏王□黄武五年□□□准米三斛四斗黄☑　　壹·6501

八合邸阁左郎中郭据被督军粮都尉移右节度府嘉禾二年六月十一日己　　柒·2035

五斛一斗五升被督军粮都尉嘉禾元年六月廿九日癸亥书给右

郎中何宗所督武猛司马陈阳所领吏□□　　壹·2095

☐嘉禾元年十月廿四日丙辰书给右选（？）曹尚书郎贵借嘉禾元年十月奉　　贰·7337

嘉禾二年十二月十一日右仓田曹史烝堂关部曲田曹掾□□白言答主郎中书列悬□米种领草　　肆·1235

郎吏应是泛称，具体有左郎中、右郎中[①]、尚书郎、主郎中等[②]。个别郎吏属于临湘地区，所以要登记他本人及家庭人口姓名。如：

☐□□□诸郎吏家口食人名如牒　　肆·4449

郎吏所涉事务包括邸阁、仓、选曹、武猛司马等，可见当时郎吏在相当广泛的部门中都有存在，主要负责监督，如壹·2095右郎中何宗"督"武猛司马。郎吏本为中央机构吏员，但被派往地方，可能与孙吴统治者处理中央与地方的关系有关。吴简中有这样的记载：

右郎中治所被丁卯书白县各有文□□□米七万斛钱　　肆·1257

郎中有向上级（应是中央政府）报告县的米、钱等财政状况的职责。这应跟孙权使用郎吏来监督地方有关。

（2）里魁、岁伍、月伍

吴简中有里魁，如下：

右宜都里魁聂□所领妻子兄弟合二百六十五人　　柒·2630

池田雄一先生驳斥了怀疑汉代存在里魁的观点，并从行政村与自然村的角度辨析了里魁与父老的区别，认为汉代里魁与里正性质相同，是"为国家服务的职员"，父老是自然村的统率者，里正（里

① 孙正军先生曾对吴简中的左、右郎中进行专门研究，参见氏著《走马楼吴简中的左、右郎中》，《吴简研究》第3辑，第262—271页。

② 何立民先生认为"郎中"是泛称，有左、右之别，职权皆与钱粮物资的收支、管理有关，参见氏著《湖南长沙走马楼三国吴简复音词研究》，第157—160页。

魁）是能比拟于吏的行政村的代表者。[1]吴简中的里魁亦当如此，是里的吏员，负责里中人员管理、赋税徭役征发等事务。

又有岁伍、月伍：

▨□辄部岁伍巨加李非蔡金等隐核所部今加非▨　　肆·5331

▨□□伍烝开月伍黄□□主滈丘□▨　　壹·8546

领岁月伍五户下品　　贰·580

孙闻博先生认为居住在丘的岁伍、月伍，或许是政府将居住在丘上的民户以“伍”编制后的具体事务管理者。[2]沈刚先生分析认为岁伍、月伍是分别管理丘中民户和土地的吏员，有时还负责代缴本丘居民的赋税。[3]岁伍、月伍为管理丘的吏员。

（3）助吏

吴简中有助吏，如下：

入广成乡嘉禾二年助佃吏限米三斛‖X嘉禾三年二月七日下弹溲丘男子黄鼠关邸阁李嵩付仓吏黄讳潘虑　　贰·385

▨□田霸助四六佃吏嘉禾二年限米二斛二斗‖X嘉禾三年四月廿四日　　贰·445

入广成乡嘉禾二年助新吏吴梨限米一斛四斗胄毕‖X嘉禾二年十二月十一日捞丘烝沐关邸阁董基付三州仓吏郑黑受　　柒·1662

入□乡嘉禾二年助州吏陈（？）廖谢□限米二斛二斗胄毕‖X嘉禾二年十二月廿一日□□丘烝□关邸阁董基付仓吏郑黑受

① 池田雄一：《中国古代的聚落与地方行政》，郑威译，上海：复旦大学出版社，2017年，第122—125页。

② 孙闻博：《走马楼吴简所见乡官里吏》，《吴简研究》第3辑，第285页。

③ 沈刚：《长沙走马楼三国竹简研究》，北京：社会科学文献出版社，2013年，第170—177页。

柒·1667

草言府理出故吏吴露子男□吏番秃事　四月十三日兼□盐（？）史李珠助吏□□白　柒·4427

助吏有助佃吏、助四六佃吏、助新吏、助州吏等，泛称“助吏”。吴简中的助吏多与佃吏有关，但也有助新吏、助州吏这样的记录。赵宠亮先生对居延汉简中的助吏进行考察，认为助吏一般是下级的基层官吏，任吏方式与“守”“行”“假”等不同。[①]“助吏”一词虽出现较早，但性质尚不清楚。

（4）待事史

吴简中有待事史，如下：

府前言部乡吏番琬发遣待事史陈晶所举私学潘奇诣▨ 叁·3828

待事史职务不明，可能是随时待命、等待差遣的吏员。待事史有专门登记，如：

待事史烝谷年卌二　▨　叁·4949

待事史南阳隋蔡年□□▨　叁·4965

待事史李□年卌五　▨　叁·4966

待事史武陵孙羲年□▨　叁·4967

待事史有的来自长沙郡，有的来自长沙郡以外的南阳郡、武陵郡等。待事史的设置，可能有安抚某些人员的目的。

（5）其他杂吏

吴简中有书史和书佐，如：

▨日书史□□付库吏▨　壹·1455

□□黄龙□年库吏潘琦还□□黑妻杌所持三封启一枚诣

① 赵宠亮：《居延汉简所见“助吏”》，《南都学坛》2009年第4期。

□□　嘉禾三年五月十二日书佐烝訁□　贰·6732

书史和书佐是跟文书书写相关的小吏，各部门中都有设置。

有四六小史，如：

☐言府大女□愁□□姑烝事　五月□日四六小史吴□白　柒·1236

有从掾位，如：

武陵从掾位宗□年廿　肆·4515

何立民先生认为“从掾位”和“从史位”性质相同，为郡县自辟的“散吏”，作为“备吏”或助手从事部分事务性工作，将来可能充任正式职吏或升为官。[①]阎步克先生也曾指出，“从掾位”“从史位”是正任掾、史的候补者，“比视正秩掾史之位但又低于其位”，所从事的不是长官个人私务、杂务，可以除补正任，也可能由正任降级而来。[②]

吴简中的吏职非常繁杂，人员较多。有竹简曾这样统计：

☐□□杂职吏合百九人其十一人□☐　贰·894

杂职吏包括的吏职职责尚不清楚，但人数并不少。

吴简中的某些职官，可以确定属于临湘侯国，如下：

十一月十一日甲戌临湘侯相靖丞祁叩头死罪敢言之　壹·4410

临湘丞掾副言县领三年租具钱五万六千八百部吏唐王□□民□□入四　壹·6935

相郭君丞唐（？）祁录事主者周岑石彭谢进　肆·1297

临湘书掾葛□□曰□□□……　柒·4113

---

① 何立民：《湖南长沙走马楼三国吴简复音词研究》，第164—165页。

② 阎步克：《从爵本位到官本位：秦汉官僚品位结构研究》（增补本），北京：生活·读书·新知三联书店，2017年，第485—490页。

□遣吏张孟传表以二月四日付临湘录事史潘真以三月廿[七]

柒·4121

王振华先生认为临湘侯国的职官设置有侯相、丞、丞掾、录事主者、书掾、录事史等。[①]一般认为，侯相是负责侯国民政的主官，相当于县令长。如此，则临湘丞相当于县丞。另外，吴简中有“临湘县丞”，如下：

临湘县丞小□白县银黄武六年文入养及□[粮]所卖生口贾钱合卌

肆·4686

此简为“黄武六年”。黄武二年（223）步骘被封为临湘侯，[②]随即建立侯国。侯国建立后，辖区内的部分职官称谓要相应改变。此称“临湘县丞”，可能是单称临湘侯国丞时的习惯称谓。

以上对吴简所见吏的种类进行了罗列，虽不全面，但可见孙吴吏职设置非常庞杂。吴简中的职官不仅有郡县、中央的列曹官，甚至有军事系统的曹官，还有佃田、屯田等特殊部分的职官。吏职或以所在单位命名，或以负责事务命名。主官之下多设有掾、史，有些吏职还有左、中、右之分，掾、史之下有书史之类的小吏。每个部门应配有一定数额的士或卒，以维持衙署的秩序和保证职务的施行。不过，以单位命名的士或卒并不多，“校士”这样的称谓在吴简中还很少见。

二、吏的等级

1.行政等级

吴简中的吏主要以所在单位的行政级别分类，大致可以分为州

① 王振华：《走马楼吴简所见临湘侯国属吏管窥》。

② 陈寿：《三国志》卷52《吴书·步骘传》，第1237页。

吏、郡吏、县吏、乡吏、里（丘）吏等。州吏、郡吏、县吏、乡吏等称谓在吴简中有明确的记录。如下：

米六斛州吏华东黄武七年张复田税米十六斛六斗司马黄升黄龙⊠　　壹·2090

⊠□二斛‖X嘉禾二年十一月十五日仇□丘郡吏毛昕（？）关邸阁李嵩（？）⊠　　壹·96

都乡县吏郑郎故户上品出钱一万二千侯相⊠　　壹·173正

未毕三万……鞭杖乡吏孙义各□　　壹·1366

于振波师考察认为，乡吏包括乡啬夫、乡书史，吴简中的“乡帅”可能是乡啬夫的另一种称呼。①

吴简中没有“里吏”和“丘吏”的称谓，不过下面这些吏可能跟里吏有关：

集凡小赤里魁黄白领吏民户五十口食四百卅五人　　肆·495

学界一般认为里魁为里的负责人。如此，里魁为里一级的吏员。

关于丘的官吏，吴简有如下记载：

·右岁伍谢胥（？）领吏民七十五户⊠　　贰·1105

入都乡嘉禾二年税米四斛‖X嘉禾三年正月十二日渚下丘月伍五□关邸阁□□⊠　　贰·568

如前所述，岁伍、月伍当为丘一级的吏员。

故吏中也有行政等级的区别，如下：

郡故吏史僦弟政年十五　嘉禾四年四月十日叛走　　壹·7882

州故吏南郡赵典　　叁·2952

① 于振波：《走马楼吴简所见乡级行政》，长沙简牍博物馆编：《长沙简帛研究国际学术研讨会论文集》，第116页。

吏的等级一般由行政单位体现。

2. 户品

民有新、故之分和户品的高下之别，吏也要按户品分等级，并分为故户、新户。如：

都乡州吏张春故户下品出钱□☐　　贰·6706 正

模乡郡吏潘真故户上品[出]☐　　壹·1303

·[其]六户郡吏[中][品]……☐　　贰·4490

领郡吏一户下品　　肆·5264

都乡县吏郑郎故户上品出钱一万[二][千][侯][相]☐　　壹·173 正

领县吏一户中品　　肆·4640

中乡县吏吕阳故户下品出钱□☐　　柒·1975 正

领乡书史一户下品　　肆·5257

领岁月伍五户下品　　贰·580

领月伍二户下品　　肆·5256

领月伍十一户下品　　肆·5283

吏的行政等级与户品并不成正比关系。州吏、郡吏、县吏中上品很少，中品和下品较多。因为有按户品出钱的制度规定，不排除州吏、郡吏、县吏利用职务之便降低自己户品的可能性。

吴简中的吏，主要以所属行政单位的级别，区别为州吏、郡吏、县吏、乡吏、里吏、丘吏等。各等级的吏有新户、故户之别，又以家庭资产分为上、中、下品等不同户品。户品不同交纳的户钱也不同，吏的行政等级不同享受待遇也不同。行政级别的不同也会影响其在孙吴身份体系中的地位。

第五节　吏民的身份转变

在对孙吴吏民的种类和等级进行分析后发现，他们的身份并不是终身的，很多人员的身份发生过变化。侯旭东先生曾对“乡吏的前途”进行过专门分析。[①]在此，我们对吏民之间的身份转变进行讨论。大致而言，孙吴吏民的身份转变大致有三种形式：一是在“民”范围之内的身份转变；二是向“民”之外的身份转变；三是其他身份向“民”的身份转变。

一、“民”范围之内的身份转变

吴简中有还民、叛民，他们都是由“民”而来，又回归“民”的身份。前已论述，还民是返还乡里、重新著籍的民众，其身份转变过程为：

户籍上的民众→脱离户籍、成为流民→返还乡里、重新著籍成为还民

还民的身份有一个脱离“民”身份到回到“民”身份的变化过程。有类似身份转变过程的还有叛民。叛民是对那些曾经叛离故土、脱离户籍的人在被抓回后赋予的“民”身份，其身份转变过程为：

户籍上的民众→叛离故土、脱离户籍的“贼”→被抓回成为“叛民”

还民、叛民有着相似的转变过程，他们身份转变的起点和终点都是“民”，都有脱离本地户籍管辖的经历。不同的是，叛民是带有歧视性的身份称谓，与可能受到政府欢迎的还民有着很大区别。

---

① 侯旭东：《长沙走马楼三国吴简所见“乡”与“乡吏”》，《北朝村民的生活世界——朝廷、州县与村里》，第393—395页。

需要说明的是，这种身份转变的形式都在“民”范围内进行，未曾获得过民之外的其他身份。这是“民”范围内身份转变形式的重要特征。

二、向“民”之外的身份转变

民众向“民”之外的身份转变，“给”是重要的转变途径。以此方式转变而成的身份有：

其七户给郡吏下品	壹·5447
☑其一户给州吏下品	壹·5452
其十二户给县吏下品	壹·5467
其□户给新吏	肆·293
其一户给佃吏	肆·765
其一户给县卒下品	壹·5474
其一户给邮卒	肆·273
其一户给州卒	肆·294
其三户给驿兵	贰·1571
·贤男桓年卅六给习射　桓子女主年十一	贰·1592
·其四户给子弟佃客	贰·1981
嘉禾四年广成里户人公乘朱苌年六十六刑左足给亭杂人	肆·2042
☑成里户人公乘周从年廿三给亭复人	肆·2633
☑其二户给邸阁民口合二人	柒·2640
☑年广成里户人公乘周车年五十二腹心病给关父	肆·1924
其一户给三州仓父下品之下	壹·5435
其二户给郡园父	贰·1701

其一户给朝丞　　　　　　　　　　　　贰·1702

其一户给锻佐下品之下　　　　　　　　壹·5429

▨□年卅三给郡医　　　　　　　　　　肆·2666

民众以“给”的方式转变成的身份很多，有吏、卒，有兵，还有官府的手工业者、官府的医生，以及客等。“给”转变的身份种类繁多，可能涉及孙吴政府中官员之外的所有吏职。

学界曾对给吏进行研究。韩树峰先生认为“给吏”不是“吏”，只是在官府临时服吏役的普通百姓，按正常年龄赋役，要交纳口算钱，与普通百姓没有什么不同，“给吏”有成为身份性“真吏”的可能性。[①]黎虎先生认为“州吏”“郡吏”“县吏”等与“给州吏”“给郡吏”“给县吏”等身份基本一致，“给吏”分在本州郡县服役的“给吏”和被派遣到其他单位或部门的“给吏”，前者身份即“州吏”“郡吏”“县吏”，后者在本州郡县承担法定“给吏”义务期间，可能不完全称为“州吏”“郡吏”“县吏”，而是称为“给吏”。[②]杨振红先生认为真吏是正式的吏，给吏是公乘以下庶民服吏役者，二者均可称为“吏”。[③]

“给”为“给使”之意，“给使”本身不是吏。《三国志·吴书·吴主传》注引《江表传》载：“谷利者，本左右给使也，以谨直为亲近监。”《三国志·吴书·三嗣主传》注引《江表传》载：

---

① 韩树峰：《走马楼吴简中的“真吏”与“给吏”》，《吴简研究》第2辑，第25—40页；韩树峰：《论吴简所见的州郡县吏》，《吴简研究》第2辑，第41—55页。

② 黎虎：《说“给吏”——从长沙走马楼吴简谈起》，《社会科学战线》2008年第11期。

③ 杨振红：《出土简牍与秦汉社会（续编）》，桂林：广西师范大学出版社，2015年，第73—103页。

“(何)定，汝南人，本孙权给使也，后出补吏。”[①]谷利、何定曾是孙权的“给使”，“补吏”之后才成为吏。可见“给使”本身不是吏。“给”应是民众服役的一种方式。但随着“给”的长时间进行，以及各署长官任用为吏等，“给吏”与正式吏之间的界限将逐渐模糊。凌文超先生注意到：“嘉禾四年小武陵乡吉阳里户口简注明‘给吏’的，在嘉禾四年田家莂中直接记录为‘吏’，在这里，我们看不出‘给吏’与‘吏’有何区别。”[②]韩树峰先生也早已注意到吴简中有“给县吏”转变为“县吏”的现象。[③]“给吏”本来不是正式的吏，但若长期使用“吏”的名义，转为正式的吏也就是早晚的事了。

通过“给”的方式，民众不再是原来的普通民众，而是成为国家吏、卒的“后备军”，身份已经发生细微变化。正如侯旭东先生所言，“给吏”必须满足一定条件才能成为正式的吏，并不是所有“给吏”都能成为“吏”。[④]并非所有的“给吏”都能成为正式的吏，但“给吏”为民众向吏、卒等官方人员的身份转变提供了重要途径。某种程度上讲，“给吏”具有普通民众向吏、卒等身份转变的过渡性质，“给”是民向吏、卒转变的重要形式之一。

向“民”之外的身份转变还有成为官的可能。由“民”身份直接转变为“官”，可能只有在高官子弟、权贵之门中才能出现。对

---

① 陈寿：《三国志》卷47《吴书·吴主传》注引《江表传》，第1120页；陈寿：《三国志》卷48《吴书·三嗣主传》注引《江表传》，第1170页。

② 凌文超：《走马楼吴简采集簿书整理与研究》，第120页。

③ 韩树峰：《论吴简所见的州郡县吏》，《吴简研究》第2辑，第42—43页。

④ 侯旭东：《长沙走马楼三国吴简所见给吏与吏子弟——从汉代的“给事”说起》，《中国史研究》2011年第3期。

于普通民众而言，这种身份转变的概率微乎其微。通过“给”的方式逐渐成为正式的吏、卒，有功劳或有特殊机遇再升为官，这应是普通民众向吏、卒甚至官等身份转变的常态。

三、其他身份向“民”的身份转变

前文已经论述，复民是由士卒复员而来。他们本身是民，后来从军，因为年龄、伤病等从军队中复员后再次回归“民”的范围，获得了“复民”身份。他们经历了这样的身份变化过程：

民→士卒→复民（民）

“民→士卒”的身份变化属于第二种形式——“民”向其他身份转变，“士卒→复民（民）”的身份变化则属于第三种形式——其他身份向“民”的身份转变。

具有类似身份转变过程的可能还有吏、卒等。部分民众通过“给”等方式逐渐成为国家的正式吏、卒。因为年龄等原因，他们也会同士兵一样，最终回归“民”的身份。诸吏虽然也会回归“民”的身份，不过他们的身份仍不同于一般民众，而是拥有“故吏”身份。如下：

入乐乡县故吏谢宗[尚]（？）儿木☐ 叁·3202

[郡][故]吏史僦弟政年十五　嘉禾四年四月十日叛走 壹·7882

州故吏南郡赵典 叁·2952

军故吏烝□兄蓉年卌九　嘉禾四年四月十八日叛走 壹·7903

仓吏郑黑谨列故仓吏□□还所[贷][连][年]杂米一斛 壹·3169

入平乡嘉禾二年故[帅]烝万[客]限米廿一斛□☐ 壹·4423

有的是“县故吏”“郡故吏”“州故吏”“军故吏”，有的是“故仓吏”“故帅”，我们统称为“故吏”。

吴简中的"故吏"与史籍中"门生""故吏"的"故吏"意义不同。史籍中的"故吏"多指某人过去的属吏。杨联陞先生指出，被举者与举主之间，掾史与长官之间具有"君臣之谊"，即便长官去职或转任，他们仍是长官的"故吏"。起先被辟召而未谒署者一般不能称故吏，但后来为了依附方便虽未就职也有愿称故吏者。这种"故吏"与举主、长官之间存在政治性的人身依附关系。[①]永田英正先生认为《居延令移甲渠迁补牒》中的"故吏"是"曾经做过吏，除此之外并没有任何其他意思"。[②]吴简中的"故吏"没有标明举主、长官，说明他们与史籍中的"故吏"不同。吴简中的"故吏"与《居延令移甲渠迁补牒》中的"故吏"意义相通，指曾经做过国家正式的吏的人。因为他们有曾经为吏的经历，与其他民众有所不同，故而赋予"故吏"身份，以表示他们区别于其他民众的特殊身份。

此外还有"故卒"，如下：

县元年领故卒烝杨臧具钱八百收佰钱一百卌一钱与本通

陆·2000

"故卒"的身份变化当与"故吏"类似。

离职的官员也要回归"民"的身份。吴简中有"故+官职"的称谓，如：

其三升故邸阁唐弈[所]（？）□▨　　壹·1723

入中乡故尉陈崇加臧米六十斛　中　　壹·1741

十一斛永新故尉陈崇所备黄龙二年税僦米七百八斛黄龙三年税

① 杨联陞：《东汉的豪族》，北京：商务印书馆，2011年，第25—29页。

② 永田英正：《居延汉简研究》，张学锋译，桂林：广西师范大学出版社，2007年，第399—400页。

米□　　肆·4149

吴简中有“故邸阁”“故尉”等，我们将此类以“故+官职”来称谓的身份统称为“故官”。陈崇身份为“故尉”，具体为“永新故尉”，但吴简中也存在没有记载“故尉”身份的陈崇。如下：

〼米卌一斛七斗就毕‖Ⅹ嘉禾元年十一月十五日新成丘陈崇（？）付三州仓吏谷汉受　　肆·1822

吴简中姓名为“陈崇”的人很少，肆·1822中的陈崇与“故尉”陈崇应是同一个人。黄龙年间陈崇具有“故尉”身份，但到了嘉禾元年已经不记载“故尉”身份，可能是“故尉”身份已经超过时效，此时已完全属于“民”系统的缘故。如果上述推论成立，就意味着“故官”的身份并不具有终身性。在离职后国家会赋予“故官”身份，经过一段时间之后“故官”身份会被取消。“故官”身份被取消之后，他们完全成为一般意义上的“民”。

既然“故官”如此，“故吏”“故卒”也应如此。这就是说，“故官”“故吏”“故卒”是官、吏、卒离职后向民身份转变的过渡性身份。这种身份只是暂时的，如果不再重新被任用为官、吏、卒，他们将丧失身份的特殊性，最终成为与一般民众无异的民。

孙吴时期吏民在“民”“卒”“吏”“官”之间发生的身份转变，正是“身份”这一要素在国家事务中发挥作用的体现。一方面，某些事务只能由具有某种身份的特定人员来做。如果要用其人，首先得赋予他们相应的身份。“国家赋予”这一行为是改变社会成员身份最为重要的环节之一。另一方面，当某些人员因为年龄、身体状况等原因而不再适合做某些事务时，他们必须离职。离职意味着必须放弃相应的身份，而恢复为最原始的身份。离职行为也是社会成员身份转变的重要环节。不论何种形式的身份转变，不论身份转变的哪个环节，都有国家的参与，都要受到国家的监管。在传统社会中，国家不仅制定各种社会身份，在人们的身份转变中也发挥着主导性作用，从而对社会成员进行严密的身份控制。

第五章

吴简《田家莂》与孙吴身份等级体系

孙吴吏民的身份种类多样，且等级差别十分明显。吏民的身份性差异和等级性差异是如何体现的，孙吴的身份等级体系具体如何？这是我们需要思考的问题。因为吏民的身份种类十分繁杂，且很多身份的记载较为简单，或者仅仅是职务行使的记录，难以凭此确定他们在孙吴身份等级体系中的具体位置。

走马楼吴简中有被称为《嘉禾吏民田家莂》（后简称“田家莂”）的档案类文书，记载了嘉禾四年、五年吏民的租税交纳情况。这些属于临湘地区的经济文书，不仅是孙吴社会经济情况的再现，也与孙吴基层社会的身份等级体系密切相关。之前学界对田家莂进行过多方面的研究，但借此来考察孙吴身份等级体系并不是学者关注的重心。我们试图以田家莂为主，通过对相关数据的统计和分析来考察孙吴的身份等级体系。

第一节　田家莂中的数值错误

田家莂以具体数值的形式记录了吏民的租税交纳情况。这些关系到吏民切身利益的租税交纳记录却存在不少错误。[①]不少学者曾对田家莂中的数值错误进行过校正，[②]我们也对田家莂中的租税记录逐一进行核算，又发现了一些新的数值错误。对这些数值错误进行统计分析，有助于深入了解当时社会的相关状况。

一、田家莂统计件数的确定

在对数值错误的简例进行统计之前，有必要先对统计的对象——嘉禾四年、五年吏民田家莂的件数予以说明。据《长沙走马楼三国吴简　嘉禾吏民田家莂》一书释文，[③]嘉禾四年田家莂共782个简号，其中标题简4件，内容简778件。嘉禾五年田家莂共1269

① 日本学者伊藤敏雄先生很早就注意到嘉禾吏民田家莂中存在亩数和纳入数的计算不合、换算错误等计算错误，参见氏著《三国呉の帳簿の計算ミス》，《東アジア研究》第37号，2003年。

② 相关成果主要有，胡平生《〈嘉禾四年吏民田家莂〉统计错误例解析》，《胡平生简牍文物论稿》，上海：中西书局，2012年，第367—395页；长沙吴简研究会编（伊藤敏雄、阿部幸信主编）《〈長沙走馬樓三國吳簡　嘉禾吏民田家莂〉釋文補正》，长沙吴简研究会编：《長沙呉簡研究報告》第2集，东京，2004年，第95—106页；长沙吴简研究会编（伊藤敏雄、阿部幸信主编）《〈長沙走馬樓三國吳簡　嘉禾吏民田家莂〉积文補注》，长沙吴简研究会编：《長沙呉簡研究報告》第3集，东京，2007年，第111—124页；高敏《〈长沙走马楼三国吴简·嘉禾吏民田家莂〉释文注释补正——读长沙走马楼简牍札记之八》，《长沙走马楼简牍研究》，桂林：广西师范大学出版社，2008年，第67—80页；黎石生《〈嘉禾吏民田家莂〉释文补正》，《中国文物报》2002年10月18日第7版；凌文超《〈长沙走马楼三国吴简·嘉禾吏民田家莂〉数值释文订补》，卜宪群、杨振红主编：《简帛研究2008》，桂林：广西师范大学出版社，2010年，第286—295页；陈荣杰《〈嘉禾吏民田家莂〉校注》，重庆：西南师范大学出版社，2018年。

③ 长沙市文物考古研究所、中国文物研究所、北京大学历史学系走马楼简牍整理组编：《长沙走马楼三国吴简　嘉禾吏民田家莂》，北京：文物出版社，1999年。

个简号，都是内容简。此外还有无年号标识的田家莂共90件。关尾史郎师通过对校阅日期、校阅者官职和姓名的考察，判定年次未详的吏民田家莂中，0·6、0·36、0·40、0·42、0·50、0·67、0·68、0·69、0·71、0·77、0·82、0·87、0·89共13件属于嘉禾四年田家莂，0·61、0·81、0·86、0·88共4件属于嘉禾五年田家莂。[①]借鉴关尾师的研究思路，参考田亩记载单位、租税征收标准、校核署名及收税吏员等情况，我们发现无年次的田家莂中，还有以下简例可能也属于嘉禾四年或五年。

（1）0·20、0·27、0·28简可能属于嘉禾五年。此3简田亩数中记有步单位。嘉禾四年记有步单位的田家莂极少，只有2件，为4·221简和4·364简。嘉禾五年田家莂记载步单位的情况则较为常见，共356件。[②]暂定此3简属于嘉禾五年田家莂。

（2）0·31简应属于嘉禾四年。0·31简记有“亩收布六寸六分”字样，此收布标准只出现于嘉禾四年，为旱田的收布标准。嘉禾五年只有“亩二尺”一种收布标准。

（3）0·45、0·63、0·74、0·80简可能属于嘉禾四年。此4简校核部分只剩“张□、陈通校”“□惕、陈通校”“□惕、陈通校”“张惕、陈通校”字样。“张□”“□惕”应为“张惕”。此4简校核人员署名并不完整，但都将“张惕”与“陈通”连写，为“张惕、陈通”形式。检核田家莂中校核事项完整的简例发现，嘉禾五

---

① 关尾史郎：《長沙出土年次未詳吏民田家莂に関する一試論》，《中国世界における地域社會と地域文化に関する研究》第1辑，2002年，第1—8页。“0”表示年份不详的田家莂。

② 有些田家莂田亩数残缺，但依据收钱数或收布数计算出其田亩数有步数。如5·1228简，总亩数缺，依照收钱额（140钱）计算得出熟田应该是1亩180步。此类情况也视为记载步数，纳入统计。

年田家莂中校核人署名形式中有陈通的简例极少，为“张惕、赵野、陈通”形式，没有“张惕、陈通”连写的形式。“张惕、陈通”的署名形式只出现于嘉禾四年，属于“赵野、张惕、陈通”形式，其中“赵野”残缺。[①]基于此种情况，暂定此4简属于嘉禾四年田家莂。

（4）0・35、0・51、0・59、0・64简可能属于嘉禾五年。0・35简仓吏为“郭勋、马钦”，0・51、0・64简仓吏为“张曼、周栋”“张曼、周☐”，0・59简库掾为“番慎、番宗”。这些收税吏员的署名形式不见于嘉禾四年，只见于嘉禾五年。此4简可能属于嘉禾五年。

标题简不涉及数值正误，不纳入统计范围。如此，则嘉禾四年田家莂内容简总共796件，嘉禾五年田家莂内容简总共1280件。无年次的田家莂中，不能确定年份的简例暂未纳入统计范围。

二、田家莂数值正误简例的数量统计

参考各家对田家莂数值的校正成果，现将田家莂中的正误简例统计如下表（表5.1）：

表5.1：田家莂数值正误简例统计表（单位：件）

年份	正确简例	错误简例	正误不明	合计
嘉禾四年	192	459	145	796
嘉禾五年	977	241	62	1280

① 校核署名情况参见后文表5.5和表5.6。

表5.1中的数据主要依据简文原始数据（简文所记交纳米、钱、布的数据）统计所得，个别地方参考了准米数额予以校正，按校正之后的结果统计入表中。①但表5.1中的数据并不能准确反映实际的正误情况。胡平生先生早已指出："以错误的形式分，有：数字形近而误，斛斗升合或丈尺寸分单位错位而误，运算错误，遗漏旱熟项目，遗漏余力田，尾数的省略或进位，等等。"②确如所言，现今所见田家莂中的数值错误有些可能是因为误写、漏写等原因造成，但实际征收租税时可能并没有错误。尾数整数化所产生的数值误差，当时可能是允许存在的。③有鉴于此，有必要对表5.1中的正误件数进行校正，将那些因为后来误写、漏写等导致现在所见有误而当时可能无误的简例，以及那些当时允许的尾数整数化的简例从错误简例中校正出来，纳入正确简例中。

我们对表5.1中的错误简例进行校正。考虑到单位与数额，我们认可的尾数整数化的合理标准是：钱的误差小于10钱，布的误差小于5寸，米的误差小于0.5斗。误差超过此标准的简例都视为计

① 布、钱准米的田家莂中，若准米换算所得数额与应交纳数额相合，即便原始数据有误，我们也视为数据无误；若准米换算数额与应交纳数额相差太大，或者原始数据无误但准米数有误的情况，我们都暂作为"错误"统计。嘉禾四年田家莂准米换算标准以《嘉禾四年吏民田家莂解题》所列为准，为：1钱=0.00625斗米，1尺布=0.5斗米，详见长沙市文物考古研究所、中国文物研究所、北京大学历史学系走马楼简牍整理组编：《长沙走马楼三国吴简 嘉禾吏民田家莂》（上），第72页。嘉禾五年有折米的按其折算标准计算，无折算标准按以下标准计算：1钱=0.0075斗米，1尺布=0.625斗米。

② 胡平生：《〈嘉禾四年吏民田家莂〉统计错误例解析》，《胡平生简牍文物论稿》，第389页。

③ 凌文超：《〈长沙走马楼三国吴简·嘉禾吏民田家莂〉数值释文订补》，《简帛研究2008》，第287页。本书的"尾数整数化"指当时运用"四舍五入"对应交税额的较小单位（如交布时的"分"单位，交米时的"合"单位等）的数据处理。

算错误而统计入错误简例。对尾数整数化的校正可能并不完全符合当时实际情况。一是因为“合理标准”本身的问题。这样的标准可能偏高或偏低而不符合当时实际。二是我们视为尾数整数化而进行校正的某些简例，当时可能并不是执行了尾数整数化，而是在征收时本就有计算方面的错误。这样的校正可能存在一些问题。但因为很多田家莂没有准米数而无法准确断定其正误情况，故而符合尾数整数化校正标准的简例都暂视为正确。这样做的目的是让统计出来的错误简例数量尽可能地接近当时错误简例的实际情况。因为在数值正确、错误或正误不明的简例中，我们更为关心的是错误简例的数目。校正后表5.1中的数据有一些变化，具体见下表（表5.2）：

表5.2：田家莂数值正误简例统计表（校正后）（单位：件）

年份	正确简例	错误简例	正误不明	合计
嘉禾四年	298	353	145	796
嘉禾五年	1057	161	62	1280

为了清楚了解校正前后的数据变化，将表5.1、表5.2合并为表5.3：

表5.3：田家莂数值正误简例校正前后数目表（单位：件）

<table>
<tr><th colspan="2">年份</th><th>正确简例</th><th>错误简例</th><th>正误不明</th><th>合计</th></tr>
<tr><td rowspan="2">嘉禾四年</td><td>校正前</td><td>192</td><td>459</td><td rowspan="2">145</td><td rowspan="2">796</td></tr>
<tr><td>校正后</td><td>298 ↑</td><td>353 ↓</td></tr>
</table>

续表

年份		正确简例	错误简例	正误不明	合计
嘉禾五年	校正前	977	241	62	1280
	校正后	1057 ↑	161 ↓		

从表5.3中可以看出，校正前后正确、错误简例的数目有明显变化。嘉禾四年校正前的错误简例为459件，约占该年田家莂总件数的57.66%，是正确简例（192件）的2.39倍。因为简文残缺而无法判定正误的田家莂有145件，它们不可能都没有数值错误。即便这些约占总件数18.22%的正误不明的田家莂可能都是正确的——实际上不太可能，嘉禾四年田家莂中也至少有一半以上的简例有数值错误。通过我们的校正，从错误简例中校正出106件。校正后的错误简例为353件，约占总件数的44.35%，约为校正后正确简例件数的1.18倍。即便是通过校正，排除了误写、漏抄、尾数整数化等导致的数值错误，嘉禾四年依然有44.35%的田家莂存在数值错误。嘉禾四年田家莂不仅错误率极高，而且错误简例数目也要多出正确简例数目。嘉禾四年错误简例与正确简例比率为：校正前为2.39：1；校正后为1.18：1。

与嘉禾四年相比，嘉禾五年田家莂总件数增加了484件，增幅达60.8%。在总件数大幅增加的情况下，嘉禾五年田家莂的错误简例不仅没有增加，反而有所下降。错误简例的绝对数目，从嘉禾四年的459件（353件）下降到嘉禾五年的241件（161件），减少了218件（192件）[①]。错误简例在总件数中所占比例，从嘉禾四年的57.66%（44.35%）下降到嘉禾五年的18.83%（12.58%），下降了38.83%（31.77%）。错误简例与正确简例的比率，从嘉禾四年的2.39∶1（1.18∶1）下降到嘉禾五年的0.25∶1（0.15∶1）。在田家莂总件数大幅增加的背景下，不论是错误简例的绝对数目，还是错误简例在总件数中所占比例，或是错误简例与正确简例的比率，嘉禾五年较嘉禾四年都有很大下降。这不得不引起我们的注意。

第二节　田家莂数值错误与校核吏员之关系

嘉禾四年、五年田家莂中错误简例有着重大的数量变化。与嘉禾四年田家莂相比，在总件数大幅增加的情况下，嘉禾五年田家莂的错误简例，不论是绝对数目还是在总件数中所占比例，或是错误简例与正确简例的比率，都有大幅下降。为什么田家莂的错误简例数量关系会有如此大的变化，其中原因值得深究。

一、田家莂计算的复杂程度与错误简例的关系

高敏先生指出，田家莂的书写错误和计算错误大大减少，与嘉禾五年实行税率改革、减轻田家负担和逐步取消州吏的优惠，以及增加仓吏、库吏数量和加强仓、库的收受工作、验收工作和凭证的制作等有关。[②]伊藤敏雄先生认为嘉禾四年旱田、熟田的计算较为

---

① 本书有校正前和校正后两个数据，两个数据同时使用时用“校正前数据（校正后数据）”的格式表示。

② 高敏：《关于〈嘉禾吏民田家莂〉中“州吏”问题的剖析——读长沙走马楼简牍札记之七，兼论嘉禾五年的改革及其效果》，《长沙走马楼简牍研究》，第65页。

复杂，所以错误频率较高。嘉禾五年免除了旱败田的租税，计算变得简单。嘉禾五年失误件数减少的原因，在于该年采取了免收旱败田布匹、货币措施的缘故。[①]高敏先生、伊藤先生都认为赋税改革与错误简例减少有关，其原因大概正如伊藤先生所说是嘉禾四年计算较为复杂，嘉禾五年计算较为简单。

嘉禾四年、五年间的赋税改革能在多大程度上影响田家莂数值正误的数量变化，可能并不如学者说的那么简单。其一，虽然嘉禾四年的错误简例较多，错误率较高，但还是有不少计算正确的简例。某些简例收米精确到“合”单位，收布精确到“分”单位，且没有错误。这很难说征收者计算能力存在问题，也很难说计算复杂就容易计算出错。其二，嘉禾五年虽然免除了旱田的租税，似乎计算变为简单了。但是嘉禾五年不少田家莂记有步单位。嘉禾五年记载步单位的田家莂有359件，[②]占该年田家莂总数的28.05%。孙吴临湘地区土地制度执行的是240步=1亩的大亩制。[③]按照此亩制计算，这359件记载步单位的田家莂应交米、布、钱的数额，很多都不能得到整数，计算起来并不算简单。嘉禾五年错误简例中确有不少简例是因为记载步单位造成的，但是嘉禾五年田家莂中错误简例总数只有241件（161件），远低于记载步单位的359件。这说明计算的复杂程度并不是错误简例数量变化的决定因素。

---

① 伊藤敏雄：《从嘉禾吏民田家莂看米的交纳状况与乡、丘》，长沙简牍博物馆、北京吴简研讨班编：《吴简研究》第2辑，武汉：崇文书局，2006年，第95—100页。

② 此处将0·20、0·27、0·28计入。

③ 孙继民：《走马楼〈嘉禾吏民田家莂〉所见孙吴的亩制》，《中国农史》2002年第2期。

二、校核署名人数与数值错误的关系

嘉禾四年、五年间除了租税征收标准和是否记载步单位有变化外，还有一个值得注意的变化，即校核人员署名情况的变化。田家莂中校核人员有赵野、张惕和陈通，但不是所有田家莂署名情况都相同。有的田家莂是3人署名，有的2人署名，有的1人署名，校核人员的署名次序也有差异。先将校核署名人数及其错误简例统计如下表（表5.4）：

表5.4：田家莂校核署名人数与错误简例统计表（单位：件）

<table>
<tr><th rowspan="3">年份</th><th colspan="3">3人署名</th><th colspan="3">2人署名</th><th colspan="3">1人署名</th><th rowspan="3">署名残缺</th><th rowspan="3">总件数</th></tr>
<tr><th rowspan="2">总件数</th><th colspan="2">错误简例</th><th rowspan="2">总件数</th><th colspan="2">错误简例</th><th rowspan="2">总件数</th><th colspan="2">错误简例</th></tr>
<tr><th>校正前</th><th>校正后</th><th>校正前</th><th>校正后</th><th>校正前</th><th>校正后</th></tr>
<tr><td>嘉禾四年</td><td>645</td><td>414</td><td>320</td><td>6</td><td>3</td><td>3</td><td>1</td><td>无</td><td>无</td><td>144</td><td>796</td></tr>
<tr><td>嘉禾五年</td><td>11</td><td>2</td><td>1</td><td>661</td><td>81</td><td>49</td><td>438</td><td>131</td><td>90</td><td>170</td><td>1280</td></tr>
</table>

上表统计了嘉禾四年、五年校核人员的署名人数及该署名下错误简例数量，从表中可以看出校核署名人数的明显变化。嘉禾四年田家莂多为3人署名，共645件，占该年田家莂总件数的81.03%；嘉禾五年3人署名的田家莂件数急剧下降，只有11件，占总件数的0.86%。嘉禾四年1人署名的田家莂只有1件，约占总件数的0.13%；嘉禾五年1人署名的田家莂有438件，约占总件数的

34.22%。一方面是错误简例数目的大幅下降，一方面是3人署名简例减少，1人署名简例的大幅增加。

嘉禾四年虽多是3人校核，但是3人校核的简例中错误简例414件（320件），占3人校核简例总数的64.19%（49.61%），占总件数的52.01%（40.2%）。可以说，嘉禾四年田家莂的数值错误主要是3人校核的简例。因为3人校核可能出现责任不明，甚至存在别人代签署名的情况，[①]故而虽然存在校核制度，但校核制度并没有发挥应有的功用。这也是嘉禾四年错误简例较多的重要原因之一。

嘉禾五年开始执行2人甚至1人校核的校核制度。虽然仍有不少数值错误，如1人校核中仍有131件（90件）错误，占总件数的10.23%（7.03%），但较嘉禾四年已有很大下降。就校核署名人数而言，嘉禾四年、五年有校核人数整体性减少的倾向。官府文书簿籍上的署名，往往意味着相应的行政责任。田家莂校核署名人数的减少，预示着校核责任的明确化趋势。这应该与嘉禾四年、五年田家莂错误简例的下降有关。

三、校核人员署名次序与数值错误的关系

校核署名人数的减少以及校核责任的明确化，可能与田家莂错误简例数目的下降存在关联，但是嘉禾五年2人校核简例的数量依然很大。嘉禾四年2人校核简例为6件，约占总件数的0.75%；嘉

---

①《嘉禾四年吏民田家莂解题》中特别指出："从签名笔迹来看，有的文书的签名是三人各签各名，有的签名是三个名字由一、二人代签。签名也有签错的情况。"邢义田先生也对吴简中的签名进行了详细分析，认为"田家莂上三位户田曹史的署名多为代签而非三人各自亲笔"。分别参见胡平生《嘉禾四年吏民田家莂解题》，长沙市文物考古研究所、中国文物研究所、北京大学历史学系走马楼简牍整理组编：《长沙走马楼三国吴简　嘉禾吏民田家莂》（上），第72页；邢义田《汉至三国公文书中的签署》，《文史》2012年第3辑。

禾五年2人校核的简例有661件，约占总件数的51.64%。从嘉禾四年多为3人校核，到嘉禾五年多为2人或1人校核，虽有校核人员责任更加明确的倾向，但高达51.64%的2人校核，仍然存在校核责任不明的可能。另外，虽然有校核人员减少、校核责任明确化的整体性趋势，但嘉禾五年1人署名的错误率依然要高于该年2人或3人校核的错误率。嘉禾五年1人署名简例的错误率为29.91%（20.55%），2人署名简例的错误率为12.25%（7.41%），3人署名简例的错误率为18.18%（9.09%）。这说明在考察校核人员与错误简例的关系时不能只看署名人数的多少，还需考虑其他因素。

除了校核署名人数的减少外，校核人员的署名次序也有变化。嘉禾四年校核人员署名次序有4种形式：（1）“张惕、赵野、陈通”形式；（2）“赵野、张惕、陈通”形式；（3）“赵野、陈通”形式；（4）“赵野”形式。嘉禾五年校核人员署名次序有5种形式：（1）“张惕”形式；（2）“张惕、赵野”形式；（3）“张惕、赵野、陈通”形式；（4）“赵野、张惕”形式；（5）“赵野”形式。以校核人员的署名次序为对象，分年份对各署名次序形式中的错误简例进行统计，如下两表（表5.5和表5.6）：

表5.5：嘉禾四年校核人员署名次序与错误简例统计表（单位：件）

校核人署名	校正前错误简例	校正后错误简例	正误不明	校核总数
张惕、赵野、陈通	92	74	24	166
赵野、张惕、陈通	322	247	55	479
赵野、陈通	3	3		6

续表

校核人署名	校正前错误简例	校正后错误简例	正误不明	校核总数
赵野			1	1
校核人不明				144
合计	417	324	80	796

表5.6：嘉禾五年校核人员署名次序与错误简例统计表（单位：件）

校核人署名	校正前错误简例	校正后错误简例	正误不明	校核总数
张惕	131	90		437
张惕、赵野	81	49	10	659
张惕、赵野、陈通	2	1	1	11
赵野、张惕				2
赵野				1
校核人不明				170
合计	214	140	11	1280

为了更清晰地看出嘉禾四年、五年间校核人员署名次序的变化，我们将表5.5、表5.6合并为一个表格，同时将署名次序形式进行如下合并：（1）将“赵野、张惕、陈通”形式、“赵野、陈通”形式、“赵野”形式、“赵野、张惕”形式合并为“赵野首署”形式；（2）将“张惕、赵野、陈通”形式、“张惕”形式、“张惕、赵野”形式合并为“张惕首署”形式。合并结果如下表（表5.7）：

表5.7：嘉禾四年、五年校核首署人员与错误简例统计表

（单位：件）

	赵野首署				张惕首署				校核人员不明	总件数
	总件数	错误简例		正误不明	总件数	错误简例		正误不明		
		校正前	校正后			校正前	校正后			
嘉禾四年	486	325	250	56	166	92	74	24	144	796
嘉禾五年	3	无	无	无	1107	214	140	11	170	1280

从上表中可以清晰看到校核首署人员的巨大变化。嘉禾四年中“赵野首署”形式486件，嘉禾五年“赵野首署”形式只有3件，在总件数中所占比例从嘉禾四年的61.06%下降到嘉禾五年的0.23%。“张惕首署”形式则从嘉禾四年的166件（占总件数的20.85%）上升到嘉禾五年的1107件（占总件数的86.48%）。如果嘉禾五年校核人员不明的170件田家莂暂不考虑，那么嘉禾五年校核署名几乎都是“张惕首署”形式，“赵野首署”形式只有3件。可见嘉禾四年、五年田家莂校核首署人员发生了非常大的变化。

田家莂校核首署人员出现如此大的变化，可能有以下两方面原因。

1.张惕、赵野自身身份的影响

嘉禾四年田家莂有“下伍丘县吏张惕”（4·21），嘉禾五年田

家莂有“新唐丘县吏张惕”（5・800）。胡平生先生认为4・21中的张惕与校核人员的田户曹史张惕是同一个人。[①]森本淳先生认为不同丘但同姓同名的吏，考虑到临湘侯国内复数存在的可能性极低，也应为同一人，不同身份或者不同丘是因为身份或居住地发生了变化。[②]按照二位先生的意见，4・21简和5・800简中的“县吏张惕”应该就是参与校核的田户曹史张惕。张惕不仅是县吏，而且在临湘地区有佃田：嘉禾四年87亩，[③]嘉禾五年58亩160步。张惕在本地有土地，极有可能是临湘本地人。不仅如此，张氏也为长沙大姓。《三国志・魏书・刘表传》载：“长沙太守张羡叛表，表围之连年不下。羡病死，长沙复立其子怿。”[④]父子相序为太守，可见张氏势力根深蒂固。虽然其后长沙被刘表攻陷，出于笼络人心的考虑，张氏可能并未受到太大打击。田家莂中张姓59户，[⑤]其中不少人为吏。除县吏张惕外，还有州吏张声（4・386、5・676）、张被（4・575），县吏张乔（4・262）、张□（5・337）、[⑥]张泩（5・749）

---

① 胡平生：《〈嘉禾四年吏民田家莂〉统计错误例解析》，《胡平生简牍文物论稿》，第373页。

② 森本淳：《嘉禾吏民田家莂にみえる同姓同名に関する一考察》，长沙吴简研究会编：《嘉禾吏民田家莂研究—長沙呉簡研究報告—》第1集，东京，2001年，第68—79页。

③ 简文为57亩，整理者按常限田与余力田田亩数计算，田亩总数应是87亩，参见长沙市文物考古研究所、中国文物研究所、北京大学历史学系走马楼简牍整理组编《长沙走马楼三国吴简　嘉禾吏民田家莂》（上），第75页。

④ 陈寿：《三国志》卷6《魏书・刘表传》，北京：中华书局，1982年，第211页。

⑤ 田家莂中张姓共62件，其中张客、张声、张惕在嘉禾四年、五年中都出现，可能为同一个人，故为59户，参见长沙市文物考古研究所、中国文物研究所、北京大学历史学系走马楼简牍整理组编《长沙走马楼三国吴简　嘉禾吏民田家莂（上）》附录三《嘉禾吏民田家莂人名索引》，第341页。

⑥ 此简只剩“张”姓而名残缺，与简4・262的张乔都记为“伻丘”，不知是否为同一人。

等。学者曾对吴简中的姓氏进行统计，结果显示张姓为长沙地区的大姓之一。[①]张惕不仅是临湘本地人，可能还属于长沙大姓。

赵野却有所不同。虽然赵野也是田户曹史，为县吏之一，但嘉禾四年、五年田家莂中都没有赵野的佃田记录，很难说赵野是临湘本地人。严耕望先生在考察汉代郡县属吏的籍贯时指出："州郡国县道侯国政府之属吏皆由长官自辟本域人，各以本州、本郡国、本县道侯国所辖之境为准，不得用辖境以外之人。"但又特别强调："末际兵乱，籍限始弛。""郡县属吏在兵乱非常时期，外籍尤常见。"究其原因，"盖汉末大乱，人士类多寄寓，势难严守旧典耳"。[②]属吏为外籍人的情况，除严先生所举事例外，《华阳国志·巴志》所载巴郡属吏有"掾弘农冯尤"。[③]冯尤为弘农郡人，在巴郡为吏。此为汉桓帝时期，天下尚未大乱。可见汉代属吏的选用并非有绝对不可逾越的籍贯限制。[④]《三国志·吴书·虞翻传》注引《会稽典录》载：

交阯刺史上虞綦毋俊，拔济一郡，让爵土之封。决曹掾上虞孟英，三世死义。主簿句章梁宏，功曹史余姚驷勋，主簿句章郑云，

① 魏斌：《吴简释姓——早期长沙编户与族群问题》，武汉大学中国三至九世纪研究所编：《魏晋南北朝隋唐史资料》第24辑，武汉：武汉大学文科学报编辑部，2008年，第25—26页；程涛：《吴简大姓与六朝湘州土著族群》，《史林》2019年第2期。

② 严耕望：《中国地方行政制度史　秦汉地方行政制度》，上海：上海古籍出版社，2007年，第352—357页。

③ 刘琳校注：《华阳国志校注》（修订版），成都：成都时代出版社，2007年，第17页。

④《华阳国志·巴志》"垫江县"条下载："汉时龚荣以俊才为荆州刺史，后有龚扬、赵敏，以令德为巴郡太守。"（刘琳校注：《华阳国志校注》［修订版］，第30页）。垫江县属巴郡。垫江县有人出任本郡太守，太守也不回避籍贯。说明汉代上至太守，下至郡县属吏，都有不回避籍贯的事例。

皆敦终始之义，引罪免居。[①]

其中不乏外籍吏员。孙策曾言："海产明珠，所在为宝，楚虽有才，晋实用之。英伟君子，所游见珍，何必本州哉?"[②]孙吴时期吏员选用并无籍贯限制，吴简所见临湘吏员中存在外籍的吏员。[③]直到近代，没有土地依然被视为外来户的重要特征。[④]在本地没有土地的县吏赵野可能不是临湘本地人，而是外籍人。检核《嘉禾吏民田家莂人名索引》发现，田家莂中赵姓只有3户，为赵陵（5·170）、赵鼠（5·540）、赵益（5·678）。赵姓并不多，且都不是吏。如此多的田家莂中只有3户赵姓，说明赵姓在临湘地区人口不多，势力不强。校核首署人员由"赵野首署"为主变为"张惕首署"的绝对优势，可能与本地人跟外籍人的势力斗争有关。斗争的结果是本地人胜出，外籍人失利，故而外籍吏员赵野从首署位置退居其次，而原来地位并不十分突出的本地吏员张惕却上升到首署位置。

2.校核错误率的影响

校核人员的署名次序，涉及责任大小问题。一般而言，首署者的地位较署名靠后者地位重要，责任也较后者重大。赵野和张惕首署地位的变化，可能跟他们首署时田家莂的错误率有关。嘉禾四年"赵野首署"的田家莂486件，其中错误简例325件（250件），占

① 陈寿：《三国志》卷57《吴书·虞翻传》注引《会稽典录》，第1325页。

② 陈寿：《三国志》卷53《吴书·张纮传》注引《吴书》，第1243页。

③ 周能俊、胡阿祥：《孙吴荆州基层社会统治模式与各级胥吏关系析论——以走马楼吴简为中心》，中国魏晋南北朝史学会、山西大学历史文化学院编：《中国魏晋南北朝史学会第十届年会暨国际学术研讨会论文集》，太原：北岳文艺出版社，2012年，第518—520页；于振波：《走马楼吴简所见临湘县流动人口》，杨振红、邬文玲主编：《简帛研究2015》秋冬卷，桂林：广西师范大学出版社，2015年，第172页。

④ 费孝通：《江村经济》（修订本），上海：上海人民出版社，2013年，第29页。

校核件数的66.87%（51.44%）；“张惕首署”的田家莂166件，其中错误简例92件（74件），占校核件数的55.42%（44.58%）。不论是校正前或是校正后，“赵野首署”的错误率都比“张惕首署”的错误率高，分别高出11.45%和6.86%。虽然田家莂数值错误的直接责任人不是校核吏员而是负责征收的乡吏，[①]但校核后田家莂依然存在错误，校核吏员难逃失职之责。较高的错误率为张惕成功替换赵野成为校核首署提供了充分的理由。嘉禾四年校核人员代签署名的现象，可能正是外籍吏员赵野受到本地吏员排挤而又无可奈何之境况的反映。张惕替换赵野成为校核首署之后整体错误率大大降低，从嘉禾四年的57.66%（44.35%）下降到嘉禾五年的18.83%（12.58%）。嘉禾五年张惕首署的田家莂中错误简例214件（140件），占其校核件数（1107）的19.33%（12.65%），错误率确实下降很多。数值错误比率与校核首署人员的关系，也是促成赵野、张惕首署易位的重要原因之一。

嘉禾吏民田家莂的计算复杂程度，并不决定错误简例的数量及变化。在校核制度确实执行的情况下，校核人员减少所产生的校核责任的明确化，以及校核首署人员的变化，是影响田家莂错误简例减少的重要因素。需要说明的是，嘉禾五年错误简例较嘉禾四年少，主要是因为嘉禾五年是以简文原始数据进行正误判断，极个别时候参考了准米数进行数值校正，绝大多数简例都没有按准米率进行校正。嘉禾五年虽然原始数据错误较少，但布、钱准米的换算率

---

① 伊藤敏雄：《从嘉禾吏民田家莂看米的交纳状况与乡、丘》，《吴简研究》第2辑，第95—100页。

并不如嘉禾四年整齐划一，存在很大变化。[①]这种变化难以用物价波动来解释[②]，可能是一种变相的舞弊手法[③]。郡县上交钱物主要是看上交总数，上级机关一般不太过问具体的征收过程。这也反映出当时基层吏治的一种现象。

第三节　田家莂中诸吏、诸卒、士、复民等的租税交纳

田家莂中除了普通田家之外，还有诸吏（包括州吏、郡吏、县吏、军吏）、诸卒（包括州卒、郡卒、县卒）、士和复民等身份特殊的人员。这些人员的交纳租税情况如何，与身份是否存在关联？此类问题需要我们详加考察。

一、租税交纳的国家标准

租税交纳都有官方标准。田家莂中诸吏、诸卒、士和复民的租税交纳标准，与普通田家的交纳标准有无差别？其交纳标准具体如何？

先看士和复民。士和复民只见于嘉禾四年田家莂。"士"的9件田家莂中，除了4·496简和4·548简未标明田地性质外，其余7件都标明"皆二年常限"，都没有余力田。旱田都标明亩收定额，

---

① 参见关尾史郎主编、伊藤敏雄编《嘉禾吏民田家莂数値一覧》（Ⅱ）之表18《嘉禾五年吏民田家莂布折納換算率分布状況》和表20《嘉禾五年吏民田家莂銭折納換算率分布状況》，平成18年度科学研究費補助金（基盤研究（B））"長沙走馬楼出土呉簡に関する比較史料学的研究とそのデータベース化"（課題番号16320096）資料叢刊，新潟，2007年，第183、184页。

② 伊藤敏雄：《从嘉禾吏民田家莂看米的交纳状况与乡、丘》，《吴简研究》第2辑，第95页。

③ 详见第六章第一节的相关论述。

与普通田家旱田交纳标准相同。熟田“依书不收钱布”。以简文内容看，“依书不收钱布”应是“不收米钱布”的略称。[①]这与其他人常限熟田都要交纳米、布、钱的情况不同。复民的田家莂共13件。其中3户（4·42、4·45、4·50）有旱田和熟田，其余10户只有旱田。复民常限熟田、旱田的布、钱征收标准与普通田家的征收标准相同，但5.86斗/亩的常限熟田收米标准远低于普通田家12斗/亩的收米标准。士的熟田不收租税，复民熟田以较低标准收米。可知士和复民是受国家政策优待的对象。[②]

诸卒有州卒、郡卒、县卒之分。州卒的田家莂共10件9户，[③]郡卒的田家莂共9件9户，县卒的田家莂共13件13户。现今所见诸卒的田家莂中，嘉禾四年诸卒（州卒、郡卒，该年未见县卒）都有二年常限田和余力田，嘉禾五年诸卒（包括州卒、郡卒、县卒）都只有二年常限田，没有余力田。诸卒的租税交纳标准分别与嘉禾四年、五年普通田家的交纳标准相同，但在记载上有些差别。嘉禾四年普通田家和诸卒都记有亩收米、布、钱的定额，但嘉禾五年诸卒只记有亩收布、钱的定额，无一例外地都未记载亩收米的定额。

诸吏主要有州吏、郡吏、县吏和军吏。吏的租税征收标准不如卒那样统一。高敏先生认为郡吏、县吏、军吏的佃田租税标准与普通田家的佃田租税标准相同，州吏交纳租税标准在嘉禾四年、五年有所变化，嘉禾四年所纳“租米”多为每亩5.86斗（有的是5.85斗），不同于郡吏、县吏所交每亩12斗的税米，嘉禾五年州吏交

---

① 胡平生：《嘉禾四年吏民田家莂研究》，《胡平生简牍文物论稿》，第363页。

② 关于复民的优惠待遇，详见第四章第二节。

③ 关于州卒的田家莂中，4·20和5·699都是“州卒区张”。按照森本淳的身份相同的同名同姓者可能为一人的观点，此可能是同一人，故而为9户。

米存在每亩12斗和每亩5.86斗两种标准，对州吏的优惠有所降低，州吏有与郡吏、县吏趋同化的倾向。[①]蒋福亚先生认为郡吏可能也曾享有租田的优惠，但在嘉禾四年或嘉禾四年前优惠被取消。州吏交米情况较为复杂，嘉禾四年有5.85斗、5.86斗、5.96斗、3.04斗、4.56斗五种亩租额，嘉禾五年有12斗、5.86斗、11.82斗、5.85斗、11.72斗、5.69斗、5.83斗七种亩租额。[②]田家莂中未见郡吏享有政策优惠，[③]州吏有多种亩租额的说法也难以成立。从制度上讲，同一时期内同一性质土地所交租税的标准应该相同且是唯一的。除了州吏交米标准有所变化、较为复杂外，交纳布、钱的标准与普通田家相同。

诸吏、诸卒、士和复民与普通田家在租税交纳标准方面的差别主要在常限熟田，常限旱田、余力田的交纳标准并不存在差别。士的常限熟田不收任何租税，州吏、复民常限熟田的纳布、钱标准与普通田家相同但交米标准比普通田家低。郡吏、县吏、军吏与州卒、郡卒、县卒的租税交纳标准，与普通田家没有差别。

二、租税交纳的正误统计与分析

田家莂中存在不少数值错误，那么诸吏、诸卒、士和复民等身份特殊人员的租税交纳情况如何，他们的田家莂是否也存在数值错

① 高敏：《从〈嘉禾吏民田家莂〉中的“诸吏”状况看吏役制的形成与演变——读长沙走马楼简牍札记之六》，《长沙走马楼简牍研究》，第46—51页。

② 蒋福亚：《走马楼吴简经济文书研究》，北京：国家图书馆出版社，2012年，第24、44—49页。嘉禾五年5.85斗的亩租额在正文中脱漏，此据其表10（该书第45—47页）补出。原文单位为“斛”，在此统一换算为“斗”。

③ 伍·4597载：“其廿顷廿三亩郡县吏田亩收租七斗五升六合□□　☑”郡县吏田的亩租额也低于民田，但这种情况不见于田家莂，原因未明。

误？我们对田家莂进行核算并校正数值，将校正之后的正误件数分年份、身份统计如下表（表5.8）：

表5.8：诸吏、诸卒、士和复民田家莂正误统计表

（单位：件）[①]

年份	正误项		诸吏					诸卒			士	复民	不明
			州吏	郡吏	县吏	军吏	吏	州卒	郡卒	县卒			
嘉禾四年	正确件数		8	8	4							5	
	错误件数	总多	2	5	2	1		1			4	2	
		总少	8	4	2				1		5	6	
	多少不明		2	1	1	1[②]							
	总件数		20	18	9	2		1	1		9	13	
嘉禾五年	正确件数		13	36	50	14	1[①]	7	7	11			1[②]
	错误件数	总多	2	2	3			1	1				
		总少	4	2	5	1		1		2			
	多少不明		1		1								
	总件数		20[③]	40	59	15	1	9	8	13			1

---

① 0·12简身份为“县吏”，0·32简身份为“郡吏”，但年份不详，暂未纳入本表中。

② 4·19简收布数有缺，残余部分看似乎少收0.18尺布，该简多收18钱，统一折算为钱则多收3.6钱。考虑到收布数残缺，不便定为多收或少收，故而该简暂视为多少不明。

续表

年份	正误项		诸吏					诸卒			士	复民	不明
			州吏	郡吏	县吏	军吏	吏	州卒	郡卒	县卒			
合计	正确件数		21	44	54	14	1	7	7	11		5	1
	错误件数	总多	4	7	5	1		2	1		4	2	
		总少	12	6	7	1		1	1	2	5	6	
	多少不明		3	1	2	1							
	总件数		40	58	68	17	1	10	9	13	9	13	1

从表5.8可知，诸吏、诸卒、士和复民同普通田家一样，田家莂也有数值错误。诸吏的田家莂错误43件，占诸吏总件数（184件）的23.37%；诸卒的田家莂错误7件，占诸卒总件数（32件）的21.88%；士的田家莂错误9件，错误率100%；复民的田家莂错误8件，错误率61.54%。士和复民的错误率都很高，诸吏、诸卒的错误率则相对偏低。士和复民的身份不同于诸吏、诸卒，且只见于嘉禾四年未见于嘉禾五年。士、复民与诸吏、诸卒的错误率之所以存在差距，是身份差别所致，还是与嘉禾四年、五年不同年份有关？

诸吏、诸卒错误率是将嘉禾四年、五年混合计算的。此数据能说明这两年诸吏、诸卒田家莂的整体错误情况，但不能反映四年、五年各年的错误情况。出于此种考虑，需要分年份对诸吏、诸卒的

① 5・1087简身份只剩下“吏”，无法确定具体身份。

② 5・689简身份只剩“县”，不知是县吏还是县卒。

③ 5・1210、5・1225简身份部分残缺，按亩租额看，身份应是州吏，也纳入表中统计。

错误率进行统计，并将其与普通田家相比较。具体情况如下表（表5.9）：

表5.9：诸吏、诸卒和普通田家租税数值错误及比率表

年份	诸吏			诸卒			普通田家		
	错误件数	总件数	错误率（%）	错误件数	总件数	错误率（%）	错误件数	总件数	错误率（%）
嘉禾四年	24	49	48.98	2	2	100	309	723	42.74
嘉禾五年	19	135	14.07	5	30	16.67	136	1114	12.21
合计	43	184	23.37	7	32	21.88	445	1837	24.22

嘉禾四年诸吏、诸卒的错误率都很高，分别为48.98%和100%，嘉禾五年诸吏、诸卒的错误率则只有14.07%和16.67%。嘉禾四年诸卒和士的错误率都是100%，诸吏和复民的错误率也较为接近。这说明士、复民的错误率较高和诸吏、诸卒的整体错误率偏低，主要是因为我们将两年田家莂混合计算而嘉禾五年整体错误率较低。

还有两个现象值得注意。（1）分年份看，诸吏、诸卒和普通田家的错误率，嘉禾四年都要高于嘉禾五年。说明嘉禾四年比嘉禾五年更容易发生数值错误。这应与嘉禾四年、五年田家莂的整体错误率有关。（2）就身份看，嘉禾四年诸吏的错误率（48.98%）、诸卒的错误率（100%）、士的错误率（100%）和复民的错误率（61.54%），都高于该年普通田家的错误率（42.74%），至少高出

6.24%。嘉禾五年诸吏、诸卒的错误率略高于该年普通田家的错误率（12.21%），分别高出1.86%和4.46%。不论是诸吏、诸卒还是士或复民，不论是嘉禾四年还是嘉禾五年，他们的错误率都高出该年普通田家的错误率。说明诸吏、诸卒、士、复民等身份特殊人员的田家莂比普通田家更容易发生数值错误。

田家莂发生数值错误对交纳者并非都是好事，因为数值错误分少收租税和多收租税两种情况。多收租税虽然也是数值错误，但对交纳者并不是好事。就表5.8所见，这些身份特殊的人员中有多收租税的简例：嘉禾四年17件，嘉禾五年9件。但少收租税的简例更多：嘉禾四年26件，嘉禾五年15件。诸吏、诸卒、士和复民等身份特殊人员，少收租税的田家莂多于多收租税的田家莂。这值得注意，因为少收租税和他们的特殊身份之间可能存在某些联系。

当然，我们不能凭空猜测，还须对诸吏、诸卒、士和复民的田家莂特别是那些多收租税和少收租税的田家莂进行具体的数据分析。一是看多收和少收租税的具体数额，二是看多收和少收是否与其身份存在关联。我们对诸吏、诸卒、士和复民多收和少收租税的数额进行精算，保留两位小数。具体见下表（表5.10）：

表5.10：诸吏、诸卒、士和复民多收和少收租税情况一览表(单位：斗)[①]

身份	姓名	少收数额	简号	身份	姓名	多收数额	简号
州吏	吴永	0.5	4・115	州吏	烝诵	1.35	4・198
	周仁	89	4・283		陈颉	3.25	4・511
	陈康	0.15	4・296		黄杨	10	5・38
	徐熙	0.56	4・314		蔡雅	0.29	5・705
	黄兴	41.87[②]	4・397				
	雷赏	45.74[③]	4・406				
	董基	19.9	4・513				
	潘□	1.98	4・514				
	陈□	25	5・533				
	胡杨	3.04	5・695				
	廖仨	5.96	5・1003				
	逢勋	1	5・1037				

① 说明：为了便于计算，本表将多收和少收的米、钱、布数额统一折算为米（单位：斗）。折算标准分别为：嘉禾四年为：1钱=0.00625斗米，1尺布=0.5斗米。嘉禾五年有折米的按其折算标准计算，无折算标准按以下标准计算：1钱=0.0075斗米，1尺布=0.625斗米。

② 此简原始数据多收租税，但常限熟田是按4.56斗/亩的标准征收。如按州吏5.86斗/亩的标准征收则实际少收41.87斗。这种混淆田地性质以少收租税的舞弊手法，详见后文第六章第一节。

③ 情况与4・397简相似。

续表

身份	姓名	少收数额	简号	身份	姓名	多收数额	简号
郡吏	廖裕	3.22	4・24	郡吏	周柏	40	4・9
	李晟	5.86	4・114		逢杲	9.7	4・16
	靳秤	0.01	4・273		郭傢	0.99	4・310
	□□	0.06	4・652		唐新	1.71	4・442
	陈越	6.63	5・859		周□	0.17	4・542
	高棊	0.15	5・1002		邓苗	1.2	5・71
					周柏	0.75	5・516
县吏	张乔	15.06	4・262	县吏	张惕	3.58	4・21
	谢难	3.99	4・266		郑黑	10.93	4・403
	烝赟	7.5	5・309		烝循	2.5	5・305
	朱客	0.62	5・335		刘恒	14.41	5・319
	张□	0.1	5・337		番礼	0.3	5・982
	松棐	0.6	5・345				
	吴衡	0.5	5・664				
军吏	黄元	4.41	5・336	军吏	米饶	0.24	4・190
州卒	区张	0.46	5・699	州卒	区张	0.19	4・20
					潘平	5.9	5・955
郡卒	潘调	11.29	4・463	郡卒	吴衡	3.45	5・766
县卒	邓囷	2.77	5・850				
	孙斗	5.32	5・1045				

续表

身份	姓名	少收数额	简号	身份	姓名	多收数额	简号
士	李安	0.23	4・491	士	王璞	0.45	4・490
	吴有	2.44	4・492		吴□	0.11	4・493
	□孝	0.46	4・495		逢□	2.72	4・550
	□□	4.42	4・496		□□	1.39	4・631
	殷□	0.26	4・548				
复民	五麦	0.54	4・42	复民	番基	0.5	4・48
	梅组	1.81	4・45		顿胜	0.48	4・49
	郑饶	1.03	4・50				
	龙圈	0.06	4・51				
	□创	1.43	4・52				
	周屯	0.66	4・537				

从表5.10中可以看出两个较为明显的倾向：

1. 少收租税的简例整体上多于多收租税的简例

军吏、郡卒多收、少收租税的简例数目相同，郡吏、州卒多收租税的简例比少收租税的简例各多1件，州吏、县吏、县卒、士和复民多收租税的简例都少于少收租税的简例。特别是州吏，少收租税的简例12件，多收租税的简例只有4件。整体上少收租税的简例（41件）也要多于多收租税的简例（26件）。不论是同类身份之内的比较，还是这些身份特殊人员的整体比较，除极个别现象外，少收租税简例都要高出多收租税简例。也就是说，在诸吏、诸卒、士和复民的田家莂中，有更容易少收租税的倾向。

2. 少收简例的误差数额要普遍高出多收简例的误差数额

误差数额为少收和多收租税的具体数额。按身份分类对误差数额的最大额、最小额、误差总额和平均误差进行计算，整理如下表（表5.11）：

表5.11：诸吏、诸卒、士和复民租税误差数额一览表（单位：斗）

<table>
<tr><th colspan="2" rowspan="2">误差数额</th><th colspan="4">诸吏</th><th colspan="3">诸卒</th><th rowspan="2">士</th><th rowspan="2">复民</th></tr>
<tr><th>州吏</th><th>郡吏</th><th>县吏</th><th>军吏</th><th>州卒</th><th>郡卒</th><th>县卒</th></tr>
<tr><td rowspan="4">少收误差</td><td>最大额</td><td>89</td><td>6.63</td><td>15.06</td><td rowspan="4">4.41</td><td rowspan="4">0.46</td><td rowspan="4">11.29</td><td>5.32</td><td>4.42</td><td>1.81</td></tr>
<tr><td>最小额</td><td>0.15</td><td>0.01</td><td>0.1</td><td>2.77</td><td>0.23</td><td>0.06</td></tr>
<tr><td>误差总额</td><td>234.7</td><td>15.93</td><td>28.37</td><td>8.09</td><td>7.81</td><td>5.53</td></tr>
<tr><td>平均误差</td><td>19.56</td><td>2.66</td><td>4.05</td><td>4.05</td><td>1.56</td><td>0.92</td></tr>
<tr><td rowspan="4">多收误差</td><td>最大额</td><td>10</td><td>40</td><td>14.41</td><td rowspan="4">0.24</td><td>5.9</td><td rowspan="4">3.45</td><td></td><td>2.72</td><td>0.5</td></tr>
<tr><td>最小额</td><td>0.29</td><td>0.17</td><td>0.3</td><td>0.19</td><td></td><td>0.11</td><td>0.48</td></tr>
<tr><td>误差总额</td><td>14.89</td><td>54.52</td><td>31.72</td><td>6.09</td><td></td><td>4.67</td><td>0.98</td></tr>
<tr><td>平均误差</td><td>3.72</td><td>7.79</td><td>6.34</td><td>3.05</td><td></td><td>1.17</td><td>0.49</td></tr>
</table>

军吏、郡卒错误简例嘉禾四年、五年各1件，州卒错误简例嘉禾四年1件、五年2件，比较的意义不大。州吏、县卒、士和复民不论是误差最大额、误差总额还是平均误差，少收简例数据都要高

出多收简例。县吏少收简例的误差最大额要略高于多收简例，但是少收简例的误差最小额、误差总额和平均误差略要低于多收简例。郡吏误差数额的各项指标中，多收简例都要高于少收简例。考虑到郡吏多收简例件数高于少收简例件数的情况，可能郡吏是个极其特殊的群体。[①]这些身份特殊的人员中，除郡吏、县吏、州卒等极少数简例外，其他身份人员的少收误差总额都要大于多收误差总额。整体而言，身份特殊人员有更易少交租税的倾向。

三、租税交纳的身份性与等级性

诸吏、诸卒、士和复民的租税交纳，与他们的特殊身份有关。在这些身份特殊的人员中，是否体现身份差别和等级差别？与普通田家相比，他们的租税交纳是否具有身份性和等级性的优势？或许可以通过对诸吏、诸卒、士、复民和普通田家少收和多收租税的件数、错误总件数，及其在该身份的田家莂总件数中所占百分比进行计算，分析他们之间是否存在身份与等级的差别。先将前述各项数据整理如下表（表5.12）：

① 郡吏的特殊性多次得到体现，我们尚不知道郡吏的这种特殊性是什么原因造成的。现今所见田家莂并不完整，可能还有不少已经损害，没有保存下来。是不是没有保留下来的田家莂中关于郡吏的数据，正好可以消除其特殊性？或是这种特殊性跟当时郡吏的地位和权势有关？个中缘由尚不清楚。

表5.12：诸吏、诸卒、士、复民和普通田家错误件数及比率统计表[①]

		诸吏				诸卒			士	复民	普通田家
		州吏	郡吏	县吏	军吏	州卒	郡卒	县卒			
少收	件数	12	6	7	1	1	1	2	5	6	219
	百分比	30	10.34	10.29	5.88	10	11.11	15.38	55.56	46.15	11.92
多收	件数	4	7	5	1	2	1		4	2	226
	百分比	10	12.07	7.35	5.88	20	11.11		44.44	15.38	12.30
总误差	件数	16	13	12	2	3	2	2	9	8	445
	百分比	40	22.41	17.65	11.76	30	22.22	15.38	100	61.54	24.22
田家莂总件数		40	58	68	17	10	9	13	9	13	1837

从租税交纳误差的件数看，诸吏中州吏误差总件数最多，少收租税件数也最多；县吏误差总件数略低于郡吏但非常接近，但少收租税件数略多于郡吏；军吏误差总件数较少。诸卒中州卒、郡卒、县卒误差件数上的差别并不明显，可能与他们的总件数较少有关。士和复民的少收、多收和误差总件数都少于州吏、郡吏和县吏。这可能与州吏、郡吏和县吏的总件数较多而士和复民总件数较少有关。误差件数体现出一定的身份性和等级性，但并不明显。

就误差总件数在田家莂总件数中所占百分比看，诸吏是州吏＞郡吏＞县吏＞军吏，诸卒是州卒＞郡卒＞县卒。少收租税件数的百分比中，诸吏是州吏＞郡吏＞县吏＞军吏，诸卒是州卒＜郡卒＜县

① 5・1087只剩“吏”，无法确定具体身份；5・689只剩“县”，不知是吏还是卒。此2简暂未纳入表中。

卒。诸吏系统中，不论是误差总件数的比率还是少收租税件数的比率，都体现出州、郡、县、军的等级性。两种比率的排位中诸卒的位次完全相反，可能跟他们与收纳人、校核人的利益关联有关。因为卒没有影响收纳、校核吏员的权势，只有平时结下的私人关系。州卒、郡卒、县卒的身份差别，表明他们的服役单位不同。州卒当在州级机构服役——但不一定是本郡或本县，郡卒当在郡级机关服役——但不一定是本县，县卒当在本县服役。与州卒、郡卒相比，县卒更有条件和机会接近收纳、校核的吏员（多为县吏、乡吏）。这种“近水楼台先得月”的人际关系的现实优势，可能正是县卒比州卒、郡卒更容易少收租税的原因所在。这种解释可能并不完全符合当时实情，因为诸卒所见田家莂较少。这种解释是否合适，需要更多资料验证。但不论如何，能高低排序都是他们身份等级的体现。

就少收和多收的具体数额看（据表5.11），诸吏系统与士和复民相比较，少收租税的平均误差从高到低为州吏＞军吏＞县吏＞郡吏＞士＞复民，多收租税的平均误差从高到低为郡吏＞县吏＞州吏＞士＞复民＞军吏。诸卒系统与士和复民相比较，少收租税的平均误差从高到低为郡卒＞县卒＞士＞复民＞州卒，多收租税的平均误差从高到低为郡卒＞州卒＞士＞复民。少收中位次越靠前越容易少收租税，多收中越靠后越容易少收租税。总体上看（据表5.11），诸吏少收租税的比率（14.13%）高于诸卒少收租税的比率（12.5%），诸吏多收租税的比率（9.24%）略低于诸卒（9.38%）。诸吏有较诸卒容易少交租税的倾向，不过这种倾向并不特别明显。

参考误差数额和错误件数比率，诸吏比士和复民更容易少交租税，[①] 诸卒与士和复民相比有容易少交租税的倾向但不太明显。士较复民似乎更有机会少交租税。

表5.12中，州吏、县卒少收租税的比率较普通田家高，更容易少收租税。郡吏、县吏、军吏、州卒、郡卒少收租税的比率略低于普通田家但比较接近，普通田家较这些人容易少交租税，不过倾向并不显著。在多收租税的比率中，诸吏、诸卒中除州卒外都比普通田家低，说明普通田家较诸吏、诸卒更容易多收租税。整体而言，诸吏、诸卒少收租税的比率都略高于普通田家，分别高出2.21%、0.58%；多收租税的比率都低于普通田家，分别低出3.06%、2.92%。与诸吏、诸卒相比，普通田家更容易多收租税而较难少收租税。这意味着诸吏、诸卒在租税交纳方面具有整体性优势。士和复民少收、多收租税的比率都高出普通田家，但他们在租税交纳标准上受到国家政策优惠，较普通田家俱有身份性优势。

第四节　田家莂所见孙吴身份等级体系

嘉禾吏民田家莂中存在很多数值错误。嘉禾四年田家莂的错误率较高，嘉禾五年的错误率有很大下降。嘉禾四年、五年间出现了校核人员的减少以及署名次序的变化。嘉禾四年多为3人校核，多

① 凌文超先生对“叛走”人群分析后认为：“诸吏及其家属的叛走并不严重，应比士卒及其家属叛走少得多”，“孙吴诸吏的处境比起兵役繁重而危险的士卒相对要好一些”，参见氏著《走马楼吴简采集簿书整理与研究》，桂林：广西师范大学出版社，2015年，第168—169页。叛走人数所反映的生活处境的好坏，正是其自身地位（包括法定地位和现实地位）的体现。这也从另一方面印证了诸吏与士卒的身份地位关系。

为赵野首署；嘉禾五年多是2人或1人校核，几乎都是张惕首署。校核人数及署名情况的变化，对两年间错误率的下降产生了重要影响。

田家莂中诸吏、诸卒、士和复民的租税交纳，有多收租税和少收租税的现象。就整个田家莂的租税交纳看，租税交纳倾向于对诸吏、诸卒、士、复民等身份特殊的人员有利。不同身份的人在实际的租税交纳中少交租税的额度不同，不同等级的人少交租税的额度也不同。少交或多交租税受到多种因素的影响。田家莂中的租税交纳，整体上呈现出一定的身份性和等级性。

综合田家莂中租税交纳的国家标准、租税错误件数及比率，租税误差数额、少收和多收件数及比率等诸多因素，我们对诸吏、诸卒、士、复民和普通田家的地位大致排序如下：

（1）诸吏系统：州吏＞郡吏＞县吏＞军吏

（2）诸卒系统：郡卒＞县卒＞州卒（按少收情况）?

或：州卒＞郡卒（按多收情况）?

（3）其他系统：士＞复民＞普通田家

（4）田家莂整个身份等级系统：诸吏＞诸卒＞士＞复民＞普通田家

图5.1：孙吴身份等级结构简图

这种地位排序并不能完全准确地反映当时情况，特别是诸卒系统较为复杂。但是这种排序还是能大致反映孙吴基层社会的身份等级体系。从租税交纳的国家标准、租税少交的可能性、少交租税额等诸多因素综合分析，田家莂中的租税交纳存在身份性差别和等级性差别。身份的差别意味着等级的差异。诸吏在田家莂的整个身份系统中身份地位最高，说明当时吏役制并不严重。可能吏役制已经萌芽或实行，但这些行走在衙门中的人，虽然较官员的地位低，但他们已经进入利益体系之中，地位要比普通民众的地位高。孙吴政权对外要防范魏、蜀两国，对内要镇压民众及少数民族的反抗。在此背景下，政府依靠的直接统治力量——吏、卒和士，无论是从官方的合法规定讲，还是从现实生活中的利益关系看，吏、卒和士的地位都不可能比普通民众低。国家甚至设置了地位高于普通民众的专门身份——复民，以此来优待恢复平民身份、重新编入民籍的复员士卒，吏、卒和士在整个国家身份等级体系中的地位要高于普通民众也就可想而知。[①]

这种身份性差别和等级性差别所带来的受益，可能并不都为孙吴政府所允许。某些利益是通过舞弊行为获得，带有非法性。这种身份性差别和等级性差别对租税交纳的现实影响，既是田家莂需要校核的原因之一，也是孙吴出台中书典校制度的重要背景，更是孙吴政权以身份等级进行利益分配的模式的重要特征。

① 林益德先生曾从田家莂中的土地分配、土地完整程度、余力田的占有数量、对抗天灾能力的高低、财富占有多寡等角度进行分析，也得出大致相同的结论，但也有所区别，参见氏著《孙吴时期长沙郡的土地问题——以〈嘉禾吏民田家莂〉为中心》，《台湾师大历史学报》第56期，2016年。

第六章

文书错误、基层吏治与孙吴政治格局

孙吴是三国时期一个十分重要但往往又容易被人忽视的国家。以往学界对孙吴政治的研究，多集中在孙氏皇族、地方大族及相互间的纷杂关系上。此方面虽有丰富的研究成果，但囿于上层社会，很少关注孙吴基层吏治与孙吴政治格局的内在联系。忽视与基层吏治关系密切的地方属吏，导致无法一窥孙吴政治格局的全貌。孙吴时期地方大族的活跃表现，以及史书以上层社会为记载重心的史料局限，更限制了后人的研究视野。长沙出土的走马楼吴简中有大量的行政记录，涉及诸多地方吏员的政治行为，为深入研究孙吴基层吏治、本地属吏的政治活动以及孙吴政治格局等问题提供了新的契机。

第一节　文书错误现象与孙吴基层吏治

嘉禾吏民田家莂中存在数值错误的现象，这些数值错误由孙吴时期基层吏员造成，是孙吴社会基层吏治状况的真实反映。那么，孙吴基层吏员用了哪些手法制造了这些数值错误，这些数值错误现象是否为长沙临湘地区所特有，这种现象反映出怎样的孙吴基层吏治状况？在此，我们先就文书错误现象与孙吴基层吏治问题进行分析。

一、田家莂所见孙吴基层吏员的舞弊手法

从政府特别是整个国家层面讲，它们更为看重的是租税是否达到应交总数，一般不太过问具体的征收事宜。这种管理上的漏洞，为办事吏员徇私舞弊提供了机会。如前所述，《嘉禾吏民田家莂》中诸吏、诸卒、士、复民都存在多收和少收租税的情况。总体上看，这些身份特殊人员的租税总共少收了200.03斗米（据表5.10）。诸吏、诸卒、士、复民少交的这部分租税必然要摊派到普通田家身上。嘉禾四年、五年普通田家确实多收了租税，分别多收了77.11斗米和207.66斗米。即便多收的租税最后没有装入办事吏员自己的腰包——可能性极小，舞弊行为也损害了普通田家的利益，不利于国家的长远统治。

对田家莂中的数值错误进行统计后发现，嘉禾四年田家莂错误率为57.66%，嘉禾五年田家莂错误率为18.83%。即便排除了因为误写、漏写等导致数值错误的简例以及当时可能允许的尾数整数化的简例，嘉禾四年、五年田家莂的错误率依然有44.35%和12.58%。[①]关于数值错误形成的原因，胡平生先生认为："错误是各式各样的。如以错误的内容分，有：佃田总亩数错误，旱田亩数错

① 详见本书第五章第一节。

误，熟田亩数错误，收米数错误，收布数错误，收钱数错误，收布准米数错误，收钱准米数错误等。如以错误的形式分，有：数字形近而误，斛都升合或丈尺寸分单位错位而误，运算错误，遗漏旱熟项目，遗漏余力田，尾数的省略或进位，等等。”[①]除了存在书写错误和计算错误的可能外，田家莂中大量的数值错误可能还与当时基层吏员的舞弊行为有关。

1. 账目上明目张胆的多收或少收

田家莂中的数值错误，不少是原始数据即账目上的多收或少收。有学者认为嘉禾四年、五年田家莂中数值错误不同与计算复杂程度有关。[②]可能有人会质疑办事吏员的计算能力。嘉禾四年绝大多数是亩单位，直接为亩数与定收亩额相乘，然后再将应收米、布、钱各项相加。如果说这有多么复杂，可能并不是计算能力的问题，而在于不同性质土地的征收标准不同。

不过，并不是所有田家都在同一天去交纳租税。伊藤敏雄先生认为嘉禾四年、五年的交纳日期有集中在10月—12月的倾向，又有集中在10日、20日（前后）的倾向。据伊藤先生所制表7《从嘉禾四年吏民田家莂看日期顺、仓吏别的米交纳状况》可知，错误率较高的嘉禾四年中，三州仓吏郑黑一天之内收米件数（含折纳交米）最多39件，为12月10日；中仓仓吏李金一天之内收米件数最多39件，为12月10日。据表8《从嘉禾五年吏民田家莂看日期顺、仓吏别的米交纳状况》可知，嘉禾五年中三州仓吏孙仪一天内收米

---

① 胡平生：《〈嘉禾四年吏民田家莂〉统计错误例解析》，《胡平生简牍文物论稿》，上海：中西书局，2012年，第389页。

② 伊藤敏雄：《从嘉禾吏民田家莂看米的交纳状况与乡、丘》，长沙简牍博物馆、北京吴简研讨班编：《吴简研究》第2辑，武汉：崇文书局，2006年，第95—100页。

件数最多为42件，为12月10日；中仓仓吏张曼、周栋一天之内收米最多191件，为11月20日。[①]虽然一天内收纳租税的件数有所增加，特别是张曼、周栋一天内收纳191件之多，但嘉禾五年田家莂的错误率并没有上升，反而大大下降。考虑到收纳对象涉及的计算复杂程度和一天内收纳的件数等情况，田家莂中大量的数值错误就很难用计算复杂或者计算能力存在问题来解释。

嘉禾五年的两种数值错误情况，或许能给我们一些提示。

（1）整数亩熟田存在多收或少收的情况

如果亩数较多或有步单位容易导致计算复杂，那么定收1亩的计算很简单，不应出错。但嘉禾五年中依然存在定收1亩的数值错误，且不止1例。如5·187、5·560、5·1181，都是定收1亩，应收80钱，实收160钱，实际多收80钱。如果这种1亩×80钱/亩=80钱的计算都能出错，那么像5·204（定收7亩，实收480钱，实际少收80钱）、5·576（定收5亩，实收560钱，实际多收160钱）、5·896（定收4亩，实收240钱，实际少收80钱）、5·1056（定收6亩，实收560钱，实际多收80钱）这样的错误，也就不难理解了。

（2）收纳人相同但某项无误而某项少收

先看下面这件田家莂：

下伍丘男子邓角，佃田五町，凡七亩七十步，皆二年常限。其六亩卅步旱败不收布。定收一亩卅步，为米一斛三斗五升，亩收布二尺。其米一斛三斗五升，五年十一月廿四日付仓吏张曼、周栋。凡为布二尺，准入米一斗二升，五年十一月廿四日付仓吏张曼、周

---

① 伊藤敏雄：《从嘉禾吏民田家莂看米的交纳状况与乡、丘》，《吴简研究》第2辑，第94、118—121、122—125页。

栋。其旱田不收钱。熟田收钱亩八十，凡为钱九十，五年十一月四日付库吏潘慎。嘉禾六年二月廿日，田户曹史张惕校。　5·15

邓角家佃田7亩70步，其中定收田1亩30步。按亩租额精确计算，应收米13.5斗、布2.25尺、钱90钱。但实收租税时“凡为布二尺”，少收布0.25尺，而收米数、收钱数没有错误。这不是计算能力存在问题所能解释。嘉禾五年有步单位的田家莂中确实存在某项无误但其他项有误的情况，这种情况在嘉禾五年并不少见，但它们一般是不同的人在收米、布、钱。简5·15中收米和收布的吏员都是仓吏张曼、周栋。收纳人相同，一项计算步数，一项不计算步数。此种情况应与计算能力无关。

也可能是因为布匹不便于分割，所以少收了0.25尺。西汉时期就有人指出：“布帛不可尺寸分裂。”[①]东汉朱晖也说：“布帛为租，则吏多奸盗。”[②]田家莂中确实存在收布数额错误的简例，但田家莂中也有不少收布数精确到分单位且没有错误的简例。如：

上扶丘男子郑伍（？），佃田八町，凡卌七亩，皆二年常限。旱不收，亩收布六寸六分。凡为布三丈一尺二分，五年二月廿日付库吏番有。其旱田亩收钱卌七，凡为钱一千七百卌九钱，四年十二月廿日付库吏番有毕。嘉禾五年三月，田户曹史赵野、张惕、陈……　4·40

郑伍家旱田47亩，亩收布0.66尺，应收31.02尺，实收31.02尺，收布数精确到了分单位。不知道这是如何做到的。但这也说明当时收布精确到分单位并非完全不可能。即便布匹不便分割，但可以收整

① 班固：《汉书》卷24下《食货志下》，北京：中华书局，1962年，第1176页。
② 范晔：《后汉书》卷43《朱晖列传》，北京：中华书局，1965年，第1460页。

到寸单位。更明显的问题在于简5·15有布准米，最终收的不是布而是米。米不存在分割的问题，但最后还是少收。这就很难说是布匹不便分割的原因了。

田家莂中的数值错误是否跟办事吏员的计算能力毫无关系难以断言，但对吏员的计算能力不要估计过低。原因有三：（1）田家莂中不少错误不是计算能力所能解释，至少定收1亩却多收钱的简例很难用计算能力解释。（2）收纳人相同但某项无误而某项少收的简例也难以用计算能力解释。（3）某些简例说明吏员的计算能力不仅不存在问题，可能还达到了非常精准的水平。简5·661定收10亩160步，按亩收米定额12斗/亩计算，应收米127.999……斗，实际收米128斗，当视为无误。由此可见当时办事吏员计算的精准程度。此类情况在田家莂中并非仅此一例。

如果计算能力没有太大问题，办事吏员就难逃舞弊之嫌。至于有多收有少收，征收时可能受交纳人身份、等级以及与收纳吏员的私人关系等多种因素的影响。这种舞弊行为倾向于对诸吏、诸卒、士、复民等特殊身份的人有利，也可能会对与办事吏员关系亲密的民户及地方豪家大族有利。

2. 混淆田地性质以少交租税

混淆田地性质以少交租税的手法，具体可分为两种情况。

（1）将常限熟田按余力熟田标准征收租税

如下两例：

湛龙丘州吏黄兴，佃田八町，凡六十亩，其卌亩二年常限租田。为米十八斛二斗四升。亩收布二尺。其廿亩余力田。其十八亩旱田，亩收布六寸六分。定收二亩，为米九斗一升二合。亩收布二尺。其米十九斛一斗五升二合，四年十二月十日付仓吏李金。凡为布二匹二丈三尺六寸，四年十二月十三日付库吏潘有。其旱田亩收钱卅七，其熟田亩收钱七十。凡为钱四千六百九钱，四年十二月三日付库吏潘有毕。嘉禾五年三月三日，田户曹史赵野、张惕、陈通校。　4·397

新畋丘州吏雷赏，佃田十町，凡卌九亩。其卌亩二年常限。熟田为米十八斛二斗四升。亩收布二尺。其九亩余力田。其七亩旱不收，亩收布六寸六分。定收二亩，为米九斗一升二合。亩收布二尺。其米十九斛一斗五升二合，四年十二月三日付仓吏郑黑。凡为布二匹二丈八尺六寸二分，四年十二月十一日付库吏潘有。其旱田亩收钱卅七，其熟田亩收钱七十。凡为钱二千六百，四年十二月一日付库吏潘有皆。嘉禾五年三月三日，田户曹史赵野、张惕、陈通校。　4·406

简4·397中二年常限租田40亩，收米182.4斗，每亩收米4.56斗；余力熟田2亩，收米9.12斗，每亩收米4.56斗。简4·406中二年常限田（未言是租田）40亩，收米182.4斗，每亩收米4.56斗；余力熟田2亩，收米9.12斗，每亩收米4.56斗。此2简明显是把常限熟田按余力熟田的标准征收了。州吏常限熟田征收标准为5.86斗/亩，40亩应交米234.4斗，如此则实际少交了52斗米。

值得注意的是，上述2简都没有书写亩收米的定额，而是直接书写收米总数。有学者认为，简4·397和简4·406中将常限熟田租米和余力熟田租米混淆的可能性“极为微弱”，租米亩收4.56斗这个亩租额是“封建政府认可的，符合规定的”。[①]这种说法有两个

① 蒋福亚：《走马楼吴简经济文书研究》，北京：国家图书馆出版社，2012年，第48—49页。

问题没有解决：（1）如果同时间、同性质的土地亩租额不同，这种不公平的制度性规定如何能在现实中得到执行而不为其他州吏所反对？（2）其中是否存在舞弊的可能性？如果考虑到舞弊的可能性，此2简不书写亩收米定额，可能正是为了将常限熟田与余力熟田的征收标准相混淆，从而达到少收租税的目的所玩的“障眼法”。

（2）混乱“其田”和定收田的征收标准

如下3简：

唫丘州吏吴军，佃田廿二町，凡七十一亩廿步，皆二年常限。其廿亩一百步旱败不收布。其卌亩税米廿三斛四斗。定收十亩百六十步，为米十二斛八斗，亩收布二尺。其卅六斛八斗，五年十二月四日付仓吏张曼、周栋。凡为布二匹二丈一尺，五年十二月廿日付库吏潘慎。其旱田不收钱。熟田亩收钱八十，凡为钱四千五十，五年十月五日付库吏潘慎。嘉禾六年二月廿日，田户曹史张惕校。 5·661

楮下丘州吏胡杨，佃田十町，凡八十五亩八十步，皆二年常限。其卅四亩旱败不收布。定收十九亩百廿步，为米廿三斛四斗。其十一亩八十步，为米十三斛四斗。凡为米卅六斛八斗。其米卅六斛八斗，五年十一月廿日付仓吏张曼、周栋。凡为布□匹二丈一尺，准入米六斛三斗七升，五年十一月廿日付仓吏张曼、周栋。其旱田不收钱。熟田收钱亩八十，凡为钱四千一百，五年十月廿四日付库吏潘慎。嘉禾六年二月廿日，田户曹史张惕校。 5·695

湖田丘州吏蔡（？）雅，佃田十三町，凡六十七亩二百一十步，皆二年常限。其十四亩卌步旱败不收布。其卌亩为米廿三斛四斗。定收十三亩百七十步税，为米十六斛四斗五升，亩收布二尺。……斗五升，五年十一月廿八日付仓吏张曼、周栋。凡为布二匹二丈七尺，五年十二月廿日付库吏潘慎。其旱田不收钱。熟田亩收钱八十，凡为钱四千三百七十，五年十一月廿日付库吏潘慎。嘉禾六年二月廿日，田户曹史张惕校。 5·705

简5·661的二年常限田为71亩20步，其中20亩100步旱败不收；“其田”40亩，[①]收税米234斗，亩收米5.85斗；定收田10亩160步，收米128斗，亩收米应为12斗。简5·695中二年常限田85亩80步，其中34亩旱败不收；定收田40亩，[②]收米234斗，亩收米5.85斗；“其田”11亩80步，收米134斗，亩收米应为12斗。简5·705中二年常限田67亩210步，其中14亩40步旱败不收，“其田”40亩，收米234斗，亩收米5.85斗；定收13亩170步（税），收米164.5斗，亩收米应为12斗。

这3件田家莂中，二年常限田有“其田”和定收田之分，但亩租额并不统一。现将此3简中“其田”、定收田的亩租额整理如下表（表6.1）：

表6.1：3件田家莂“其田”、定收田亩租额一览表

田家莂简号	“其田”亩租额	定收田亩租额
5·661	税米，5.85斗	12斗
5·695	12斗	5.85斗
5·705	5.85斗	税米，12斗

① 吴简中“其”一般表示明细，但田家莂中“其田”与定收田并列，性质不明。

② 简5·695释文为19.5亩，日本学者校正为40亩，参见长沙吴简研究会编，伊藤敏雄、阿部幸信主编《〈長沙走馬楼三国呉簡　嘉禾吏民田家莂〉釈文補正》，长沙吴简研究会编：《長沙呉簡研究報告》第2集，东京，2004年，第102页。观点可从。

表6.1中清晰可见“其田”、定收田的亩租额存在差别。不仅如此，简5·661“其田”收税米，简5·705定收田收税米。虽然目前尚无法确定这3件田家莂中谁对谁错，[①]但既然“其田”、定收田的亩租额混乱，至少可以肯定存在混淆征收标准的情况。

上述5件田家莂无一例外地都不书写亩收米的定额，直接书写收米总数，从而以这种使亩租额“隐身”的方式来混淆田地性质，以达到少交租税的目的。这种舞弊手法涉及的对象多为州吏，可能跟州吏所佃土地和交米标准多样、便于舞弊有关。州吏的常限熟田有租田、税田之分，还有常限熟田和余力熟田之分。这些土地征收标准的不同，给混淆土地性质以少交租税提供了舞弊机会。嘉禾四年2件田家莂（4·397、4·406）将常限熟田按余力熟田的标准收米，手法较嘉禾五年赤裸得多。

3.“明多实少”的账簿造假手法

所谓“明多实少”，即账面数据多收了租税，但按田亩数和亩租额计算，实际上少收了租税。有此手法的有州吏黄兴（4·397）和州吏雷赏（4·406）的田家莂。暂不看亩租额而按照给出的收米、布、钱数计算的话，黄兴家多收布7.72尺，多收钱1003钱，折算为米共多收10.13斗。雷赏家多收布20尺，少收钱599钱，折算为米共多收6.26斗。从账面数字看，黄兴家和雷赏家都多收了租税。

① 熊曲先生认为简5·695、5·924没有计算错误，可能是抄写错误，其中的“税米”应为“租米”，参见氏著《走马楼吴简嘉禾五年诸乡田顷亩收米乡住簿研究》，邬文玲、戴卫红主编:《简帛研究2020》春夏卷，桂林：广西师范大学出版社，2020年，第295页。与我们观点不同，亦可参阅。

但这两件田家莂存在混淆田地性质以少收租税的情况。通过混淆田地性质，不书写亩租额而直接给出数额总数的手法，在常限熟田上少收了52斗米。表面上多收了他们的租税，而实际上则是少收了他们的租税，分别少收米41.87斗和45.74斗。这种账面数据多收而实际少收的情况，既让他们享有了“大公无私”的美誉，又享受到少交租税的实惠，可谓是一举两得，名利双收。

4.通过准米来舞弊

田家莂中存在原始数据的布、钱数无误但准米时多收或少收的简例。略举几例如下：

石下丘州吏烝诵（？），田十（？）町，凡卌亩，皆二年常限。其卅二亩旱……收布六寸六分。定收八亩，亩收租米五斗八升五合，为米……，其米四斛六斗八升，四年十一月七日付仓吏郑黑。……为布三丈……，准入米一斛八斗，四年十一月十日付仓吏郑黑。其旱田亩收钱卅七，其熟田亩收钱七十。凡为钱一千八百七十，准入米□斛……四年十一月十日付仓吏郑黑。嘉禾五年三月十日，田户曹史□野、张惕、陈通校。　4·198

朴丘士吴□，佃田十五町，凡□□□皆二年常限。其九亩熟田，依书不收钱布。其七十亩旱田，亩收布六寸六分。……□斛四斗，五年三月十日付仓吏番虑。旱田亩收钱卅七，凡为钱二千五百九十，准米一斛六斗三升，□年三月七日付仓吏番虑。嘉禾五年三月十日，田户经用曹史赵野、张惕、陈通校。　4·493

……士殷□，佃田十町，凡七十九亩。其七亩熟田，依书不收钱布。其七十二亩旱田，亩收布六寸六分。凡为一匹七尺五寸二分，准米二斛三斗五升□☑。　4·548

□丘士□□，佃田十七町，凡六十九亩，皆二年常限。其九亩熟田，依书不收钱布。其六十亩旱田，亩收布六寸六分。凡为布三丈九尺六寸，准入米二斛六合，五年闰月廿七日付仓吏番虑。旱田亩收钱卌七，凡为钱一千二百廿，[①]准入米一斛五斗，五年闰月廿七日付仓吏番虑。嘉禾五年三月十日，田户经用曹史赵野、张惕、陈通校。　4・631

这些田家莂准米时，有多收或少收的情况。简4・198实收布数缺，依布准米额计算，实际少收布11.2寸。简4・493收钱原始数据无误，依钱准米额计算，实际多收18钱。简4・548收布原始数据无误，依布准米额计算，实际少收布5.2寸。简4・631收布、钱原始数据无误，依布准米额、钱准米额计算，实际多收布5.2寸，多收钱180钱。这种原始数据残缺或原始数据无误，但依准米额计算实际多收或少收的情况，在嘉禾四年田家莂中并不少见。

嘉禾五年的布、钱准米率并无整齐标准。参考《嘉禾吏民田家莂数值一览》（Ⅱ）中表18《嘉禾五年吏民田家莂布折纳换算率分布状况》和表20《嘉禾五年吏民田家莂钱折纳换算率分布状况》可知，布、钱准米率有集中分布在某些数据段的倾向。我们选取布、钱准米率数量较多的前五名，将其整理如下表（表6.2）：

① “为钱一千二百廿”中“一千”可能是“二千”的误写。

表6.2：嘉禾五年布、钱准米率分布排序表（前五）①

布准米率			钱准米率		
位次	准米率（寸/斗）	件数	位次	准米率（钱/斗）	件数
1	16~	600	1	110~	33
2	15~	145	2	133~	24
3	17~	21	3	76~	20
4	14~	13	4	111~	12
4	18~	13	4	130~	12

从表6.2可以看出，嘉禾五年布、钱准米率虽然有集中分布于某些数据段的倾向，但也存在不小的差距。布准米率分布在16~的有600件，分布在15~的有145件，相差355件。其中布准米率为15的有7件，布准米率为16的有157件。钱准米率中分布在110~的有33件；分布在133~的有24件。件数有差距，更为重要的是钱准米率上相差23~。嘉禾五年准米率虽有集中分布的倾向，但具体比率尚有不小的差距。

此外，同一丘中布、钱的准米率也不统一。布准米率中，上菠丘中最高者为93.3（5・52），最低者为12.2（5・67）；上俗丘中最高者为31.7（5・79），最低者为14.3（5・104）。钱准米率中，石

① 本表依据《嘉禾吏民田家莂数值一覧》（Ⅱ）中表18《嘉禾五年吏民田家莂布折納換算率分布状況》和表20《嘉禾五年吏民田家莂錢折納換算率分布状況》制作，参见关尾史郎主编、伊藤敏雄编《嘉禾吏民田家莂数值一覧》（Ⅱ），平成18年度科学研究費補助金（基盤研究［B］）“長沙走馬楼出土呉簡に関する比較史料学的研究とそのデータベース化”（課題番号16320096）資料叢刊，新潟，2007年，第183、184页。

下丘中最高者为242.4（5・200），最低者为90.6（5・197）；度丘中最高者为773.3（5・535），最低者为37.2（5・527）。[①]不论是布准米率还是钱准米率，同一丘中嘉禾五年布、钱准米率都存在很大差距。确如伊藤敏雄先生所言，这难以用物价波动来解释。[②]更为直接的证据是文僮（5・52）和文礼（5・53）。二人同一天去交布，收纳人都是张曼、周栋。文僮应交布14尺，准米1.5斗；文礼应交布12尺，准米7.5斗。文礼应交布少2尺，准米反而多交6斗。[③]差距如此之大。考虑到布、钱准米率的分布状况，同一丘内不同的准米率，以及同一天交租、同样的吏员收纳但准米率不同等诸多因素，嘉禾五年准米率不同可能正是舞弊手法的反映。

如前所述，田家莂中的数值错误伴随着孙吴基层吏员的舞弊行为。就田家莂所见，基层吏员的舞弊手法主要有以下几种：（1）账目上明目张胆的多收或少收；（2）混淆田地性质以少交租税；（3）"明多实少"的账簿造假手法；（4）通过准米来舞弊。当然，田家莂中的数值错误并不全是舞弊行为所致，正如学者已注意到的，数值错误可能还有书写错误和计算错误等原因。但是，正如前文所论述的那样，基层吏员的舞弊行为应该才是造成数值错误最主要的原因。

---

① 布准米率和钱准米率的数据，俱引自《嘉禾吏民田家莂数值一覧》（Ⅱ）中表6《嘉禾五年吏民田家莂における布の折納と換算状況》和表8《嘉禾五年吏民田家莂における钱の折納と換算状況》，参见关尾史郎主编、伊藤敏雄编《嘉禾吏民田家莂数值一覧》（Ⅱ），第77—89、102—108页。

② 伊藤敏雄：《从嘉禾吏民田家莂看米的交纳状况与乡、丘》，《吴简研究》第2辑，第95页。

③ 即便我们认为简5・53中"七斗"可能为"一斗"之误，实际准米应是1.5斗，而不是7.5斗，但它的布准米率与5・52简也不一样，因为它们应收布数相差2尺。

就田家莂所见，诸吏、诸卒、士、复民等身份特殊的人员也有多交租税的情况，这是目前难以很好解释的问题。县吏张惕（4・21）和郑黑（4・403）也多交了租税。胡平生先生认为简4・21中的县吏张惕和负责校核的张惕是同一个人，简4・403中的县吏郑黑和负责收租的仓吏郑黑是同一个人。[①]难道身为吏员的张惕、郑黑对他们自己家的租税交纳情况毫不关心，一点都不过问？即便如此，其他吏员在收纳租税时难道不考虑张惕、郑黑县吏、仓吏的身份，而依然多收他们家的租税？肩负校核职责的田户曹史张惕，在校核自家田家莂时没有发现租税被多收。负责租税收纳的仓吏郑黑，虽然没有参与自家租税的征收，[②]但他居然也没有发现自家租税被多收。这真是奇怪的事情。

诸吏、诸卒、士、复民和普通田家被多收了租税，这有多种可能：

（1）他们计算能力低下，未能发现被多收了租税。

（2）他们从吏员的集体舞弊行为中分享了更多收益，这些受益可以抵冲被多收的租税，故而采取了默许的态度。

（3）他们的身份和地位不足以对多收租税的行为表达抗议，从而不得不选择忍耐。

---

① 胡平生：《〈嘉禾四年吏民田家莂〉统计错误例解析》，《胡平生简牍文物论稿》，第373、386页。

② 简4・403是郑黑交纳租税的田家莂，简中收租的吏员有3人，2人名字清晰，为李金和番虑，另一人人名模糊，整理者未释。比较相关简中“郑黑”的字迹可知，该人名不是“郑黑”，意即简4・403的收租吏员中无郑黑。

虽然当时确实存在计算能力普遍低下的情况，[①]但部分吏员本身就负责征收和校核，无疑具有相当的计算能力。如前所述，某些计算还相当精准。因此，第（1）种可能或许只在普通田家等人身上存在。第（2）种应是存在的，特别是郑黑、张惕作为租税征收和校核的经办人，如果没有相应受益，是不太可能容许自家被多收租税的。但这种可能只存在诸吏身上，其他人员特别是普通田家不可能分享到集体舞弊的受益。虽然第（3）种可能也可能在其他人身上存在，但这种可能应是普通田家才会面对的常态。就史籍所载基层百姓的生活状况看，在官府权力面前，即便是被多征收了租税，多摊派了徭役，只要还活得下去，他们大多都会选择忍耐。几千年的传统社会中，基层百姓面对权力肆虐无可奈何而不得不忍耐的生活选择，往往成为影响国家吏治的重要因素之一，也与国家的政治走向有着密不可分的联系。这种现象值得我们关注和警醒。

二、文书错误现象与孙吴基层吏治

官府档案文书是国家机构行使职权的原始记录。对档案文书进行研究，可以窥知当时国家的政治、经济、社会等诸多信息。通过前文对田家莂的分析可知，这些档案文书有很多数值错误。值得注意的是，文书错误并不仅是长沙临湘地区特有的社会现象。

就史书所见，其他地方也存在此类现象。检索《三国志·吴书》后，发现了这样几条关于文书错误的记载：

（1）赤乌中，（顾谭）代（诸葛）恪为左节度。每省簿书，未

① 关于孙吴吏民计算能力问题，参见拙文《孙吴吏民的数值计算与基层社会的数学教育——以走马楼吴简为中心》，长沙简牍博物馆编：《长沙简帛研究国际学术研讨会论文集》，上海：中西书局，2017年，第327—347页。

尝下筹，徒屈指心计，尽发疑谬，下吏以此服之。

（2）石城县吏，特难检御，（黄）盖乃署两掾，分主诸曹。教曰："令长不德，徒以武功为官，不以文吏为称。今贼寇未平，有军旅之务，一以文书委付两掾，当检摄诸曹，纠擿谬误。两掾所署，事入诺出，若有奸欺，终不加以鞭杖，宜各尽心，无为众先。"初皆怖威，夙夜恭职；久之，吏以盖不视文书，渐容人事。盖亦嫌外懈怠，时有所省，各得两掾不奉法数事。

（3）初（孙）策使（吕）范典主财计，（孙）权时年少，私从有求，范必关白，不敢专许，当时以此见望。权守阳羡长，有所私用，策或料覆，功曹周谷辄为傅著簿书，使无谴问。权临时悦之，及后统事，以范忠诚，厚见信任，以谷能欺更簿书，不用也。

（4）后（朱）据部曲应受三万缗，工王遂诈而受之，典校吕壹疑据实取，考问主者，死于杖下，据哀其无辜，厚棺敛之。壹又表据吏为据隐，故厚其殡。（孙）权数责问据，据无以自明，藉草待罪。数月，典军吏刘助觉，言王遂所取，权大感寤，曰："朱据见枉，况吏民乎？"乃穷治壹罪，赏助百万。[1]

上列史料皆为孙吴前期存在文书错误的事例。（1）顾谭为左节度时，"每省簿书"，"尽发疑谬"。"疑谬"为可疑和谬误之意。关于"节度"的职掌，《三国志·吴书·诸葛恪传》记载："节度掌军粮谷，文书繁猥。"[2]身为"左节度"的顾谭能"尽发疑谬"，可见掌军粮的节度府文书存在错误。（2）石城县吏"以（黄）盖不视文

---

① 陈寿：《三国志》卷52《吴书·顾雍传附顾谭传》，第1230页；《三国志》卷55《吴书·黄盖传》，第1284页；《三国志》卷56《吴书·吕范传》，第1311页；《三国志》卷57《吴书·朱据传》，第1340页。

② 陈寿：《三国志》卷64《吴书·诸葛恪传》，第1430页。

书，渐容人事”。文书成为石城县吏舞弊的手段之一。（3）孙权为阳羡长时，功曹周谷从其私请，“欺更簿书”，通过修改簿书内容这种账簿造假的方式来欺瞒上司，以致孙策“无谴问”。（4）朱据案中王遂冒领三万缗钱，吕壹追查对象或许有误，但存在文书错误则是确定无疑的。不仅如此，文书造假高手如周谷等还能蒙混过关，不被察觉。

虽然走马楼吴简出土于长沙地区，但《田家莂》所反映的文书错误现象并不仅仅存在于长沙临湘地区，丹杨郡石城县和吴郡阳羡县也存在；甚至也不限于民政机构，节度这样的军事机构中也存在。由此可见，孙吴前期的文书错误现象，可能并非仅存在于某一地区、某些政府机构，更可能是孙吴统治区各级官府中普遍存在的政治现象。

文书错误并不是孙吴时期所独有的现象，秦汉时期早已存在。汉宣帝曾下诏：

今天下少事，繇役省减，兵革不动，而民多贫，盗贼不止，其咎安在？上计簿，具文而已，务为欺谩，以避其课。[①]

文书错误是秦汉以来的重要社会问题。一般而言，从地方到中央，各级官府都设有专门的吏员来校核文书。东汉设有部郡国从事，有“督促文书，察举非法”之权。[②]《后汉书·独行列传》载：“杨（扬）州刺史欧阳参奏太守成公浮臧罪，遣部从事薛安案仓库簿领。”[③]这

① 班固：《汉书》卷8《宣帝纪》，第273页。

② 清代学者强汝询所著《汉州郡县吏制考》载：“部郡国从事，每郡国各一人，主督促文书，察举非法。”转引自王利器《风俗通义校注》卷5《十反篇》，北京：中华书局，2010年，第242页，注释9。

③ 范晔：《后汉书》卷81《独行列传·戴就》，第2691页。

些吏员都有核查文书的职权。就嘉禾吏民田家莂所见，临湘地区也设有负责校核文书的专职吏员。田家莂所载校核人员的官职名称，有“田户曹史”“田户经用曹史”“主者史”“田曹史”“田户史”“户曹史”“田户曹吏”“田户曹”“田户吏”“田户经用史”“田户经用曹”“田经用曹史”等。关尾史郎师指出，田家莂中所记负责校核的官职名称有误写，都应是“田户经用曹史”的误写。[①]官职名称虽有不同，但校核吏员不外乎赵野、张惕、陈通三人。张荣强先生认为田户曹史为县级掾属，主要工作是负责核查赋税账簿。[②]这些县级掾属的“田户曹史”“田户经用曹史”，正是国家经制官吏体系中负责文书校核的专职吏员。

即便国家经制官吏系统中有负责文书校核的专职吏员，但孙吴时期的文书错误现象依然十分普遍，长沙郡、丹杨郡、吴郡等地都存在严重的文书错误现象。官府文书涉及赋税征收、钱粮收支等，它们存在错误至少说明两方面问题。一方面，吏员在租税摊派、收纳和钱粮管理时发生的数值错误，可能伴随有吏员徇私舞弊的行为，田家莂即为例证。另一方面，为核查错误而设置的校核文书的专职吏员，并没有发挥应有功效。官府文书中的错误现象在孙吴统治区域内普遍存在，说明此时国家经制官吏系统存在严重的失范状况，基层吏治可谓是弊端丛丛，吏治形势非常严峻。

---

① 关尾史郎：《長沙出土年次未詳吏民田家莂に関する一試論》。

② 张荣强：《孙吴〈嘉禾吏民田家莂〉中的几个问题》，《汉唐籍帐制度研究》，北京：商务印书馆，2010年，第292—293页。

第二节 孙吴治理基层吏治的两种取向

文书错误现象是孙吴经制官吏系统严重失范、基层吏治弊端丛生的真实反映。造成文书错误的经办吏员将直接从中获益，校核官员也可能参与分赃，地方长官作为属吏的上司也难免中饱私囊。但是，文书错误以盘剥百姓为基础，对百姓造成伤害。文书错误所伴随的基层吏治弊端，也是影响国家长治久安的毒瘤。怎么对待地方属吏，如何治理基层吏治，成为孙吴政府面临的重要课题。就史书所见，面对地方属吏的不法行为和严峻的基层吏治形势，孙权和地方长官采取了两种截然不同的态度。

一、孙权以中书典校制度整顿基层吏治

自两汉以来，地方长官享有自辟属吏的权力。这一制度传统让孙权无法从国家经制官吏系统方面改变基层吏治情况，进而达到抑制刺史郡守县令长、将军都督等地方长官权势，以及一定程度上减轻百姓负担的多重目的，[①]只得在国家经制官吏系统之外另设他职。在国家经制官吏系统之外另设新职来监控中央大臣和地方长官的做法，并不是孙权首创。至少两汉时期的刺史、司隶校尉等职，都是以另设新职来监控旧有官吏体系。这说明孙吴政权不仅在国家制度上继承秦汉，在治国策略上也借鉴前朝。

中书典校制度正是在此背景下出台的。关于中书典校制度设立的时间，高敏先生认为“校事”始设于黄武年间（222—229），到

---

① 孙权当政前期一方面是百姓负担过重，另一方面也注意减轻百姓负担，详见后文第八章第三节。

黄龙年间（229—231）活动达于猖狂。[①]孙权时期的“校事”主要有吕壹、秦博等人，职务全称为“中书典校事”[②]，职责是“典校诸官府及州郡文书”[③]。此“官府”当为中央各部门，“州郡”当为各级地方政府，即在州、郡、县等设置的各官府机构。从吕壹纠察朱据部曲三万缗一事及“诬白故江夏太守刁嘉谤讪国政”一事可知，[④]典校文书的范围不仅包括官府中的账簿文书，还包括其他往来文书。吕壹等人虽然本职是校核尚书的文书，但其职权逐渐扩大，并危害到尚书顾雍等人的工作。[⑤]中书典校制度以“典校文书”的形式进行，但实际上已经涉及除孙权之外的所有臣民，所有臣民的言行举止都在“典校”之列。

中书典校制度得以出台的重要原因之一，正是当时普遍存在的文书错误现象，而负责校核的专职吏员已不能发挥本职功效。田家莂经田户曹史校核之后仍然存在大量错误，正是孙吴基层吏员舞弊的典型反映。普遍存在的文书错误现象，伴随的是官吏舞弊、贪污腐败以及对百姓和国家的伤害，故而典校文书这一举措具有客观的必要性和天然的道义性。但是，中书典校却遭到大臣们的激烈反对，其中以“长沙三侯”——醴陵侯顾雍、刘阳侯潘濬、临湘

---

① 高敏：《曹魏与孙吴“校事”官考略》，《魏晋南北朝史发微》，北京：中华书局，2005年，第80页。

② 王素：《略谈走马楼孙吴“中书典校事吕壹”简的意义》，《汉唐历史与出土文献》，北京：故宫出版社，2011年，第201—202页。

③ 陈寿：《三国志》卷52《吴书·顾雍传》，第1226页。

④ 吕壹纠察朱据部曲三万缗一事见《三国志·吴书·朱据传》，第1340页；“诬白故江夏太守刁嘉谤讪国政”一事见《三国志·吴书·是仪传》，第1412页。

⑤ 王素：《略谈走马楼孙吴“中书典校事吕壹”简的意义》，《汉唐历史与出土文献》，第202—205页。

侯步骘反应最为强烈。[①]大臣们反对的理由主要有“校事吕壹操弄权柄”“壹等因此渐作威福”“诸典校擿抉细微，吹毛求瑕，重案深诬，辄欲陷人以成威福”，[②]等等。大臣多以“操弄威柄”“渐作威福”等理由反对吕壹个人，但并不直接反对典校制度。

诚然，吕壹凭借权势自作威福可能也是实情。《三国志·吴书·吴主传》注引《文士传》载：

> 吕壹宾客于郡犯法，（郑）胄收付狱，考竟。壹怀恨，后密谮胄。（孙）权大怒，召胄还，潘濬、陈表并为请，得释。[③]

吕壹确实存在包庇宾客和挟私报复等不法行为，但即便如此，吕壹个人的奸行也不能成为否定中书典校制度合法性的理由。故而虽然反对之声很大，但典校制度依然坚持了十余年之久。

学界一般认为，孙权设立中书典校的主要目的在于打击地方势力。[④]孙权有借中书典校打击地方势力的意图，我们无意否认。即便是打击地方势力，也需要足够合法的理由。吕壹典校文书时，“或一人以罪闻者数四”，唯独没有弹劾是仪。孙权感叹道：“使人尽如是仪，当安用科法为？”[⑤]由此可见，中书典校并非都是无中生有，不少官员存在违法行为确是客观事实。文书错误虽多为属吏所

---

① 王素：《略谈走马楼孙吴“中书典校事吕壹”简的意义》，《汉唐历史与出土文献》，第205—206页。

② 陈寿：《三国志》卷48《吴书·三嗣主传》注引《襄阳记》，第1156页；陈寿：《三国志》卷52《吴书·顾雍传》，第1226页；陈寿：《三国志》卷52《吴书·步骘传》，第1238页。

③ 陈寿：《三国志》卷47《吴书·吴主传》注引《文士传》，第1144页。

④ 马植杰先生认为：“吕壹事件也只是体现了孙权猜防大族与大族维护自己政治、经济特权的矛盾而已。”参见氏著《三国史》，北京：人民出版社，1993年，第151页。此观点基本代表了学界的一般看法。

⑤ 陈寿：《三国志》卷62《吴书·是仪传》，第1413页。

为，但长官也难逃干系。文书错误现象的普遍存在，舞弊严重的基层吏治，无疑给打击地方势力提供了正当理由。面对普遍存在的文书错误现象和严峻的基层吏治形势，出于维护国家长远利益的考虑，孙权也无法坐视不理，必须采取措施予以整顿。

从实施情况看，孙权通过中书典校来整顿基层吏治的效果十分有限。从《嘉禾吏民田家莂》可知，中书典校最为明显的效果，可能是改变了基层吏员的舞弊手段，从嘉禾四年赤裸裸的账簿错误到嘉禾五年通过布、钱的准米率来舞弊，舞弊的手段更为隐蔽、高明。吕壹等人的典校行为，虽然未能彻底改善基层吏治的状况，但却对各级官府长官和地方属吏产生了强烈的威慑效果，以致遭到普遍反对。①

虽然中书典校制度在诸葛恪主政时才被废除，②但在赤乌元年（238）吕壹被诛后，该制度就已名存实亡。吕壹被诛后，孙权不仅引咎自责，还派中书郎袁礼“告谢诸大将”，并“问时事所当损益”。③此后孙权优待文臣武将，不再以中书典校来检校官府文书，而是要求督军郡守自查非法。赤乌三年（240）春正月，孙权下诏说：

顷者以来，民多征役，岁又水旱，年谷有损，而吏或不良，侵夺民时，以致饥困。自今以来，督军郡守，其谨察非法，当农桑

---

① 中书典校行为未能改变基层吏治状况但却对官府长官有震慑效果，这可能正是学者忽视中书典校在整顿吏治方面的努力，而将其归结于孙权与地方大族利益斗争的原因所在吧。

②《三国志·吴书·诸葛恪传》：“于是罢视听，息校官，原逋责，除关税，事崇恩泽，众莫不悦。”（第1434页）

③ 陈寿：《三国志》卷47《吴书·吴主传》，第1142—1143页。

时，以役事扰民者，举正以闻。[①]

孙权将督察地方属吏的权力交给地方长官。《世说新语·政事篇》记载，吴郡太守贺邵“至诸屯邸，检校诸顾、陆役使官兵及藏逋亡”，[②]自查非法确为督将郡守的权力。此后的相当长时期内（直到孙皓恢复校事制度），孙吴政府对文书错误现象基本采取了放任态度。孙权以中书典校制度来整顿吏治的失败，意味着基层吏治的腐败现象将长期存在。

二、地方长官恩待属吏的态度选择

中书典校以典校文书的名义设置，本具有合法性和道义性，但却遭到大臣的强烈反对，孙权借此整顿基层吏治的努力化为泡影。那么，面对普遍存在的文书错误以及基层吏治的严峻形势，反对典校文书的孙吴大臣们又是如何选择的呢？

先看陆逊的态度。上大将军陆逊曾上疏陈时事，其中提道：

臣以为科法严峻，下犯者多。顷年以来，将吏罹罪，虽不慎可责，然天下未一，当图进取，小宜恩贷，以安下情。且世务日兴，良能为先，自非奸秽入身，难忍之过，乞复显用，展其力效。此乃圣王忘过记功，以成王业。昔汉高舍陈平之愆，用其奇略，终建勋祚，功垂千载。夫峻法严刑，非帝王之隆业；有罚无恕，非怀远之弘规也。[③]

面对属吏违法犯罪的现象，陆逊提出要“小宜恩贷，以安下情”，

① 陈寿：《三国志》卷47《吴书·吴主传》，第1144页。

② 余嘉锡：《世说新语笺疏》，周祖谟、余淑宜、周士琦整理，北京：中华书局，2011年，第146页。

③ 陈寿：《三国志》卷58《吴书·陆逊传》，第1349页。

“忘过记功，以成王业”。陆逊的言辞表明，属吏有可责之罪是当时的普遍现象，地方长官对此也非常清楚。但是，地方长官的态度却值得玩味。他们并不是严厉打击吏治腐败，而是选择了恩待属吏的态度。

再看诸葛恪的态度。赤乌年间，诸葛恪写给陆逊的书信中也说道：

当今取士，宜宽于往古，何者？时务从横，而善人单少，国家职司，常苦不充。苟令性不邪恶，志在陈力，便可奖就，骋其所任。若于小小宜适，私行不足，皆宜阔略，不足缕责。且士诚不可纤论苛克，苛克则彼贤圣犹将不全，况其出入者邪？故曰以道望人则难，以人望人则易，贤愚可知。自汉末以来，中国士大夫如许子将辈，所以更相谤讪，或至于祸，原其本起，非为大雠，惟坐克己不能尽如礼，而责人专以正义。夫己不如礼，则人不服。责人以正义，则人不堪。内不服其行，外不堪其责，则不得不相怨。相怨一生，则小人得容其间。得容其间，则三至之言，浸润之谮，纷错交至，虽使至明至亲者处之，犹难以自定，况己为隙，且未能明者乎？是故张、陈至于血刃，萧、朱不终其好，本由于此而已。夫不舍小过，纤微相责，久乃至于家户为怨，一国无复全行之士也。[①]

诸葛恪认为“当今取士，宜宽于往古”，如果“不舍小过，纤微相责”，苛责过细的话，可能“至于家户为怨，一国无复全行之士”，因此也主张对属吏予以宽容。

凌文超先生分析了黄盖以军法处斩两掾、治理石城县的案例，

① 陈寿：《三国志》卷64《吴书·诸葛恪传》，第1433页。

认为这是在法制内整顿吏治的治理模式。[①]可惜的是，这种治理模式并不长久，更未得到推广。吕壹被诛之后，孙权将督查权力交给地方长官，而很多地方长官则采取了恩待属吏的策略。造成基层吏治弊端的直接主体，正是各个衙署的属吏。吴简《田家莂》自不用说，前引案例中左节度中的下吏、石城县的两掾、阳羡的功曹周谷以及典军吏刘助等，无疑都是属吏。此外，那些负责校核的"田户曹史""田户经用曹史"等，也是地方属吏。但是，基层吏治的罪魁祸首却得到地方长官的庇护和纵容。由此可知，孙吴基层吏治弊端丛丛，与地方长官对下属舞弊行为的容许态度密不可分。

与孙权严厉整顿吏治的态度不同，陆逊、诸葛恪等地方长官选择了恩待属吏。虽然"忘过记功""以功覆过"曾是孙权的选士宗旨，[②]但长官恩待属吏，容易与属吏形成休戚与共的利益关系。早在西汉武帝时期，就有地方长官故意选任奸吏的陋习。《汉书·贡禹传》载：

武帝始临天下，尊贤用士，辟地广境数千里，自见功大威行，遂从耆欲，用度不足，乃行壹切之变，使犯法者赎罪，入谷者补吏，是以天下奢侈，官乱民贫，盗贼并起，亡命者众。郡国恐伏其诛，则择便巧史书习于计簿能欺上府者，以为右职；奸轨不胜，则取勇猛能操切百姓者，以苛暴威服下者，使居大位。[③]

汉武帝时期，已有地方郡国守相任用奸吏欺上压下、为祸一方的现象。孙吴时期是否存在此类现象尚不得而知，不过属吏与主官

① 凌文超：《黄盖治县：从吴简看〈吴书〉中的县政》，《"中央"研究院历史语言研究所集刊》第91本第3分册，2020年。

② 胡守为：《暨艳案试析》，《学术研究》1986年第6期。

③ 班固：《汉书》卷72《贡禹传》，第3077页。

的一体利害关系是确实存在的。"初,（蒋）钦屯宣城，尝讨豫章贼。芜湖令徐盛收钦屯吏，表斩之，权以钦在远不许，盛由是自嫌于钦。"[①]属吏与长官之间一旦形成利害关系，就容易滋长地方势力，这不利于中央统治。但中书典校失败之后，长官恩待属吏的态度得到中央政府的默许。一方面是本地属吏通过文书进行徇私舞弊的现象十分严重，一方面是地方长官对吏治腐败的容忍和对属吏的纵容，这就决定了孙吴基层吏治的腐败现象将长期存在。

第三节　地方大族、本地属吏与孙吴政治格局的形成

孙权和地方长官对待基层吏治的两种不同态度，反映出二者相互冲突的政治诉求。对于孙权和孙氏皇族而言，整顿基层吏治，或者将基层吏治的腐败控制在一定范围内，不仅可以保障百姓的基本生活，也可以削弱地方长官培植的私人势力，从而巩固皇权，确保国家长治久安。但是，对于地方长官而言，纵容本地属吏的违法犯罪，默许他们的腐败行为，甚至从中分取利益，才能得到属吏们的支持和拥护，形成共同的利益集团，壮大自己及家族势力，进而成长为雄霸一方的地方大族。孙氏皇族、地方大族、本地属吏三者之间的角力，不仅成为孙吴基层吏治弊端难以根除的社会根源，也对孙吴政治格局的形成产生了重要影响。

如前所述，孙权试图通过中书典校来整顿吏治、进而抑制地方大族的势力，但却以失败告终。中书典校失败之后，孙权转为安抚地方长官，将督察属吏的权力交还到地方长官手中，对地方势力予

① 陈寿:《三国志》卷55《吴书・蒋钦传》，第1287页。

以妥协和让步。但是，对于努力整顿吏治、抑制地方大族的孙权来说，中书典校既不是开始，也不是结束。

一、暨艳案与孙权的前期努力

在吕壹等典校文书事件之前，曾有暨艳检校郎署的事件。庄辉明先生认为二者存在内在联系，吕壹案是继暨艳案之后淮泗集团与江东大族之间的又一次冲突和较量，并以孙权向江东大族妥协而告终。[①]田余庆先生认为暨艳案充斥着孙吴政府和吴四姓等世家大族的利益纷争，孙权最终选择了维护江东大族特别是吴四姓的仕宦特权。[②]不论曾经如何斗争，暨艳检校郎署的行为应是在孙权的支持下进行的。《三国志·吴书·张温传》载：

（暨）艳性狷厉，好为清议，见时郎署混浊淆杂，多非其人，欲臧否区别，贤愚异贯。弹射百僚，核选三署，率皆贬高就下，降损数等，其守故者十未能一，其居位贪鄙，志节污卑者，皆以为军吏，置营府以处之。而怨愤之声积，浸润之潜行矣。[③]

暨艳等人检校郎署的行动，非一朝一夕之事。如果没有孙吴最高统治者孙权的认可和支持，几乎不可能付诸实施，更不可能产生如此大的影响。如果孙权不首肯，只需一道诏令便可将其调离或贬斥，又何来“怨愤之声积”？至于后来孙权处罚暨艳，如同处罚吕壹一样，实为不得已而为之。

孙权为什么要支持暨艳和吕壹来检校臣下言行？这需要结合当

---

① 庄辉明：《暨艳案与吕壹事件再探讨》，《江海学刊》1996年第1期；庄辉明：《孙吴时期两大利益集团间的冲突与平衡》，《探索与争鸣》1996年第5期。

② 田余庆：《暨艳案及相关问题——再论孙吴政权的江东化》，《秦汉魏晋史探微》（重订本），北京：中华书局，2011年，第298—329页。

③ 陈寿：《三国志》卷57《吴书·张温传》，第1330—1331页。

时孙吴政权所面临的内外环境来分析。此时官渡之战早已结束，曹魏虽偶有南征，但已不能动摇孙吴政权的根本。加之孙权以关羽首级献与曹魏，二者关系虽有猜疑但已大为好转。孙吴在较近的夷陵之战中取得巨大胜利，蜀汉不仅无力报复，还遣使修好，三家鼎立之势已然形成。此时的孙吴政权面临着前所未有的良好局面。但是，伴随着外部环境的好转，原本已经存在的、严重的内政问题变得更加突出而为孙权所重视。这其中既有孙氏皇族与地方大族之间的利益关系问题，也有各级官府中普遍存在的吏治腐败问题。地方大族的利益斗争涉及孙吴政权的上层关系，吏治则涉及中下层的本地属吏与百姓的利益。如何处理这些问题，以确保孙氏皇族能始终掌握最高权力，以及保障孙吴政权的长治久安，这是十分重要但又非常棘手的问题。外部环境好转，孙权有了足够的精力来整顿内部事务。在孙权支持下的暨艳案和吕壹案，正是孙权试图整顿内部事务的体现。暨艳案针对的主要是郎署，吕壹案则扩大到所有官府机构。两案不仅有抑制地方大族势力的意图，也伴随有整顿吏治的现实考虑。胡守为先生认为："张温、暨艳等实有改革孙吴吏政的意图。"[①]暨艳之所以检校郎署，正是因为郎署"混浊淆杂，多非其人"。吕壹典校文书，也面临着普遍的文书错误和严重的吏治腐败问题。郎署混杂、文书错误、吏治腐败等问题，有识者不会没有察觉。不过，出于自身利益的考虑，他们大多视而不见。当触犯到自己利益时就激烈反对，甚至互通消息，群起攻之，以至于吏治状况不能有效改善。暨艳和吕壹失败后，孙权只能向地方大族妥协，承认其利益，同时也就默许了吏治弊端的继续存在。维持吏治现状，

① 胡守为：《暨艳案试析》。

成为地方大族和属吏与孙权博弈中的一大“胜利”。

二、督将制、世袭领兵制与孙权的平衡政治

在暨艳案和吕壹案中，孙权的诸多努力受挫，但孙权并未因此放弃，而是另谋他法来保障孙氏皇族的地位。督将制即为措施之一。[①]就《三国志·吴书》所见，孙吴政权带“督”的名号五花八门，让人眼花缭乱。有都督、督军、大督、大都督等名号；有用方位命名的“督”，如左右督、左右将督、右部督、外部督、前部督等；有以兵种命名的“督”，如羽林督、绕帐督、帐下别督、无难督、解烦督、部曲督、水军督、营都督、五营督、骑督、虎林督等；有督某地者，如濡须督、夏口督、西陵督、武昌督、武昌左部督、乐乡都督、京下督、牛渚都督、江陵督、公安督、沔中督、吴郡都督、芜湖督、柴桑督、中夏督、巴丘督、都下督等；有督某一区域者，如三郡督、“都督信陵、西陵、夷道、乐乡、公安诸军事”“督扶州以上至皖”“督中外诸军事”；有临时性的“督”，如升城督、前锋都督、大都督；还有如督校兵、督军校尉、都护督、持节都督，等等。学者将孙吴的都督分为三级：（1）大都督区，长官称都护督；（2）小督区，长官称为大督或都督；（3）督镇，长官称为督。督与大督多为世袭。[②]孙吴督将不仅类型多样，而且人数众多。如此，单个督将所领本部兵马不会太多，督数万人作战的大都

① 张鹤泉、雷家骥等先生曾对孙吴督将制度进行过专门研究。分别参见张鹤泉《孙吴军镇都督考略》，《魏晋南北朝都督制度研究》，长春：吉林文史出版社，2007年，第19—31页；雷家骥《汉晋之际吴蜀的督将与都督制》，武汉大学中国三至九世纪研究所编：《魏晋南北朝隋唐史资料》第37辑，上海：上海古籍出版社，2018年，第1—54页。

② 陈仲安、王素：《汉唐职官制度研究》（增订本），上海：中西书局，2018年，第186—187页。

督已是督了多个督将。田余庆先生曾指出：“孙权荆州用兵，例置左右部督，指挥不专一人，取其制衡之意。”[①]督将制的推行，可以确保单个督将所领本部兵马有限，确有相互制衡的意图。

孙吴又有世袭领兵制度。孙氏开疆扩土过程中常授功臣武将兵，武将平叛后可以料兵，甚至还可以请求募兵。授功臣兵者少则数百，多则数千。孙吴大臣武将多领兵，但所领兵马并不多，一般数千人，领兵上万者并不多见。“（鲁肃）威恩大行，众增万余人”，“（诸葛）恪自领万人，余分给诸将”。[②]此类情况已是罕见。这种领兵制度还可世袭。父死儿子代为领兵，兄死其弟代为领兵。高敏先生指出，孙吴的世袭领兵制有两种类型，一是将领身份、地位及军事指挥权的世袭，一是兵士本身归属权的世袭。这种世袭将强化兵士与将领之间的隶属、依附关系，对孙吴政局产生了重要影响。[③]正因如此，孙吴宗室才对领兵者有所防范。管见所及，世袭所领多为旧有兵马，一般不增兵。陆逊死后，其子陆抗“领逊众五千人”。[④]夷陵之战中立有大功的陆逊所领本部兵马不过五千人，其他武将所领兵马数量也就可想而知。据学者统计，《三国志·吴书》明确记载享有世袭领兵特权的就有30人左右。[⑤]孙吴总兵数毕

① 田余庆：《暨艳案及相关问题——再论孙吴政权的江东化》，《秦汉魏晋史探微》（重订本），第324页。

② 陈寿：《三国志》卷54《吴书·鲁肃传》，第1271页；《三国志》卷64《吴书·诸葛恪传》，第1431—1432页。

③ 高敏：《孙吴世袭领兵制度探讨》，《魏晋南北朝兵制研究》，郑州：大象出版社，1998年，第68—95页。

④ 陈寿：《三国志》卷58《吴书·陆逊传》，第1354页。

⑤ 陈明光：《孙吴三项财经措施作用析疑》，《汉唐财政史论》，长沙：岳麓书社，2003年，第60页。

竟有限，领兵将领越多，单个将领所领兵马就越少。虽然世袭领兵“难以视为私有化的军队”，[①]但让有限的兵力分散于诸多将领手中，这有分散兵力、相互制衡和便于控制的现实考虑。

能为督将、领兵者多为地方大族。地方大族领兵为将，权势不可小视。一方面，地方大族都能参与政治，分享权力。另一方面，通过兵力和权势的分散，地方大族的权势较为有限，且相互制衡。如此，孙权既以利益笼络了地方大族以换取支持，又可保证大族势力不会超越孙氏皇族。孙吴中后期朝政虽乱，但多为中央争权。地方叛乱影响有限，且很快被平定，并不动摇国家根本。这种地方大族分享政权、相互制衡，最后以保证皇权的政治格局，无疑是孙吴政权持续数十年的重要原因之一。

三、孙吴政治格局的初步形成

孙权对地方大族的妥协和让步，让地方大族势力得以共享政权。但同时又搞平衡政治，将有限的国家力量分散到众多的地方大族身上，进而保证孙氏皇室不被取代。唐长孺先生指出，孙氏政权的基础是“以孙氏为首的若干宗族联盟”。[②]点明了孙氏皇族与地方大族之间的政治关系。对于地方大族而言，他们统兵为督，对属吏予以恩待和容许，将其纳入自己的势力范围之下，从而在自己的军事实力之外建立起实际可靠的政治势力。孙皓主政时期，左丞相陆凯曾上疏痛斥时弊。孙皓虽然非常气愤，试图将其治罪，但因陆抗

① 何德章：《三国孙吴兵制二题》，武汉大学中国三至九世纪研究所编：《魏晋南北朝隋唐史资料》第25辑，武汉：武汉大学文科学报编辑部，2009年，第47页。

② 唐长孺：《孙吴建国及汉末江南的宗部与山越》，《魏晋南北朝史论丛》，北京：中华书局，2011年，第17页。

领兵在外，只能“以计容忍”。[①]孙氏皇权与地方大族之间的微妙关系，由此可见一斑。

自两汉以来，地方豪族逐渐兴起。不少豪族通过出任本地属吏，逐渐成为影响地方的实力人物。卜宪群师指出，豪民官僚化是影响汉代乡里社会和国家秩序的重要因素。[②]不仅如此，太守到任后慰问属吏已蔚然成风。《汉书·朱博传》载：

齐郡舒缓养名，（朱）博新视事，右曹掾史皆移病卧。博问其故，对言：“惶恐！故事二千石新到，辄遣吏存问致意，乃敢起就职。”博奋髯抵几曰：“观齐儿欲以此为俗邪！”[③]

孙吴时期地方属吏势力依然十分强大。《三国志》载：

九真太守儋萌为妻父周京作主人，并请大吏，酒酣作乐，功曹番歆起舞属京，京不肯起，歆犹迫强，萌忿杖歆，亡于郡内。歆弟苗帅众攻府，毒矢射萌，萌至物故。

县吏斯从轻侠为奸，（贺）齐欲治之，主簿谏曰：“从，县大族，山越所附，今日治之，明日寇至。”齐闻大怒，便立斩从。从族党遂相纠合，众千余人，举兵攻县。[④]

郡县属吏亲党能起兵反抗，攻击官府，势力不容小觑。

关于长官与属吏的关系，一般认为属吏为长官辟除，自然是长官控制属吏。若从自上而下的视角，这种看法自然没错。但也应看

---

① 陈寿：《三国志》卷61《吴书·陆凯传》，第1400—1403页。

② 卜宪群：《秦汉乡里社会演变与国家治理的历史考察》，《中国社会科学》2022年第3期。

③ 班固：《汉书》卷83《朱博传》，第3400页。

④ 陈寿：《三国志》卷53《吴书·薛综传》，第1252页，《三国志》卷60《吴书·贺齐传》，第1377页。

到很多属吏抑制长官的例子。汉代以来就存在地方属吏“轻谩长吏”“欺隐长吏”“朋党比周”等现象。[①]在长官与属吏的关系中，存在长官控制属吏的一面，同时也存在属吏抑制长官的一面。这种自下而上的属吏与长官的关系，在孙吴时期表现得也很明显。《三国志·吴书·朱治传》载：“公族子弟及吴四姓多出仕郡，郡吏常以千数。”[②]公族及大族子弟出仕郡县，郡守县令难免有所顾忌。因为本地属吏势力的存在，到任长官往往需要结交属吏，试图将其纳入自己麾下。面对属吏的文书错误等舞弊行为，地方长官恩待属吏、“以安下情”的态度选择，无疑是笼络属吏的重要手段之一。属吏多为本地人，在本地区域内具有不可小视的政治、经济和社会影响力，有罪又得恩待，这会促使本地属吏势力的强化。

正是在处理孙氏皇族、地方大族与本地属吏的多种关系中，孙吴的政治格局得以初步形成。[③]其结构大致如下图（图6.1）所示：

① 赵光怀：《吏员制度与秦汉政治》，济南：山东人民出版社，2012年，第168—169页。

② 陈寿：《三国志》卷56《吴书·朱治传》，第1305页。

③ 林昌丈先生也注意到地方大族、属吏与孙吴政权建立的密切关系并专门论述，详见氏著《社会力量的合流与孙吴政权的建立约论》，武汉大学中国三至九世纪研究所编：《魏晋南北朝隋唐史资料》第32辑，上海：上海古籍出版社，2015年，第1—22页。

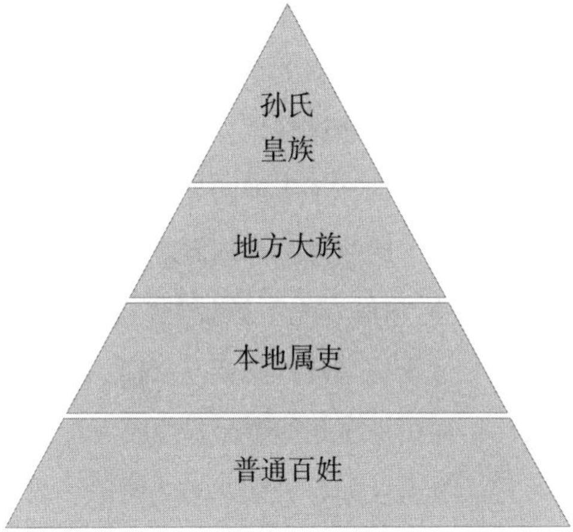

图6.1：孙吴政治格局示意图

这种政治格局具有强烈的身份性和等级性，并依此进行权力和利益分配。从政治格局的完整性讲，普通百姓也是其中之一。但除了极少数人有机会跻身上一等级之外，绝大多数百姓并不能享受到这种政治格局所带来的权力和利益。孙吴政治格局的基础和统治对象，正是这些为数众多的普通百姓。一方面，普通百姓处于社会的最底层，最受剥削和压迫，他们只能铤而走险，起来反抗，故而孙吴多有叛走、民变。另一方面，要想维护自身的利益，就只有加入到此政治格局之中。故而孙吴吏员承担的差役并不算轻，但属吏依然不少。因为他们自有生财之道，且得到地方长官的庇护。至于百姓之外的其他身份如奴婢等，并不能进入此政治格局之中，而只能依附于其中的某些身份。

孙吴政治格局形成的原因纷繁复杂，我们无意通盘考究。孙氏皇族与地方大族之间的关系，学界也多有论析，不再赘述。孙吴前期普遍存在的文书错误现象，虽然并非孙权政权所独有，但此现象的普遍存在以及涉及的各方利害关系，确实对孙吴政治格局的形成产生了重要影响。面对文书错误现象，孙权和地方长官（多为地方大族）从各自利益出发，选择了不同的处置态度，相互之间进行了激烈斗争。这种利益博弈的结果是孙权向庇护下属并得到支持的地方长官作出让步，暨艳和吕壹先后被处死。督军制和领兵制的推行，让孙吴的地方大族既分享政权又相互制衡，以确保孙氏皇族的地位。孙吴的政治格局正是在此种情况下形成。

孙吴政治格局的身份性和等级性并非绝对地一成不变，而是允许上下流动。田余庆先生指出，孙权用人除了参用江东大姓外，也提拔出自寒微卑贱的社会阶层。[①]唐长孺先生已注意到，孙权时期的重要人物如张昭、周瑜、诸葛瑾、鲁肃、吕蒙等北来大族，其后人受到南方大族的排挤而再无显著人物出现。[②]北来大族和南方大族的势力此消彼长，南方大族的地位也并非一成不变。《世说新语·赏誉篇》中关于吴旧姓，有吴、朱、严、顾、张、陆之说，也有以张、朱、陆、顾为吴四姓之说。[③]这可能与各家族的地位变化有关。但是，个别家族的地位变化并不影响孙吴政治格局的整体稳定。孙吴的政治格局也确实发挥了保障孙氏皇族地位的作用。即便是在孙皓已经离心离德、朝野皆怨的时候，孙氏皇族也没有被地方大族推翻，而是在西晋的征伐下覆亡。此种情况的出现，与孙权时期形成的政治格局不无关系。

---

① 田余庆：《暨艳案及相关问题——再论孙吴政权的江东化》，《秦汉魏晋史探微》（重订本），第320页。

② 唐长孺：《孙吴建国及汉末江南的宗部与山越》，《魏晋南北朝史论丛》，第20—21页。

③ 余嘉锡：《世说新语笺疏》，第381、431页。

需要说明的是，孙吴政治格局特别是地方大族相互制衡的局面，是在汉末天下大乱后逐步形成的，也将对后世政治产生影响。东晋皇帝垂拱、门阀共存的门阀政治，就是门阀大族相互制衡的结果。

第七章

孙吴田租、亩产与民众生活选择

孙吴政府曾赋予吏民诸多身份，并通过这些身份系统建立起较为稳定的社会身份秩序。对此身份秩序下，孙吴民众选择如何生活，有进行专门考察的必要。生活选择是多方面的，影响选择的因素也非常复杂。在此，我们准备从传统社会中对民众影响最为直接的田租入手，通过对孙吴田租和亩产量的考察，来分析当时民众的生活状况。在此基础上，通过对秦汉魏晋南北朝时期土地产量和田租制度的梳理，总结出近千年间社会经济的变化，并对此变化下民众的生活选择进行简要分析。

第一节　吴简所见孙吴田租及相关问题

走马楼吴简中有很多关于孙吴的经济资料，是研究孙吴社会经济的重要材料。学者对吴简所见土地的性质、孙吴的土地制度及租税交纳等进行了多角度的研究，已有相当丰富的研究成果。[①]随着吴简的陆续公布，又发现了一些新的租税资料。此以吴简为依据，对孙吴的田租额、土地类型、亩产量等问题进行论述。

一、吴简所见孙吴的田租额

早先所见孙吴的田租额出于《嘉禾吏民田家莂》。《嘉禾吏民田家莂》中士、复民、州吏等的田租交纳标准并不相同，不过都低于一般民众的交纳标准。一般民众常限熟田每亩交米1.2斛，是田家莂中最高的田租额。壹·1637载：

领二年民田三百七十六顷六十五亩二百卅八步亩收米一斛二斗合四万五千一百九十九斛一斗。

民田“亩收米一斛二斗”的标准与田家莂中普通民众常限熟田的田租额相同，熊曲先生认为它是税田。[②]壹·1671中载：

其三百七十二顷卅九亩九十四步收米四万四千六百八十七斛二斗七升民税田先所□

其四百十七亩百卅四步收米五百一十一斛九斗二升九□火种田后吏□□□□□

民税田的交米记录虽没有记载田租额，但计算所得平均每亩约为米1.2斛，[③]应是按常限熟田的田租额收米。

田家莂中各种类型土地的田租额都有明确记录。不过，吴简其

① 详见长沙简牍博物馆编《嘉禾一井传天下：走马楼吴简的发现保护整理研究与利用》，长沙：岳麓书社，2016年，第232—236页。

② 熊曲：《走马楼吴简嘉禾五年诸乡田顷亩收米乡住簿研究》，邬文玲、戴卫红主编：《简帛研究2020》春夏卷，桂林：广西师范大学出版社，2020年，第290页。

③ 火种田平均每亩交米约1.23斛，与吴简中的田租额无一相符。简中也未出现“亩收”字样，米1.23斛是不是火种田的田租额尚难断定，暂不视为田租额。

他简中的租税资料远较田家莂复杂，如下几条关于租税交纳的资料：

其卌亩郡吏董诵租田收米卅斛二斗四升　叁·2027

平乡领州吏田一顷卌四亩收米十四斛二斗四升　叁·6254

东乡领余力田一顷一百廿步收租米十一斛二斗　叁·6256

中乡领余力田五顷七十六亩收租米二百廿六斛八斗　叁·6272

叁·2027中的郡吏“租田”平均每亩交米0.756斛，叁·6254中的平乡“州吏田”平均每亩交米约0.1斛，叁·6256和叁·6272中的东乡、中乡“余力田”平均每亩交米分别为0.11斛和0.39斛，相差三倍以上。此4简中平均每亩交米数都低于田家莂中相应田地的田租额。这些租税记录可能是统计时已经交纳的部分田租，实际上还有拖欠的田租没有交纳完毕。或者所记田亩数中包含了“旱败不收”的田地，只是在记录时没有明确说明。不论如何，这些简中平均每亩的交米数不是孙吴的田租额。

吴简中有几枚简明确记载了亩租额，与田家莂中的田租额也不相同。如下：

右二年佃卒田三顷六十亩々收限米二斛合□☑　壹·1534

领二年邮卒田六顷五十亩々收限米二斛合为吴平斛米一千三百斛　壹·1635

领二年佃（？）卒（？）卫士田七十五亩々收限米二斛合为吴平斛米一百五十斛　壹·1669

☑□卅三亩五□步屯田民田亩收米一斛六斗为米六百九十　叁·6323

定领七十三亩亩收八斗为米五十八斛四斗　柒·3233

西乡领粢田十二亩二百步亩收八斗为米十斛一斗六升八合　柒·3251

其廿顷廿三亩郡县吏田亩收租七斗五升六合□□　⧄

伍·4597

这7枚竹简明确记载了“亩收”字样，为孙吴的田租额无疑。这意味着在田家莂之外，孙吴至少还存在4种标准的田租额。佃卒田、邮卒田、卫士田的田租额为米2斛，屯田民田的田租额为米1.6斛，粢田的田租额为0.8斛，[1]郡县吏田租额为0.756斛。简柒·3233未载田地性质，但从“亩收八斗”的田租额看，可能与柒·3251一样也是粢田。这4种田租额不见于田家莂，数额也有所差别。

此外，还有1枚简可能也与田租额有关。壹·1399载：“⧄五十九亩亩税租米七斗□⧄。”此简虽没有在简文中写明“亩收”字样，但“亩税租米七斗”很难理解成是59亩田的交米数额，理解为田租额更为合适。此田租额与其他田租额也不相同。因为简文残缺，尚不知道这是哪一种类型田地的田租额。

就目前资料所见，孙吴的田租额较为复杂，大致有如下几种（表7.1）：

表7.1：吴简所见孙吴田租额一览表（单位：斛）[2]

田地类型	田租额（米的性质）	出处	田地类型	田租额（米的性质）	出处
佃卒田	2（限米）	壹·1534	士（常限熟田）	不交	田家莂

① 也有粢田不交田租，如陆·2334载：“……郡吏何平烝□□邓等粢不收租。”郡吏何平等人所种粢田不交田租，但年份不明，原因也不清楚。

② 侯旭东先生也曾列表吴简中的田租额，参见氏著《走马楼竹简的限米与田亩记录——从“田”的类型与纳“米”类型的关系说起》，长沙简牍博物馆、北京吴简研讨班编：《吴简研究》第2辑，武汉：崇文书局，2006年，第167—168页。本表增加了后来公布的新资料。

续表

<table>
<tr><th>田地类型</th><th>田租额（米的性质）</th><th>出处</th><th colspan="2">田地类型</th><th>田租额（米的性质）</th><th>出处</th></tr>
<tr><td>邮卒田</td><td>2（限米）</td><td>壹·1635</td><td colspan="2">复民（常限熟田）</td><td>0.586（不明）①</td><td>田家莂</td></tr>
<tr><td>卫士田</td><td>2（限米）</td><td>壹·1669</td><td rowspan="2">州吏</td><td>常限租田</td><td>0.586（租米）</td><td rowspan="2">田家莂</td></tr>
<tr><td>屯田民田</td><td>1.6（不明）</td><td>叁·6323</td><td>税田</td><td>1.2（税米）②</td></tr>
<tr><td>粢田</td><td>0.8（不明）</td><td>柒·3251</td><td>郡县吏</td><td>租田</td><td>0.756（租米）③</td><td>伍·4597</td></tr>
<tr><td></td><td></td><td></td><td rowspan="2">民</td><td>常限熟田</td><td>1.2（税米）</td><td rowspan="2">田家莂</td></tr>
<tr><td>不明</td><td>0.7（税租米）</td><td>壹·1399</td><td>余力熟田</td><td>0.456（0.4）④（租米）</td></tr>
</table>

田家莂中郡吏、县吏、军吏和州卒、郡卒、县卒的田租额与普通民众的田租额相同，不单独列于表中。由上表可知，孙吴田租额至少有9种，从高到低分别为米2斛、米1.6斛、米1.2斛、米0.8斛、米0.756斛、米0.7斛、米0.586斛、米0.456斛（米0.4斛）和

① 田家莂没有记录复民常限熟田所交米的性质。贰·522和叁·1983中有复民交纳“限米”和“租米”的记录。但依据田家莂的记载，只能说复民所交米的性质不明。另外，陆·66载：“·右五年领复民田一顷五十七亩五十步亩收租米五斗八升五合为米六十八斛五斗七升。”亩租额为0.585斛，与田家莂中复民的亩租额相近，不再单列。

② 此田租额只出现于嘉禾五年。嘉禾四年州吏只有租田没有税田，没有米1.2斛的田租额。

③ 伍·1722：“郡吏沅欧（？）□卅二……步亩收租米七斗五升六合√廿五斛三斗三升七合。”据此可知“郡县吏田”交的是租米，对应的应是租田。

④ 嘉禾四年为0.456斛，嘉禾五年为0.4斛。

不交田租。不仅田租额不同，所交米的性质也不同。常限熟田一般交纳税米，佃卒田、邮卒田、卫士田等身份特殊者所交的则是限米。值得一提的是，虽然这些田租数额不同，但都是定额租。[①]吴简中尚未见到分成租的记录。

不同的田租额对应着不同的耕种者。佃卒、邮卒、卫士耕种的田地田租额最高。同样为吏，州吏的田租额与郡吏、县吏、军吏的田租额并不相同。同样是民，屯田民、复民与其他民众的田租额也存在差别。与田家莂中士耕种的常限熟田不交田租相比，限米2斛的卫士田田租额则要高出很多。田租额也因田地类型不同而有所差异。田家莂中田地有熟田、旱田之分，旱田不收米。熟田分为常限熟田与余力熟田，常限熟田的田租额远高于余力熟田的田租额。粢田的田租额与其他田地的田租额也不相同，可能跟其性质有关。由此可见，孙吴田租额较为复杂，具有多样化特征。

二、孙吴田地的类型与分类

孙吴田租额较为复杂，与田地类型多样直接相关。就吴简所见，除了屯田这一类型外，孙吴田地大致可分为以下几类。

1. 按耕种者身份分

田地类型跟耕种者身份有关。如佃卒田、邮卒田、卫士田、屯田民田、民税田等，都对应着相应的耕种者身份。此外，还有复民田（壹·1605）、民复田（贰·7381）、吏复田（肆·1277）、□兵田（叁·1937）、客限田（叁·1736）、子弟限田（贰·1636）等，都是以耕种者身份划分的田地类型。吴简中以身份交纳的各种限

① 于振波师曾指出吴简中的屯田大概都是定额租，参见氏著《走马楼吴简中的“限米”与屯田》，《走马楼吴简初探》，台北：文津出版社，2004年，第42页。

米、租米、税米等，都对应着相应类型的田地。[①]田地类型、交米性质与耕种者身份之间存在关联。

2. 按田地性质分

吴简中的田地有火种田、二年常限田、余力田、熟田、旱田等，属于不同性质的田地。此外还有波田（叁·7218）、波唐田（叁·7241）、溏波田（叁·7244），它们是跟水利有关的田地，可能是同一类型田地的不同称呼。[②]吴简中又有粢田。粢田有吏民粢田（柒·2294）、郡士粢田（柒·3116）和屯田民粢田（柒·3195）的差别，耕种者有男子（壹·221）、佃吏（壹·1389）、叛士（壹·2106）、夷民（叁·1926）、郡士（叁·5299）等，所交米有粢租米（壹·69）、粢限米（壹·1838）、粢税米（壹·5239）、旱粢租米（叁·1677）等。粢田可能是按田地性质分类的田，所交米的性质不同是因耕种者身份不同所致。不过，粢田的具体性质为何目前尚不确定。[③]

3. 按土地肥沃程度划分

田家莂中"旱败不收"的田与"旱田"应是性质相同的田地。旱田不只是与"熟田"相对的一种土地，也是一种收成较低的土

① 侯旭东：《走马楼竹简的限米与田亩记录——从"田"的类型与纳"米"类型的关系说起》，《吴简研究》第2辑，第160页。

② 孙闻博：《走马楼吴简"枯兼波簿"初探》，卜宪群、杨振红主编：《简帛研究2008》，桂林：广西师范大学出版社，2010年，第281页。

③ 陈荣杰先生认为粢田是种植粟的田地，熊曲先生认为粢米是稻米的一种，未知孰是。分别参见陈荣杰《走马楼吴简词汇研究丛稿》，重庆：西南大学出版社，2021年，第131页；熊曲《走马楼吴简嘉禾五年诸乡田顷亩收米乡住簿研究》，《简帛研究2020》春夏卷，第290页。

地。[①]或认为“熟田”“旱田”是国家征收田租的专门术语，熟田是高产田，旱田是低产田。[②]或认为作为规定好等级和租税标准的规定田，定收田（熟田）本质上是一种优质田、高产田。[③]或认为“旱田”“熟田”都是种植水稻的农田，“熟田”是有灌溉水源保障的稻田，“旱田”是缺乏灌溉水源的稻田。[④]吴简中还有荒田（叁·6439）、沃田（叁·6311）。荒田应是已荒废的田。沃田可能是新开垦的得到水利灌溉的田，[⑤]产量应不会太低。

4.其他性质的田

除了上述田之外，还有一些田。肆·3989载：“·定故（？）生田九十八顷五十☒。”“故生田”可能是旧有的生田，也可能是一种性质未明的田。

除了以上可以确定为田地类型的田地外，孙吴时期是否存在按大小分类的田地尚难以断定。叁·3548载有“火墝大田”，壹·4459载有“日町长沙大田中部督邮书掾”。“大田”可能表示地理位置，如吴简中的“大田丘”，也可能表示一种田地类型。不过，孙吴时期长沙地区土地执行的是240步1亩的大亩制。[⑥]如果真的存在以大小分类的田地，分类标准是与亩制有关还是与田地的面

---

① 张荣强：《孙吴〈嘉禾吏民田家莂〉“二年常限”解》，《汉唐籍帐制度研究》，北京：商务印书馆，2010年，第325页。

② 臧知非：《三国吴简“旱田”“熟田”与田租征纳方式》，《中国农史》2003年第2期；陈荣杰：《走马楼吴简佃田、赋税词语研究》，第47页。

③ 路方鸽：《〈嘉禾吏民田家莂〉“定收田”考》，《中国农史》2014年第2期。

④ 王勇：《也释吴简〈嘉禾吏民田家莂〉中的“旱田”与“熟田”》，西北师范大学历史文化学院等编：《简牍学研究》第6辑，兰州：甘肃人民出版社，2016年，第152—161页。

⑤ 凌文超先生认为“沃田”是“引陂塘水灌溉田地”之意，参见氏著《走马楼吴简采集簿书整理与研究》，桂林：广西师范大学出版社，2015年，第448页。

⑥ 孙继民：《走马楼〈嘉禾吏民田家莂〉所见孙吴的亩制》，《中国农史》2002年第2期。

积大小有关也是一个问题。

吴简中有与“田”相关的丘，如公田丘（田家莂4·131）、阿田丘（田家莂4·277）、松田丘（田家莂5·378、）、湖田丘（田家莂5·703）、大田丘（田家莂5·36）、中田丘（陆·4183）、小田丘（叁·6184）、山田丘（贰·6412）、平田丘（叁·5841）、伻田丘（叁·5877）、东田丘（壹·1396）、后田丘（贰·3884）、牙田丘（贰·1473）、员田丘（贰·5316）、新田丘（贰·5680）、郑田丘（壹·4256）、贝田丘（壹·6764）、虞田丘（叁·250）、竹田丘（叁·356）、渚田丘（叁·2662）、濮田丘（叁·2746）、舍田丘（肆·4348）、横田丘（伍·5947）、莒田丘（陆·3626）、[取]（？）田丘（柒·4221）、[坯]田丘（捌·3829）等。如果这些有“田”的丘名是社会现实的反映，那么“公田”“大田”“小田”“山田”等可能是某种类型的田地。不论如何，孙吴的田地类型具有多样化的特征，且没有统一的划分标准。

三、孙吴时期长沙地区的土地产量

吴简所见孙吴田租都是定额租。田租额的不同不是分成租的体现，而应与田租额制定依据——土地产量有关。佃卒、邮卒、卫士所交的米2斛为目前所见孙吴最高的田租额。田租额之所以如此之高，可能跟田地类型有关。刘宋元嘉三年（426），徐豁奏表中提道：

> 郡大田，武吏年满十六，便课米六十斛，十五以下至十三，皆课米三十斛，一户内随丁多少，悉皆输米。①

① 沈约：《宋书》卷92《良吏列传·徐豁》，北京：中华书局，1974年，第2266页。

当时武吏课米额很高，除了剥削较重外，可能也与所课的田“郡大田”的产量较高有关。佃卒田、邮卒田、卫士田与武吏耕种的“郡大田”是否相似目前还不清楚，但佃卒田、邮卒田、卫士田较高的田租额应与耕种土地的性质和产量有关。

关于孙吴土地产量的史料很少，《三国志·吴书·钟离牧传》载：

（钟离牧）少爰居永兴，躬自垦田，种稻二十余亩。临熟，县民有识认之，牧曰：“本以田荒，故垦之耳。”遂以稻与县人。县长闻之，召民系狱，欲绳以法，牧为之请。长曰：“君慕承宫，自行义事，仆为民主，当以法率下，何得寝公宪而从君邪？”牧曰：“此是郡界，缘君意顾，故来暂住。今以少稻而杀此民，何心复留？”遂出装，还山阴，长自往止之，为释系民。民惭惧，率妻子舂所取稻得六十斛米，送还牧，牧闭门不受。民输置道旁，莫有取者。牧由此发名。[①]

钟离牧垦田的收获，舂米、脱壳之后得米60多斛，按20余亩的面积计算，每亩产米约3斛。稻谷的出米率为50%，[②]3斛米相当于6斛稻谷。不过，此数据并不能代表孙吴地区普遍的亩产量。其一，6斛稻谷是新垦田的亩产量。新垦田的亩产量应较孙吴熟田、曹魏良田的亩产量低。其二，如果米3斛为孙吴普遍的亩产量，佃卒田、

① 陈寿：《三国志》卷60《钟离牧传》，第1392页。

② 于振波师依据睡虎地秦简《秦律十八种·仓律》和张家山汉简《算数书·程禾》，认为20斗稻谷出米10斗，此后“一米二谷”成为通常的出米比率。黄鸿山先生计算晚清丰备义仓稻谷出糙米率均值为51.90%，出白米率均值为45.39%。可见整个中国古代稻谷的出米率都在50%左右。分别参见于振波《走马楼吴简中的“限米”与屯田》，《走马楼吴简初探》，第31页注⑩；黄鸿山《晚清稻谷出米率与加工费用小考——以苏州丰备义仓资料为中心》，《古今农业》2012年第3期。

邮卒田、卫士田交租后每亩剩余1斛米，维持“五口之家”一年的口粮已非常困难，[①]却还要用此来支持家庭的其他开销，这明显不可能。民税田米1.2斛的田租额虽比佃卒田、邮卒田、卫士田的田租额低，但他们除了要交纳田租外还要负担各种赋税徭役，面临的境况并不见得比佃卒、邮卒和卫士好多少。6斛稻谷并不能代表孙吴地区普遍的亩产量。不过，新垦田尚且能亩产稻谷6斛，熟田等产量较高的田地亩产量应该不会太低。

长沙曾长期被视为经济落后的地区。《史记·货殖列传》曾言：

> 楚越之地，地广人希，饭稻羹鱼，或火耕而水耨，果隋蠃蛤，不待贾而足，地势饶食，无饥馑之患，以故呰窳偷生，无积聚而多贫。是故江淮以南，无冻饿之人，亦无千金之家。[②]

《汉书·地理志》说荆州“田下中，赋上下”。[③]西汉时期长沙地区并不是富足之地，但到了三国时期，长沙产好米已是远近闻名。《全三国文》卷7《魏文帝·与朝臣书》载：“江表惟长沙有好米，何得比新城秔稻邪？上风吹之，五里闻香。”[④]一般而言，普通百姓对土地产量的关心要胜过对质量的关心。长沙民众提高米的质量，应是在产量较高、能满足基本生活需要的前提下进行的。陈国灿先

---

①《汉书·食货志》中说魏国“食，人月一石半”。《九章算术·粟米》：“粟五十，粝率三十。一斛粟得六斗米为粝也。”粟的出米率为60%。1.5石粟相当于0.9石米。以“五口之家”估算，田租额米2斛的佃卒田、邮卒田、卫士田，至少需要耕种该类型田地54亩才能基本保证家庭的口粮。此还未考虑其他支出。据蒋福亚先生所作《吏民佃种亩积概略表》，田家莂中吏民佃种土地亩数在50亩以上的家庭很少，嘉禾四年约为25.4%，嘉禾五年约为13.2%，参见氏著《走马楼吴简经济文书研究》，北京：国家图书馆出版社，2012年，第16页。由此推测，交租之后每亩剩余的1斛米，将很难维持一家生计。

② 司马迁：《史记》卷129《货殖列传》，北京：中华书局，1982年，第3270页。

③ 班固：《汉书》卷28上《地理志上》，第1529页。

④ 严可均校辑：《全上古三代秦汉三国六朝文》，北京：中华书局，1958年，第1090页。

生认为江南地区在六朝以前虽然仍保留了火种的耕种方式，但耕种方式已有很大发展。[①]王玲先生认为汉晋时期荆州地区稻作有很大发展，湘江流域是稻米产量最高的地区。[②]孙吴时期的长沙不再是“火耕水耨”的长沙，耕种方式已有很大改进，亩产量也应有所提高。[③]

魏晋时期长沙地区的土地产量没有明确记录，不过东汉、三国时期其他地区的土地产量则有明确记载。《东观汉记·张禹传》载：

（张）禹巡行守舍，止大树下，食糒干饭屑饮水而已。后年，邻国贫人来归之者，茅屋草庐千户，屠酤成市。垦田千余顷，得谷百万余斛。[④]

东汉章帝时期下邳郡已经能达到亩产稻谷10斛。嵇康曾说：“夫田种者，一亩十斛，谓之良田，此天下之通称也。”[⑤]傅玄也曾说道：“近魏初课田，不务多其顷亩，但务修其功力，故白田收至十余斛，水田收数十斛。”[⑥]稻谷10斛应是东汉中后期以来社会上较为常见的良田亩产量。如果耕种者“不务多其顷亩，但务修其功力”，亩产量大幅提高是完全可能的。

孙吴时期南方较为安定的生产环境，人口的迁入和农业技术的

---

① 陈国灿：《“火耕水耨”新探——兼谈六朝以前江南地区的水稻耕作技术》，《中国农史》1998年第1期。

② 王玲：《汉魏六朝荆州地区的经济与社会变迁》，北京：中国社会科学出版社，2010年，第72—78页。

③ 陈明光先生也曾对孙吴亩产量和农业生产水平的提高有所论述，参见氏著《六朝财政史》，北京：中国财政经济出版社，1996年，第2—4页。

④ 吴树平：《东观汉记校注》卷16《张禹传》，北京：中华书局，2008年，第706页。

⑤ 嵇康：《养生论》，严可均校辑：《全上古三代秦汉三国六朝文》，第1324页。

⑥ 房玄龄等：《晋书》卷47《傅玄列传》，北京：中华书局，1974年，第1321页。

传入以及牛耕的推广，促进了长沙地区的农业生产，田地产量应有所提高。孙吴政府曾在长沙地区修建陂塘等水利设施，也很注重官牛的饲养。波塘的修建和官牛的饲养是应农业发展的需要，也必将促进产量的提高。定额租的确立和推行，也将推动土地产量的大幅增长（详后）。长沙地区的熟田应也能达到谷10斛的产量。[①]佃卒田田租额交米2斛，按照稻谷50%的出米率折算相当于稻谷4斛。关于曹魏屯田的田租率，《晋书·傅玄列传》载：

旧兵持官牛者，官得六分，士得四分；自持私牛者，与官中分，施行来久，众心安之。[②]

曹魏屯田田租率为不用官牛者五五分成，用官牛者六四分成。假如孙吴佃卒田租率与曹魏相同，则当时亩产量为8斛（五五分成）或6.67斛（六四分成）。意即，孙吴时期长沙地区土地能达到亩产稻谷6.67斛（或8斛）—10斛的水准。

就吴简所见，孙吴时期田租额跟田地类型直接相关，同时田地类型又受到耕种者身份的影响。田地类型、田租额、田地耕种者三者之中，起决定作用的应是田地耕种者。耕种者的身份决定所耕种田地的类型，也就决定着应交的田租额。孙吴政府正是通过“耕种者身份决定田地类型，田地类型决定田租额”的土地政策，来实现对不同身份人员的利益分配，进而实现以土地政策的身份性差别来控制民众的目的。田租额和田地类型的多样化和差异化，实际上是孙吴政府对社会身份进行差异化和等级化管理的经济体现。

---

① 林益德先生也认为：“土地自身的肥沃程度、水利设施之开发程度、耕作方法、作物品种等都会影响到收成量，在特定条件之下，亩收至10斛亦不无可能。”参见氏著《孙吴时期长沙郡的土地问题——以〈嘉禾吏民田家莂〉为中心》，《台湾师大历史学报》第56期，2016年。

② 房玄龄等：《晋书》卷47《傅玄列传》，第1321页。

第二节　汉晋时期的土地产量与田租制度

如前文所见，孙吴田租最高者达米2斛（=稻谷4斛），普通民田的田租也达到米1.2斛（=稻谷2.4斛）。这样的田租额不可谓不高。但是，即便在如此高额的田租制度下，除少部分人叛逃之外，孙吴民众并没有出现大规模的叛逃现象，更没有发生大规模的武装反抗事件。原因是多方面的。但就中国古代民众多因生活所迫才起而反抗的历史现象看，可能从经济方面寻找原因更为合适。既然土地产量和田租直接影响民众的生活选择，就有必要对土地产量、田租制度和民众的生活选择三者之间的关系进行分析。但孙吴资料有限。或许可以先对秦汉魏晋南北朝时期土地产量与田租制度进行梳理。厘清近千年间土地产量和田租制度的变化，有助于我们理解孙吴民众的生活选择。

一、相关经济史料辨析

关于秦汉魏晋时期土地产量和租税，学者引用较多的有3条材料：（1）《汉书·食货志》晁错的“百亩百石”，（2）曹魏“亩四升”的租庸调制，（3）《初学记》中关于西晋田租的记载。不少学者将它们作为确切的史料直接拿来论证，对其真实性与适用范围考察甚少。有鉴于此，有必要先对这些史料的真实程度和适用范围进行辨析。另外，亩制和量制的相关情况也有必要予以说明。

1.晁错“百亩百石”辨析

晁错曾对西汉前期的民众生活有过详细论述，原文载入《汉书·食货志》，其中提到了当时的土地产量，内容如下：

今农夫五口之家，其服役者不下二人，其能耕者不过百亩，百亩之收不过百石。[①]

这条资料常被学者引用，将其作为西汉前期社会经济发展水平以及民众生活的重要指标。但细读之后，我们发现这条史料的真实性可能存在问题。

（1）晁错“百亩百石”的说法较战国土地产量有很大退步

据《汉书·食货志》记载，李悝曾在魏国“尽地力之教”，“治田勤谨则亩益三升”。此时的亩产情况为：

今一夫挟五口，治田百亩，岁收亩一石半，为粟百五十石，除什一之税十五石，余百三十五石。…（中略）…上孰其收自四，余四百石；中孰自三，余三百石；下孰自倍，余百石。小饥则收百石，中饥七十石，大饥三十石。[②]

战国时期魏国的土地亩产量，在大熟年、中熟年、下熟年、寻常年、小饥年、中饥年、大饥年各有不同。寻常年为1.5石/亩，大熟年达到6石/亩，大饥年则只有0.3石/亩。晁错所说“百亩之收不过百石”的产量，较魏国寻常年份的产量还减产50%。[③]依晁错所言，西汉前期土地产量竟然只有战国时期魏国小饥年的土地产量，连寻常年份的产量都没有达到，更别说下熟、中熟及大熟之年了。难道在二百多年的历史中，[④]社会生产水平不仅没有进步反而有很大倒退？不论是社会生产环境，或者是农业生产技术水平，西汉文帝

① 班固：《汉书》卷24上《食货志上》，第1132页。

② 班固：《汉书》卷24上《食货志上》，第1124、1125页

③ 杨振红先生早已注意到此种情况，参见林甘泉主编《中国经济通史》（秦汉），第4章《农业经济》（杨振红撰写），北京：经济日报出版社，2007年，第174页。

④ 据《史记·魏世家》记载，魏文侯二十五年（前421）曾向李克（李悝）请教用人之道，推测此后不久李悝在魏国推行“尽地力之教”。晁错此道上疏当在文帝即位之初（文帝在前179年即位）。二者相距二百余年。

时期都不应比魏国时候差，但土地产量却比魏国少了一半。实在让人难以理解。

（2）“百亩百石”的土地产量难以维持五口之家的生活

魏国“岁收亩一石半”之时农夫“有不劝耕之心”，[①]已经难以避免生活贫困的境况。果真如晁错所说，西汉前期亩产是“百亩之收不过百石”，那么农家将如何生活？即便我们考虑到二者税额的差异，李悝时行什一之税，晁错时税制为三十税一，[②]五口之家百亩土地税后剩余的粮食，晁错时依然较李悝时候减少很多。李悝时税后家庭剩余135石，晁错时税后剩余96石，减少约39石。一般而言，民众的衣食住行等基本生活要求随着时间的变化会有所提高。即便保持不变，也不会大幅降低。同样是五口之家，同样是百亩之田，李悝时期民众已经艰难度日，如果西汉初期土地亩产量大幅下降的话，百姓将无法生存。

（3）汉代民众大多没有“百亩之田”

晁错所说是建立在五口之家有田百亩的假设之上。张家山汉简《二年律令·户律》中规定庶人可以占田一顷（100亩），晁错的假设或源于此。不过，于振波师已经指出，《二年律令·户律》中关于授田数额的法律标准可能只是一个限额，并不代表实际授田的数额。[③]杨振红先生曾经指出：“终两汉之世，真正拥有百亩（小亩）

---

① 班固：《汉书》卷24上《食货志上》，第1125页。

②《汉书·文帝纪》载：“（文帝前元二年）赐天下民今年田租之半。”田租改为三十税一。

③ 于振波：《简牍与秦汉社会》，长沙：湖南大学出版社，2012年，第38—40页。

土地的自耕农并不多。”[①]湖北江陵凤凰山出土的《郑里廪籍》中，民户占田最多者54亩，一般在10亩—30亩之间。[②]裘锡圭先生认为：“这批简牍的年代大概多数属于景帝初年。”[③]郑里民众占有土地最多者是百亩的一半左右，多数民众在百亩的三分之一左右。

考虑到战国到西汉二百余年间社会环境转向稳定，农业生产技术的进步以及民户土地占有情况等因素，我们推测晁错所说“百亩之收不过百石”应该不是当时土地产量的正常水平。可能有人会说这是当时全国的平均水平。但魏国“岁收亩一石半”也应是一个较为常见的产量纪录，由将收成从大熟年到大饥年的详细划分即可推知。有学者认为晁错所述的亩产数据不能代表整个西汉社会的亩产水平，可能是针对某一郡或某一地区而言的。[④]不过，就《汉书·食货志》的内容看，没有任何语言显示晁错的“百亩之收不过百石”是针对某一地区而言。相反，晁错将其作为全国土地亩产通常水平的倾向却十分明显。

在战国秦汉时期有明确记录的土地产量，甚至作为时人言论基础的土地产量中，除晁错所言外，没有低于“百亩之收不过百石”的纪录（详后）。长沙走马楼西汉简《都乡七年垦田租簿》载：

垦田六十顷二亩，租七百九十六石五斗七升半，率亩斗三升，奇十六石三斗一升半。凡垦田六十顷二亩，租七百九十六石五斗七

① 林甘泉主编：《中国经济通史》（秦汉），第4章《农业经济》（杨振红撰写），第244页。

② 湖北省文物考古研究所编：《江陵凤凰山西汉简牍》，北京：中华书局，2012年，第106—112页。

③ 裘锡圭：《湖北江陵凤凰山十号汉墓出土简牍考释》，《文物》1974年第7期。

④ 王忠全：《对晁错上书所记西汉亩产数据之存疑》，《河南大学学报（社科版）》1985年第1期。

升半。[①]

马代忠先生认为这是长沙王刘庸七年（前122）临湘县都乡的记录，根据“率亩斗三升”即平均每亩约0.13石的田租记录及“三十税一”的税率推算，汉武帝时期南方水稻的平均亩产应在4石左右。[②]此为西汉武帝时期长沙地区的土地产量，距离晁错时期不远，但却是“百亩百石”的4倍。如果说土地产量在战国魏国到文景时期的二百余年间没有提高，反而在文景到武帝时期的十数年间就提高数倍之多，明显不合常理。杨振红先生认为1石较李悝在魏国“尽地力之教”时的土地产量低太多，不能代表西汉初期的平均亩产量，可能是晁错在上书皇帝的奏章中故意列举一个较低的土地产量，目的是为了说明农民生活的困苦和农业的薄弱以强调重农的必要性。[③]通观晁错奏疏的内容，“重农抑商”是晁错主张的核心思想。为了自己主张得到采纳，晁错极有可能故意使用一个未经核实的、较低的亩产量数据，以渲染农业的严峻形势。“百亩百石”的亩产数据为晁错的夸张之辞，并不反映文帝时期社会的生产力水平。

2. 曹魏“亩四升（斗）”辨析

一条关于曹魏的经济史料也为学者广泛征引，内容见于《三国

---

① 马代忠：《长沙走马楼西汉简“都乡七年垦田租簿”初步考察》，中国文化遗产研究院编：《出土文献研究》第12辑，上海：中西书局，2013年，第213—222页。释文参考了高智敏先生的考释成果，参见高智敏《秦及西汉前期的垦田统计与田租征收——以垦田租簿为中心的考察》，邬文玲主编：《简帛研究2017》春夏卷，桂林：广西师范大学出版社，2017年，第44—60页。

② 马代忠：《长沙走马楼西汉简“都乡七年垦田租簿”初步考察》；朱德贵先生赞同此估算结果，参见氏著《长沙走马楼西汉简牍所见“都乡七年垦田租簿”及其相关问题分析》，《中国社会经济史研究》2015年第2期。

③ 林甘泉主编：《中国经济通史》（秦汉），第4章《农业经济》（杨振红撰写），第174页。

志·魏书·武帝纪》注引《魏书》载《公令》（后称“魏公令”），如下：

有国有家者，不患寡而患不均，不患贫而患不安。袁氏之治也，使豪强擅恣，亲戚兼并；下民贫弱，代出租赋，衒鬻家财，不足应命；审配宗族，至乃藏匿罪人，为逋逃主；欲望百姓亲附，甲兵强盛，岂可得邪！其收田租亩四升，户出绢二匹、绵二斤而已，他不得擅兴发。郡国守相明检察之，无令强民有所隐藏，而弱民兼赋也。[①]

不少学者将其作为曹魏施行租调制的赋税标准，并将“田租亩四升”视为曹魏轻租的证据。这条史料的真实性也为学者所怀疑，认为“亩四升”应是“亩四斗”之误。[②]不过，这些怀疑也遭到部分学者的反对，他们仍坚持“亩四升”的说法。[③]张学锋先生对此争论进行总结，并表明支持“亩四斗”的说法。[④]日本学者柿沼阳平先生依据吴简嘉禾吏民田家莂中每亩熟田田租都在4斗以上的记录，认为这个税率与曹魏差不多。[⑤]就史书中较为可靠的记录看，东汉魏晋时期良田的亩产量能达到10斛，即便是钟离牧新垦田的产量也能每亩收获米3斛（=稻谷6斛）。如果曹魏果真按照“亩四

① 陈寿：《三国志》卷1《魏书·武帝纪》注引《魏书》，第26页。

② 贺昌群：《升斗辨》，《历史研究》1958年第6期；周国林：《曹魏“亩收租四升”辨误》，《江汉论坛》1982年第1期；周国林：《曹魏西晋租调制度的考实与评价》，《华中师院学报（哲社版）》1982年增刊。

③ 袁刚、傅克辉：《曹魏“亩收租四升”说质疑》，《江汉论坛》1982年第7期；杨一民：《也谈曹魏租调》，《江汉论坛》1982年第7期。

④ 张学锋：《论曹魏租调制中的田租问题》，《中国经济史研究》1999年第4期。

⑤ 柿沼阳平：《中国古代の貨幣経済の持続と転換》，东京：汲古书院，2018年，第170页，注释42。

升”的标准收租，10斛的田租率是1/250，6斛的田租率为1/150，都远低于汉代的“三十税一”。没有学者认为曹魏的田租标准低于汉代的三十税一，“亩四升”的记录应该也不可信吧。

已有学者指出，早在《魏书》所载《公令》的租调制之前，曹魏已经实行租调制，具体时间在建安五年。[①]高敏先生认为建安三、四年已有户调制，建安五年二月至十月间颁行新的田租制，建安九年九月只是将新的租调制推广到河北。[②]即便考虑到在河北推广新租调制的可能性，“亩四升”也是一个低到难以置信的田租标准。“升”为“斗”的可能性极大。

即便是“亩四斗”这样一个不算太低的亩租额，“魏公令”可能也不是一个全国性的法令，而是专门针对冀州地区的、带有租税减免性质的临时性法令。裴松之用此令来注释“重豪强兼并之法，百姓喜悦”，列在“建安九年九月令”之后。《三国志·魏书·武帝纪》载：

九月，令曰：“河北罹袁氏之难，其令无出今年租赋！”[③]

我们称此为“建安九年九月令”。这里要求免除租赋，与“魏公令”中征收“亩四斗”明显有别，表明二者不是一个法令。“建安九年九月令”颁布时，冀州刚经过官渡大战，伤亡惨重，经济受到很大破坏。此时袁绍虽亡，但袁绍之子袁谭、袁尚还在。颁布“建安九年九月令”来免除当年租税，有安抚民众、招降纳叛之意。后来冀

---

① 李剑农：《中国古代经济史稿》，武汉：武汉大学出版社，2006年，第382页；唐长孺：《魏晋户调制及其演变》，《魏晋南北朝史论丛》，北京：中华书局，2011年，第56页。

② 高敏：《曹魏租调制拾零》，《魏晋南北朝社会经济史探讨》，北京：人民出版社，1987年，第69—75页。

③ 陈寿：《三国志》卷1《魏书·武帝纪》注引《魏书》，第26页。

州大体平定，于是重新征收租税，这才是“魏公令”中的租调制。就“魏公令”的内容看，此租调制施行的原因在于袁氏统治下豪强兼并给百姓带来的沉重创伤，目的在于抑制豪强、扶持贫民。“魏公令”有专门针对冀州地区的政治诉求。联系“建安九年九月令”中“河北罹袁氏之难，其令无出今年租赋”的内容，推测曹操在冀州地区的租税征收有一个从完全免除到按较低标准征收的过程。这与社会秩序初步稳定、经济逐渐恢复有关。“魏公令”正是在此背景下出台的，其以较低田租标准征收租税，是带有租税减免性质的临时性法令。[①]因为社会动乱、战争或者灾荒等原因而临时减免某一地区的租税，秦汉以来并不少见。因此，“魏公令”尚难说是一个全国性的法令，因为其他地区并没有与冀州相同的减免租税的理由。这个法令明显是针对冀州地区的。

3.《初学记》所载西晋租调辨析

《晋书·食货志》记载了西晋的户调制，但只有所调绢、绵的数额，并没有记载田租的数额。西晋田租的内容出自唐代徐坚等人编写的《初学记》。《初学记·宝器部·绢第九》中引《晋故事》言：

凡民丁课田，夫五十亩。收租四斛，绢三疋，绵三斤。凡属诸侯皆减租谷亩一斗，计所减以曾诸侯。绢户一疋，以其绢为诸侯秩。又分民租户二斛以为侯奉。其余租及旧调绢二户三疋、绵三斤，书为公赋，九品混通，皆输入于官，自如旧制。[②]

---

① 柿沼阳平先生也认为“魏公令”是在占领地实行的临时性法令，较基本税制有所减轻，参见氏著《中国古代の貨幣経済の持続と転換》，第151—154页。

② 徐坚等：《初学记》卷27《宝器部·绢第九》，北京：中华书局，2004年，第657—658页。

这条史料也为学者所广泛引用，但其本身可能存在记载错误。（1）五十亩“收租四斛”与“凡属诸侯皆减租谷亩一斗”之间存在矛盾；（2）“绢三疋，绵三斤”与“其余租及旧调绢二户三疋、绵三斤”存在矛盾。

民丁课田50亩收租4斛，学者折算成每亩8升的亩租额，并将其作为西晋田租较低的证据。每亩8升的亩租额不仅是一个极低且不可靠的数字，而且与材料也存在矛盾。后文记载“凡属诸侯皆减租谷亩一斗，计所减以曾诸侯”。“以曾诸侯”的租谷每亩1斗，应包括在民众应交的田租4斛之内，而不是隶属诸侯的民众在4斛之外另外交纳租谷。但是民众课田平均每亩收租8升（学者的假设），何来1斗的租谷可减？周国林先生认为每亩收租8升有误，原文应是“亩收租四斗”，“斛”是“斗”的误写。[①]“亩收租四斗”是较低的标准，且改动了原文的句意。也有学者认为“亩一斗”可能是“亩一升”的误写，[②]但并无资料佐证。

户调标准是“绢三疋，绵三斤”。隶属诸侯的民户每户拿出绢一疋作为诸侯秩，那么每户还应向国家交纳公赋绢二疋、绵三斤。后文却说“其余租及旧调绢二户三疋、绵三斤”。“二户”本应交纳“绢四疋，绵六斤”，却少了绢一疋、绵三斤。这一疋绢、三斤绵既没有交给诸侯，也没有作为公赋交给国家，更不可能因为他们隶属诸侯而被减免。从“其余租及旧调”的记录来看，民户应交的户

① 周国林：《曹魏西晋租调制度的考实与评价》。

② 中国学者张维华先生持此观点，日本学者渡边信一郎先生介绍吉田寅雄、铃木俊、西嶋定生、西村元佑、越智重明、堀敏一、伊藤敏雄等先生均持此观点，渡边先生也支持此观点。分别参见张维华《对于初学记宝器部绢第九所引晋故事一文之考释》，《山东大学学报》1957年第1期；渡辺信一郎《中国古代の财政と国家》，东京：汲古书院，2015年，第211页。

调，减去交给诸侯后剩余的部分都应作为公赋交给国家，但却有绢一疋、绵三斤不知所踪。此条材料可能文字传抄有误，“余租及旧调绢二户三疋、绵三斤”应是“余租及旧调绢户二疋、绵三斤”。[①]应是传抄中出现错误。

不仅《晋故事》的记载存在问题，而且学者“亩收租8升”的假设也不符合晋代规定。西晋占田制规定：“丁男课田五十亩。”[②]这与《晋故事》中“夫五十亩”相同。西晋占田制下，可能每“夫（=丁）”按照课田50亩的标准收租4斛。所谓“课田”是课以租税的土地，而不是实际占田的土地。郑欣先生认为50亩是国家规定的课田亩数，至于每个民丁是否占足还是超过50亩，国家并不过问。[③]在门阀、豪族的魏晋时代，普通民众可能很难达到1丁50亩的标准，每个男丁的占田数额可能并不统一。也就是说，不论实际占田多少，1丁都应该交田租4斛，而不是按实际田亩数交租。而且，鉴于丁男实际占田数额并不统一的情况，也无法按田亩数计算田租。因此，学者依据《晋故事》计算得出的“亩收租8升”就难以成立。

4.亩制和量制的相关问题

学者关于亩产量的争论，还与亩制和量制有关。亩制大小在战国时期较为复杂，如银雀山汉简中齐国有小亩，晋国赵、魏、韩、范、中行、智等六家推行的亩制也大不相同。但自秦国商鞅变法

① 张伟华先生认为此句应为“旧调户绢二疋棉二斤”。日本学者渡边信一郎先生认为“户三”为衍文，应是“旧调绢二疋、棉三斤”。分别参见张维华《对于初学记宝器部绢第九所引晋故事一文之考释》；渡边信一郎《中国古代の財政と国家》，第212页。

② 房玄龄等：《晋书》卷26《食货志》，第790页。

③ 郑欣：《魏晋南北朝史探索》，济南：山东大学出版社，1989年，第110页。

开始，逐渐固定为240步1亩的标准。[①]这在岳麓秦简《数》中也有体现。岳麓秦简载："税田二百卌步。(0939)"[②]秦国的大亩制在统一六国后应该会向全国推行。张家山汉简《二年律令·田律》规定："田广一步，袤二百卌步。"[③]明显是继承了秦代的大亩制。

秦统一天下之后，"海内为郡县，法令由一统"，曾在全国特别是六国故地推行"车同轨、书同文""移风易俗"等一系列整齐划一的政治、文化政策，以及"自实田"等经济政策。为秦律所规定的大亩制，可能是伴随"自实田"等经济政策在全国推行的统一政策之一。汉律继承自秦律，《二年律令·田律》中的大亩制应是源自秦律的大亩制。学界一般认为《二年律令》是具有全国效力的法律，那么其规定的大亩制也应是全国范围内有效的亩制。早有学者指出，秦至东汉的亩制中除了"东亩"以外都是240步的大亩制。[④]近人利用张家山汉简指出，无论法律条文还是实际管理操作，汉初均已实行240步的大亩制。[⑤]如前所述，走马楼吴简中也是240步的大亩制。由此可知，秦汉魏晋时期可能都是240步1亩的大亩制。

---

① 四川青川县曾出土秦国《更修为田律》，学者认为其中体现的240步1亩的亩制跟商鞅变法有关，参见于豪亮《释青川秦墓木牍》，《文物》1982年第1期；杨宽《释青川秦牍的田亩制度》，《文物》1982年第7期。

② 朱汉民、陈松长主编：《岳麓书院藏秦简（贰）》，上海：上海辞书出版社，2011年，第4页。

③ 张家山二四七号汉墓竹简整理小组编：《张家山汉墓竹简［二四七号墓］》（释文修订本），北京：文物出版社，2006年，第42页。

④ 王达：《试评"中国度量衡史"中周秦汉度量衡亩制之考证》，中国农业科学院，南京农学院中国农业遗产研究室编：《农史研究集刊》第1册，北京：科学出版社，1959年，第139页。

⑤ 刘云峰：《张家山汉简〈算数书〉与汉初社会经济》，首都师范大学硕士学位论文，2012年，第11页。

关于量制的变化，《晋书·律历志》这样记载：

魏陈留王景元四年，刘徽注《九章·商功》曰："当今大司农斛，圆径一尺三寸五分五氂，深一尺，积一千四百四十一寸十分寸之三。王莽铜斛，于今尺为深九寸五分五氂，径一尺三寸六分八氂七豪，以徽术计之，于今斛为容九斗七升四合有奇。"魏斛大而尺长，王莽斛小而尺短也。①

《晋书·律历志》明言，魏斛比莽斛大。清人王鸣盛曾考证得出："南北朝量比汉魏前已略大。"②清人顾炎武也曾指出："盖自三代以后，取民无制，权量之属，每代递增。"并连连感叹，"不应若此之多"，"今之收获最多亦不及此数"。③可见量制变化情况。

不少学者认为汉代存在大小斛（石），汉代数额较大的亩产量应是小斛（石）的量制。有学者认为居延汉简中出现了大石、小石之分，比率为1∶0.6。④即便如此，秦汉的量制并没有太大变化。吴承洛先生认为："然汉代度量衡，盖承秦之遗制，故秦汉之制，大略相同。"⑤丘光明先生认为汉初度量衡不论是单位名称、单位量值还是器物的性质等，都与秦制无异，秦汉四五百年间容量之制保持在每升200毫升的容量值没有明显变化。⑥邱先生还对收藏于台北故宫博物院的"新莽嘉量"和1953年出土于甘肃省古浪县的东

① 房玄龄等：《晋书》卷16《律历志上》，第492页。

② 王鸣盛：《十七史商榷》卷11《汉书五》，陈文和等校点，南京：凤凰出版社，2008年，第58页。

③ 黄汝成：《日知录集释》（全校本）卷11《权量》，栾保群、吕宗力校点，上海：上海古籍出版社，2006年，第627、626页。

④ 高自强：《汉代大小斛（石）问题》，《考古》1962年第2期。

⑤ 吴承洛：《中国度量衡史》，上海：上海书店，1984年，第144页。

⑥ 丘光明编著：《中国历代度量衡考》，北京：科学出版社，1992年，第244—246、259页。

汉建武年间的“大司农平斛”进行测量，实测容量折算为每升均在200毫升左右。[①]吴、丘二位先生的研究主要依据出土实物，他们认为秦汉量制基本没有变化的观点应该引起重视。

按照学者对秦汉魏晋南北朝时期量制变化的判断，量制大小情况应是南北朝的斛>魏斛>汉斛（=秦斛）。如果这些判断无误，就出现了这样的情况：一边是量制逐渐增大，一边是亩产量增多。这也难怪顾炎武先生要连连称怪了。

二、秦汉魏晋土地产量的变化

关于秦汉魏晋时期的土地产量，研究成果较多，存在不小的分歧。或认为战国时代亩产已达到每周亩2大石。[②]或认为西汉时期全国平均亩产在1石上下。[③]或认为汉代1石为最高产量，一般达不到这个标准。[④]或认为汉代亩产平均为小亩1—2石，平均1.5石。[⑤]或认为小亩亩产粟2小石，大亩亩产粟3大石。[⑥]或认为亩产3石左右。[⑦]或认为汉武帝以前亩产2石—3石，汉武帝以后亩产在3.5石左右，整个西汉亩产水平在3石左右。[⑧]或认为汉初到文景时

---

① 丘光明：《中国古代度量衡》，天津：天津教育出版社，1991年，第76—80页。

② 李根蟠：《从银雀山竹书〈田法〉看战国亩产和生产率》，《中国史研究》1999年第4期。

③ 杨际平：《秦汉财政史》，长沙：湖南人民出版社，2015年，第515—528页；张履鹏、邹兰新：《西汉文景时期的粮食生产水平刍议》，《古今农业》2015年第2期。

④ 赵德馨、周秀鸾：《汉代的农业生产水平有多高——与宁可同志商榷》，《江汉论坛》1979年第2期。

⑤ 宁可：《有关汉代农业生产的几个数字》，《北京师院学报（社科版）》1980年第3期。

⑥ 于琨奇：《战国秦汉小农经济研究》，北京：商务印书馆，2012年，第53—65页。

⑦ 蒙文通：《中国历代农产量的扩大和赋役制度及学术思想的演变》，《四川大学学报》1957年第2期。

⑧ 王忠全：《西汉亩产量管见》，《农业考古》1986年第1期。

期为1石左右，汉武帝时期因为实行大亩制亩产达到6石。[①]或认为战国后期到西汉前期中田粟的亩产约为4.8石，最高亩产为大亩粟8石。[②]或认为汉代陆田亩产1石，东汉达到3石，曹魏到东晋初则是亩产稻米3石，东晋中后期、南朝为亩产稻米5石。[③]或认为三国时期亩产不低于3斛，良田可达10斛，魏晋南北朝时期亩产在3石—5石之间。[④]或认为大亩制下华北旱田亩产4斛左右，南方水田亩产西汉前期约为4斛，六朝时期增长到5—6斛。[⑤]吴慧先生对古代粮食亩产量进行专门研究，认为战国早期亩产为粟1.5大石（=2.5小石），中晚期达到粟3小石，汉代一般产量为粟3小石，高产记录为10小石，魏晋时期亩产粟3石，但水稻逐渐成为主粮，每亩产米3石左右。[⑥]《中国经济通史》则认为汉代旱田平均每大亩产3—4石，曹魏时期大亩亩产则在4—6石。[⑦]

关于秦汉魏晋时期土地产量的研究成果，可谓汗牛充栋，不胜枚举。就已列出的成果可知，学者对此时期土地产量的意见分歧很

---

① 柳维本：《西汉农业生产发展探讨》，《辽宁师院学报》1981年第2期。

② 吴朝阳、晋文：《秦亩产新考——兼析传世文献中的相关亩产记载》，《中国经济史研究》2013年第4期。

③ 余也非：《中国历代粮食平均亩产量考略》，《重庆师范学院学报（哲社版）》1980年第3期。

④ 周国林：《魏晋南北朝时期粮食亩产的估计》，《中国农史》1991年第3期。

⑤ 张学锋：《战国汉魏晋南北朝时期的亩产》，《汉唐考古与历史研究》，北京：生活·读书·新知三联书店，2013年，第143—158页。此文对日本学界的研究成果也有介绍，可以参阅，本书不再赘述。

⑥ 吴慧：《中国历代粮食亩产研究》（修订再版），北京：中国农业出版社，2016年，第111—166页。

⑦ 林甘泉主编：《中国经济通史》（秦汉），第4章《农业经济》（杨振红撰写），第170—176页；高敏主编：《中国经济通史》（魏晋南北朝），北京：经济日报出版社，2007年，第663—666页。

大。除了土地产量数字差别很大之外，在土地产量的时代性方面也存在差异。有的学者以一个数字来判定某朝代（时代）的土地产量，有的学者则用多个数字反映不同阶段的土地产量。此外，仔细观察就会发现，即便学者运用的材料大致相同，但得出的结论却是千差万别。究其原因，主要在于这些研究成果多是依据传世文献研究所得。在甄别材料时，学者的主观判断极大影响着研究结果，甚至有学者在没有其他材料佐证的情况下，仅凭记载数字大小就直接判断某些材料不可信。

先行研究的诸多分歧，多受限于时代和研究资料（多为传世文献）。我们无意对传世文献中土地产量的记录逐一考证，此方面已有不少成果可以参考，无须赘述。现今出土了大量简牍资料，从战国秦汉到三国魏晋时期都有不同数量的简牍出土，其中不少是关于土地产量的官府档案，为我们再次考察秦汉魏晋时期的土地产量问题提供了可靠的实物资料。有鉴于此，我们将传世文献和出土简牍相结合，以“二重证据”的视角，对秦汉魏晋时期土地产量问题进行分析。

1.传世文献关于秦汉魏晋土地产量的记载

关于秦汉魏晋时期的土地产量，很多学者进行过估算。估算标准并不统一，结果千差万别，一一评议似不可能。在此，先对传世文献中土地产量的记录进行整理和分析。为了便于比较，也摘录了一些春秋战国和南北朝时期土地产量的记录。具体如下：

（1）《管子·禁藏篇》：“食之所生，水与土也。所以富民有要，食民有率。率三十亩而足于卒岁，岁兼美恶，亩取一石，则人有三十石。”①

（2）《管子·治国篇》：“常山之东，河、汝之间，蚤生而晚杀，五谷之所蓄孰也。四种而五获，中年亩二石，一夫为粟二百石。”②

（3）《管子·轻重甲篇》：“然则一农之事，终岁耕百亩，百亩之收不过二十锺，一农之事乃中二金之财耳。”③

（4）《管子·轻重乙篇》：“管子对曰：‘夫河圩诸侯，亩锺之国也，故谷众多而不理，故不得有。’”④

（5）《管子·山权数篇》：“桓公问于管子曰：‘请问国制？’管子对曰：‘国无制，地有量。’桓公曰：‘何谓国无制，地有量？’管子对曰：‘高田十石，间田五石，庸田三石，其余皆属诸荒田。’”⑤

（6）《汉书·食货志》：“今一夫挟五口，治田百亩，岁收亩一石半，为粟百五十石，除什一之税十五石，余百三十五石。…（中略）…上孰其收自四，余四百石；中孰自三，余三百石；下孰自倍，余百石。小饥则收百石，中饥七十石，大饥三十石。”⑥

（7）《论衡·率性篇》：“魏之行田百亩，邺独二百，西门豹灌以漳水，成为膏腴，则亩收一锺。”⑦

---

① 黎翔凤：《管子校注》卷17《禁藏篇》，梁运华整理，北京：中华书局，2004年，第1025页。

② 黎翔凤：《管子校注》卷15《治国篇》，第926页。

③ 黎翔凤：《管子校注》卷23《轻重甲篇》，第1436页

④ 黎翔凤：《管子校注》卷24《轻重乙篇》，第1450页。

⑤ 黎翔凤：《管子校注》卷22《山权数篇》，第1306页。

⑥ 班固：《汉书》卷24上《食货志上》，第1125页。

⑦ 黄晖：《论衡校释》卷2《率性篇》，北京：中华书局，1990年，第81—82页。《汉书·沟洫志》载：“史起进曰；‘魏氏之行田也百亩，邺独二百亩，是田恶也。漳水在其旁，西门豹不知用，是不智也。知而不兴，是不仁也。仁智豹未之尽，何足法也。’于是以史起为邺令，遂引漳水溉邺，以富魏之河内。”（第1677页）此与《论衡》记载不尽相同，未之孰是，暂列于此。

(8)《史记·河渠书》:“(郑国)渠就，用注填阏之水，溉泽卤之地四万余顷，收皆亩一锺。”①

(9)《汉书·食货志》:“今农夫五口之家，其服役者不下二人，其能耕者不过百亩，百亩之收不过百石。”

(10)《史记·河渠书》:“其后河东守番系言:‘…(中略)…穿渠引汾溉皮氏、汾阴下，引河溉汾阴、蒲坂下，度可得五千顷。五千顷故尽河壖弃地，民茭牧其中耳，今溉田之，度可得谷二百万石以上。谷从渭上，与关中无异，而砥柱之东可无复漕。’天子以为然，发卒数万人作渠田。数岁，河移徙，渠不利，则田者不能偿种。”②

(11)《史记·河渠书》:“其后庄熊罴言:‘临晋民愿穿洛以溉重泉以东万余顷故卤地。诚得水，可令亩十石。’于是为发卒万余人穿渠，…(中略)…作之十余岁，渠颇通，犹未得其饶。”③

(12)《淮南子·主术训》:“夫民之为生也，一人跖耒而耕，不过十亩，中田之获，卒岁之收，不过亩四石，妻子老弱仰而食之。”④

(13)《汉书·食货志》:“武帝末年，悔征伐之事，乃封丞相为富民侯。下诏曰:‘方今之务，在于力农。’以赵过为搜粟都尉。过能为代田，一亩三甽。…(中略)…率十二夫为田一井一屋，故亩五顷，用耦犁，二牛三人，一岁之收常过缦田亩一斛以上，善者倍之。…(中略)…过试以离宫卒田其宫壖地，课得谷皆多其旁田亩

① 司马迁:《史记》卷29《河渠书》，第1408页。
② 司马迁:《史记》卷29《河渠书》，第1410页。
③ 司马迁:《史记》卷29《河渠书》，第1412页。
④ 何宁:《淮南子集释》卷9《主术训》，北京：中华书局，1998年，第684页。

一斛以上。”[1]

（14）《氾胜之书》：“上农区田法，区方深各六寸，间相去七寸，一亩三千七百区，丁男女种十亩，至秋收区三升粟，亩得百斛。中农区田法，方七寸，深六寸，间相去二尺，一亩千二十七区，丁男女种十亩，秋收粟亩得五十一石。下农区田法，方九寸，深六寸，间相去三尺，秋收亩得二十八石。旱即以水沃之。”[2]

（15）《齐民要术·种谷篇》：“氾胜之曰：‘验：美田，至十九石；中田，十三石；薄田，一十石。”[3]

（16）《东观汉记·张禹传》：“（张）禹巡行守舍，止大树下，食糒干饭屑饮水而已。后年，邻国贫人来归之者，茅屋草庐千户，屠酤成市。垦田千余顷，得谷百万余斛。”[4]

（17）《昌言·损益篇》：“今通肥饶之率，计稼穑之入，令亩收三斛，斛取一斗，未为甚多。”[5]

（18）《三国志·吴书·钟离牧传》：“少爰居永兴，躬自垦田，种稻二十余亩。临熟，县民有识认之，牧曰：‘本以田荒，故垦之耳。’遂以稻与县人。…（中略）…民惭惧，率妻子舂所取稻得六十斛米，送还牧，牧闭门不受。”

（19）嵇康《养生论》：“夫田种者，一亩十斛，谓之良田，此天下之通称也。”

---

① 班固：《汉书》卷24上《食货志上》，第1139页。

② 范晔：《后汉书》卷39《刘般列传》，第1305页。

③ 石声汉：《齐民要术今释》卷1《种谷》，北京：中华书局，2009年，第66页。

④ 吴树平：《东观汉记校注》卷16《张禹传》，北京：中华书局，2008年，第706页。此释文有不同版本，吴树平先生已有论述，可参看，我们不再辨析。

⑤ 孙启治：《政论校注　昌言校注》，北京：中华书局，2012年，第301页。

（20）《晋书·傅玄列传》："近魏初课田，不务多其顷亩，但务修其功力，故白田收至十馀斛，水田收数十斛。"

（21）《华阳国志·蜀志·广汉郡》下"绵竹县"条："绵与雒各出稻稼，亩收三十斛，有至五十斛。"①

（22）《晋书·食货志》："杜预上疏曰：'…（中略）…交令饥者尽得水产之饶，百姓不出境界之内，旦暮野食，此目下日给之益也。水去之后，填淤之田，亩收数锺。'"②

（23）《晋书·江统列传》："夫关中土沃物丰，厥田上上，加以泾、渭之流溉其舄卤，郑国、白渠灌浸相通，黍稷之饶，亩号一锺，百姓谣咏其殷实，帝王之都每以为居，未闻戎狄宜在此土也。"③

（24）《梁书·夏侯夔列传》："豫州积岁寇戎，人颇失业，（夏侯）夔乃帅军人于苍陵立堰，溉田千余顷，岁收谷百余万石，以充储备。"④

（25）《魏书·张骏列传》："（张）骏议治石田，参军索孚谏曰：'凡为治者，动不逆天机，作不破地德。昔后稷之播百谷，不垦磐石；禹决江河，不逆流势。今欲徙石为田，运土殖谷，计所损用，亩盈百石，所收不过三石而已，窃所未安。'"⑤

（26）《齐民要术·耕田篇》："悉皆五、六月中穊种，七月、八

---

① 刘琳：《华阳国志校注（修订版）》卷3《蜀志》，成都：成都时代出版社，2007年，第132页。

② 房玄龄等：《晋书》卷26《食货志》，第787页。

③ 房玄龄等：《晋书》卷56《江统列传》，第1531页。

④ 姚思廉：《梁书》卷28《夏侯夔列传》，北京：中华书局，1973年，第421—422页。

⑤ 魏收：《魏书》卷99《张骏列传》，北京：中华书局，1974年，第2194—2195页。

月犁稀杀之，为春谷田，则亩收十石。”[①]

（27）《太平御览·资产部·田》引《豫章记》曰：“郡江之西岸有盘石，下多良田，极膏腴者一亩二十斛。”[②]

这些关于土地产量的史料，有的是对当时实际情况的记录，有的则来自个人论述，甚至有的完全是个人的假设。（10）中河东守番系对亩产量4石的描述，虽然最后没能实现，但“天子以为然”，可见亩产4石在当时并不是一个随意虚构的数字。[③]（11）中“可令亩十石”的预测性描述因为最终未能实现而不知是否符合实际，但仍然发卒修渠，可见其在当时人的心理接受范围。可能在当时“亩十石”也不是不可实现的事情。我们暂将其视为一个可资参考的数据。

为了能清楚明晰地了解土地产量的变化情况，先将这些土地产量的记录整理如下表（表7.2）。为了便于比较，表中数据按240步的大亩制、大量制进行折算。同时，记录为米者，按50%的出米率将米折算成稻谷。表中未标明“粟”“谷”者，表示原文未明言种类。具体如下：

---

① 石声汉：《齐民要术今释》卷1《耕田篇》，第9页。

② 李昉等：《太平御览》卷821《资产部·田》引《豫章记》，北京：中华书局，1960年，第3658页。

③ 王忠全：《番系所言西汉亩产数据考》，《中州大学学报（综合版）》1991年第1期。

表7.2：春秋战国秦汉魏晋南北朝土地产量记录一览表

<table>
<tr><th>时代
年份</th><th>地区</th><th>亩产量</th><th>土地
性质</th><th>年份
美恶</th><th>备注</th><th>出处</th></tr>
<tr><td rowspan="5">春秋
齐国</td><td rowspan="5">齐国</td><td>粟2石</td><td></td><td>中年</td><td rowspan="2">亩制
不明</td><td>《管子·治国篇》</td></tr>
<tr><td>粟2石</td><td></td><td></td><td>《管子·轻重甲篇》</td></tr>
<tr><td>粟10石</td><td>高田</td><td></td><td rowspan="3">大亩？[1]</td><td rowspan="3">《管子·山权数篇》</td></tr>
<tr><td>粟5石</td><td>间田</td><td></td></tr>
<tr><td>粟3石</td><td>庸田</td><td></td></tr>
<tr><td rowspan="8">战国
魏国</td><td rowspan="7">魏国</td><td>粟7.2石</td><td></td><td>上孰年</td><td rowspan="7">200步1亩[2]</td><td rowspan="7">《汉书·食货志》</td></tr>
<tr><td>粟5.4石</td><td></td><td>中孰年</td></tr>
<tr><td>粟3.6石</td><td></td><td>下孰年</td></tr>
<tr><td>粟1.8石</td><td></td><td>常孰年</td></tr>
<tr><td>粟1.2石</td><td></td><td>小饥年</td></tr>
<tr><td>粟0.84石</td><td></td><td>中饥年</td></tr>
<tr><td>粟0.36石</td><td></td><td>大饥年</td></tr>
<tr><td>邺</td><td>7.68斛</td><td></td><td></td><td>灌以
漳水</td><td>《论衡·率性篇》</td></tr>
<tr><td>战国
秦国</td><td>关中</td><td>6.4斛[3]</td><td>故
卤地</td><td></td><td>郑国渠
灌溉</td><td>《史记·河渠书》</td></tr>
</table>

① 从《管子·山权数篇》所载亩数推测，可能是大亩。

② 银雀山汉墓竹简《孙子兵法·吴问篇》："韩、巍（魏）制田，以百步为婉（畹），以二百步为畛，而伍税【之】。"银雀山汉墓竹简整理小组编：《银雀山汉墓竹简（壹）》，北京：文物出版社，1985年，释文第30页。

③《集解》引《汉书音义》注曰："锺六石四斗。"

续表

时代年份	地区	亩产量	土地性质	年份美恶	备注	出处
西汉武帝	河东	谷4石	河壖弃地		溉	《史记·河渠书》
	重泉	10石	故卤地		得水	
		4石	中田			《淮南子·主术训》
武帝末年	太常三辅	谷多旁田亩一斛以上，善者倍之	宫壖地		耦犁牛耕代田法	《汉书·食货志》
西汉后期		粟100斛	上农夫区		溉之区种	《氾胜之书》
		粟51石	中农夫区			
		粟28石	下农夫区			
		19石	美田		区种	《齐民要术·种谷篇》
		13石	中田			
		11石	薄田			
东汉章帝	下邳	谷约10斛			灌溉	《东观汉记·张禹传》
孙吴	永兴	谷6斛	荒田			《三国志·吴书·钟离牧传》

续表

时代年份	地区	亩产量	土地性质	年份美恶	备注	出处
曹魏		10斛	良田			《养生论》(嵇康)
		10余斛	白田			《晋书·傅玄列传》
		数十斛	水田			
蜀汉以后	绵、雒	30斛，或达50斛	稻田			《华阳国志·蜀志·广汉郡》
东晋	关中	6.4斛	上 上田		郑国、白渠灌浸	《晋书·江统列传》
南朝梁武帝	豫州苍陵	谷10斛			溉	《梁书·夏侯夔列传》
北魏		3石	石田			《魏书·张骏列传》
北魏?		10石	谷田		绿豆等美田	《齐民要术·耕田篇》
不明	豫章郡	20斛	良田极膏腴者			《太平御览·资产部》引《豫章记》

传世文献关于秦汉魏晋时期土地产量的记录如上表所示。另外，尚有几个学界常用的亩产数据，因为不是当时社会土地产量的真实反映，并未列入上表中，在此予以说明。

(1)《管子·禁藏篇》的“亩取一石”不代表齐国的亩产量

《管子·禁藏篇》载：“率三十亩而足于卒岁，岁兼美恶，亩取一石，则人有三十石。”不过，1石可能不是当时的土地产量。表7.2中齐国亩产量有2石和3石、5石、10石，银雀山汉简《守法、守令十三篇》中的下田小亩产量也有1.3石（见后文），都高于1石。《管子·禁藏篇》意在说明农业与富民之间的关系，即民有田30亩，不论丰歉所有年份按亩收1石计算，加上果、糠、布帛等收入，民众尚有余。如同不会将30亩视为齐国农家的实际田亩数一样，1石也不应认为是实际亩产量。“亩取一石”可能是为了计算方便而假定的整数。

（2）《昌言·损益篇》的“令亩收三斛”不是实际亩产量

仲长统曾说：“今通肥饶之率，计稼穑之入，令亩收三斛，斛取一斗，未为甚多。”但“亩收三斛”不是实际产量。“令”字可表假设，[①]相当于“如果”“假使”。汉武帝时王太后曾言：“今我在也，而人皆藉吾弟，令我百岁后，皆鱼肉之矣。”[②]《续汉志·五行志》载天水童谣：“出吴门，望缇群。见一蹇人，言欲上天；令天可上，地上安得民！”[③]“令亩收三斛”中的“令”字为表假设的连词。“令亩收三斛，斛取一斗，未为甚多”，意即假设每亩收3斛，每斛取1斗也不算多。汉代施行分成租，“斛取一斗”并不代表当时已经施行定额租，“令亩收三斛”也不应视作亩产量。[④]正如前引长沙走马楼西汉简《都乡七年垦田租簿》所示，自西汉武帝开始亩产4石（斛）已经很常见了。

① 孙启治：《政论校注　昌言校注》，第303页。

② 司马迁：《史记》卷107《武安侯列传》，第2852页。

③ 范晔：《后汉书》志第13《五行志一》，第3281頁。

④ 杨际平先生也持相似意见，参见氏著《秦汉财政史》，第522—523页。

（3）杜预"亩收数锺"的说法有夸张成分

杜预曾上疏："交令饥者尽得水产之饶，百姓不出境界之内，旦暮野食，此目下日给之益也。水去之后，填淤之田，亩收数锺。"杜预的言论没有其他史料佐证，其主张也未见采纳。1锺=6.4石。"亩收数锺"数额太大，当是为了强调个人主张的夸大之词。

2. 出土简牍所见秦汉魏晋时期土地产量

传世文献之外，出土简牍中也有不少与土地产量相关的资料。或是直接记载了亩产数额，或虽是记载交租数额但可推算出当时的土地亩产。

（1）银雀山汉简与战国齐国的土地产量

银雀山汉墓竹简《守法、守令十三篇》中，《田法》记载了齐国的亩产量，内容如下：

岁收：中田小亩亩廿斗，中岁也。上田亩廿七斗，下田亩十三斗，大（太）上与大（太）下相复（覆）以为衔（率）。[①]

一般认为此"齐国"是战国时期的齐国。据《田法》记载，此时齐国亩产为中田2石，上田2.7石，下田1.3石。中田2石与《管子·治国篇》《管子·轻重甲篇》的记录相符，但与《管子·山权数篇》所载"高田"的产量差距很大。[②]亩制虽不清楚，但明确记载齐国小亩"中岁"即寻常年份中田的土地产量已达2石。

（2）里耶秦简与秦始皇三十五年迁陵县的土地产量

里耶秦简8–1519中有这样的记载：

迁陵卅五年豤（垦）田舆五十二顷九十五亩，税田四顷□□，

① 银雀山汉墓竹简整理小组：《银雀山汉墓竹简（壹）》，释文第146页。

② 关于"高田"的产量，曾有学者表示怀疑，详见黎翔凤《管子校注》，第1307页，注释1。

户百五十二，租六百七十五石。衛（率）之，亩一石五；

户嬰四石四斗五升，奇不衛（率）六斗。

启田九顷十亩，租九十七石六斗。

都田十七顷五十一亩，租二百卅一石。

貳田廿六顷卅四亩，租三百卅九石三。

凡田七十顷卅二亩。·租凡九百一十。

六百七十七石。[1]

简中税田面积数额残缺，但“租”明确记载是“率之亩一石五”。“率”即“平均”之意，意即“租”的平均数是1.5石。秦国田租是分成租制，但不是将所有田地的收获物按十分之一的比例征收田租，而是事先从所有田地中划出应税之田作为“税田”，将税田的全部产量作为田租上交。[2]于振波师指出，“一石五”为税田的平均亩产额。[3]牍中的“卅五年”应为秦始皇三十五年（前212）。意即秦始皇三十五年时，边鄙之地的迁陵县税田产量已达平均每亩1.5石。[4]

（3）长沙走马楼西汉简与汉武帝时期长沙国的土地产量

2003年，湖南长沙市走马楼街出土了题为《都乡七年垦田租簿》的简牍文书，再次征引如下：

垦田六十顷二亩，租七百九十六石五斗七升半，率亩斗三升，

---

① 陈伟主编：《里耶秦简牍校释》第1卷，武汉：武汉大学出版社，2012年，第345页。

② 彭浩：《谈秦汉数书中的“舆田”及相关问题》，武汉大学简帛研究中心主办：《简帛》第6辑，上海：上海古籍出版社，2011年，第21—28页；于振波：《秦简所见田租的征收》，《湖南大学学报（社科版）》2012年第5期。

③ 于振波：《秦简所见田租的征收》。

④ 晋文先生据该简推测迁陵舆田最高亩产在2石到3石之间，与我们的观点有异，参见氏著《龙岗秦简中的“行田”“假田”等问题》，《文史》2020年第2辑。

奇十六石三斗一升半。凡垦田六十顷二亩，租七百九十六石五斗七升半。

简文记载田租“亩斗三升”，按照当时“三十税一”的税率推算，可知汉武帝时期南方水稻的平均亩产应在4石左右。学者多持此论，不再赘述。

（4）土山屯汉代简牍与西汉末年堂邑县的亩产量

2016年，山东青岛土山屯147号汉墓出土了《堂邑元寿二年要具簿》，其载：

凡豤（垦）田万一千七百九十九顷卅七亩半。

其七千一百九十一顷六十亩，租六万一千九百五十三石八斗二升。菑害。

定当收田四千六百七顷七十亩，租三万六千七百廿三石七升。

百四顷五十亩，租七百卅一石五升。园田。[1]

学者计算认为垦田的平均亩产量在2.5石左右。[2]“元寿”为西汉哀帝年号，堂邑县隶属较为富庶的东海郡。此时，不论是直接计算所得堂邑县的亩产量，还是推算所得东海郡的产量，都低于汉武帝时期长沙国的亩产量，甚至低不少。究其原因，可能与“菑害”即灾害减免有关，[3]但减免幅度不明。若按汉代灾害之年半减田租的惯

① 青岛市文物保护考古研究所、黄岛区博物馆：《山东青岛土山屯墓群四号封土与墓葬的发掘》，《考古学报》2019年第3期。

② 张梦晗：《从新出简牍看西汉后期南京的农业经济》，《中国农史》2020年第6期。

③ 张梦晗：《从新出简牍看西汉后期南京的农业经济》。

例推算，[①]此时堂邑县的实际亩产量当在5石左右。此虽与亩产量有关，但较为特殊。

（5）居延汉简中的相关资料

居延汉简中有数则与土地产量有关的资料，我们分类讨论。

类型1：

第四长安亲，正月乙卯初作尽八月戊戌，积二百［廿］四日，用积卒二万七千一百卌三人。率日百廿一人，奇卅九人。垦田卌一顷卌四亩百廿四步，率人田卅四亩，奇卅亩百廿四步。得谷二千九百一十三石一斗一升，率人得廿四石，奇九石。

居延72.E.J.C:1[②]

此简记载垦田面积约为4144.5亩，收获量约为谷2913.11石，计算可知亩产约为谷0.7石。[③]即便是大石，按1∶0.6的比率折算成小石也不到1.2小石。产量如此之低，或许与这是新垦田有关。垦田

---

① 西汉文帝、景帝曾半减田租，东汉更为常见，如：《汉书·文帝纪》："（文帝前元二年九月）其赐天下民今年田租之半"，"（文帝前元十二年三月）其赐农民今年租税之半"。（第118、124页）《汉书·景帝纪》："（景帝元年五月）令田半租。"（第140页）《汉书·食货志》："孝景二年，令民半出田租。"（第1135页）《后汉书·章帝纪》："（章帝元和三年二月）所过县邑，听半入今年田租，以劝农夫之劳。"（第154页）《后汉书·和帝纪》："（和帝永元九年六月）今年秋稼为蝗虫所伤，皆勿收租、更、刍稾；若有所损失，以实除之，余当收租者亦半入"，"（永元十三年九月）其令天下半入今年田租、刍稾"，"（永元十四年十月）兖、豫、荆州今年水雨淫过，多伤农功。其令被害什四以上皆半入田租、刍稾"，"（永元十六年七月）诏令天下皆半入今年田租、刍稾"。（第183、189、191、193页）《后汉书·安帝纪》："（安帝延光四年六月乙巳）诏先帝巡狩所幸，皆半入今年田租。"（第242页）《后汉书·顺帝纪》："（顺帝永建元年十月）甲辰，诏以疫疠水潦，令人半输今年田租。"（第253页）《后汉书·桓帝纪》："（延熹九年正月）甲辰，诏以疫疠水潦，令人半输今年田租。"（第317页）《后汉书·灵帝纪》："（熹平四年六月）令郡国遇灾者，减田租之半。"（第337页）也有全免田租的情况。

② 甘肃省文物考古研究所编：《居延新简释粹》，兰州：兰州大学出版社，1988年，第87—88页。

③ 杨际平：《秦汉财政史》，第523页。

4144.5亩使用人力累计达27143人次，用时224日，有理由推测这是新垦田活动。新垦田的产量一般不会太高。加之西北地区灌溉条件有限，出现如此低的亩产记录也不足为怪。即便将其视为土地产量，也只是西北新垦田的产量，可作为特例，难以作为常例看待。

类型2：

右第二长官二处田六十五亩　租廿六石　居延303.7

右家五田六十五亩—租大石　廿一石八斗　居延303.25

北地泥阳长宁里任慎　二年田一顷廿亩　租廿四石

居延E.P.T51:119[①]

三家平均田租分别为4斗/亩、3.35斗/亩、2斗/亩。陈直先生认为居延汉简的年代为西汉武帝太初二年到东汉和帝永元七年之间。[②]若按当时“三十税一”的税制计算，这三家土地产量分别为12石、10石、6石。学者认为代田法曾在居延地区施行过。[③]前引《汉书·食货志》所见，赵过使用代田法，“一岁之收常过缦田亩一斛以上，善者倍之”。代田法确实能提高产量，但尚无证据显示代田法能将居延的土地亩产量提高到10石、12石。10石是东汉中后期良田的产量，西北边郡没有见到如此高产的记录。

有学者认为这些田租是假税[④]，或认为是包租制所以田租率较

① 中国社会科学院考古研究所编：《居延汉简甲乙编》（下册），北京：中华书局，1982年，第211、212页；甘肃省文物考古研究所等编：《居延新简——甲渠候官与第四燧》，北京：文物出版社，1990年，第180页。

② 陈直：《居延汉简系年》，《居延汉简研究》，北京：中华书局，2009年，第689—789页。

③ 劳榦：《汉简中的河西经济生活》，《“中央”研究院历史语言研究所集刊》第11本，1944年；陈直：《居延汉简研究》，第25—28页；陈直：《两汉经济史料论丛》，北京：中华书局，2008年，第51—54页。

④ 黄今言：《秦汉赋役制度研究》，南昌：江西教育出版社，1988年，第116—120页。

高[1]。不论是假税还是包租制，交纳田租的标准应该相同。但此3简的田租数额并不相同，甚至相差一倍。已有学者指出，将其解释为假税不符合实际，不能作为计算假民公田田租率的依据。[2]也有学者认为汉代居延粮食亩产量在1—1.2石左右，分成租额是三分取一。[3]汉代没有三分取一的税制，此意见不合实际。

此处虽说是“租”，但不知此处田地的性质，执行的是何种田租制度。若按国家税制，汉代普通民田的田租是“三十税一”。但按此税制计算所得的亩产量过高，应不是照此制度征收田租。不过，如果是屯田制度，又不知收获物的分配比例。这几条资料只能暂列在此，无法对其亩产进行估算。

（6）走马楼吴简所见孙吴的土地产量

如前所述，依据吴简的田租记录，结合《东观汉记·张禹传》《三国志·吴书·钟离牧传》、嵇康《养生论》以及《晋书·傅玄列传》等传世文献，我们推测孙吴时期长沙地区的亩产可能到达稻谷6.67斛（或8斛）—10斛的水平。

（7）郴州晋简中的相关资料

郴州晋简中有这样的记载：

今年应田租者八百四顷五十六亩六十步定入租谷三万二

2-387[4]

① 陈直：《居延汉简研究》，第7页。

② 臧知非：《秦汉赋役与社会控制》，西安：三秦出版社，2012年，第66—68页。

③ 于琨奇：《战国秦汉小农经济研究》，第231—232页。

④ 湖南省文物考古研究所、郴州市文物处：《湖南郴州苏仙桥遗址发掘简报》，湖南省文物考古研究所编：《湖南考古辑刊》第8辑，长沙：岳麓书社，2009年，第104页。

有学者据此估算平均每亩租谷约为4斗。[①]但是，依据走马楼吴简可知，各种田地的租额并不相同，所交租额受耕种者身份和田地类型的影响很大。此简只记载了应交田租的土地总面积和租谷总数，考虑到田地类型的多样性，实际上无法计算各种类型土地的亩产。另外，西晋租调是按丁、户交纳，不是按亩征收。前引《晋故事》载："凡民丁课田，夫五十亩。收租四斛，绢三疋，绵三斤。"《晋书·食货志》也载："又制户调之式：丁男之户，岁输绢三匹，绵三斤，女及次丁男为户者半输。"[②]西晋不是按亩收租而是按丁、户收租调，无法依据简2-387来计算亩租额，也无法估算此时期的土地产量。

3.传世文献与出土简牍所见土地产量的对照

需要说明的是，我们视作土地产量的简牍资料，并未包括岳麓秦简《数》、张家山汉简《算数书》等所载与田租相关的算题。之所以将其排除在外，是因为依据这些算题计算得出的田租（=税田产量）得不到其他简牍资料的佐证。以岳麓秦简《数》为例。《数》中有"八步一斗（0537）""三步一斗（0388）""五步一斗（0982）""六步一斗（0817+1939）"的记录。[③]按照当时240步的亩制计算，田租数额分别为3石、8石、4.8石、4石。即便这些数字都是税田的田租即税田的全部产量，在秦代也显得过高。与岳麓秦简所涉时代大致相当的里耶秦简8-1519记载税田产量在1.5石，依

① 伊藤敏雄、永田拓治：《郴州晋簡初探——上級及び西晋武帝郡国上計吏敕戒等との関係を中心に——附：郴州晋簡にみる田租》，长沙吴简研究会编：《長沙呉簡研究報告 2010年度特刊》，新潟，2011年，第60—61页。

② 房玄龄等：《晋书》卷26《食货志》，第790页。

③ 朱汉民、陈松长主编：《岳麓书院藏秦简（贰）》，第34、35、39、40页。

据长沙走马楼西汉简《都乡七年垦田租簿》推算西汉武帝时期的土地产量也不过4石。由此推测，《数》等数学材料所记载的田租可能不是当时田租的真实反映，而是为了计算方便所设置的数字。为谨慎起见，暂不将其视作当时的土地产量。

以出土简牍资料来反观传世文献的记录，可知传世文献的记录并非都是凭空捏造。传世文献中虽不乏有鼂错“百亩之收不过百石”这样的夸张之辞，但也有不少记录可以得到出土简牍的佐证。《汉书·食货志》所载李悝在魏国“尽地力之教”时寻常年份亩产1.8石（按大亩制折算后），与里耶秦简中迁陵县1.5石的产量相差不大。《史记·河渠书》所载河东守番系所言的亩产4石，《淮南子·主术训》中的“亩四石”，可从走马楼西汉简《都乡七年垦田租簿》得到印证。《东观汉记·张禹传》《养生论》《晋书·傅玄列传》等所载良田亩产10斛，也可从走马楼吴简得到一定程度的印证。传世文献与出土简牍中土地产量的对照情况，具体如下表（表7.3）：

表7.3：传世文献与出土简牍中土地产量对应表

时代	土地产量	传世文献	出土简牍
战国	秦1.5石 魏1.8石	《汉书·食货志》（魏国）	里耶秦简8–1519（秦国）
西汉武帝	4石	《史记·河渠书》（番系言论）《淮南子·主术训》	长沙走马楼西汉简《都乡七年垦田租簿》
东汉魏晋南北朝	10斛（良田）	《东观汉记·张禹传》《养生论》《晋书·傅玄列传》《梁书·夏侯夔列传》《齐民要术·耕田篇》	长沙走马楼吴简

虽然传世文献所载的某些土地产量数额（如10斛）较大以至于让人怀疑，但相关简牍资料的出土足以说明这些记录值得信赖。判断土地产量的真实性不能仅凭数字大小。对于汉晋时期土地产量的研究，应抛弃“数字小可信、数字大可疑”的主观臆断，而应结合时代条件，利用多种资料进行分析。

魏晋亩产量之大让学者难以置信。不过，因为水利灌溉而导致亩产大增的情况也时有发生。战国时秦国开通郑国渠后关中成为沃野的事例已是众所皆知，魏晋南北朝时期因为水利灌溉而大幅提高产量的事例也多有记载。《三国志·魏书·郑浑传》载：

（郑）浑于萧、相二县界，兴陂遏，开稻田。郡人皆以为不便，浑曰：“地势洿下，宜溉灌，终有鱼稻经久之利，此丰民之本也。”遂躬率吏民，兴立功夫，一冬间皆成。比年大收，顷亩岁增，租入倍常，民赖其利，刻石颂之，号曰“郑陂”。[①]

《三国志·魏书·邓艾传》又载：

（邓艾）又以为：“昔破黄巾，因为屯田，积谷于许都以制四方。今三隅已定，事在淮南，每大军征举，运兵过半，功费巨亿，以为大役。陈、蔡之间，土下田良，可省许昌左右诸稻田，并水东下。令淮北屯二万人，淮南三万人，十二分休，常有四万人，且田且守。水丰常收三倍于西，计除众费，岁完五百万斛以为军资。六七年间，可积三千万斛于淮上，此则十万之众五年食也。以此乘吴，无往而不克矣。”宣王善之，事皆施行。[②]

---

① 陈寿：《三国志》卷16《魏书·郑浑传》，第511页。

② 陈寿：《三国志》卷28《魏书·邓艾传》，第775—776页。

河渠灌溉之后可以“顷亩岁增，租入倍常”，“常收三倍于西”，将亩产提高2倍或3倍，可见灌溉之利。

魏晋时期10斛的亩产也并非不可信。多处文献有相关记录，也有其他佐证。《魏书·高祖纪》载：“丁巳，诏以车驾所经，伤民秋稼者，亩给谷五斛。”[①]赔偿标准为每亩谷5斛，当时亩产应不低于此数。《魏书·张骏列传》中说石田“所收不过三石”。石田历来被视为无用之田。《史记·吴太伯世家》载：“越王句践率其众以朝吴，厚献遗之，吴王喜。唯（伍）子胥惧，曰：‘是弃吴也。’谏曰：‘越在腹心，今得志于齐，犹石田，无所用。’”[②]《集解》引王肃言：“石田不可耕。”《魏书·游肇列传》载：

萧衍军主徐玄明斩其青冀二州刺史张稷首，以郁洲内附，朝议遣兵赴援。（游）肇表曰：“…（中略）…郁洲又在海中，所谓虽获石田，终无所用。若不得连口，六里虽克，尚不可守，况方事连兵，而争非要也。’”[③]

既然被视为无用之田的“石田”尚且可以亩产3石，[④]那么良田亩产10斛自然不是稀奇的事情了。

4. 秦汉魏晋土地产量的变化特征

依据前文分析可知，秦汉魏晋时期的土地产量不尽相同。不同时代土地产量不同，不同地方的土地产量也不相同。汉晋时期的土

---

① 魏收：《魏书》卷7下《高祖纪下》，第172页。

② 司马迁：《史记》卷31《吴太伯世家》，第1472页。

③ 魏收：《魏书》卷55《游肇列传》，第1216—1217页。

④ 侯甬坚先生认为“石田”是当地经长时间积累和发展的、较成熟的田地类型，张骏推广“石田”有利于社会生产发展，参见氏著《天无绝人之路：陇西高原砂田作业的微观调查——兼及〈魏书·张骏传〉“治石田”事迹》，杨朝飞主编：《中国环境史研究（第四辑）：理论与研究》，北京：中国环境出版社，2015年，第218—237页。与我们观点不同。

地产量，呈现出时代性差异和地域性差异。

（1）就时代看，土地产量呈持续增长的趋势，汉魏之际尤为明显

战国时期土地产量相对较低，一般亩产为1.5—2石，最高为《管子·山权数篇》和《管子·轻重乙篇》中所言的亩产10石，但这不是通常情况。西汉时期土地亩产有所提高，4石应是西汉前中期的一般产量。西汉末年可能已达到5石，之后亩产量继续提高。到了东汉、曹魏时期，亩产10石的良田已很常见。[①]汉魏之际土地产量有剧增的迹象。南朝梁武帝时豫州苍陵地区也能亩产10石。10石可能是当时农业技术和生产条件下较为常见的良田产量。《氾胜之书》《华阳国志》等所载的数十石乃至上百石的土地亩产量，是在特殊耕种方法、特殊地区甚至特殊计产方法之下出现的特殊事例，不是常见的土地产量。[②]

（2）从地域看，土地产量的地域差异明显，南方较北方增长迅速

关中地区自秦国开通郑国渠、土地达到亩产一锺之后，到东晋时期江统仍认为是“黍稷之饶，亩号一锺”。数百年间土地产量几乎没有变化。一锺已是很高的产量，能满足百姓的生活需求，百姓也就失去了努力提高土地产量的动力。中原地区土地亩产则变化很

---

① 有学者认为战国到东汉的土地产量经历了先升高再下降的过程，与我们的观点有异，参见陈星宇《战国秦汉粮食亩产问题再探》，《中国农史》2020年第1期。

② 李孟扬、刘有菊：《“亩收百石”之谜——再为氾胜之说几句话》，《文史哲》1964年第2期。不过，我们怀疑《氾胜之书》所载的亩收100石、51石、28石可能不是实际收获量，而是期望值。《齐民要术·种谷篇》载：“氾胜之曰：‘验，美田至十九石，中田十三石，薄田一十石。”“验”即“效验”之意。所“验”数额可能才是区种法的实际收获量，但产量依然很高。

大。从战国时代齐、魏一般亩产1.5石、2石到西汉前中期的4石左右，到东汉下邳亩产10斛，曹魏良田十斛甚至水田数十斛，土地产量有很大提高。此外，南方土地产量增长明显高于北方。秦代迁陵县税田亩产1.5石，西汉时期长沙亩产4石，三国孙吴时期长沙亩产已增长1倍以上。南方甚至出现很多亩产10斛的良田。秦汉魏晋时期的土地产量，既呈现出中原与周边的地域差异，也呈现出南北的地域差异，北方土地产量的增长速度明显不及南方。

5.秦汉魏晋土地产量变化的原因

秦汉魏晋时期土地产量发生了很大变化，既有地域差异，也有时代变化。出现此种情况，原因是多方面的。铁制农具和牛耕的推广极大地促进了战国汉初农业生产水平的提高，水利设施的兴修也有助于提高土地产量，这是学界共识。代田法、区种法等农业生产技术的变革，对提高土地产量也有很大作用。南方产量大增，与水稻的种植以及人口南迁、耕作技术引入南方等因素有很大关系。

铁制农具、牛耕的推广，水利设施的兴修，代田法、区种法等农业生产技术的变革能促进土地产量的提高，但它们都受到某种限制。《盐铁论·未通篇》载：

> 御史曰：内郡人众，水泉荐草，不能相赡，地势温湿，不宜牛马；民跖耒而耕，负檐而行，劳罢而寡功。①

《盐铁论·水旱篇》又载贤良言："贫民或木耕手耨。"②《汉书·食货志》也载："民或苦少牛，亡以趋泽。故平都令赵光教（赵）过以人挽犁。过奏光以为丞，教民相与庸挽犁。"③牛耕、犁耕的使用情

① 王利器：《盐铁论校注》（定本）卷3《未通篇》，北京：中华书局，1992年，第190页。

② 王利器：《盐铁论校注》（定本）卷6《水旱篇》，第430页。

③ 班固：《汉书》卷24上《食货志上》，第1139页。

况并不理想。[①]曹魏时期，京兆太守颜斐让百姓“无牛者令养猪，投贵卖以买牛”，沛郡太守郑浑曾“于萧、相二县兴陂堨，开稻田”，但“郡人皆不以为便”。[②]对于牛耕及兴修水利，百姓最初并不乐意。水利设施受地域限制，一般只能提高灌溉区域内的土地产量。代田法、区种法等颇费劳力，民众需要一个逐渐接受的过程。

关于土地产量变化的原因分析，传统观点过于重视牛耕、水利、农作技术等客观因素，而忽视了民众力量的主观因素。实际上，在影响土地产量变化的诸多因素中，以下两方面因素对秦汉魏晋土地产量变化的影响最为长远而深刻。

（1）人地矛盾下民众面临的生活压力是土地产量持续增长的根本原因

战国时期秦国地广人稀，为此曾制定“徕三晋之民”的政策。《商君书·徕民篇》载：“今王发明惠，诸侯之士来归义者，今使复之，三世无知军事。”其政策制定的背景，正在于三晋“彼土狭而民众，其宅参居而并处”。[③]人地关系给民众带来的生活压力，影响着秦国国家政策的走向。

西汉实行名田宅制，人们可以凭借爵位等身份占有一定数额的土地。张家山汉简《二年律令·户律》规定：“公卒、士五（伍）、庶人各一顷。”[④]普通民众（庶人）可以占有100亩土地的法律制度，但执行情况并不理想。高祖五年“复故爵田宅”诏说：“小吏未尝

① 杨际平：《秦汉财政史》，第529—537页。

② 房玄龄等：《晋书》卷26《食货志》，第784页。

③ 蒋礼鸿：《商君书锥指》卷4《徕民篇》，北京：中华书局，1986年，第90、87页。

④ 张家山二四七号汉墓竹简整理小组：《张家山汉墓竹简〔二四七号墓〕》（释文修订本），第52页。

从军者多满，而有功者顾不得。”[①]有限的土地数量已经难以满足当时民户以爵占田的现实需求，汉代人地矛盾问题早在汉高祖时就已初见端倪。[②]加之官僚、贵族、地主等大肆兼并土地，普通民众拥有的土地越来越少，面临的生活压力越来越严重。

民众占有土地数量的减少，也与人口增长及土地高度集中有关。有学者认为汉初人口1300万左右，[③]但到了汉平帝元始二年（公元2年），官方统计人数已达到六千万，[④]人口增长4倍有余。虽然不断开垦荒地和山林，但要养活数目如此庞大的人口也并非易事。《二年律令·户律》规定普通民户可以有田100亩。学者依据《汉书·地理志》等计算得出，西汉后期民户平均占田数只有67亩左右，东汉时期官方统计人口虽较元始二年有所降低，在4700万—5300万，户均土地数额较元始二年也有所增长，在69亩—79亩。[⑤]但东汉豪族众多，占有大量田地，普通民众实际拥有的土地可能不会太多。魏晋时期总人口减少，民户土地理应有所增加。但学者对走马楼吴简《嘉禾吏民田家莂》中民户的土地数量进行统计后发现，拥有土地11—20亩的民户最多，50亩以下的民户占所有民户的近84.25%。[⑥]因为士族广占良田等原因，魏晋时期普通民众

---

① 班固：《汉书》卷1下《高帝纪下》，第54页。

② 李剑农：《中国古代经济史稿》，第209—210页。

③ 关于汉初的人口，尚新丽先生梳理各家观点后分析认为在1300万左右，参见氏著《西汉人口问题研究》，北京：线装书局，2008年，第27—30页。

④《汉书·地理志》载：“民户千二百二十三万三千六十二，口五千九百五十九万四千九百七十八。汉极盛矣。”（第1640页）一般认为这是西汉平帝元始二年（2）的人口数据。

⑤ 梁方仲：《梁方仲文集：中国历代户口、田地、田赋统计》，北京：中华书局，2008年，第6—7页。

⑥ 蒋福亚：《走马楼吴简经济文书研究》，第39—40页。

拥有的土地很少。人口增长，土地高度集中，是汉魏时期产生人地矛盾的重要原因。

战国魏国时期，“岁收亩一石半”之时，农夫“有不劝耕之心”。面对生活压力，必须努力增加土地的收获量。对于普通民众而言，通过增加自家土地数额进而增加收获总量是很困难的，但在现有土地上通过精耕细作来增加土地产量进而增加收获总量则是非常明智的选择。《齐民要术·杂说篇》言：“凡人家营田，须量己力，宁可少好，不可多恶。”[①]正是民众心声的时代反映。人地矛盾所带来的生活压力，以及增加土地数量无望的现状，是促进普通民众想方设法，努力增加土地产量的根本动力。于是，铁制农具、牛耕、水利工程，以及代田法、区种法等生产工具和生产技术才会得以发明和推广，整个社会的土地产量也随之得以提高。[②]

（2）田租制度的变化是汉魏之际土地产量大增的制度动力

秦汉魏晋时期土地产量呈整体提高的趋势。即便经历了王朝交替和战乱，土地产量也并未下降。曹魏时期经历战乱，民户数大减，以至于有人说，“今虽有十二州，至于民数，不过汉时一大郡”，“况今丧乱之后，人民至少，比汉文、景之时，不过一大郡”。[③]此并非实情，裴松之已有驳斥。[④]但曹魏民户较两汉大减应

---

① 石声汉：《齐民要术今释》之《杂说》，第1页。

② 余鹏飞：《三国经济史》，开封：河南大学出版社，1992年，第303—312页。

③ 陈寿：《三国志》卷14《魏书·蒋济传》，第453页；《三国志》卷22《魏书·陈群传》，第636页。

④《三国志·魏书·陈群传》“比汉文、景之时，不过一大郡”条裴松之注曰：“臣松之案：《汉书·地理志》云：元始二年，天下户口最盛，汝南郡为大郡，有三十余万户。则文、景之时不能如是多也。案《晋太康三年地记》，晋户有三百七十七万，吴、蜀户不能居半。以此言之，魏虽始承丧乱，方晋亦当无乃大殊。长文之言，于是为过。”（第637页）

无疑问。民户数量减少，民众可耕土地面积应有所增加。在此情况下，民众完全可以通过扩大耕地面积的形式来解决生活问题，而无须在提高土地产量方面投入过多。但实际情况是，魏晋时期土地产量较两汉时期不但没有减少，反而增长显著。导致此种现象出现的原因，除了前述人地矛盾下生活压力这一根本动力之外，主要还与田租制度从秦汉分成租向魏晋定额租转变有关。

秦汉时期实行分成租制，但三国时期定额租制全面确立（详后）。虽然分成租向定额租转变的详细过程尚不清楚，但可以确信的是，这种转变在汉魏之际已经完成。正是因为田租制度的变化，在面对是扩大土地面积还是提高土地产量的选择上，民众选择了后者。

分成租制下田租按比率交纳。不论田亩多少，只看实际收获数量。提高土地产量需要采用新技术，需要投入更多的物力、财力和劳力、精力，且增收部分依然要按比率向国家交租。扩大田亩数这种简单粗放的方式也能获得与提高土地产量大致相当的收获量，增收部分虽然也要交租，但不会多投入物力、财力和劳力。虽然在人地矛盾的生活压力之下，土地产量也会缓慢提高，但在分成租制下，民众容易“避繁就简”，更愿意采用粗放耕种的扩大土地亩数的方式。

定额租制下每亩征收的田租数额固定不变。扩大土地亩数意味着要多交租税，但在原有土地上提高土地产量则不会增加应交田租数额。虽然提高土地产量意味着要在单位面积上投入更多的物力、财力和劳力，但定额租制下“精耕细作”交租后剩余部分更多，都归自己所有，远比扩大土地面积有利。傅玄曾说曹魏民众“不务多其顷亩，但务修其功力”（《晋书·傅玄列传》），原因正在于此。

学者也认为曹魏实行定额租，给小农带来了低田租定额、增产不增租、免遭估产时的格外盘剥等好处。[①]定额租制下，提高亩产量远比扩大土地面积明智。

分成租和定额租这两种不同的田租制度，会导致民众两种不同的生活选择。对于普通民众而言，由于占有田亩的数额减少，他们在现有土地上精耕细作才可能维持生活。加之牛耕、农具、先进农业技术等的推行，[②]土地产量的逐步增加成为汉晋社会经济发展的必然趋势。分成租向定额租的税制转变，又促进了土地产量的大幅提高，并进一步增强了定额租的地位。田租制度的变化成为汉晋时期土地产量大幅提高的重要动力之一。

三、秦汉魏晋田租制度的演变

汉晋时期土地产量的变化，与田租制度的转变有密切联系。汉晋时期田租制度既有从分成租到定额租的制度变化，也有征收依据和数额的变化。

1.秦汉分成租制向三国定额租制的转变

战国魏国实行“什一之税”，《汉书·食货志》中有载。有学者指出，秦国的田租率似乎也是什一之率。[③]从出土简牍看，秦国的田租有些特殊。里耶秦简8-1519是份田租文书，再次征引如下：

---

① 高敏主编：《中国经济通史》（魏晋南北朝），第396页。

② 有学者认为，东汉后期开始，南方稻作技术已开始突破“火耕水耨”的水平，到六朝时期，一种集约化程度远高于“火耕水耨”的新的稻作方式已在长江流域基本形成，南方稻作技术得到发展。参见牟发松《唐代长江中游的经济与社会》，武汉：武汉大学出版社，1989年，第22—31页。

③ 冷鹏飞：《中国秦汉经济史》，北京：人民出版社，1994年，第37页；黄今言：《秦汉赋役制度研究》，第55—57页。

迁陵卅五年豤（恳）田與五十二顷九十五亩，税田四顷□□，

户百五十二，租六百七十五石。衛（率）之，亩一石五；

户嬰四石四斗五升，奇不衛（率）六斗。

启田九顷十亩，租九十七石六斗。

都田十七顷五十一亩，租二百卌一石。

貳田廿六顷卅四亩，租三百卅九石三。

凡田七十顷卌二亩。·租凡九百一十。

六百七十七石。

如前所述，秦代是将税田上的全部产量作为田租交纳。里耶秦简8–1519中税田约占垦田总数的8.52%，[①]接近十分之一。北大秦简《田书》也记录了土地税收情况，杨博先生认为税田为应纳税田地总面积的十二分之一。[②]果真如此，则可能秦代田租整体上为“什一之税”，但地区之间略有差异，税率允许在“什一之税”附近浮动。也有学者指出，什一之税是粮食作物的田租率，非粮食作物如大枲、中枲、细枲的田租率为十五税一。[③]里耶秦简8–1519中记载了迁陵税田的总数，没有分乡记载。实际上启乡、都乡、贰春乡平均每亩交纳的田租并不相同，启乡约为1.07斗，都乡约为1.38斗，贰春乡约为1.29斗。“率之，亩一石五”应是整个迁陵县税田的平均亩产量，并不表示每个乡的税田都能达到这个数字。启乡、都乡、贰春乡平均每亩的田租额不同，正好说明秦国在粮食作物上施行的是分成租而不是定额租。

---

① 于振波：《秦简所见田租的征收》；陈伟主编：《里耶秦简牍校释》第1卷，第347页。

② 杨博：《北大秦简〈田书〉与秦代田亩、田租问题新释》，《中国农史》2020年第2期。

③ 彭浩：《谈秦汉数书中的“舆田”及相关问题》；肖灿：《从〈数〉的“舆（与）田”、“税田”算题看秦田地租税制度》，《湖南大学学报（社科版）》2010年第4期。

秦的分成租制也为两汉所继承，只是在具体规定上有所差异。《汉书·惠帝纪》载：“减田租，复十五税一。”[①]邓展注曰：“汉家初十五税一，俭于周十税一也。中间废，今复之也。”《汉书·食货志》载：

天下既定，民亡盖臧，自天子不能具醇驷，而将相或乘牛车。上于是约法省禁，轻田租，什五而税一，量吏禄，度官用，以赋于民。[②]

高祖时开始行十五税一之制，但不过未知何时废止，惠帝时乃恢复。文帝前元二年（前178），“赐天下民今年田租之半”，田租改为三十税一。前元十三年（前167）更是“除田之租税”，[③]免除了全部田租。有学者认为此后10年间都不交田租，但马怡先生引江陵凤凰山10亩西汉简进行了驳斥。[④]其论可从。景帝元年（前156）五月，“令田半租”。[⑤]《汉书·食货志》又载：“后十三岁，孝景二年，令民半出田租，三十而税一也。”[⑥]“令田半租”“半出田租”的时间不同，一在景帝元年，一在景帝二年，其中一方可能年份有误。不论如何，到汉景帝时期，田租改为三十税一，并成为汉代定制。

西汉的三十税一并未减轻百姓的实际负担，篡汉的王莽这样批评：

① 班固：《汉书》卷2《惠帝纪》，第85页。

② 班固：《汉书》卷24上《食货志上》，第1127页。

③ 班固：《汉书》卷4《文帝纪》，第118、125页。

④ 林甘泉主编：《中国经济通史》（秦汉），第15章《赋税》（马怡撰写），第466页。

⑤ 班固：《汉书》卷5《景帝纪》，第140页。

⑥ 班固：《汉书》卷24上《食货志上》，第1135页。

汉氏减轻田租，三十而税一，常有更赋，罢癃咸出，而豪民侵陵，分田劫假，厥名三十，实什税五也。[1]

王莽的批评并不是说景帝之后改变了田租制度，田租制度仍是三十税一。但是，百姓还要承担更赋等其他赋税徭役，加之豪民的侵夺盘剥，百姓最终交上去的赋税实际已经达到土地收获的一半。

不过，新莽乃至东汉的田租制度也未见什么变化。新莽天凤六年（19），王莽下令："一切税天下吏民，訾三十取一，缣帛皆输长安。"同年，"翼平连率田况奏郡县訾民不实，莽复三十税一"。[2]新莽仍然是三十税一的田租制度。建武六年（30）十二月癸巳，东汉皇帝光武帝下诏曰：

顷者师旅未解，用度不足，故行什一之税。今军士屯田，粮储差积。其令郡国收见田租三十税一，如旧制。[3]

除战乱时期曾短暂实行什一之税外，社会稳定后东汉即恢复了西汉三十税一的田租制度。此也成为东汉田租的常制。汉桓帝延熹九年（166），荀爽对策言："征调增倍，十而税一。"[4]如同王莽批评西汉田租制度一样，荀爽的意思是说百姓交纳的各种征调（包括田租）非常繁重，已经达到土地收获的十分之一，而不是说田租制度改为了"什一之税"。两汉的田租多实行三十税一之制，较秦的什一之

---

① 班固：《汉书》卷24上《食货志上》，第1143页。

② 班固：《汉书》卷99下《王莽传下》，第4155、4156页。

③ 范晔：《后汉书》卷1下《光武帝纪下》，第50页。

④ 范晔：《后汉书》卷62《荀爽列传》，第2055页。

税有所降低，但仍是分成租制。[①]

不过，居延汉简中的某些田租记录，似乎与定额租有关。居延汉简182·25（甲一〇二八）载："☐率亩四斗。"[②]另有3枚记载交租的竹简，再次征引如下：

右第二长官二处田六十五亩　租廿六石　　居延303.7

右家五田六十五亩—租大石　廿一石八斗　　居延303.25

北地泥阳长宁里任偵　二年田一顷廿亩　租廿四石

居延E.P.T51:119

大石与小石比率为1∶0.6，21.8大石约为36小石。如此，这三家的田租率分别为4斗/亩、3.35斗/亩、2斗/亩。4斗/亩与"率亩四斗"的记录相符，3.35斗/亩、2斗/亩与"率亩四斗"的记录不相符。如前所述，若按为"三十税一"的税制推算，这三家土地亩产量应分别为12石、10石、6石，但西北边郡没有见到如此高的亩产记录。此三家按分成租交纳田租的可能性较低。当然，这也不是假税制或包租制。

居延汉简中有"率亩四斗"的记载和4斗/亩的实际征收标准，是否就说明此时已经出现了定额租制，目前还难以确定。"率亩四斗"既可能是新萌芽的定额租制，也可能是平均每亩交纳的田租数，如前引里耶秦简的"率之亩一石五"、走马楼西汉简的"率亩斗三升"，都是以"率（之）亩+数额"的形式表示平均数。现在

---

① 有学者认为两汉虽然原则上是实行分成租，但实际生活中却是实行统一的定额租。杨振红先生对这种观点有所驳议，认为程租制下田租不可能是定额租而只能是分成租。相关研究成果及杨先生的观点，俱见杨振红《出土简牍与秦汉社会（续编）》，桂林：广西师范大学出版社，2015年，第119—141页。

② 中国社会科学院考古研究所编：《居延汉简甲乙编》（下册），第124页。

尚无资料证实汉代已经出现定额租，更不用说定额租的标准了。

到了三国时期，定额租已成为国家税制。曹魏在冀州地区“收田租亩四升”（实际应是“亩四斗”），[①]吴简所见孙吴田租从数斗到2斛不等，它们都是定额租。定额租从开始萌芽到成为整个社会的田租制度，必然有一个较为漫长的发展过程，由此推测三国时期普遍施行的定额租应当萌芽于汉代。[②]不过，定额租萌芽于何时，现有资料还不能定谳。定额租的萌芽期与居延汉简“率亩四斗”之间、居延汉简“率亩四斗”和曹魏田租每亩四斗之间是否存在某种联系，现在尚不清楚。这有待资料的出土和研究的进一步深入。

2. 魏晋南北朝田租制度的相关资料

从三国时期开始，整个魏晋南北朝时期都是施行定额田租制度。不同时期、不同政权的税收标准、税额等并不相同，较为复杂。先将魏晋南北朝时期田租制度的相关资料罗列如下：

（1）《三国志·魏书·武帝纪》注引《魏书》载公令：“其收田租亩四升〈斗〉，户出绢二匹、绵二斤而已，他不得擅兴发。郡国守相明检察之，无令强民有所隐藏，而弱民兼赋也。”

（2）《初学记》卷二十七宝器部《绢第九》中引《晋故事》：“凡民丁课田，夫五十亩。收租四斛，绢三疋，绵三斤。凡属诸侯皆减租谷亩一斗，计所减以曾诸侯。绢户一疋，以其绢为诸侯秩。又分民租户二斛以为侯奉。其余租及旧调绢二户三疋、绵三斤，书

① 曹魏对屯田民以收获量按四六分成或五五分成，是分成租制。不过屯田不是国家农业的主体，分成租也不是曹魏税制的主要内容。

② 郑学檬先生认为两汉田租在实际征收时有定额化的倾向，在汉献帝建安年间发展成定额租制，参见氏著《中国赋役制度史》，上海：上海人民出版社，2000年，第42—43页。需要说明的是，其主张的理据除了仲长统“亩收三斛”的言论外，还有曹操颁布的定额租制度。

为公赋，九品混通，皆输入于官，自如旧制。”

（3）《晋书·食货志》：“又制户调之式：丁男之户，岁输绢三匹，绵三斤，女及次丁男为户者半输。其诸边郡或三分之二，远者三分之一。夷人输賨布，户一匹，远者或一丈。男子一人占田七十亩，女子三十亩。其外丁男课田五十亩，丁女二十亩，次丁男半之，女则不课。男女年十六已上至六十为正丁，十五已下至十三、六十一已上至六十五为次丁，十二已下六十六已上为老小，不事。远夷不课田者输义米，户三斛，远者五斗，极远者输算钱，人二十八文。”①

（4）《晋书·食货志》：“咸和五年，成帝始度百姓田，取十分之一，率亩税米三升。…（中略）…哀帝即位，乃减田租，亩收二升。孝武太元二年，除度田收租之制，王公以下口税三斛，唯蠲在役之身。八年，又增税米，口五石。”②

（5）《晋书·载记·石勒》：“（石）勒以幽、冀渐平，始下州郡阅实人户，户赀二匹，租二斛。”③

（6）《晋书·载记·石季龙》：“制：‘征士五人车一乘，牛二头，米各十五斛，绢十匹，调不办者以斩论。’将以图江表。”④

（7）《晋书·载记·李雄》：“其赋男丁岁谷三斛，女丁半之，

---

① 房玄龄等：《晋书》卷26《食货志》，第790页。

② 房玄龄等：《晋书》卷26《食货志》，第792页。《晋书·哀帝纪》：“（隆和元年正月）甲寅，减田税，亩收二升。”（第206页）《晋书·孝武帝纪》：“（太元元年七月）除度田收租之制，王公以下口税三斛。”（第227—228页）

③ 房玄龄等：《晋书》卷104《载记·石勒》，第2724页。据《晋书·元帝纪》，事在晋元帝太兴元年。

④ 房玄龄等：《晋书》卷106《载记·石季龙》，第2773页。

户调绢不过数丈，绵数两。”[①]

（8）《宋书·夷蛮列传》：“蛮民顺附者，一户输谷数斛，其余无杂调，而宋民赋役严苦，贫者不复堪命，多逃亡入蛮。”[②]

（9）《宋书·良吏列传·徐豁》：“（元嘉年间）郡大田，武吏年满十六，便课米六十斛，十五以下至十三，皆课米三十斛，一户内随丁多少，悉皆输米。”[③]

（10）《南史·齐本纪·废帝东昏侯纪》：“上自永元以后，魏每来伐，继以内难，扬、南徐二州人丁，三人取两，以此为率。远郡悉令上米准行，一人五十斛，输米既毕，就役如故。”[④]

（11）《隋书·食货志》：“（宋、齐、梁、陈）其课，丁男调布绢各二丈，丝三两，绵八两，禄绢八尺，禄绵三两二分，租米五石，禄米二石。丁女并半之。男女年十六已上至六十，为丁。男年十六，亦半课，年十八正课，六十六免课。女以嫁者为丁，若在室者，年二十乃为丁。其男丁，每岁役不过二十日。又率十八人出一运丁役之。其田，亩税米二斗。”[⑤]

（12）《魏书·太宗明元帝纪》：“（泰常三年）九月甲寅，诏诸州调民租，户五十石，积于定、相、冀三州。”[⑥]

（13）《魏书·高祖孝文帝纪》：“（延兴三年）秋七月，诏河南六州之民，户收绢一匹，绵一斤，租三十石。”“（延兴三年）冬十

---

① 房玄龄等：《晋书》卷106《载记·李雄》，第3040页。

② 沈约：《宋书》卷97《蛮夷列传》，第2396页。

③ 沈约：《宋书》卷92《良吏列传·徐豁》，第2266页。

④ 李延寿：《南史》卷5《齐本纪·废帝东昏侯纪》，北京：中华书局，1975年，第156页。

⑤ 魏徵：《隋书》卷24《食货志》，北京：中华书局，1973年，第674页。

⑥ 魏收：《魏书》卷3《太宗明元帝纪》，第59页。

月，太上皇帝亲将南讨。诏州郡之民，十丁取一以充行，户收租五十石，以备军粮。”①

（14）《魏书·肃宗孝明帝纪》：“（孝昌二年冬十一月）丙午，税京师田租，亩五升；借赁公田者，亩一斗。”②

（15）《魏书·食货志》：“太和八年，始准古班百官之禄，以品第各有差。先是，天下户以九品混通，户调帛二匹、絮二斤、丝一斤、粟二十石；又入帛一匹二丈，委之州库，以供调外之费。至是，户增帛三匹，粟二石九斗，以为官司之禄。后增调外帛满二匹。所调各随其土所出。”③

（16）《魏书·食货志》：“（太和）十年，给事中李冲上言：‘…（中略）…其民调，一夫一妇帛一匹，粟二石。民年十五以上未娶者，四人出一夫一妇之调；奴任耕，婢任绩者，八口当未娶者四；耕牛二十头当奴婢八。其麻布之乡，一夫一妇布一匹，下至牛，以此为降。大率十匹为公调，二匹为调外费，三匹为内外百官俸，此外杂调。’”④

（17）《魏书·食货志》：“（太和）十二年，诏群臣求安民之术。有司上言：‘…（中略）…又别立农官，取州郡户十分之一，以为屯民。相水陆之宜，断顷亩之数，以赃赎杂物市牛科给，令其肆力。一夫之田，岁责六十斛，甄其正课并征戍杂役。’”⑤

① 魏收：《魏书》卷7上《高祖孝文帝纪上》，第139页。

② 魏收：《魏书》卷9《肃宗孝明帝纪》，第245页。

③ 魏收：《魏书》卷110《食货志》，第2852页。《魏书·高祖孝文帝纪》（第154页）亦载。

④ 魏收：《魏书》卷110《食货志》，第2854页。

⑤ 魏收：《魏书》卷110《食货志》，第2856—2857页。同书《魏书·李彪列传》（第1386页）亦载。

（18）《隋书·食货志》："（北齐河清三年）率人一床，调绢一疋，绵八两，凡十斤绵中，折一斤作丝，垦租二石，义租五斗。奴婢各准良人之半。牛调二尺，垦租一斗，义租五升。垦租送台，义租纳郡，以备水旱。"①

（19）《隋书·食货志》："（北周）其赋之法，有室者，岁不过绢一疋，绵八两，粟五斛；丁者半之。其非桑土，有室者，布一疋，麻十斤；丁者又半之。丰年则全赋，中年半之，下年一之，皆以时征焉。若艰凶札，则不征其赋。"②

为了清晰了解魏晋南北朝田租制度的变化，将上述资料整理如下表（表7.4）：

表7.4：魏晋南北朝时期田租一览表

时代	地区/对象	田租		户调		备注	出处
		单位	数额	单位	数额		
曹魏	冀州	亩	4斗	户	绢2匹 绵2斤		《魏公令》

① 魏徵：《隋书》卷24《食货志》，第677—678页。

② 魏徵：《隋书》卷24《食货志》，第679页。

续表

<table>
<tr><th rowspan="2">时代</th><th rowspan="2" colspan="2">地区/对象</th><th colspan="2">田租</th><th colspan="2">户调</th><th rowspan="2">备注</th><th rowspan="2">出处</th></tr>
<tr><th>单位</th><th>数额</th><th>单位</th><th>数额</th></tr>
<tr><td rowspan="7">西晋</td><td rowspan="4">晋民</td><td rowspan="2">内郡</td><td>丁男户</td><td>4斛</td><td>丁男户</td><td>绢3匹
绵3斤</td><td></td><td rowspan="7">《晋故事》《晋书·食货志》</td></tr>
<tr><td>女及次丁男户</td><td>2斛</td><td>女及次丁男户</td><td>绢1.5匹
绵1.5斤</td><td></td></tr>
<tr><td>边郡</td><td colspan="4">三分之二</td><td></td></tr>
<tr><td>远郡</td><td colspan="4">三分之一</td><td></td></tr>
<tr><td rowspan="3">夷人</td><td>内</td><td>户</td><td>义米3斛</td><td>户</td><td>賨布1匹</td><td></td></tr>
<tr><td>远</td><td>户</td><td>义米5斗</td><td>户</td><td>賨布1丈</td><td rowspan="2">不课田者</td></tr>
<tr><td>极远</td><td>人</td><td>算钱28文</td><td></td><td></td></tr>
<tr><td>东晋咸和五年</td><td colspan="2">百姓</td><td>亩</td><td>税米3升</td><td></td><td></td><td>十分之一</td><td rowspan="4">《晋书·食货志》</td></tr>
<tr><td>东晋隆和元年</td><td colspan="2">百姓</td><td>亩</td><td>2升</td><td></td><td></td><td></td></tr>
<tr><td>东晋太元二年</td><td colspan="2" rowspan="2">王公以下</td><td>口</td><td>税米3斛</td><td></td><td></td><td>蠲役</td></tr>
<tr><td>东晋太元八年</td><td>口</td><td>税米5斛</td><td></td><td></td><td></td></tr>
<tr><td rowspan="2">后赵</td><td colspan="2">幽冀百姓</td><td>户</td><td>2斛</td><td>户</td><td>赀2匹</td><td></td><td>《晋书·载记·石勒》</td></tr>
<tr><td colspan="2">士伍</td><td></td><td></td><td>人</td><td>米15斛绢2匹</td><td></td><td>《晋书·载记·石季龙》</td></tr>
</table>

续表

<table>
<tr><th rowspan="2">时代</th><th rowspan="2">地区/对象</th><th colspan="2">田租</th><th colspan="2">户调</th><th rowspan="2">备注</th><th rowspan="2">出处</th></tr>
<tr><th>单位</th><th>数额</th><th>单位</th><th>数额</th></tr>
<tr><td rowspan="2">成汉</td><td rowspan="2">蜀地</td><td>丁男</td><td>谷3斛</td><td rowspan="2">户</td><td rowspan="2">绢数丈
绵数两</td><td rowspan="2"></td><td rowspan="2">《晋书·载记·李雄》</td></tr>
<tr><td>丁女</td><td>谷1.5斛</td></tr>
<tr><td>南朝
宋武帝</td><td>蛮民</td><td>户</td><td>谷数斛</td><td></td><td>无杂调</td><td></td><td>《宋书·夷蛮列传》</td></tr>
<tr><td rowspan="2">宋文帝
元嘉
年间</td><td rowspan="2">郡大田
武吏</td><td>丁</td><td>米60斛</td><td></td><td></td><td rowspan="2">按丁
输米</td><td rowspan="2">《宋书·良吏列传·徐豁》</td></tr>
<tr><td>半丁</td><td>米30斛</td><td></td><td></td></tr>
<tr><td>南齐
永元后</td><td>远郡</td><td>人</td><td>50斛</td><td></td><td></td><td>就役
如故</td><td>《南史·齐本纪·废帝东昏侯纪》</td></tr>
<tr><td rowspan="2">宋、
齐、
梁、
陈</td><td rowspan="2">百姓</td><td rowspan="2">亩</td><td rowspan="2">税米2斗</td><td>丁男</td><td>布绢各2丈
丝3两
绵8两
禄绢8尺
禄绵3.2两
租米5石
禄米2石</td><td></td><td rowspan="2">《隋书·食货志》</td></tr>
<tr><td>丁女</td><td>半之</td><td></td></tr>
<tr><td>北魏泰
常三年</td><td>诸州民</td><td>户</td><td>50石</td><td></td><td></td><td></td><td>《魏书·太宗明元帝纪》</td></tr>
</table>

续表

时代		地区/对象	田租		户调		备注	出处
			单位	数额	单位	数额		
北魏延兴三年		河南六州民	户	30石	户	绢1匹 绵1斤	七月	《魏书·高祖孝文帝纪》
		州郡民	户	50石			十月	
北魏孝昌二年		京师	亩	5升				《魏书·肃宗孝明帝纪》
		借赁公田	亩	1斗				
北魏太和	八年前	天下户			户	帛2匹 絮2斤 丝1斤 粟20石	九品混通	《魏书·食货志》
					户	帛1.5匹	调外之费	
	八年				户	增帛3匹 粟2.9石	官司之禄	《魏书·食货志》
					户	增帛满2匹	调外之费	
北魏太和	十年	民			夫妇	帛1匹 粟2石		《魏书·食货志》
		民年15以上未娶				四人出一夫一妇之调		
		有劳力的奴婢				八口当未娶者四		
		麻布乡			夫妇	布1匹		

续表

时代	地区/对象	田租		户调		备注	出处
		单位	数额	单位	数额		
北魏太和十二年	屯民	一夫之田	60斛			甄其正课，征戍杂役	《魏书·食货志》
北齐河清三年	良人（民）	1床	垦租2石 义租5斗	1床	绢1疋 绵8两		《隋书·食货志》
	奴婢	各准良人之半					
	牛	1匹	垦租1斗 义租5升	1头	调2尺		
北周	桑土区	室	粟5斛	室	绢1疋 绵8两		《隋书·食货志》
		丁	半之	丁	半之		
	非桑土区	室	粟5斛	室	布1疋 麻10斤		
		丁	半之	丁	半之		

3. 魏晋南北朝时期田租制度的特征

由于时代跨度和政权更替等原因，魏晋南北朝的田租制度变化频繁。交纳标准有亩、户、丁、人、口、一夫一妇、床、室等，交纳数额因为交纳者的身份不同、地域不同而有所差异。不论是何种标准、何种数额，都是定额租税，没有一例是分成租制。

有些租调数额很大。《宋书·良吏列传·徐豁》中武吏每丁课米60斛，数额很大。这可能跟武吏耕种的郡大田有关，或者武吏有其他的优惠措施。《南史·齐本纪·废帝东昏侯纪》中远郡一人交米50斛，应不是租调的常制，而是临时征调。北魏明元帝和孝文帝时期，“诸州民”“州郡民”每户交租60石，都是临时征调。租调税额达数十斛（石）者可能都不是租调制的常制，[①]而应是临时性的征调。

在租调制的常制中，西晋对晋民按丁、夷人按户收租调。东晋先是“税地”，按亩收租；后“舍地税人”，按口数征收税米。南朝的租调较为复杂，既有按亩收税米，又有按丁调租米和禄米。北魏则“九品混通”，按户收租调。北齐按床、北周按室收租调。各种征收标准不同，数额也不同。大概都是因时制宜，依据当时情况制定相应的租调制度。魏晋南北朝时期因为投献、荫附、占有等因素，家庭规模有偏大的倾向，甚至出现了“百室合户”“千丁共籍”的现象。这些大家庭的户主一般都是有爵、有官者，他们可以凭借爵位或官位完全免除或部分免除租调徭役。此时如果再按土地数额征收田租，对国家非常不利。于是，“舍地而税人”的租调制度成为魏晋南北朝的主流，而按田亩征收的情况则很少发生。按户征收的时候一般数额较大。北魏临时性的征调达60石之多，即便是“九品混通”的常制中，每户征收粟20石，后又以“官司之禄”的名义每户加收粟2.9石。按人、丁、口、室、床征收的数额则少很多。按户征收的数额较大有当时家庭规模偏大的原因，而按人、丁、口、室、床征收则受家庭规模的影响较小。

从战国秦汉到魏晋南北朝，田租制度经历了从分成租到定额租

---

① 动辄数十斛的租调也应以亩产量为征收的经济基础。可见当时亩产10斛并不是虚言。

的转变。秦汉时期原本属于临时性的杂调，也逐渐成为魏晋南北朝时期制度性的户调。战国秦汉时期是分成租制，三国开始乃至整个魏晋南北朝完全是定额田租制度。这种田租制度的转变发生在汉、魏之际，其间当有一个定额租萌芽到逐渐取代分成租的过程。不过，目前所见资料还不能弄清楚这些问题。

对秦汉魏晋南北朝时期田租制度的考察，有助于认识此时期土地产量的变化。田租制度是以现实经济条件为依据而制定的。以当时土地亩产量为基准计算，如果一个家庭土地所产粮食仅够交租甚至还不够交租，这样的田租制度是不可想象的。田租制度的制定者必须考虑当时的社会生产力水平，以及民众的生活需求等现实因素。魏晋时期动辄数十斛的租调，应与当时良田10斛的亩产量密切相关。单就孙吴时期的亩产量和田租制度而言，民众交租后剩余粮食应能基本保证家人的日常生活。民众生活逐渐贫困和艰苦，可能不是因为田租过高，更为重要的原因在于横调过重，杂役过多。

第三节 国家的经济政策与民众的生活选择

虽然历代思想家都试图论证家国一体、共生共荣的国家体系，但在实际生活中，不论是上层统治者还是下层普通民众，基本都没有真正认同这种观念。日本学者仁井田陞先生指出：

在中国，自古以来，并非因为作为人，其价值就能得到所有人的承认。…（中略）…一方面将庶民视同禽兽，另一方面又认为，仅仅只有君子即士大夫以上的拥有政治地位者，才具有可以被当做人看待的地位。被视为愚民的一般庶民，按照政治权力的传统，他们自己大多不会想要得到作为政治主体的地位，就是想要，在政治权力之下，也是“没法子”得到的。[①]

上下有别，家国有别，是古代社会中非常普遍的社会观念。基于这种观念的身份差别，国家与民众之间在诸多方面进行博弈，从而衍生出复杂的国家经济政策以及多样的民众生活选择。

一、土地亩产量与田租制度之关系

秦汉魏晋南北朝时期土地亩产量呈整体提高的变化趋势，田租制度也经历了从秦汉的分成租到魏晋南北朝的定额租的制度转变。如前所述，二者之间存在着密切的内在联系。

分成租和定额租这两种不同的税制，会导致民众两种不同的经济选择。由于人口增多、土地兼并等原因，普通民众的土地数额呈减少趋势，这要求他们在现有土地上精耕细作才能勉强维持生活。加之牛耕、农具、农业技术等的推行，亩产量的逐步增加成为社会经济发展的必然趋势。分成租向定额租的税制转变，又会进一步促进亩产量的提高。税制的变化成为汉晋之际土地亩产量大幅提高的重要动力之一。土地亩产量的提高，会进一步强化定额租的地位。

一般而言，统治者更愿意向民众展示自己的“仁德”，而将自己对民众的剥削隐藏起来。西晋泰始四年（268），傅玄上疏说：

旧兵持官牛者，官得六分，士得四分；自持私牛者，与官中分，施行来久，众心安之。今一朝减持官牛者，官得八分，士得二分；持私牛及无牛者，官得七分，士得三分，人失其所，必不欢乐。臣愚以为宜佃兵持官牛者与四分，持私牛与官中分，则天下兵作欢然悦乐，爱惜成谷，无有损弃之忧。[②]

---

① 仁井田陞：《中国法制史》，牟发松译，上海：上海古籍出版社，2011年，第11页。

② 房玄龄等：《晋书》卷47《傅玄列传》，第1321页。

傅玄关于官府与屯田士卒分成比例的建议，不过是恢复到曹魏时期的标准，但却自我视作是一种惠民政策。这是统治者利用田租率来展示“仁德”的典型案例。

三国时期开始全面推行的定额租，正是统治者隐藏田租率的重要手法。先看秦汉三国时期的亩产量和田租率，如下表（表7.5）：

表7.5：秦汉三国亩产量及田租率一览表

<table>
<tr><th>时代</th><th>亩产量</th><th>租额/亩</th><th>田租率</th></tr>
<tr><td>秦</td><td>1.5石（迁陵）</td><td>1.5斗</td><td>什一之税</td></tr>
<tr><td>西汉</td><td>4石（长沙）</td><td>1.33斗</td><td>三十税一</td></tr>
<tr><td>东汉</td><td>10石谷（下邳）</td><td>谷3.33斗</td><td>三十税一</td></tr>
<tr><td>曹魏</td><td>10石谷（良田）</td><td>谷4斗</td><td>二十五分之一</td></tr>
<tr><td rowspan="2">孙吴</td><td>10斛谷（良田）</td><td rowspan="2">2.4石谷
（=1.2斛米）</td><td>约四分之一</td></tr>
<tr><td>6斛谷（新垦田）</td><td>五分之二</td></tr>
</table>

这些都是民田的亩产量和田租额，不涉及屯田。秦的田租是“什一之税”，按里耶秦简8-1519所反映的当时税田亩产1.5石计算，每亩所交亩租额为1.5斗。不过，里耶秦简8-1519所见迁陵县下的启乡、都乡、贰春乡平均每亩的亩租额都不到1.5斗，应与1.5石为迁陵县税田的平均产量有关。虽然两汉都是三十税一的税制，但因为土地亩产量的提高，东汉每亩需要交纳的田租额约为西汉时期的2.5倍。曹魏曾在冀州地区“收田租亩四升”（实为“亩四斗”）。即便是这种带有优惠性质的临时税额，占当时良田亩产量的二十五分之一，仍高于两汉时期的三十税一。孙吴田租全是定额

租，且亩租额都很高。定额租一定程度上能刺激民众的耕种热情，孙吴政府也试图通过多种途径来提高亩产量。吴简中的整修陂塘、养官牛等官方行为，为国家兴农之举，客观上促进了亩产量的大幅提高。较高的亩产量既成为征收高额田租的经济基础，也成为孙吴社会较为稳定的重要保障。但也不得不承认，孙吴田租率非常高。我们以民税田1.2斛米（=2.4斛谷）作为基本田租进行计算。当时亩产若按良田10斛的亩产算，田租率约为四分之一。若按钟离牧新垦田的亩产6斛稻谷算，田租率达到五分之二。孙吴田租若折算成比率，将是汉代“三十税一”的7.5倍或12倍，可见孙吴田租之高。

这种与民争利的行为上不得台面，更不能在国家制度中明确体现。东晋成帝时曾炫耀“十分取一”的田租标准，将其作为“仁政”的证据。不过，“率亩税米三升”的记录暴露了“十分取一”的虚假性。若按此计算，当时亩产量只有6斗稻谷（谷、米折算率按50%计算）。自战国以来就未曾出现过如此低的亩产记录，魏晋以来亩产10斛（=石）的良田已很常见，可知“取十分之一”是虚假之词。于是，他们换了一种表现形式，用定额租来实现加税的目的。虽然定额租实际多收了租税，但因为没有明言税率比例的多少，不能跟之前的税制直接比较，从而在一定程度上掩盖了加税的事实，又不落下加重民众负担的骂名。[①]加之亩产量的大幅上涨，定额租下即便交完租税也能留下一定数量的粮食，没有选择余地的民众也能很快接受。这正是魏晋南北朝时期普遍实行定额租的

---

① 据高敏先生《中国经济通史》（魏晋南北朝）第五章所论述，西晋之后的魏晋南北朝时期在定额租制下农民的负担都有所加重。

重要原因。各政权征收标准在地（亩）、人（人、丁、口、室、床）之间的频繁变化，更显示出定额租具有符合统治者需要的巨大灵活性。

二、国家的重农政策与民众弃农从商的选择

在整个世界历史中，农业都曾是社会的主要产业。数千年的中国古代社会是一个农业为主的传统社会，重农也成为历朝历代统治者普遍推行的国家政策。春秋时期鲁国实行的“初税亩”，开启了农业税制改革的步伐。战国时期各国的变法运动，不仅在税制上加以革新，在土地亩制等方面也制定了相应的激励政策。商鞅变法确立的240步的大亩制，就有以大亩制来激励农业生产的考虑。重农政策是中国古代社会中十分重要的国家政策。

秦国商鞅变法时，奖励耕战是变法的主要内容。“僇力本业，耕织致粟帛多者复其身。事末利及怠而贫者，举以为收孥。”[①]勤劳耕种的人可以免除徭役。学者也都注意到，入粟拜爵是农夫获得爵位、提升社会等级地位的重要机会。西汉晁错曾言：

方今之务，莫若使民务农而已矣。欲民务农，在于贵粟；贵粟之道，在于使民以粟为赏罚。今募天下入粟县官，得以拜爵，得以除罪。如此，富人有爵，农民有钱，粟有所渫。[②]

晁错把入粟拜爵作为解决现实经济困境、强化农业地位的重要手段。类似重农政策是秦汉魏晋的长期国策。

作为重农政策的一部分，抑制商业发展、降低商人地位也曾是长期坚持的国家政策。睡虎地秦墓出土的《魏户律》中说：“叚

① 司马迁：《史记》卷68《商君列传》，第2230页。

② 班固：《汉书》卷24上《食货志上》，第1133页。

（假）门逆吕（旅），赘婿后父，勿令为户，勿鼠（予）田宇。”[①]虽然这是魏国法律，但既然出土在秦国统治区，当有司法参考意义。[②]可见商人受到限制。晁错说秦代徭役征发，“秦民见行，如往弃市，因以谪发之，名曰‘谪戍’。先发吏有谪及赘壻、贾人，后以尝有市籍者，又后以大父母、父母尝有市籍者，后入闾，取其左”。[③]商人在谪戍之列。睡虎地秦墓中出土的《魏奔命律》也载：

·廿五年闰再十二月丙午朔辛亥，告将军：叚（假）门逆旅，赘婿后父，或率民不作，不治室屋，寡人弗欲。且杀之，不忍其宗族昆弟。今遣从军，将军勿恤视。享（烹）牛食士，赐之参饭而勿鼠（予）殽。攻城用其不足，将军以堙豪（壕）。　　魏奔命律[④]

魏国有令商旅从军的法律。睡虎地秦简引用魏律，说明可能当时秦律中还没有类似规定。现今公布的出土简牍中，也未见分给商旅田宅和不令商旅从军的秦律条文。之后秦朝是否制定了类似的法律还不得而知。不过，在秦国，娶商人子女为妻要被罚以戍边。里耶秦简8–466载：“城父繁阳士五（伍）枯取（娶）贾人子为妻，戍四岁☑。”[⑤]秦代对商业的抑制，由此可见一斑。

西汉也继承了这种法律规定。汉武帝时曾发七科谪征伐大宛和匈奴，张晏注曰：“吏有罪一，亡命二，赘壻三，贾人四，故有市

① 睡虎地秦墓竹简整理小组编：《睡虎地秦墓竹简》，释文部分第174页。

② 曹旅宁先生认为《魏户律》和《魏奔命律》并不适用于秦国，秦律中早已存在与魏律相似的法律，参见氏著《秦律新探》，北京：中国社会科学出版社，2002年，第64—67页。

③ 班固：《汉书》卷49《晁错传》，第2284页。

④ 睡虎地秦墓竹简整理小组编：《睡虎地秦墓竹简》，释文部分第175页。

⑤ 陈伟主编：《里耶秦简牍校释》第1卷，第161页。

籍五，父母有市籍六，大父母有市籍七，凡七科也。”[①]商人依然在从军行列之中。不仅如此，西汉还在身份甚至服饰上对商人予以限制。史载：

天下已平，高祖乃令贾人不得衣丝乘车，重租税以困辱之。孝惠、高后时，为天下初定，复弛商贾之律，然市井之子孙亦不得仕宦为吏。[②]

抑商只是手段，目的在于重农。“贾人有市籍，及家属，皆无得名田，以便农。敢犯令，没入田货。”[③]统治者试图通过重农抑商的政策，让民众乐于从事农业生产，从而达到巩固统治基础的目的。

不过，商人并没有因为受到国家政策的限制而停滞不前，反而有很大发展。晁错曾感叹：

今法律贱商人，商人已富贵矣；尊农夫，农夫已贫贱矣。故俗之所贵，主之所贱也；吏之所卑，法之所尊也。上下相反，好恶乖迕，而欲国富法立，不可得也。[④]

在政府抑制商人的时候，商人却取得了“富”与“尊”的社会地位。农、商之间虽被政府人为地分为“本”“末”，但利益的产生却自有规律。正如司马迁所言：“夫用贫求富，农不如工，工不如商，刺绣文不如倚市门，此言末业，贫者之资也。”[⑤]商业远比农业容易生利，且所得利益也非农业所能比拟。

---

① 司马迁：《史记》卷123《大宛列传》，第3176页；班固：《汉书》卷6《武帝纪》，第205页。

② 司马迁：《史记》卷30《平准书》，第1418页。

③ 班固：《汉书》卷24下《食货志下》，第1167页。

④ 班固：《汉书》卷24上《食货志上》，第1133页。

⑤ 司马迁：《史记》卷129《货殖列传》，第3274页。

于是，原本应该安守本业的农夫，很容易选择弃农从商的道路。是故“民不齐出南亩，商贾滋众”。[①]《潜夫论·浮侈篇》也说道：

今举世舍农桑，趋商贾，牛马车舆，填塞道路，游手为巧，充盈都邑，治本者少，浮食者众。商邑翼翼，四方是极。今察洛阳，浮末者什于农夫，虚伪游手者什于浮末。[②]

王符所言虽不免夸张之辞，但也可见当时商贾之盛。孙吴时期也有类似状况。永安二年（239）三月诏书中言：

自顷年已来，州郡吏民及诸营兵，多违此业，皆浮船长江，贾作上下，良田渐废，见谷日少，欲求大定，岂可得哉？亦由租入过重，农人利薄，使之然乎！[③]

舍本趋末不仅是州郡吏民的生活选择，甚至诸营兵也未能免俗，个中缘由正在于“租入过重，农人利薄”。东晋应詹亦言：“军兴以来，征战运漕，朝廷宗庙，百官用度，既已殷广，下及工商流寓僮仆不亲农桑而游食者，以十万计。”[④]秦汉魏晋时期弃农从商始终是民众重要的生活选择之一。

岳麓秦简《为吏治官及黔首》载：“黔首不田作不孝。（1539）”[⑤]从事田作不仅是民众的道德准则之一，也被写进秦律之

---

① 班固：《汉书》卷24下《食货志下》，第1166页。

② 汪继陪笺、彭铎校正：《潜夫论笺校正》卷3《浮侈篇》，北京：中华书局，1985年，第120页。

③ 陈寿：《三国志》卷48《吴书·三嗣主传》，第1158页。

④ 房玄龄等：《晋书》卷26《食货志》，第791页。

⑤ 朱汉民、陈松长主编：《岳麓书院藏秦简（壹）》，上海：上海辞书出版社，2010年，第114页。

中。[①]里耶秦简8-355载："（黔）首习俗好本事不好末作，其习俗槎田岁更，以异中县。"[②]若不是生活所迫，"好本事不好末作"的黔首（多为农夫）大概不会选择背井离乡的商旅生活。"谷贱伤农"和"谷贵民流"是中国古代社会的两大现象。农业丰收则粮食价格降低，农业歉收则粮食价格上涨，都对手无余粮的百姓不利。百姓对待农业的态度，也就可想而知。某种意义上讲，只要需要衡量价值，农业都无法与商业相比拟。弃农从商实为农夫的无奈选择。西汉时期贡禹曾言：

> 民心动摇，商贾求利，东西南北各用智巧，好衣美食，岁有十二之利，而不出租税。农夫父子暴露中野，不避寒暑，捽草杷土，手足胼胝，已奉谷租，又出稾税，乡部私求，不可胜供。故民弃本逐末，耕者不能半。贫民虽赐之田，犹贱卖以贾，穷则起为盗贼。何者？末利深而惑于钱也。[③]

农业不仅利薄，且租税过重，又受到官吏、商贾的多重盘剥，生活十分困苦。商业却是厚利，且可"因其富厚，交通王侯"，[④]生活非农夫所能比。两相权衡之后，民众不难做出明智的选择。

正因农、商之间面临的诸多经济差异，虽然历朝历代的统治者都强调重农抑商的政策，努力防止民间"舍本从末"，但依然难挡民众的从商之路。不过，中国传统社会中纯粹的商人并不多见。普通农家多以纺织等家庭手工业参与商业活动，大商人致富后也会购

---

① 陈松长主编：《岳麓书院藏秦简（陆）》，上海：上海辞书出版社，2020年，第149页。

② 陈伟主编：《里耶秦简牍校释》第1卷，第136页。

③ 班固：《汉书》卷72《贡禹传》，第3075页。

④ 班固：《汉书》卷24上《食货志上》，第1132页。

买土地（甚至爵位）。“以末致财，用本守之”，[①]是数千年中国传统社会中重要的农商关系模式。遗憾的是，大商人购买土地这种回归农业的选择，并没有强化国家的农业基础，反而加快了土地兼并的进程。东汉末年仲长统曾说：

豪人之室，连栋数百，膏田满野，奴婢千群，徒附万计。船车贾贩，周于四方；废居积贮，满于都城。琦赂宝货，巨室不能容；马牛羊豕，山谷不能受。…（中略）…此皆公侯之广乐、君长之厚实也。（《理乱篇》）

井田之变，豪人货殖，馆舍布于州郡，田亩连于方国。身无半通青纶之命，而窃三辰龙章之服；不为编户一伍之长，而有千室名邑之役。荣乐过于封君，势力侔于守令。（《损益篇》）[②]

通过经商积累而成的“豪人”，不仅“连栋数百，膏田满野，奴婢千群，徒附万计”，享有“公侯之广乐、君长之厚实”，甚至因为“馆舍布于州郡，田亩连于方国”，即便“身无半通青纶之命”“不为编户一伍之长”，也能“窃三辰龙章之服”“有千室名邑之役”，以至于“荣乐过于封君，势力侔于守令”。经商致富的大商人参与土地买卖，极大地加速了汉代土地兼并的进程，小农经济的主体地位受到严重冲击。于是，王朝就在农业的逐渐衰弱中走向末路。

三、国家的管控政策与民众的逃离行为

自国家形成以来，土地与人口都是国家的主要构成部分。每个国家的统治者无不围绕着土地和人口进行着各种智力活动。围绕土地和人口的争斗，历来是国家之间政治活动的核心内容。如何管理

---

① 司马迁：《史记》卷129《货殖列传》，第3281页。

② 孙启治：《政论校注　昌言校注》，第264—265、279页。

本国的土地和人口，也成为国家最为主要的政治课题。

每个王朝建立之初，都会实行一套土地分配制度和人口管理政策。土地分配制度因时而异。秦汉时期实行以爵位为基础的土地分配制度，依据户主爵位等身份分配土地。张家山汉简《二年律令·户律》载："受田宅，予人若卖宅，不得更受。"可见当时确曾分配土地。不仅如此，政府还对人们拥有土地的数额进行了限制。《二年律令·户律》载：

关内侯九十五顷，大庶长九十顷，驷车庶长八十八顷，大上造八十六顷，少上造八十四顷，右更八十二顷，中更八十顷，左更七十八顷，右庶长七十六顷，左庶长七十四顷，五大夫廿五顷，公乘廿顷，公大夫九顷，官大夫七顷，大夫五顷，不更四顷，簪袅三顷，上造二顷，公士一顷半顷，公卒、士五（伍）、庶人各一顷，司寇、隐官各五十亩。①

关内侯至庶人可以占有95顷到1顷不等的土地，甚至司寇、隐官等也能拥有0.5顷的土地。魏晋时期，土地分配制度与秦汉时期有所不同，《晋书·食货志》载：

男子一人占田七十亩，女子三十亩。其外丁男课田五十亩，丁女二十亩，次丁男半之，女则不课…（中略）…其官品第一至于第九，各以贵贱占田，品第一者占五十顷，第二品四十五顷，第三品四十顷，第四品三十五顷，第五品三十顷，第六品二十五顷，第七品二十顷，第八品十五顷，第九品十顷。②

西晋占田制不再是依据爵位分配土地，而是按人丁的年龄、性别和

① 张家山二四七号汉墓竹简整理小组编：《张家山汉墓竹简［二四七号墓］》（释文修订本），第53、52页。

② 房玄龄等：《晋书》卷26《食货志》，第790页。

官位分配土地，每户土地多少直接与家庭成员的年龄、人数和官位高低相关联。不论土地分配制度如何，民众都要按照土地数额和人口多少交纳赋税，并向国家服徭役。从土地分配到赋税交纳和徭役征发，也衍生出一系列国家政策。

严密的户籍管理制度是国家统治的基石，人口流动的严格限制是维护统治的重要方式。秦汉魏晋时期实行自行申报的户籍政策。秦王政十六年（前231），“初令男子书年”。[①]张家山汉简《二年律令·户律》也载：

民皆自占年。小未能自占，而毋父母、同产为占者，吏以□比定其年。自占、占子、同产年，不以实三岁以上，皆耐。[②]

各户的人口多少、男女构成、老幼、爵位及身体健康程度等信息，都要向政府如实报告，在里、乡登录造册后，逐级向上汇报。各户的土地占有及家产情况也在申报之列。地方官员有保境安民的职责，人口的增减和土地的垦、荒是政绩考核的主要内容。基层吏员负有核查职责，以确保民众都是如实申报。岳麓秦简《为吏治官及黔首》载：“案户定数。（1532）”[③]所谓“案户定数”，即核查以确定民户数量。这是基层吏员的重要职责内容之一。不过，基层官吏可能有玩忽职守或徇私舞弊等行为，将导致人口和土地等的登记不实，严重者会影响到国家的财政收入和社会稳定。贡禹曾说汉武帝时“郡国恐伏其诛，则择便巧史书习于计簿能欺上府者，以为右

---

① 司马迁：《史记》卷6《秦始皇本纪》，第232页。

② 张家山二四七号汉墓竹简整理小组编：《张家山汉墓竹简［二四七号墓］》（释文修订本），第53页。

③ 朱汉民、陈松长主编：《岳麓书院藏秦简（壹）》，第141页。

职”。[1]汉宣帝曾下诏言：

今天下少事，繇役省减，兵革不动，而民多贫，盗贼不止，其咎安在？上计簿，具文而已，务为欺谩，以避其课。[2]

所谓“计簿”，《续汉书·百官志》注引胡广言：“秋冬岁尽，各计县户口垦田，钱谷入出，盗贼多少，上其集簿。”[3]民户与土地是计簿的重要内容，却存在造假行为。汉宣帝时，胶东相王成因为“流民自占八万余口”，政绩优著，受到皇帝的褒奖，但后来被人举报“伪自增加，以蒙显赏”，[4]虚增流民占籍人数。基层的文书造假现象由此可见一斑。[5]为了应对此类情况，国家制定了多种制度。汉代的“八月算民”是制度性的户籍核查。光武帝时的度田事件，魏晋南北朝的土断、括户和貌阅，是全国范围内核查土地和人口的重大政治事件。甚至到隋朝统一天下之后，貌阅这种当面核查人口情况的行为依然难以避免。至于日常的核查行为，则是基层吏员的职责所在。吴简柒·4466载：“□曹言答府部吏区光等料实今年下户未讫事　十一月廿日户曹掾兼□曹史赵野白。”长沙郡下的临湘县曾派部吏料实下户，并向上级汇报进展情况。基层吏员核查民户，应是汉晋社会的常态。民户的自行申报和官方的核查行为，成为国家土地和人口管理中两个至关重要的环节。

民众外出时需要各种凭证，凭证上写有县里爵名以及外出事由

---

① 班固：《汉书》卷72《贡禹传》，第3077页。

② 班固：《汉书》卷8《宣帝纪》，第273页。

③ 陈寿：《后汉书》志第28《百官五》，第3623页。

④ 班固：《汉书》卷89《循吏传》，第3627页。

⑤ 文书造假不仅秦汉时期存在，孙吴时期依然存在，我们曾对此进行讨论，详见第六章第一节。

等。《史记·商君列传》记载：“商君亡至关下，欲舍客舍。客人不知其是商君也，曰：‘商君之法，舍人无验者坐之。’”[①]此“验”为一种证明合法身份的凭证。商鞅逃亡时因为“无验”而无法入住客舍，可见人口控制的严格程度。从张家山汉简《二年律令·津关令》等简牍可知，秦汉时期有十分严密的过关审查制度，过关人员需要出示符、传等官方凭证。西北汉简中出土了很多符、传的简牍实物。这种用凭证来证明身份的管理制度，不分官民都必须遵守，成为控制人口流动的重要手段。

人口的迁移并非绝对不允许，但一般情况下民众的自主移民并不多见。这不只是“安土重迁”的观念问题，还与传统社会中民众的财产构成有关。土地、房屋等无法带走的固定资产在民众财产中占很大比例，迁移往往意味着这些财产的丧失。政府移民即便有赐予爵位、减免租税或给予安置物资等经济补偿，但与失去的东西相比得不偿失，故而民众并不乐意迁徙。出于经济的考量，以及传统社会中亲属间的地域联系，民众一般并不愿意离开故土。

国家有希望民众安居故土的政治诉求，民众有“安土重迁”的自我期望，这本该是一拍即合的两种社会心理，并不是在所有时候都能很好地契合。王朝前中期两者尚能相安无事，中后期失去土地的民众开始大规模流动，逐渐成为政府的沉重负担。如何处理“流民”——多为失去土地而离乡背井的人——这个并不为统治者所乐见的社会群体，从汉武帝开始就成为两汉政府所面临的重要政治问题。东汉时期几乎每位皇帝都曾颁布与流民相关的诏书，政府也采取各种措施来处理流民问题。但是，对于不断增加的流民队伍而

① 司马迁：《史记》卷68《商君列传》，第2236页。

言，政府的临时救济措施往往是杯水车薪，于事无补。[①]因为国家惠而不实的政策以及地方豪族的发展壮大等原因，东汉的流民问题始终得不到妥善处理，反而愈演愈烈。[②]到了魏晋南北朝时期，流民及流民帅成为重要的社会势力，一定程度上影响着南北政治的走向。东晋门阀政治得以维持，刘宋政权得以建立，都与流民势力密切相关。[③]

流民只是古代社会中失去土地后民众的一种求生选择，甚至是统治者较能接受的选择。因为只要安置妥当，流民或就地著籍，或返回故土，他们依然是国家民户，是赋税徭役的承担者。郑欣先生指出，原本转徙无定、生活毫无保障的流民成为曹魏屯田民后，即便要忍受较重的经济剥削，但因为“有了自己的经济，生活情况有所好转”，他们就表现出较大的生产积极性。[④]这反映出民众对安定生活的强烈渴望。不过，大规模流民出现的时候，往往是王朝弊端丛生的时期。除了极少数王朝能采取较为妥当的措施暂时安抚外，多数时候都不能妥善处理流民问题。为了生存，那些没有就地著籍或返回故土的流民大致会分化为两部分。一部分流民会选择投靠流散地的豪门大族，依靠他们的庇护来维持基本生活。地方大族也会

---

① 罗彤华先生从释义、分布与影响、产生原因、处理措施及成效等方面，对两汉流民问题进行了全面论述，王子今先生也对两汉流民运动及政府的应对之策进行过论述，江立华、孙洪涛对中国古代流民情况及产生原因、流向、生活方式与归宿、影响及政府对策进行过全面讨论。分别参见罗彤华《汉代的流民问题》，台北：台湾学生书局，1989年；王子今《秦汉社会史论考》，北京：商务印书馆，2006年，第86—101页；江立华、孙洪涛《中国流民史》（古代卷），武汉：武汉大学出版社，2017年。

② 孙如琦：《东汉的流民和豪族》，《浙江学刊》1993年第3期。

③ 详见田余庆《东晋门阀政治》，北京：北京大学出版社，2012年。

④ 郑欣：《曹魏屯田制度研究》，《魏晋南北朝史探索》，济南：山东大学出版社，1989年，第92—93页。

主动招纳流亡民众，以扩充私人势力。另一部分流民则可能会采取叛逃甚至武装反抗等极端方式，来逃避政府的赋税徭役，获取生活资料。[①]走马楼吴简中有不少“叛民”“叛吏”“叛士”“叛走”等记录，表明孙吴时期有不少叛逃事件。[②]投靠大族会丧失人身自由，成为与主人具有人身依附关系的客、部曲甚至奴婢。叛逃可能会被没收财产，抓回之后不仅会被赋予“叛民”“叛士”等羞辱性称谓，且依然要承担赋税徭役。叛逃者即便“自首”，也要被组织起来从事耕作。[③]武装反抗有着巨大的生命危险，不到万不得已，民众宁愿牺牲人身自由去投靠大族，也不愿意起来武装反抗。

为了逃避沉重的赋税徭役，有时候民众也会主动去投靠那些能让他们免除国家徭役的大族。这种主动式的投献往往以家、户为单位，带着自己的家产以及从国家分得的土地。周瑜死后，孙权素服举哀，并下令：“故将军周瑜、程普，其有人客，皆不得问。”[④]孙吴

---

① 学者认为，丧失土地、居无定所、四处流浪的农民，“很容易被叛乱或强盗吸引入他们的行列，毕竟在这些集团里面，他们不用承担税收，也没有追债者”，参见迈克尔·鲁惟一《汉帝国的日常生活：公元前202年至公元220年》，刘洁、余霄译，南京：江苏人民出版社，2018年，第33页。

② 走马楼吴简中有很多叛逃记录，学者已有论述，参见黎石生《长沙市走马楼出土“叛走”简探讨》，《考古》2003年第5期；沈刚《长沙走马楼三国竹简研究》，北京：社会科学文献出版社，2013年，第31—39页；凌文超《走马楼吴简采集簿书整理与研究》，桂林：广西师范大学出版社，2015年，第154—169页；周俊能《走马楼吴简“叛走”考释》，《南京晓庄学院学报》2012年第2期。

③ 拙文《走马楼吴简所见孙吴“自首”现象初探》，李学勤主编：《出土文献》第13辑，上海：中西书局，2018年，第398—406页。

④ 陈寿：《三国志》卷54《吴书·周瑜传》，第1264页。

时期“复客”还只是特例，尚未成为国家制度。[①]不过，这道被“著令”的法令，被不少学者视作魏晋南北朝时期复客制度的起源。西晋时期，官吏享有荫客特权，具体数额如下：

又得荫人以为衣食客及佃客，品第六已上得衣食客三人，第七第八品二人，第九品及举辇、迹禽、前驱、由基、强弩、司马、羽林郎、殿中冗从武贲、殿中武贲、持椎斧武骑武贲、持鈒冗从武贲、命中武贲武骑一人。其应有佃客者，官品第一第二者佃客无过五十户，第三品十户，第四品七户，第五品五户，第六品三户，第七品二户，第八品第九品一户。[②]

不过，享有荫户权的地方大族所庇护的民户，一般都会超出国家允许的标准。[③]“奴僮千计”并不只是沈庆之个人财力的体现，[④]而是当时整个士族经济的反映。“百室合户”“千丁共籍”，这种人口规模十分庞大的家庭，往往包含了众多的依附民、奴婢以及投献者。民众不只向大族投献，也有向寺庙投献。大族和寺庙逐渐成为依附人口众多、土地数额巨大的重要政治势力。人口和土地的争夺，成为国家与大族、寺庙之间关系的重要内容。

流民的产生源于土地的丧失。土地兼并是每个朝代都不可避免会出现并愈演愈烈的社会问题。虽然某些时候会有一些限制兼并的措施或议论，不过都无益于事。汉武帝时期，土地问题就已经开始

---

① 陈明光先生认为孙吴不存在制度化的“赐田复客”制度，对象仅限于几位从江北南渡而来的功臣，参见氏著《孙吴三项财经措施作用析疑》，《汉唐财政史论》，长沙：岳麓书社，2003年，第53—55页。

② 房玄龄等：《晋书》卷26《食货志》，第790—791页。

③ 郑欣：《魏晋时期北方门阀大族经济势力的扩张》，《魏晋南北朝史探索》，第128—130页；高敏主编：《中国经济通史》（魏晋南北朝），第621页。

④ 沈约：《宋书》卷77《沈庆之列传》，第2003页。

出现。董仲舒曾批评道：

身宠而载高位，家温而食厚禄，因乘富贵之资力，以与民争利于下，民安能知之哉！是故众其奴婢，多其牛羊，广其田宅，博其产业，畜其积委，务此而亡已，以迫蹵民。民日削月朘，浸以大穷。[①]

有鉴于此，董仲舒提出“限民名田，以澹不足”的建议，[②]但未被采纳。西汉末期土地兼并更为严重。面对“田宅亡限，与民争利，百姓失职，重困不足”的问题，汉哀帝曾让大臣讨论。大臣讨论后奏请：

诸王、列侯得名田国中，列侯在长安及公主名田县道，关内侯、吏民名田，皆无得过三十顷。[③]

试图将占田数额限制在30顷以内。这无疑是一个在“严峻的现实要求降低占田数额”的情况下，“一定程度上照顾了权贵的利益”的“折中方案”。[④]但这项提议遭到当朝外戚丁氏、傅氏的反对，最终胎死腹中。哀帝自己也没有遵守，一次性赐予高安侯董贤田地二千余顷，“均田之制从此堕坏”，[⑤]“限田”政策未曾施行。仲长统曾提出“限夫田以断并兼”的主张，[⑥]但未被采纳。西晋江统曾说：“秦汉以来，风俗转薄，公侯之尊，莫不殖园圃之田，而收市井之利。”[⑦]土地兼并是汉晋社会的普遍现象，并未受到实质性的限

① 班固：《汉书》卷56《董仲舒传》，第2520—2521页。
② 班固：《汉书》卷24上《食货志上》，第1137页。
③ 班固：《汉书》卷11《哀帝纪》，第336页。
④ 于振波：《名田制在汉代的实施及衰微》，《简牍与秦汉社会》，第50—51页。
⑤ 班固：《汉书》卷86《王嘉传》，第3496页。
⑥ 孙启：《政论校注　昌言校注》，第288页。
⑦ 房玄龄等：《晋书》卷56《江统列传》，第1537页。

制。程念祺先生甚至认为："对兼并的放任，乃当时国家政策的一种惯例。"[①]对于汉王朝那种虚假的限田议论以及苍白无力的限田举措，这不失为非常精辟的论断。土地兼并者往往是贵族、大臣、地方豪族以及封疆大吏，他们或是国家政策的决策者，或是政策的执行者，希望他们来限制兼并，无异于与虎谋皮。

无法根治的土地兼并问题导致民众的大量流亡，流亡民众的规模化又会成为国家新政策的推动因素。汉末大乱下的大量流民成为曹魏屯田的主要成员，孙吴社会中也有一个曾经流散他乡后来返还乡里、重新著籍的"还民"群体。那些还保有少量土地的民众，在不断提高亩产量的同时，也推动着国家税制从分成租到定额租的转变。"百室合户""千丁共籍"的现象，也推动着古代中国"舍地税人"的税制变革。中国古代社会与经济的历史变迁，正是国家经济政策和民众生活选择之间双向作用的结果。

秦汉魏晋时期，中国从秦汉的大一统时代走向魏晋南北朝的分裂时代。[②]这种时代交替的背后，既有土地产量的普遍提高，也有田租制度的革命性变化。土地产量和田租制度的变化，既是民众生活选择与国家经济政策博弈的结果，也推动着民众在国家经济政策下进行多种生活选择。他们的选择受自身身份的影响，选择的结果往往也会改变自己的身份。国家通过身份管理建立起户籍制度、土地制度、田租制度以及其他社会制度，进而形成了较为完备的社会身份秩序。这种社会身份秩序的具体内容会因时代不同而有所差异，但也具有共通之处，即社会身份秩序将民众身份差异化和等级

① 程念祺：《国家力量与中国经济的历史变迁》，北京：新星出版社，2006年，第71页。

② 虽然西晋曾有短暂的统一，但就整个魏晋南北朝时期而言，分裂是主要特征。

化，并依据身份的差异和等级进行差别管理。

社会身份秩序与民众的生活选择之间，存在相互依存、相互影响的密切关系。高欢曾对鲜卑人说："汉民是汝奴，夫为汝耕，妇为汝织，输汝粟帛，令汝温饱，汝何为凌之?"又对汉人说："鲜卑是汝作客，得汝一斛粟、一匹绢，为汝击贼，令汝安宁，汝何为疾之?"[①]高欢对鲜卑和汉人之间关系的论述，同样适用于描述国家与民众之间的相互关系。国家将土地分配给民众并给予生命、财产等安全保护，民众则以赋税和徭役的形式回报国家。这种利益上的双向交换，是任何道德言论都无法替代的。当其中一方无法满足另一方的要求时，矛盾就不可避免地产生，并冲击旧有的社会身份秩序。旧有的身份秩序无法缓解这种矛盾时，就将被新的社会身份秩序取代。某种程度上可以说，正是社会身份秩序与民众生活选择的相互作用，促成了秦汉魏晋南北朝时期的政权更迭与社会变迁。

中国古代几乎每个王朝或地方政权，都曾出现过如下两个导致社会衰亡的问题：

（1）社会财富日益集中，土地兼并日渐严重；

（2）国家政治日益腐败，赋税徭役愈加沉重，百姓生活困苦不堪。

这两大社会问题相互交织，成为中国古代王朝的两大"顽症"，是任何君主专制王朝都无法回避的重要课题。王朝的更替并不能避免这些社会问题的再现，甚至王朝的兴衰历程都极其相似。原因无它，王朝的统治模式相似，民众的生活需求也不会有太大变化。国

① 司马光:《资治通鉴》卷157《梁纪·武帝大同三年》，北京：中华书局，1956年，第4882页。

家经济政策与民众生活选择之间难以避免的矛盾，在不同时候会有不同的表现形式，但从未消失。这正是形成中国古代社会近似“循环往复”的发展怪圈的根本原因所在。

孙吴亦难摆脱这种社会演进模式的桎梏。虽然孙吴政府采取了“从俗而治”的统治策略，承认亲属之间的相互扶持，孙吴时期较高的亩产量也能暂时保障民众的生活——即便田租很高，但是，因为统治者无节制地剥削民众，随着赋税、徭役的加重，民众自残、流亡、投献甚至叛逃等现象会逐渐增多。当民众迫于生计的自残和叛逃等行为日益普遍时，赋役人口逐渐流失，孙吴也就离亡国不远了。

第八章

结论：身份秩序视野下的孙吴基层社会

孙吴是三国时期十分重要的国家。以前因为资料的限制，学者对孙吴的研究多局限于政治史、制度史，经济史、社会史方面的研究并不多。走马楼吴简的出土为我们全面、深入地研究孙吴经济和社会提供了很好的契机。我们以身份与秩序的关系为视角，对孙吴基层社会的身份秩序进行了较为全面的分析。在此，结合研究主旨，对相关问题予以总结和补充说明。

第一节　孙吴家庭结构建构问题的再论述

学者对孙吴家庭结构的类型等进行过诸多研究。正因如此，我们对孙吴家庭问题的研究并没有集中在结构类型方面。我们主要以家庭简中的连记简为依据，对家庭成员的位次关系进行考察，借此来讨论孙吴家庭结构建构问题。通过对位次关系的分析可知，孙吴的家庭结构非常复杂。

一、核心家庭与复合家庭以多种形式共存

吴简中的核心家庭与复合家庭，并不是独立并列的简单共存。某些复合家庭以个人形式接纳了多个亲属成员，某些复合家庭则是以“户”的形式整体接纳了其他亲属家庭。也就是说，一些复合家庭是由多个核心家庭所组成。关尾史郎师曾复原了《竹简（壹）》中的陈颜一家，[①] 先将复原成果誊录如下：

宜阳里户人公乘陈颜年五十六真吏	壹·9156
颜妻大女妾年卌	壹·9073
颜小妻大女陵年卅六	壹·9058
颜子男格年卅一真吏	壹·9084
格男弟头年十三	壹·9087
头男弟莫年四岁☑	壹·9250
颜从兄奇年八十二刑左手盲左目	壹·9159
奇妻大女青年五十一	壹·9061
奇男弟崇年卅八	壹·9138
崇妻大女定年廿七　☑	壹·9063
崇子男生年十二　☑	壹·9095
颜户下婢汝年卌八苦腹心病	壹·9075
颜户下奴宋年十七	壹·9059
颜户下婢绵年十七	壹·9036
右颜家口食十六人　訾　二　百	壹·9109

① 鷲尾祐子：《資料集：三世紀の長沙における吏民の世帯—走馬楼呉簡吏民簿の戸の復原—》(电子出版物)，东京：东京外国语大学アジア・アフリカ言語文化研究所（亚非语言文化研究所），2017年，第80页。

虽然复原结果并不完整——尚缺2人，但符合我们在第一章第三节总结的孙吴家庭结构建构原则，复原结果可信。该家庭中至少包括3个核心家庭：（1）户主陈颜、妻、小妻和3个儿子，（2）从兄奇及其妻，（3）奇弟崇及其妻、子。不过，这些核心家庭之间的地位并不同等。以一个核心家庭整体纳入另一核心家庭的形式所建构而成的“多核家庭”，有明显的主次之分。我们将户主家庭之外的其他家庭称为“合户家庭”（如陈崇、陈奇2家），以表示它们在复合家庭中的从属地位。同时，我们也注意到合户家庭往往保持了家庭内部的完整性和次序性，并没有因为“合户”而破坏原家庭的内部结构。合适的时候，这些合户家庭可以从复合家庭中独立出来，成为新的单核家庭。当然，孙吴也有不少以“父母——户主夫妻——子女”结构而存在的单核家庭。

孙吴时期核心家庭与复合家庭共存的模式，在中国古代社会也很常见，但不同时期会有不同表现。大一统王朝时期，因为鼓励分家别户等国家政策，家庭类型一般以单核家庭为主。此时期的复合家庭，可能是以核心家庭接纳单个亲属的类型居多，当然单个亲属可能并非只有一人，也可能有多人，但多核的复合家庭可能并不多。出于国家政策的原因，多核家庭一般会被拆分为多个单核家庭。当然，社会稳定时期的国家经济状况，一般也能维持单核家庭的基本生活。在分裂动乱时代，单核家庭虽然依然不少，但出于相互救助、共渡难关的考虑，多核的复合家庭会明显增多。

家庭类型的存在模式，也是社会稳定程度的重要指标。一旦社会上多核复合家庭明显增多，往往意味着大族、豪族的增多，单核家庭会出现经济贫困化和数量减少的趋势，这也昭示着王朝正在走向衰落，分裂、动乱的时代可能即将到来。反之，如果复合家庭拆分成单核家庭的情况日渐普遍，往往意味着国家经济复苏，国家控制力增强，社会秩序走向稳定，盛世局面正在形成。就此意义而言，对累世同堂的大家庭不应有过多期待。

需要说明的是儒家思想在家庭建构中的作用与意义。注重伦理亲情的儒家思想，在凝聚亲族方面具有至关重要的作用。正如前文所述，孙吴时期复合家庭所接纳的对象，都与户主有着或亲或疏的亲缘关系。这对孙吴政权的存在和地区稳定都功不可没。不过，儒家思想一旦泛滥开来并成为影响家庭结构的主要因素，对百姓、国家和社会来说可能并非好事。汉武帝“独尊儒术”之后，儒学昌盛，家庭结构也开始发生变化，“同居共财”“同居共籍”的现象逐渐出现，并成为东汉社会家庭类型的常态。东汉时期的政治腐败，往往以家族式腐败的形式出现。不论是外戚家族，还是宦官家族，或是士大夫家族，都将家族利益与政治权力捆绑在一起。东汉社会政治黑暗，并很快走向衰落和动乱，与它同时继承了西汉倡导儒学的政策和西汉的家庭类型存在模式很有关系。儒学思想在家庭结构构建中的作用与意义，是值得关注的课题。

二、男尊女卑的观念与家庭中的男女位次

孙吴时期，男尊女卑是非常普遍的社会观念。这在孙吴家庭结构中也有一定程度的反映。最为明显的两大证据是：

（1）妻都位于丈夫之后；

（2）几乎所有非户主的女性都没有登录姓氏。

家庭简中记录姓氏的女性非常少见。即便如此，男尊女卑的观念也没有完全改变孙吴的家庭结构。同为户主子女，“男弟”如果有姐的话，都位于其姐——女性之后。孙吴家庭中男女位次上的长幼次

序，与唐代户籍中男前女后的性别次序明显不同。同身份成员间不以男女性别排序而以年龄长幼排序，这可能与孙吴时期年龄在赋役制度中影响较大有关。唐代家庭以男女性别排序，除了男尊女卑观念的强化外，可能与性别在唐代赋役制度中的影响增大有关。孙吴家庭结构展现出一定的独特性。

三、孙吴家庭结构方面的遗留问题

我们以家庭简中的位次关系为依据，对孙吴家庭结构进行了详细考察，但仍有一些问题尚未弄清楚。

其一，因为家庭简反映的是某一时间点的家庭登录情况，这种考察具有静态性的限制，难以看到孙吴家庭结构的动态变化。

其二，某些在社会上应该存在的现象，在吴简中难以确定。吴简中有以“婿”身份登录的家庭成员，可能与女婿合户甚至赘婿现象有关。吴简中还有以“寡”身份登录的多种女性身份，这应是社会上女性守寡现象的反映。但是，女子丧夫或离婚之后的再嫁，或者丧夫后招夫入前夫家，这些社会现象在孙吴时期也应存在，家庭简中可能就有此类情况的记录。遗憾的是，我们尚不知道这些社会现象在吴简中是如何体现的。

那些再嫁的女子，再嫁时所带前夫的子女，所招之夫及其亲属，丧偶之后入赘者及其亲属等，他们在新家庭中以何种身份登录，有没有特殊之处，在家庭结构中处于何种位置？诸如此类的问题，我们没有进行讨论。静态性的档案记录，尚无法回答这些问题。或许，以后可以结合秦汉资料，对相关问题进行专门考察。

第二节　身份的种类性、等级性与孙吴身份秩序

一、身份的种类性与身份的等级性

民身份系统和吏身份系统，是吴简中运用最为广泛、使用场合最多、内容最为复杂、最具现实等级意义的两大身份系统。在这两大身份系统中，种类性和等级性是最为明显的特征。民的身份至少可以分为十大类，既有民族成分的不同，也有职业、财产、行政隶属、管理机构、身体状况、是否服役、户籍管理的差异，还有新、故之分，甚至还有性质尚不确定的“并闾民”“南民”等，可见民身份的复杂性。

吏的种类既有州、郡、县的列曹，也有中央部门的列曹。不仅有民政系统的曹官，还有军事系统的曹官。佃田、屯田、部曲、库、邸阁、作部、关、市吏、漕运、校核、盐铁等特殊事务部门的大量存在，让吴简中吏的种类变得更为复杂。吴简中还有郎吏、助吏、待事史、书史、书佐、四六小史、从掾位等。单就吏职的设置而言，吴简中吏的种类已经难以用“多样”来形容了。让人“头疼”的远不止于此。吴简中有使用两个曹名的列曹职官，其与哪个曹的关系更近还有待深入研究。“助吏”的广泛存在，也让吏的种类更加纷繁复杂。

与身份的种类性相比，吏民的身份等级相对要简单很多。目前我们只对吏民身份进行了行政等级和户品两方面的等级划分。但在实际生活中使用的身份，并不仅仅只标明等级，多数时候还要标明种类。种类身份与等级身份的联合使用，让孙吴社会中吏民具体身份的数额呈“几何数”增长。这也是难以完全将吏民分类的原因

所在。

二、孙吴身份秩序的构成及其影响

吏民身份的数额可能非常庞大，但种类性差异和等级性差异是最为明显的特征。在现实生活中，种类性差异和等级性差异往往体现为权利和义务上的身份性差别。孙吴政府对不同身份者耕种的田地征收不同数额的田租，在其他赋役方面也有许多差别。我们对《嘉禾吏民田家莂》进行考察后发现，吏民的身份性差别和等级性差别不仅体现为国家租税标准的多样性，还体现为在实际租税交纳中的多收或少收租税。这意味着孙吴时期存在两种身份等级体系：

（1）国家制度下的身份等级体系

（2）现实生活中的身份等级体系

这两种身份体系并不相互排斥，而是相互影响，共同作用，最终合力形成了我们所见到的孙吴身份秩序。对田家莂中国家租税制度和现实生活中的租税交纳进行分析后，我们绘制出《孙吴身份等级结构简图》（图5.1）。该图只是体现种类性差异和等级性差异的简图，并没有也不可能完全容纳吴简中吏民的所有身份。即便如此，该图在理解孙吴身份秩序特别是吏民身份与等级时，仍有相当重要的参考价值。

如果对孙吴身份秩序继续分析，我们会发现“吏”是一个非常重要的群体。在吏民身份体系中诸吏的地位最高，在现实生活中本地属吏又受到长官的恩遇与纵容。如果对吏的身份与地位有足够了解就会知道，诸如田家莂中文书错误的现象根本不可能根除。某种意义上讲，徇私舞弊是传统社会中吏的职务生活中必不可少的内容。吴简中有关于“自首”的文书记录，如：

□又表[已][先]收系自首者谓□□□□□□□前谓□□ 柒·4085

□[消]息不□自觉主者问转踵自首不□□□□[克]□□□ 柒·4092

[不]应为自首前已□□给□□罪自□□科正□□□□ 柒·4094

自首不如状[斛][斗]□表即复首对实□给等明十六日[如][见] 柒·4111

草言府[条][列]叛自首士五人为簿事 八月十九日部曲田曹史蕊 ☑ 柒·4434

草言府[叛][士]□[关]□□等三人自首事 ☑ 捌·293

自首士黄非年卅六 自首士庐张年卌五 自首士龚廷年卌一 玖·4498

“自首”行为是司法判决中重要的考量因素，但犯罪行为并不会因为自首而消除。当然，不是所有的犯罪之吏都会自首。另外，还有这样2枚简记载了对待吏员的态度。如下：

未毕三万……鞭杖乡吏孙义各□ 壹·1366

未毕三万……鞭杖乡吏五训各卅五 壹·1373

“未毕”本指吏民租税交纳未清、有拖欠的意思，此处是指负责官吏未完成租税征收。乡吏孙义和五训可能并没有贪污行为（简文所见），仅仅因为没有完成征收任务就被罚以鞭杖。对于那些贪污腐败的吏员，因为对民众和国家的危害更重，有更为严厉的处罚。吴简记载：

凡盐满一石米二石杂物直钱五千皆斩没入妻子科一条吏民坐臧入直应当死[者][恐][猲]受取一万诸盗官物直臧五万皆应 捌·4021

贪赃达到盐一石或米二石，或其他价值5000钱的杂物，不仅犯罪者本人要被处斩，他们的妻、子也要被“没入”为奴婢。可见孙吴对贪腐行为处罚非常重。但即便如此，也没有证据显示孙吴的基层吏治因此有所好转。

如果将“自首”“鞭杖”现象与嘉禾年间非常激烈的吕壹典校案结合起来就会发现，孙权整顿基层吏治之所以失败，不仅仅是因为地方长官出于自身利益的激烈反对，更为重要的原因可能在于：处于乱世之下的孙吴基层吏治，呈现出失职、渎职、徇私舞弊、贪赃枉法等集体性腐败的特征。孙权试图通过典校文书等来整顿基层吏治，这不仅触动了地方长官的利益，也与本地属吏的利益诉求背道而驰，最终因为没有足够的政治盟友和社会基础，只得以妥协的方式收场。

在孙氏皇族、地方大族（长官）、本地属吏三方的角力之后，孙吴的政治格局也逐渐确定下来，我们将其绘制成《孙吴政治格局示意图》（图6.1）。官、吏、民的身份性差异和等级性差异，正是《孙吴政治格局示意图》的核心内容，也是孙吴身份秩序的主要构成因素。孙吴身份等级结构和孙吴政治格局，最终共同构建成孙吴身份秩序。

陆机在其《辨亡论》中对孙吴这样论述：

爰及中叶，天人之分既定，百度之缺粗修，虽醲化懿纲，未齿乎上代，抑其体国经民之具，亦足以为政矣。地方几万里，带甲将百万，其野沃，其民练，其财丰，其器利，东负沧海，西阻险塞，长江制其区宇，峻山带其封域，国家之利，未见有弘于兹者矣。借使中才守之以道，善人御之有术，敦率遗宪，勤民谨政，循定策，守常险，则可以长世永年，未有危亡之患。[①]

陆机所讲的“遗宪”“定策”，既有明确制定的国家制度，也应包括已经形成的国家治理模式。赋予身份、等级以权利和义务的身份秩序，是孙吴治国模式的关键所在。正是这种较为稳定的身份秩序所保障的“遗宪”“定策”，维持了孙吴数十年的统治。

第三节　身份认同与生活选择

一、国家权力作用下民众的身份认同与影响

个人的身份是与生俱来的还是后天获取的？这个看似简单的问题曾在社会学领域引发激烈的争论。有学者指出，那种“两分式”的——部分天生、部分习得的理解，因为缺乏逻辑协调性实际上无助于问题的解答。[②]吴简所见的诸多身份中，家庭身份可以归为先天一类，爵制与职业身份可以归为后天一类。先天性的家庭身份并非完全不受国家权力的影响。虽然孙吴政府并不直接干预家庭结构的构建，以至于吴简中呈现出各种各样的家庭类型，但户人地位的确立，年龄、爵位和身体状况的登录，算訾的记录与征纳等，无不是国家权力作用的结果。每个人都需纳入家庭之中，每个家庭都要登录于户籍之上。“民有家，户有籍”，正是孙吴政府为之努力的方向。亲属成员间的相互扶持和接纳是家庭内部的自觉行为，吏民的

---

① 陈寿：《三国志》卷48《吴书·三嗣主传》注引《辩亡论》，北京：中华书局，1982年，第1181页。

② 阿尔弗雷德·格罗塞：《身份认同的困境》，王鲲译，北京：社会科学文献出版社，2010年，第73页。

著籍和户籍的核查则是国家权力从外部作用于家庭的重要形式。

在建构家庭结构时，孙吴政府并没有提供某种家庭类型“以资参考”。孙吴政府既没有强迫复合家庭分家别户，也不要求“二男分异”，而是选择了“从俗而治”的统治策略，承认社会上已经存在的多种家庭类型。因为成员间的血缘亲属关系，民众认同自身的家庭内身份是很自然的事情。国家对民众在家庭建构选择上的承认，也有利于取得他们对孙吴政权的认同。认同是获得支持的思想基础。孙吴政府与秦汉民户政策“分道扬镳”，以允许民众自主建构家庭的方式，很快就获得了民众的认同和支持。民众对家庭身份的认同，成为孙吴政权得以建立和稳固的社会基础。

在爵制上孙吴政府选择了与民户政策不同的道路。孙吴自己没有创设新的爵制，主要是继承秦汉爵制。参考孙吴在爵制上的选择，可以推测孙吴在吏民身份的种类设置和等级区划上，可能也是主要延续了秦汉社会的“现状”。那些与秦汉社会同名的身份称谓（如“助吏”）自不必说，即便是诸如中书典校这类看似新设的核查制度，也不过是秦汉监察制度以及官府内部自查机构的延伸。因为人们熟悉秦汉制度，延续了秦汉制度的孙吴政权，很容易获得民众的国家认同。这也是孙吴建国之路上重要的成功因素。

二、民众的生活选择与孙吴身份秩序的崩溃

孙权时期因为征役数起，加之疫疠流行，民户耗损严重。《三国志·吴书·骆统传》所载骆统上疏中言道：

每有征发，羸谨居家重累者先见输送。小有财货，倾居行赂，不顾穷尽。轻剽者则迸入险阻，党就群恶。百姓虚竭，嗷然愁扰，愁扰则不营业，不营业则致穷困，致穷困则不乐生，故口腹急，则

奸心动而携叛多也。[①]

骆统所言并非空穴来风。走马楼吴简中有很多“叛走”的记录，有“叛民”，有“叛士”，还有“叛吏”，以及叛走的吏民家属，甚至有专门的“叛走簿”。叛逃是孙吴吏民重要的生活选择之一。

叛走毕竟只是少数人的行为选择。对多数人而言，在现实生活中继续忍耐是较为常见的现象。《三国志·吴书·孙皓传》注引《江表传》言：

初丹杨刁玄使蜀，得司马徽与刘廙论运命历数事。玄诈增其文以诳国人曰：“黄旗紫盖见于东南，终有天下者，荆、扬之君乎！”又得中国降人，言寿春下有童谣曰“吴天子当上”。(孙)皓闻之，喜曰：“此天命也。”即载其母妻子及后宫数千人，从牛渚陆道西上，云青盖入洛阳，以顺天命。行遇大雪，道涂陷坏，兵士被甲持仗，百人共引一车，寒冻殆死。兵人不堪，皆曰：“若遇敌便当倒戈耳。”皓闻之，乃还。[②]

孙皓时期民怨沸腾的记录不绝于史。《江表传》中兵士“遇敌便当倒戈”的言论，在西晋的灭吴之役终于化为实际行动。西晋的灭吴之役基本没有遇到什么大的抵抗。“(王)濬、(唐)彬所至，则土崩瓦解，靡有御者”，孙吴士兵“明日当发，其夜众悉逃走”。[③]但是，在西晋灭吴之前，孙吴内部虽然政治斗争不断，也时有离叛，但都没有动摇孙吴政权的根本。即便是在蜀汉亡国之后，孙吴政权依然维持了十余年的时间。统治者无德，横征暴敛，但多数人还是选择了继续忍耐。

---

① 陈寿：《三国志》卷57《吴书·骆统传》，第1335—1336页。

② 陈寿：《三国志》卷48《吴书·三嗣主传》注引《江表传》，第1168页。

③ 陈寿：《三国志》卷48《吴书·三嗣主传》，第1174、1176页。

对于民众的困苦生活，孙吴统治者并非全然不知。孙权曾这样说道：

至于发调者，徒以天下未定，事以众济。若徒守江东，修崇宽政，兵自足用，复用多为？顾坐自守可陋耳。若不豫调，恐临时未可便用也。

自孤兴军五十年，所役赋凡百皆出于民。天下未定，孽类犹存，士民勤苦，诚所贯知。然劳百姓，事不得已耳。[①]

孙权对民众的疾苦生活非常清楚，但赋役征发是"不得已"的事情。孙权也曾减免赋役、赈济灾民，《三国志·吴书·吴主传》有载，如下：

（建安二十四年）是岁大疫，尽除荆州民租税。

（黄武）五年春，令曰："军兴日久，民离农畔，父子夫妇，不听相卹，孤甚愍之。今北虏缩窜，方外无事，其下州郡，有以宽息。"

（嘉禾）三年春正月，诏曰："兵久不辍，民困于役，岁或不登。其宽诸逋，勿复督课。"

（赤乌三年）冬十一月，民饥，诏开仓廪以赈贫穷。

（赤乌十三年）八月，丹杨、句容及故鄣、宁国诸山崩，鸿水溢。诏原逋责，给贷种食。

（太元元年十二月）诏省徭役，减征赋，除民所患苦。[②]

不过，统治者临时性的"施恩"行为并不能抵消制度上的沉重剥削。就孙吴田租来看，不论是田租的数额还是田租在土地产量中所

① 陈寿：《三国志》卷47《吴书·吴主传》，第1133、1142页。

② 陈寿：《三国志》卷47《吴书·吴主传》，第1121、1132、1140、1144、1147—1148、1148页。

占的比率，都是非常高的数字。孙吴时期赋役沉重也是学界的普遍认识。

另外一个已为多位学者关注的现象也值得注意，即“以下户民自代”问题。学者多将“下户民自代”理解为征发下户民代替服徭役，但熊曲先生对此并不认同。[①]先将相关简文摘录如下：

〼真身送宫八人细小七人假（？）下户民以自代谨条列〼

贰·8977

其一人以下户民自代…… 叁·467

户人见一人任吏□□刑踵叛走以下户民自代□□□□人名年纪为簿 叁·3003

人以下户民自代一人…… 叁·3028

·其七人假人自代 贰·7494

此外，可能还有以奴代替服役的情况。如下：

〼……訁奴得自代如诏 肆·1501

吴简中民户上、中、下品的区分，并不表示政治等级，而是家庭经济状况的差别体现。下户民本就家庭贫困，还要代他人服役，这又是为何？

代他人服役可能会获得一定的报酬。除此之外，代人服役者还能按月从政府领取禀食和奉直。据吴简可知，孙吴政府按月发放禀食、奉直，不同身份者发放标准有别。现按身份整理如下表（表8.1）：

---

① 熊曲：《论走马楼吴简中的“以下户民自代”》，长沙简牍博物馆编：《长沙简帛研究国际学术研讨会论文集》，上海：中西书局，2017年，第206—214页。

表8.1：吴简所见孙吴禀食、奉直标准表①

身份	月额（斛）	发放名目	简号
右尉	10	禀	柒4389
太守	10	禀	柒4212
侯相	6	禀	叁2635
左尉	5	禀	柒4205
士？	3	禀	贰7357
太仓丞	3	禀	捌3440+3441①
田曹典田掾	2	禀	捌2927
吏	2	禀	捌3050+3049+3048+3047
不明	2	食	肆5002
选曹尚书郎/史	6	奉	捌3016+3015+2996 捌3245+3240+3208
不明	6	奉	肆4903
中书典校	4	奉	柒76
监匠司马	3	奉	捌3012+3043
不明	3	奉	捌3367
典军主吏曹史	3	奉	捌3413+3429
典军所主吏	2	奉	捌3285

① 此为邬文玲先生复原结果，详见氏著《〈长沙走马楼三国吴简·竹简（捌）〉所见州中仓出米簿的集成与复原尝试》，中国文化遗产研究院编：《出土文献研究》第16辑，上海：中西书局，2017年，第341—363页。本表以“简号+简号”表示的复原结果皆出自该文。

续表

身份	月额（斛）	发放名目	简号
吏士卒师士	3.8	直	捌3194
司马	3	直	捌3118+3117+3116
锻师佐	3	直	捌3233
杝师	2	直	柒2022
市士	2.5	直	壹1810
	2		
屯士	2	直	柒2364
吏士	3	直	贰3880
吏士	2	直	壹1815
士	2.5	直	肆5137
	2		
士	2	直	陆6084
	1.5		
卒	3	直	壹1993
卒	2.5	直	肆4120
佰史（吏）	2	直	柒2085+捌3344
作柏船匠师	2	直	捌3004+3002+209
	1.5		
鼓史	1.5	直	壹2251

续表

<table>
<tr><th>身份</th><th>月额（斛）</th><th>发放名目</th><th>简号</th></tr>
<tr><td>皷史（残?）</td><td>0.5</td><td rowspan="2">直</td><td rowspan="2">贰9079</td></tr>
<tr><td>凌人</td><td>1</td></tr>
<tr><td rowspan="2">监运掾李练所领士</td><td>2.5</td><td rowspan="2">直</td><td rowspan="2">捌3143</td></tr>
<tr><td>2</td></tr>
<tr><td>不明（全）</td><td>4</td><td>直</td><td>贰9079</td></tr>
<tr><td rowspan="2">不明</td><td>2</td><td rowspan="2">直</td><td rowspan="2">捌209</td></tr>
<tr><td>1.5</td></tr>
<tr><td>不明</td><td>1</td><td>直</td><td>捌3474</td></tr>
<tr><td>师佐</td><td>2.9</td><td>不明</td><td>捌3736</td></tr>
<tr><td rowspan="2">不明</td><td>2.42</td><td rowspan="2">不明</td><td rowspan="2">捌4341</td></tr>
<tr><td>1.93</td></tr>
</table>

按月领取的有“稟”“食”“奉”“直”等。谷口建速先生认为“稟”“奉”“直”大概是“吏士”“师士”等军队成员的“津贴”“工资”。[①]贰・7357、肆・5137、陆・6084都是关于“士”的记录，有“稟”有“直”，月额也不一样，可知二者性质不同。“稟”与“食”有关，可合称为“稟食”，为每个月的口粮；“奉”

① 谷口建速：《長沙走馬楼呉簡の研究：倉庫関連簿よりみる孫呉政権の地方財政》，东京：早稲田大学出版部，2016年，第102页。

与“直”相关，可合称为“奉直”，是原则上每月发放的俸禄。①禀食、奉直都发放“米”，可能跟当时经济状况有关。吴简中虽是钱、米等多种物资并用，但一般是钱或其他物资折算为米，未见米折算为钱或其他物资的情况。米是孙吴经济活动中最为重要的流通物资。

不同身份者禀食、奉直的发放数额不同，甚至同身份之内也有具体的区分，如“市士”“吏士”“士”“卒”等。这些身份名词只是泛称，在很多机构都有设置。禀食、奉直的发放数额不同，应与具体职务及职事不同有关。奉直的发放似乎还与身体状况有关。如下：

嘉禾元年四月全残□□其一人全直（?）四斛六十人凌人㊀斛十人皷（鼓）史人五斗嘉禾元　　贰·9079

皷史奉直一般为月1.5斛，此简中为“五斗”，这可能与该简所记“全”“残”有关。“全”“残”可能表示身体的完整程度。某个身体为“全”的人“直”为4斛。皷史前面没有记载“全”或“残”，但从简文内容看，“残”极可能是这些皷史只领取0.5斛米的原因。

于振波师认为，在官营作坊供职的师佐虽能从官府领取禀食，衣食有一定的保障，但人身受到控制，受官府的管理和调遣。②我们赞同这种说法。在更为广泛的孙吴社会中，师佐面临的境遇是所

① 戴卫红先生对吴简中禀食和奉直进行了专门研究，详见氏著《长沙走马楼吴简所见“直”、“禀”简及相关问题初探》，卜宪群、杨振红主编：《简帛研究2008》，桂林：广西师范大学出版社，2010年，第251—267页；《长沙走马楼吴简中所见吏员俸禄实态》，中国文化遗产研究院编：《出土文献研究》第19辑，上海：中西书局，2020年，第416—433页。《实态》一文中指出，吴简中的俸禄除了按月发放之外还有按年发放、不固定周期发放等情况。

② 于振波：《走马楼吴简师佐籍蠡测》，《走马楼吴简续探》，台北：文津出版社，2007年，第97—108页。

有服役者共通的境况，即服役者在享受官府禀食、奉直的同时，人身自由会受到约束。正因为服役者的此种境遇，有钱人不愿受到约束，而是“以下户民自代”“假人自代”“以奴自代”。代他人服役者多为贫困民户，如下户民、奴隶。他们愿意代替他人服役，主要是受生活所迫。对于代人服役者而言，活着是第一要义，人身自由已经顾不上了。

从表8.1《吴简所见孙吴禀食、奉直标准表》可知，在身份等级系统之外，孙吴还有一个按照身份高低发放的薪酬体系。这个薪酬体系本身具有强烈的身份性和等级性。薪酬体系与身份等级系统相互关联，共同维护孙吴身份秩序的稳定。也就是说，孙吴身份秩序并不仅仅具有区分身份和等级的理论意义，更为重要的意义在于身份具有的实际价值。孙吴身份秩序下的身份和等级划分，以及由此而衍生的各种身份性和等级性待遇，正是促使各色人等为孙吴政权效劳的原因所在。只要还在孙吴统治区，还受孙吴政府管辖，如果想要过上好的生活，就必须进入孙吴的身份秩序，获得相应等级的身份，进而享受相应的待遇。

孙吴身份秩序中的贫富分化，在社会上有很明显的反映。孙皓时华覈在上疏中说道：

> 今吏士之家，少无子女，多者三四，少者一二，通令户有一女，十万家则十万人，人织绩一岁一束，则十万束矣。使四疆之内同心戮力，数年之间，布帛必积。[①]

按照华覈所言，孙皓时期吏士之家很少是没有子女的。吏士之家少者有子女一、二人，多者有三、四人，这与当时贫穷之家“生子不

① 陈寿：《三国志》卷65《吴书·华覈传》，第1469页。

举”的现象形成鲜明对比。[1]即便按照父子两代、一夫一妻的核心家庭计算，吏士之家人数的下限也在4—6人左右。这是吴简中较为常见的家庭人口规模。要知道吴简中多数家庭的成员构成都要超出父子两代的核心家庭规模。有的家庭有祖父、祖母、孙等，更多的家庭有大父、大母、伯父、伯母、兄弟姊妹、兄子、侄子等亲族，甚至母族和妻族的亲属。吏士之家仅仅计算父子两代、一夫一妻，家庭人口就达到多核家庭、复合家庭等家庭的常见人口规模。如果考虑到其他辈分成员存在的可能性，吏士之家的人口规模可能要普遍超越寻常民众家庭的人口规模。吴简户籍簿中记有奴婢。学者认为有奴婢的优势户是官吏。[2]凌文超先生对吴简中的孙仪进行个案研究，认为嘉禾元年之后孙仪家的经济状况得到明显改善，应与其长年担任县吏有关。[3]诸多迹象表明，孙吴社会的吏士之家是较为富裕的社会阶层。吏士在社会上处于并不算低的地位，这也印证了我们利用《嘉禾吏民田家莂》所分析总结出来的孙吴身份等级体系。只要进入这个体系，就会享受到相应的生活待遇和社会地位。

在身份与秩序的相互作用下，孙吴统治下的所有社会成员包括孙氏皇族，都被纳入一个庞大的身份秩序之中。正是这个身份秩序维持着孙吴政权的运行。不过，这种身份秩序的稳定具有暂时性。

---

①《三国志·魏书·郑浑传》载："太祖闻其笃行，召（郑浑）为掾，复迁下蔡长、邵陵令。天下未定，民皆剽轻，不念产殖；其生子无以相活，率皆不举。"（第509页）王子今先生认为"生子不举"是生活压力所迫，参见氏著《秦汉儿童的世界》，北京：中华书局，2018年，第60、73页。

② 小林洋介：《正倉院籍帳と長沙走馬樓三国呉簡》，《史觀》第153冊，2005年。

③ 凌文超：《一个偶然走入历史的孙吴县吏》，《读书》2021年第6期。

随着横征暴敛等苛政的增多，身份秩序的内部矛盾将逐渐激化。孙吴身份秩序维持孙吴政权的效力，也具有很大的内部性。当与孙吴政权外部发生利害关系时，这种身份秩序并没有发挥出统治者所期待的作用。当西晋大举伐吴之时，将领投降，吏士逃亡。这种“不顾身份”的选择，宣告了孙吴身份秩序的彻底崩溃。

参考文献

一、传世文献

[1] 司马迁:《史记》，北京：中华书局，1982年

[2] 班固:《汉书》，北京：中华书局，1962年

[3] 范晔:《后汉书》，北京：中华书局，1965年

[4] 陈寿:《三国志》，北京：中华书局，1982年

[5] 房玄龄等:《晋书》，北京：中华书局，1974年

[6] 沈约:《宋书》，北京：中华书局，1974年

[7] 姚思廉:《梁书》，北京：中华书局，1973年

[8] 姚思廉:《陈书》，北京：中华书局，1972年

[9] 李延寿:《南史》，北京：中华书局，1975年

[10] 魏收:《魏书》，北京：中华书局，1974年

[11] 令狐德芬等:《周书》，北京：中华书局，1971年

[12] 魏徵:《隋书》，北京：中华书局，1973年

[13] 欧阳修、宋祁:《新唐书》，北京：中华书局，1975年

[14] 吴树平:《东观汉记校注》，北京：中华书局，2008年

[15] 孙星衍等辑:《汉官六种》，周天游点校，北京：中华书局，1990年

[16] 刘琳:《华阳国志校注》(修订本)，成都：成都时代出版社，2007年

[17] 司马光:《资治通鉴》，北京：中华书局，1956年
[18] 李昉等:《太平御览》，北京：中华书局，1960年
[19] 徐坚等:《初学记》，北京：中华书局，2004年
[20] 阮元校刻:《十三经注疏》(影印本)，北京：中华书局，1980年
[21] 黎翔凤:《管子校注》，梁运华整理，北京：中华书局，2004年
[22] 蒋礼鸿:《商君书锥指》，北京：中华书局，1986年
[23] 何宁:《淮南子集释》，北京：中华书局，1998年
[24] 王利器:《盐铁论校注》(定本)，北京：中华书局，1992年
[25] 陈立:《白虎通疏证》，吴则虞点校，北京：中华书局，1994年
[26] 黄晖:《论衡校释》，北京：中华书局，1990年
[27] 孙启治:《政论校注　昌言校注》，北京：中华书局，2012年
[28] 王利器:《风俗通义校注》，北京：中华书局，2010年
[29] 汪继培笺、彭铎校正:《潜夫论笺校正》，北京：中华书局，1985年
[30] 石声汉:《齐民要术今释》，北京：中华书局，2009年
[31] 余嘉锡:《世说新语笺疏》，周祖谟、余淑宜、周士琦整理，北京：中华书局，2011年
[32] 严可均校辑:《全上古三代秦汉三国六朝文》，北京：中华书局，1958年

二、出土资料

[1] 睡虎地秦墓竹简整理小组编:《睡虎地秦墓竹简》，北京：文物

出版社，1990年
[2] 湖南省文物考古研究所编:《里耶发掘报告》，长沙：岳麓书社，2006年
[3] 陈伟主编:《里耶秦简牍校释》第1卷，武汉：武汉大学出版社，2012年
[4] 陈伟主编:《里耶秦简牍校释》第2卷，武汉：武汉大学出版社，2018年
[5] 朱汉民、陈松长主编:《岳麓书院藏秦简（壹）》，上海：上海辞书出版社，2010年
[6] 朱汉民、陈松长主编:《岳麓书院藏秦简（贰）》，上海：上海辞书出版社，2011年
[7] 朱汉民、陈松长主编:《岳麓书院藏秦简（叁）》，上海：上海辞书出版社，2013年
[8] 陈松长主编:《岳麓书院藏秦简（肆）》，上海：上海辞书出版社，2015年
[9] 陈松长主编:《岳麓书院藏秦简（陆）》，上海：上海辞书出版社，2020年
[10] 张家山二四七号汉墓竹简整理小组编:《张家山汉墓竹简[二四七号墓]》(释文修订本)，北京：文物出版社，2006年
[11] 彭浩、陈伟、工藤元男主编:《二年律令与奏谳书——张家山二四七号汉墓出土法律文献释读》，上海：上海古籍出版社，2007年
[12] 湖北省文物考古研究所编:《江陵凤凰山西汉简牍》，北京：中华书局，2012年
[13] 银雀山汉墓竹简整理小组编:《银雀山汉墓竹简（壹）》，北

京：文物出版社，1985年
[14] 长沙市文物考古研究所、中国文物研究所编：《长沙东牌楼东汉简牍》，北京：文物出版社，2006年
[15] 长沙市文物考古研究所编：《长沙尚德街东汉简牍》，长沙：岳麓书社，2016年
[16] 长沙市文物考古研究所等编：《长沙五一广场东汉简牍（壹）》，上海：中西书局，2018年
[17] 长沙市文物考古研究所等编：《长沙五一广场东汉简牍（贰）》，上海：中西书局，2018年
[18] 长沙市文物考古研究所等编：《长沙五一广场东汉简牍（肆）》，上海：中西书局，2019年
[19] 中国社会科学院考古研究所编：《居延汉简甲乙编》（下册），北京：中华书局，1982年
[20] 甘肃省文物考古研究所编：《居延新简释粹》，兰州：兰州大学出版社，1988年
[21] 谢桂华、李均明、朱国炤编：《居延汉简释文合校》，北京：文物出版社，1987年
[22] 甘肃省文物考古研究所等编：《居延新简——甲渠候官与第四燧》，北京：文物出版社，1990年
[23] 长沙市文物考古研究所、中国文物研究所、北京大学历史学系走马楼简牍整理组编：《长沙走马楼三国吴简　嘉禾吏民田家莂》，北京：文物出版社，1999年
[24] 长沙市文物考古研究所、中国文物研究所、北京大学历史学系走马楼简牍整理组编：《长沙走马楼三国吴简　竹简（壹）》，北京：文物出版社，2003年

[25] 长沙简牍博物馆、中国文物研究所、北京大学历史学系走马楼简牍整理组编:《长沙走马楼三国吴简　竹简（贰）》，北京：文物出版社，2007年

[26] 长沙简牍博物馆、中国文物研究所、北京大学历史学系走马楼简牍整理组编:《长沙走马楼三国吴简　竹简（叁）》，北京：文物出版社，2008年

[27] 长沙简牍博物馆、中国文化遗产研究院、北京大学历史学系走马楼简牍整理组编:《长沙走马楼三国吴简　竹简（肆）》，北京：文物出版社，2011年

[28] 长沙简牍博物馆、中国文化遗产研究院、北京大学历史学系走马楼简牍整理组编:《长沙走马楼三国吴简　竹简（伍）》，北京：文物出版社，2018年

[29] 长沙简牍博物馆、中国文化遗产研究院、北京大学历史学系走马楼简牍整理组编:《长沙走马楼三国吴简　竹简（陆）》，北京：文物出版社，2017年

[30] 长沙简牍博物馆、中国文物遗产研究院、北京大学历史学系、故宫研究院古文献研究所走马楼简牍整理组编:《长沙走马楼三国吴简　竹简（柒）》，北京：文物出版社，2013年

[31] 长沙简牍博物馆、中国文物遗产研究院、北京大学历史学系、故宫研究院古文献研究所走马楼简牍整理组编:《长沙走马楼三国吴简　竹简（捌）》，北京：文物出版社，2015年

[32] 长沙简牍博物馆、中国文物遗产研究院、北京大学历史学系、故宫研究院古文献研究所走马楼简牍整理组编:《长沙走马楼三国吴简　竹简（玖）》，北京：文物出版社，2019年

[33] 杨友吉、宋少华:《长沙走马楼三国吴简》（1—5册），长沙：

湖南美术出版社，2001年
[34]宋少华、张春龙、郑曙斌、黄朴华编：《湖南出土简牍选编》，长沙：岳麓书社，2013年
[35]湖北省博物馆编：《书写历史：战国秦汉简牍》，北京：文物出版社，2007
[36]中国考古学会编：《中国考古学年鉴1987》，北京：文物出版社，1988年
[37]湖南省文物考古研究所、郴州市文物处：《湖南郴州苏仙桥遗址发掘简报》，湖南省文物考古研究所编：《湖南考古辑刊》第8辑，长沙：岳麓书社，2009年
[38]青岛市文物保护考古研究所、黄岛区博物馆：《山东青岛土山屯墓群四号封土与墓葬的发掘》，《考古学报》2019年第3期

三、工具书

[1]钟华编：《史记人名索引》，北京：中华书局，1977年
[2]魏连科编：《汉书人名索引》，北京：中华书局，1979年
[3]李裕民编：《后汉书人名索引》，北京：中华书局，1979年
[4]高秀芳、杨济安编：《三国志人名索引》，北京：中华书局，1980年
[5]张枕石编：《晋书人名索引》，北京：中华书局，1977年
[6]张枕石编：《南朝五史人名索引》，北京：中华书局，1985年
[7]陈仲安、谭两宜、赵小鸣编：《北朝四史人名索引》，北京：中华书局，1988年
[8]《汉语大字典》编辑委员会编：《汉语大字典》（光盘版），勤、宏（马来西亚）编写程式，任真扫描，2006年

四、研究著作（中文）（含译著、论文集）

[1] 阿尔弗雷德·格罗塞：《身份认同的困境》，王鲲译，北京：社会科学文献出版社，2010年

[2] 白芳：《人际称谓与秦汉社会变迁》，北京：人民出版社，2010年

[3] 北京吴简研讨班编：《吴简研究》第1辑，武汉：崇文书局，2004年

[4] 长沙简牍博物馆、北京吴简研讨班编：《吴简研究》第2辑，武汉：崇文书局，2006年

[5] 长沙简牍博物馆、北京大学中国古代史研究中心、北京吴简研讨班编：《吴简研究》第3辑，北京：中华书局，2011年

[6] 长沙市文物考古研究所编：《长沙三国吴简暨百年来简帛发现与研究国际学术研讨会论文集》，北京：中华书局，2005年

[7] 长沙简牍博物馆编：《嘉禾一井传天下：走马楼吴简的发现保护整理研究与利用》，长沙：岳麓书社，2016年

[8] 长沙简牍博物馆编：《走马楼吴简研究论文精选》，长沙：岳麓书社，2016年。

[9] 长沙简牍博物馆编：《长沙简帛研究国际学术研讨会论文集》，上海：中西书局，2017年

[10] 长沙简牍博物馆编：《长沙简牍博物馆藏长沙走马楼吴简书法研究》，杭州：西泠印社出版社，2019年

[11] 曹旅宁：《秦律新探》，北京：中国社会科学出版社，2002年

[12] 陈明光：《汉唐财政史论》，长沙：岳麓书社，2003年

[13] 陈明光：《六朝财政史》，北京：中国财政经济出版社，1996年

[14] 陈荣杰:《〈嘉禾吏民田家莂〉校注》，重庆：西南师范大学出版社，2018年
[15] 陈荣杰:《走马楼吴简词语研究丛稿》，重庆：西南大学出版社，2021年
[16] 陈荣杰:《走马楼吴简佃田、赋税词语研究》，北京：人民出版社，2016年
[17] 陈直:《居延汉简研究》，北京：中华书局，2009年
[18] 陈直:《两汉经济史料论丛》，北京：中华书局，2008年
[19] 陈仲安、王素:《汉唐职官制度研究》(增订本)，上海：中西书局，2018年
[20] 程念祺:《国家力量与中国经济的历史变迁》，北京：新星出版社，2006年
[21] 池田温:《中国古代籍帐研究》，龚泽铣译，北京：中华书局，2007年
[22] 池田雄一:《中国古代的聚落与地方行政》，郑威译，上海：复旦大学出版社，2017年
[23] 费孝通:《江村经济》(修订本)，上海：上海人民出版社，2013年
[24] 复旦大学历史系、《中国中古史研究》第9辑(吴简专号)，上海：中西书局，2021年
[25] 傅克辉:《魏晋南北朝籍账研究》，济南：齐鲁书社，2000年
[26] 富谷至:《木简、竹简述说的古代中国——书写材料的文化史》，刘恒武译，黄留珠校，北京：人民出版社，2007年
[27] 高凯:《汉魏史探微》，郑州：大象出版社，2014年
[28] 高敏:《魏晋南北朝兵制研究》，郑州：大象出版社，1998年

[29] 高敏：《魏晋南北朝社会经济史探讨》，北京：人民出版社，1987年
[30] 高敏：《魏晋南北朝史发微》，北京：中华书局，2005年
[31] 高敏：《云梦秦简初探》（增订本），郑州：河南人民出版社，1981年
[32] 高敏：《长沙走马楼简牍研究》，桂林：广西师范大学出版社，2008年
[33] 高敏主编：《中国经济通史》（魏晋南北朝），北京：经济日报出版社，2007年
[34] 郭书春：《汇校九章算术》（增补版），沈阳：辽宁教育出版社，2004年
[35] 韩树峰：《汉魏法律与社会——以简牍、文书为中心的考察》，北京：社会科学文献出版社，2011年
[36] 何启民：《中古门第论集》，台北：台湾学生书局，1978年
[37] 何晓明：《中国姓名史》，武汉：武汉大学出版社，2012年
[38] 何兹全：《中国古代社会及其向中世社会的过渡》，北京：商务印书馆，2013年
[39] 侯旭东：《北朝村民的生活世界——朝廷、州县与村里》，北京：商务印书馆，2015年
[40] 侯旭东：《近观中古史：侯旭东自选集》，上海：中西书局，2015年
[41] 胡阿祥：《东晋南朝侨州郡县与侨流人口研究》，南京：江苏教育出版社，2008年
[42] 胡平生：《胡平生简牍文物论稿》，上海：中西书局，2012年
[43] 胡士云：《汉语亲属称谓研究》，北京：商务印书馆，2007年

[44] 黄今言:《秦汉赋役制度研究》，南昌：江西教育出版社，1988年
[45] 黄汝成:《日知录集释》(全校本)，栾保群、吕宗力校点，上海：上海古籍出版社，2006年
[46] 籍秀琴:《中国姓氏源流史》，台北：文津出版社，1998年
[47] 江立华、孙洪涛:《中国流民史》(古代卷)，武汉：武汉大学出版社，2017年
[48] 蒋福亚:《走马楼吴简经济文书研究》，北京：国家图书馆出版社，2012年
[49] 冷鹏飞:《中国秦汉经济史》，北京：人民出版社，1994年
[50] 黎明钊:《辐辏与秩序：汉帝国地方社会研究》，香港：香港中文大学出版社，2013年
[51] 李恒全:《战国秦汉经济问题》，南京：江苏人民出版社，2012年
[52] 李剑农:《中国古代经济史稿》，武汉：武汉大学出版社，2006年
[53] 李文才:《魏晋南北朝隋唐政治与文化论稿》，北京：世界知识出版社，2006年
[54] 梁方仲:《梁方仲文集：中国历代户口、田地、田赋统计》，北京：中华书局，2008年
[55] 林甘泉主编:《中国经济通史》(秦汉)，北京：经济日报出版社，2007年
[56] 凌文超:《吴简与吴制》，北京：北京大学出版社，2019年
[57] 凌文超:《走马楼吴简采集簿书整理与研究》，桂林：广西师范大学出版社，2015年

[58] 刘海年：《战国秦代法制管窥》，北京：法律出版社，2005年
[59] 刘欣宁：《由张家山汉简〈二年律令〉论汉初的继承制度》，台北：台湾大学出版委员会，2007年
[60] 刘玥：《三国吴简文字研究》，石家庄：河北人民出版社，2018年
[61] 刘增贵：《汉代婚姻制度》，台北：华世出版社，1980年
[62] 罗庆康：《西汉财政官制史稿》，郑州：河南大学出版社，1989年
[63] 罗斯玛丽·克朗普顿：《阶级与分层》（第3版），陈光金译，上海：复旦大学出版社，2011年
[64] 罗彤华：《汉代的流民问题》，台北：台湾学生书局，1989年
[65] 吕利：《律简身份法考论：秦汉初期国家秩序中的身份》，北京：法律出版社，2011年
[66] 麻国庆：《家与中国社会结构》，北京：文物出版社，1999年
[67] 马植杰：《三国史》，北京：人民出版社，1993年
[68] 迈克尔·鲁惟一：《汉代行政记录》，于振波、车金花译，桂林：广西师范大学出版社，2005年
[69] 迈克尔·鲁惟一：《汉帝国的日常生活：公元前202年至公元220年》，刘洁、余霄译，南京：江苏人民出版社，2018年
[70] 孟彦弘：《出土文献与汉唐典制研究》，北京：北京大学出版社，2015年
[71] 牟发松：《唐代长江中游的经济与社会》，武汉：武汉大学出版社，1989年
[72] 彭卫：《汉代婚姻形态》，北京：中国人民大学出版社，2010年，第130页

[73] 秦晖:《农民中国：历史反思与现实选择》，郑州：河南人民出版社，2003年
[74] 秦铁柱:《帝国中坚：汉代列侯研究》，济南：齐鲁书社，2018年
[75] 丘光明:《中国古代度量衡》，天津：天津教育出版社，1991年
[76] 丘光明编著:《中国历代度量衡考》，北京：科学出版社，1992年
[77] 仁井田陞:《中国法制史》，牟发松译，上海：上海古籍出版社，2011年
[78] 尚新丽:《西汉人口问题研究》，北京：线装书局，2008年
[79] 沈刚:《〈长沙走马楼三国吴简〉语词汇释》，北京：中国社会科学出版社，2017年
[80] 沈刚:《汉代国家统治方式研究：列卿、宗室、信仰与基层社会》，北京：社会科学文献出版社，2017年
[81] 沈刚:《长沙走马楼三国竹简研究》，北京：社会科学文献出版社，2013年
[82] 沈颂金:《二十世纪简帛学研究》，北京：学苑出版社，2003年
[83] 守屋美都雄:《中国古代的家族与国家》，钱杭、杨晓芬译，上海：上海古籍出版社，2010年
[84] 苏俊林:《列侯与两汉经济》，湖南省研究生科研创新项目“列侯与两汉经济”（CX2011B147）结题报告书，2013年
[85] 唐长孺:《魏晋南北朝史论丛》，北京：中华书局，2011年
[86] 唐长孺:《魏晋南北朝隋唐史三编》，北京：中华书局，

2011年
[87] 田余庆：《东晋门阀政治》，北京：北京大学出版社，2012年
[88] 田余庆：《秦汉魏晋史探微》（重订本），北京：中华书局，2011年
[89] 王玲：《汉魏六朝荆州地区的经济与社会变迁》，北京：中国社会科学出版社，2010年
[90] 王鸣盛：《十七史商榷》，陈文和等校点，南京：凤凰出版社，2008年
[91] 王素：《汉唐历史与出土文献》，北京：故宫出版社，2011年
[92] 王子今：《秦汉儿童的世界》，北京：中华书局，2018年
[93] 王子今：《秦汉社会史论考》，北京：商务印书馆，2006年
[94] 王子今：《长沙简牍研究》，北京：中国社会科学出版社，2017
[95] 尾形勇：《中国古代的"家"与国家》，张鹤泉等译，北京：中华书局，2010年
[96] 吴承洛：《中国度量衡史》，上海：上海书店，1984年
[97] 吴慧：《中国历代粮食亩产研究》（修订再版），北京：中国农业出版社，2016年
[98] 西嶋定生：《中国古代帝国的形成与结构——二十等爵制研究》，武尚清译，北京：中华书局，2004年
[99] 徐畅：《长沙走马楼三国孙吴简牍官文书整理与研究》，北京：中国社会科学出版社，2021年
[100] 许倬云：《求古编》，台北：联经出版事业公司，1982年
[101] 严耕望：《中国地方行政制度史　秦汉地方行政制度》，上海：上海古籍出版社，2007年

[102] 严耕望:《中国地方行政制度史 魏晋南北朝地方行政制度》，上海：上海古籍出版社，2007年
[103] 阎步克:《从爵本位到官本位：秦汉官僚品位结构研究》(增补本)，北京：生活·读书·新知三联书店，2017年
[104] 杨际平:《秦汉财政史》，长沙：湖南人民出版社，2015年
[105] 杨联陞:《东汉的豪族》，北京：商务印书馆，2011年
[106] 杨联陞:《中国语文札记》，北京：中国人民大学出版社，2011年
[107] 杨振红:《出土简牍与秦汉社会(续编)》，桂林：广西师范大学出版社，2015年
[108] 永田英正:《居延汉简研究》，张学锋译，桂林：广西师范大学出版社，2007年
[109] 尤佳:《东汉列侯爵位制度》，昆明：云南大学出版社，2015年
[110] 于琨奇:《战国秦汉小农经济研究》，北京：商务印书馆，2012年
[111] 于振波:《简牍与秦汉社会》，长沙：湖南大学出版社，2012年
[112] 于振波:《走马楼吴简初探》，台北：文津出版社，2004年
[113] 于振波:《走马楼吴简续探》，台北：文津出版社，2007年
[114] 余鹏飞:《三国经济史》，开封：河南大学出版社，1992年
[115] 岳庆平:《汉代家庭与家族》，郑州：大象出版社，1997年
[116] 岳庆平:《中国的家与国》，长春：吉林文史出版社，1990年
[117] 臧知非:《秦汉赋役与社会控制》，西安：三秦出版社，2012年

[118] 臧知非：《秦汉土地赋役制度研究》，北京：中央编译出版社，2017年
[119] 张鹤泉：《魏晋南北朝都督制度研究》，长春：吉林文史出版社，2007年
[120] 张金光：《秦制研究》，上海：上海古籍出版社，2004年
[121] 张荣强：《汉唐籍帐制度研究》，北京：商务印书馆，2010年
[122] 张学锋：《汉唐考古与历史研究》，北京：生活·读书·新知三联书店，2013年
[123] 张燕蕊：《汉代与孙吴国家基层管理手段比较研究——以出土简牍为中心》，北京：华夏出版社，2022年
[124] 赵光怀：《吏员制度与秦汉政治》，济南：山东人民出版社，2012年
[125] 郑欣：《魏晋南北朝史探索》，济南：山东大学出版社，1989年
[126] 郑学檬：《中国赋役制度史》，上海：上海人民出版社，2000年
[127] 朱大渭、刘驰、梁满仓、陈勇：《魏晋南北朝社会生活史》，北京：中国社会科学出版社，2005年
[128] 朱绍侯：《军功爵制研究》（增订本），北京：商务印书馆，2017年

五、期刊论文（中文）

[1] 卜宪群：《秦汉乡里社会演变与国家治理的历史考察》，《中国社会科学》2022年第3期
[2] 蔡献荣：《中国多妻制度的起源》，苑利主编：《二十世纪中国

民俗学经典》（社会民俗卷），北京：社会科学文献出版社，2002年
[3] 曹万青：《长沙走马楼三国吴简研究二十年》，《社会科学动态》2018年第5期
[4] 曾心昊：《走马楼吴简土地问题研究回顾与展望》，《湖北文理学院学报》2021年第1期
[5] 车金花、于振波：《走马楼吴简研究综述——职业、社会身份与阶层》，《湖南大学学报（社科版）》2007年第1期
[6] 陈国灿：《“火耕水耨”新探——兼谈六朝以前江南地区的水稻耕作技术》，《中国农史》1998年第1期
[7] 陈抗生：《“睡简”杂辨》，中国历史文献研究会编：《中国历史文献研究集刊》第1集，长沙：湖南人民出版社，1980年
[8] 陈平、王勤金：《仪征胥浦101号西汉墓〈先令券书〉初考》，《文物》1987年第1期
[9] 陈爽：《走马楼吴简所见奴婢户籍及相关问题》，北京吴简研讨班编：《吴简研究》第1辑，武汉：崇文书局，2004年
[10] 陈星宇：《战国秦汉粮食亩产问题再探》，《中国农史》2020年第1期
[11] 程涛：《吴简大姓与六朝湘州土著族群》，《史林》2019年第2期
[12] 崔启龙：《走马楼吴简所见“黄簿民”与“新占民”新探——以嘉禾五年春平里相关籍簿的整理为中心》，中国文化遗产研究院编：《出土文献研究》第18辑，上海：中西书局，2019年
[13] 戴卫红：《长沙走马楼吴简所见“直”、“稟”简及相关问题初探》，卜宪群、杨振红主编：《简帛研究2008》，桂林：广西师范大学出版，2010年

[14] 戴卫红:《长沙走马楼吴简所见孙吴时期的仓》,《史学月刊》2014年第11期
[15] 戴卫红:《长沙走马楼吴简中所见“帅”的探讨》，武汉大学中国三至九世纪研究所编:《魏晋南北朝隋唐史资料》第38辑，上海：上海古籍出版社，2018年
[16] 戴卫红:《长沙走马楼吴简中所见吏员俸禄实态》，中国文化遗产研究院编:《出土文献研究》第19辑，上海：中西书局，2020年
[17] 高凯:《从走马楼吴简〈吏民田家莂〉看孙吴初期长沙郡民的起名风俗》,《寻根》2001年第2期
[18] 高鑫:《长沙走马楼三国吴简研究的回顾》,《南京工业职业技术学院学报》2010年第1期
[19] 高智敏:《秦及西汉前期的垦田统计与田租征收——以垦田租簿为中心的考察》，邬文玲主编:《简帛研究2017》春夏卷，桂林：广西师范大学出版社，2017年
[20] 高自强:《汉代大小斛（石）问题》,《考古》1962年第2期
[21] 郭瑾:《1996年至2013年长沙走马楼三国吴简研究综述》,《文教资料》2014年第4期
[22] 韩树峰:《汉晋时期的黄簿与黄籍》,《史学月刊》2016年第9期
[23] 韩树峰:《论吴简所见的州郡县吏》，长沙简牍博物馆、北京吴简研讨班编:《吴简研究》第2辑，武汉：崇文书局，2006年
[24] 韩树峰:《吴简中的口算钱》,《历史研究》2001年第4期
[25] 韩树峰:《走马楼吴简中的“真吏”与“给吏”》，长沙简牍博物馆、北京吴简研讨班编:《吴简研究》第2辑，武汉：崇文书局，

2006年
[26] 何德章:《三国孙吴兵制二题》，武汉大学中国三至九世纪研究所编:《魏晋南北朝隋唐史资料》第25辑，武汉：武汉大学文科学报编辑部，2009年
[27] 何立民:《湖南长沙走马楼三国吴简研究的回顾与反思》,《江汉考古》2009年第2期
[28] 贺昌群:《升斗辨》,《历史研究》1958年第6期
[29] 侯旭东:《长沙三国吴简所见“私学”考——兼论孙吴的占募与领客制》，李学勤、谢桂华主编:《简帛研究2001》，桂林：广西师范大学出版社，2001年
[30] 侯旭东:《长沙走马楼三国吴简所见给吏与吏子弟——从汉代的“给事”说起》,《中国史研究》2011年第3期
[31] 侯旭东:《走马楼竹简的限米与田亩记录——从“田”的类型与纳“米”类型的关系说起》，长沙简牍博物馆、北京吴简研讨班编:《吴简研究》第2辑，武汉：崇文书局，2006年
[32] 侯甬坚:《天无绝人之路：陇西高原砂田作业的微观调查——兼及〈魏书·张骏传〉“治石田”事迹》，杨朝飞主编:《中国环境史研究（第4辑）：理论与研究》，北京：中国环境出版社，2015年
[33] 胡平生、宋少华:《长沙走马楼简牍概述》,《传统文化与现代化》1997年第3期
[34] 胡平生:《说“步兵还民”》，卜宪群、杨振红主编:《简帛研究2005》，桂林：广西师范大学出版社，2008年
[35] 胡守为:《暨艳案试析》,《学术研究》1986年第6期
[36] 黄鸿山:《晚清稻谷出米率与加工费用小考——以苏州丰备义仓资料为中心》,《古今农业》2012年第3期

[37] 贾凯丽：《长沙走马楼三国吴简人名研究综述》，《湖北文理学院学报》2019年第9期
[38] 贾丽英：《从〈长沙走马楼三国吴简〉看三国吴的家庭结构》，《中国史研究》2010年第3期
[39] 蒋福亚：《走马楼三国吴简中的"客"》，《中国经济史研究》2006年第3期
[40] 晋文：《龙岗秦简中的"行田""假田"等问题》，《文史》2020年第2辑
[41] 鹫尾祐子：《中国古代的户籍与家庭》，小滨正子等编：《被埋没的足迹：中国性别史研究入门》，台北：台湾大学出版中心，2020年
[42] 鹫尾祐子：《嘉禾四年至六年吏民簿所见夫妻龄差》，长沙简牍博物馆编：《长沙简帛研究国际学术研讨会论文集》，上海：中西书局，2017年
[43] 鹫尾祐子：《长沙走马楼吴简连记式名籍简的探讨——关于家族的记录》，长沙简牍博物馆、北京大学中国古代史研究中心、北京吴简研讨班编：《吴简研究》第3辑，2011年
[44] 劳榦：《汉简中的河西经济生活》，《"中央"研究院历史语言研究所集刊》第11本，1944年
[45] 雷家骥：《汉晋之际吴蜀的督将与都督制》，武汉大学中国三至九世纪研究所编：《魏晋南北朝隋唐史资料》第37辑，上海：上海古籍出版社，2018年
[46] 黎虎：《说"给吏"——从长沙走马楼吴简谈起》，《社会科学战线》2008年第11期
[47] 黎石生：《〈嘉禾吏民田家莂〉中的田家姓名问题》，《故宫博

物院院刊》2004年第1期
[48] 黎石生:《近年来长沙走马楼简牍研究综述》,《中国史研究动态》2002年第4期
[49] 黎石生:《孙吴时期长沙及周边地区生态环境考察——关于〈嘉禾吏民田家莂〉所见人名、丘名的思考》,陈建明主编:《湖南省博物馆馆刊》第1辑,长沙:船山学刊,2004年
[50] 黎石生:《长沙市走马楼出土"叛走"简探讨》,《考古》2003年第5期
[51] 黎石生:《长沙走马楼所见"步侯还民"简探讨》,长沙市文物考古研究所编:《长沙三国吴简暨百年来简帛发现与研究国际学术研讨会论文集》,北京:中华书局,2005年
[52] 黎石生:《走马楼吴简所见"士伍"、"岁伍"、"月伍"考》,《史学月刊》2008年第6期
[53] 李根蟠:《从银雀山竹书〈田法〉看战国亩产和生产率》,《中国史研究》1999年第4期
[54] 李均明:《长沙走马楼吴简所反映的户类和户等》,饶宗颐主编:《华学》第9·10辑,上海:上海古籍出版社,2008年
[55] 李孟扬、刘有菊:《"亩收百石"之谜——再为氾胜之说几句话》,《文史哲》1964年第2期
[56] 连先用:《试论吴简所见的"黄簿民"与"新占民"》,《文史》2017年第4辑
[57] 连先用:《吴简所见"小武陵乡吏民簿Ⅱ"再研究——以〈竹简(柒)〉为中心》,中国文化遗产研究院编:《出土文献研究》第18辑,上海:中西书局,2019年
[58] 连先用:《吴简所见里的规模与吴初临湘侯国的户籍整顿》,

《中国农史》2019年第1期
[59] 连先用：《吴简所见临湘“都乡吏民簿”里计简的初步复原与研究——兼论孙吴初期县辖民户的徭役负担与身份类型》，邬文玲主编：《简帛研究2017》秋冬卷，桂林：广西师范大学出版社，2018年
[60] 连先用：《吴简所见临湘模乡辖里与“同名里”现象考论》，《出土文献》2021年第2期
[61] 连先用：《长沙走马楼吴简揭剥图辨疑——以竹简正背颠倒现象为中心》，西北师范大学历史文化学院等编：《简牍学研究》第10辑，兰州：甘肃人民出版社，2020年
[62] 连先用：《走马楼吴简所见临湘西乡辖里考》，邬文玲、戴卫红主编：《简帛研究2021》秋冬卷，桂林：广西师范大学出版社，2022年
[63] 林昌丈：《社会力量的合流与孙吴政权的建立约论》，武汉大学中国三至九世纪研究所编：《魏晋南北朝隋唐史资料》第32辑，上海：上海古籍出版社，2015年
[64] 林益德：《走马楼吴简中女性姓名问题初探》，《中华简牍学会通报》第3期，2010年
[65] 凌文超：《〈长沙走马楼三国吴简·嘉禾吏民田家莂〉数值释文订补》，卜宪群、杨振红主编：《简帛研究2008》，桂林：广西师范大学出版社，2010年
[66] 凌文超：《黄盖治县：从吴简看〈吴书〉中的县政》，《“中央”研究院历史语言研究所集刊》第91本第3分册，2020年
[67] 凌文超：《一个偶然走入历史的孙吴县吏》，《读书》2021年第6期

[68] 凌文超:《长沙走马楼三国吴简采集简研究述评》，徐冲主编:《中国中古史研究：中国中古史青年学者联谊会会刊》第4卷，北京：中华书局，2014年

[69] 凌文超:《长沙走马楼孙吴“保质”简考释》,《文物》2015年第6期

[70] 凌文超:《走马楼吴简所见“士伍”辨析》，长沙简牍博物馆、北京大学中国古代史研究中心、北京吴简研讨班编:《吴简研究》第3辑，北京：中华书局，2011年

[71] 刘国胜:《读西汉丧葬文书札记》,《江汉考古》2011年第3期

[72] 柳维本:《西汉农业生产发展探讨》,《辽宁师院学报》1981年第2期

[73] 路方鸽:《〈嘉禾吏民田家莂〉“定收田”考》,《中国农史》2014年第2期

[74] 罗开玉:《秦“什伍”、“伍人”考》,《四川大学学报(哲社版)》1981年第2期

[75] 罗彤华:《汉代分家原因初探》,《汉学研究》1993年第1期

[76] 罗新:《吴简中的“作部工师”问题》，长沙市文物考古研究所编:《长沙三国吴简暨百年来简帛发现与研究国际学术研讨会论文集》，北京：中华书局，2005年

[77] 骆黄海:《长沙走马楼吴简研究的新面向——2011年走马楼吴简研究综述及思考》，陈建明主编:《湖南省博物馆馆刊》第9辑，长沙：岳麓书社，2013年

[78] 马代忠:《长沙走马楼西汉简“都乡七年垦田租簿”初步考察》，中国文化遗产研究院编:《出土文献研究》第12辑，上海：中西书局，2013年

[79] 蒙文通:《中国历代农产量的扩大和赋役制度及学术思想的演变》,《四川大学学报》1957年第2期
[80] 宁可:《有关汉代农业生产的几个数字》,《北京师院学报（社科版）》1980年第3期
[81] 彭浩:《谈秦汉数书中的“舆田”及相关问题》，武汉大学简帛研究中心主办:《简帛》第6辑，上海：上海古籍出版社，2011年
[82] 秦进才:《秦汉士伍异同考》,《中华文史论丛》1984年第2期
[83] 青木俊介:《汉代关所中马的通行规制及其实态——来自肩水金关汉简的分析》，苏俊林译，周东平、朱腾主编:《法律史评译》第7卷，上海：中西书局，2019年
[84] 裘锡圭:《湖北江陵凤凰山十号汉墓出土简牍考释》,《文物》1974年第7期
[85] 任仲爀:《秦汉律中的耐刑——以士伍身份的形成机制为中心》，卜宪群、杨振红主编:《简帛研究2008》，桂林：广西师范大学出版社，2010年
[86] 施伟青:《也论秦“士伍”的身份——与周厚强同志商榷》,《中国社会经济史研究》1993年第1期
[87] 宋超:《吴简所见“何黑钱”、“僦钱”与“地僦钱”考》，北京吴简研讨班编:《吴简研究》第1辑，武汉：崇文书局，2004年
[88] 宋少华:《大音希声——浅谈对长沙走马楼三国吴简的初步认识》,《中国书法》1998年第1期
[89] 宋少华:《长沙三国吴简的现场揭取与室内揭剥——兼谈吴简的盆号和揭剥图》，长沙简牍博物馆、北京大学中国古代史研究中心、北京吴简研讨班编:《吴简研究》第3辑，北京：中华书局，2011年

[90] 苏俊林:《关于“质日”简的名称与性质》,《湖南大学学报(社科版)》2010年第4期
[91] 苏俊林:《简牍所见秦及汉初“有爵寡”考论》,《中国史研究》2019年第2期
[92] 苏俊林:《日本走马楼吴简研究综述》,卜宪群、杨振红主编:《简帛研究2013》,桂林:广西师范大学出版社,2014年
[93] 苏俊林:《孙吴吏民的数值计算与基层社会的数学教育——以走马楼吴简为中心》,长沙简牍博物馆编:《长沙简帛研究国际学术研讨会论文集》,上海:中西书局,2017年
[94] 苏俊林:《岳麓秦简〈为狱等状四种〉命名问题探讨》,西北师范大学历史文化学院、甘肃简牍博物馆编:《简牍学研究》第5辑,兰州:甘肃人民出版社,2014年
[95] 苏俊林:《走马楼吴简所见孙吴“自首”现象初探》,李学勤主编:《出土文献》第13辑,上海:中西书局,2018年
[96] 苏俊林:《走马楼吴简研究方法述评》,邬文玲主编:《简帛研究2017》春夏卷,桂林:广西师范大学出版社,2017年
[97] 苏俊林:《走马楼吴简中“私学”相关簿籍与文书的地域考察》,黄正建主编:《中国古文书学研究初编》,上海:上海古籍出版社,2019年
[98] 孙东波:《2006—2008年走马楼吴简研究综述》,陈建明主编:《湖南省博物馆馆刊》第6辑,长沙:岳麓书社,2010年
[99] 孙继民:《走马楼〈嘉禾吏民田家莂〉所见孙吴的亩制》,《中国农史》2002年第2期
[100] 孙如琦:《东汉的流民和豪族》,《浙江学刊》1993年第3期
[101] 孙闻博:《走马楼简“吏民簿”所见孙吴家庭结构研究》,卜

宪群、杨振红主编：《简帛研究2007》，桂林：广西师范大学出版社，2010年

[102] 孙闻博：《走马楼吴简“枯兼波簿”初探》，卜宪群、杨振红主编：《简帛研究2008》，桂林：广西师范大学出版社，2010年

[103] 孙闻博：《走马楼吴简所见乡官里吏》，长沙简牍博物馆、北京大学中国古代史研究中心、北京吴简研讨班编：《吴简研究》第3辑，北京：中华书局，2011年

[104] 孙兆华、王子今：《里耶秦简牍户籍文书妻从夫姓蠡测》，《中国人民大学学报》2018年第3期

[105] 孙正军：《走马楼吴简中的左、右郎中》，长沙简牍博物馆、北京大学中国古代史研究中心、北京吴简研讨班编：《吴简研究》第3辑，2011年

[106] 陶安：《秦汉律“庶人”概念辩正》，武汉大学简帛研究中心主编：《简帛》第7辑，上海：上海古籍出版社，2012年

[107] 汪小烜：《走马楼吴简户籍初论》，北京吴简研讨班编：《吴简研究》第1辑，武汉：崇文书局，2004年

[108] 王达：《试评“中国度量衡史”中周秦汉度量衡亩制之考证》，中国农业科学院，南京农学院中国农业遗产研究室编：《农史研究集刊》第1册，北京：科学出版社，1959年

[109] 王国维：《最近二三十年中中国新发见之学问》，谢维扬、房鑫亮主编，胡逢祥分卷主编：《王国维全集》第14卷，杭州：浙江教育出版社，2010年

[110] 王明前：《东吴农业经济的国家政权主导因素》，《江南大学学报（社科版）》2012年第6期

[111] 王琦：《十五年来长沙走马楼吴简研究进程综述》，《群文天

地》2012年第2期下

[112] 王泉根:《先秦“氏”的作用与秦汉姓、氏合一》,《文化学刊》2015年第1期

[113] 王素、宋少华、罗新:《长沙走马楼简牍整理的新收获》,《文物》1999年第5期

[114] 王素、宋少华:《长沙走马楼三国吴简的新材料与旧问题——以邸阁、许迪案、私学身份为中心》,《中华文史论丛》2009年第1辑

[115] 王素:《关于长沙吴简“关”字解读及标点问题——〈长沙走马楼三国吴简〉释文探讨之三》,中国魏晋南北朝史学会、武汉大学中国三至九世纪研究所编:《魏晋南北朝史研究:回顾与探索——中国魏晋南北朝史学会第九届年会论文集》,武汉:湖北教育出版社,2009年

[116] 王素:《关于长沙吴简几个专门词汇的考释——〈长沙走马楼三国吴简〉释文探讨之二》,长沙简牍博物馆,北京吴简研讨班编:《吴简研究》第2辑,武汉:崇文书局,2006年

[117] 王素:《汉末吴初长沙郡纪年》,北京吴简研讨班编:《吴简研究》第1辑,武汉:崇文书局,2004年

[118] 王素:《日本〈长沙吴简研究报告〉第1、2集简介》,长沙简牍博物馆、北京吴简研讨班编:《吴简研究》第2辑,武汉:崇文书局,2006年

[119] 王素:《长沙吴简研究的新视野——中日长沙吴简学术研究会论文评述》,卜宪群、杨振红主编:《简帛研究2011》,桂林:广西师范大学出版社,2013年

[120] 王素:《长沙吴简中的佃客与衣食客——兼谈西晋户调式中

的“南朝化”问题》，《中华文史论丛》2011年第1期
[121] 王素：《长沙走马楼三国吴简时代特征新论》，《文物》2015年第12期
[122] 王素：《长沙走马楼三国吴简研究的回顾与展望》，《中国历史文物》2004年第1期
[123] 王素：《中日长沙吴简研究述评》，《故宫学刊》2006年总第3辑，北京：紫禁城出版社，2007年
[124] 王伟雄：《长沙走马楼吴简中的“复民”与“复”》，简牍学会编：《简牍学报》第18期，2002年
[125] 王勇、唐俐：《“走马”为秦爵小考》，《湖南大学学报（社科版）》2010年第4期
[126] 王勇：《也释吴简〈嘉禾吏民田家莂〉中的“旱田”与“熟田”》，西北师范大学历史文化学院等编：《简牍学研究》第6辑，兰州：甘肃人民出版社，2016年
[127] 王振华：《走马楼吴简所见临湘侯国属吏管窥》，西南大学出土文献综合研究中心、西南大学汉语言文献研究主办：《出土文献综合研究集刊》第2辑，成都：巴蜀书社，2015年
[128] 王忠全：《对晁错上书所记西汉亩产数据之存疑》，《河南大学学报（社科版）》1985年第1期
[129] 王忠全：《番系所言西汉亩产数据考》，《中州大学学报（综合版）》1991年第1期
[130] 王忠全：《西汉亩产量管见》，《农业考古》1986年第1期
[131] 魏斌：《单名与双名：汉晋南方人名的变迁及其意义》，《历史研究》2012年第1期
[132] 魏斌：《吴简释姓——早期长沙编户与族群问题》，武汉大学

中国三至九世纪研究所编:《魏晋南北朝隋唐史资料》第24辑，武汉：武汉大学文科学报编辑部，2008年
［133］邬文玲:《〈长沙走马楼三国吴简·竹简（捌）〉所见州中仓出米簿的集成与复原尝试》，中国文化遗产研究院编:《出土文献研究》第16辑，上海：中西书局，2017年
［134］吴朝阳、晋文:《秦亩产新考——兼析传世文献中的相关亩产记载》,《中国经济史研究》2013年第4期
［135］吴荣曾:《孙吴佃田初探》，长沙市文物考古研究所编:《长沙三国吴简暨百年来简帛发现与研究国际学术研讨会论文集》，北京：中华书局，2005年
［136］肖灿:《从〈数〉的“舆（与）田”、“税田”算题看秦田地租税制度》,《湖南大学学报（社科版）》2010年第4期
［137］邢义田:《汉至三国公文书中的签署》,《文史》2012年第3辑
［138］熊曲:《论走马楼吴简中的“以下户民自代”》，长沙简牍博物馆编:《长沙简帛研究国际学术研讨会论文集》，上海：中西书局，2017年
［139］熊曲:《也说吴简夷民问题》，杨振红、邬文玲主编:《简帛研究2015》春夏卷，桂林：广西师范大学出版社，2015年
［140］熊曲:《走马楼吴简嘉禾五年诸乡田顷亩收米乡住簿研究》，邬文玲、戴卫红主编:《简帛研究2020》春夏卷，桂林：广西师范大学出版社，2020年
［141］徐畅:《三国孙吴临湘侯国辖乡的数量与名称再探》,《人文杂志》2019年第10期
［142］徐畅:《长沙走马楼三国吴简整理研究二十年热点选评》，武汉大学简帛研究中心主办:《简帛》第15辑，上海：上海古籍出版

社，2017年

［143］徐畅：《走马楼简所见孙吴临湘县廷列曹设置及曹吏》，长沙简牍博物馆、北京大学中国古代史研究中心、北京吴简研讨班编：《吴简研究》第3辑，2011年

［144］徐畅：《走马楼吴简竹木牍的刊布及相关研究述评》，武汉大学中国三至九世纪研究所编：《魏晋南北朝隋唐史资料》第31辑，上海：上海古籍出版社，2015年

［145］徐世虹：《西汉末期法制新识——以张勋主守盗案牍为对象》，《历史研究》2018年第5期

［146］闫晓君：《论姓氏合一》，《寻根》1998年第3期

［147］扬州博物馆：《江苏仪征胥浦101号西汉墓》，《文物》1987年第1期

［148］杨博：《北大秦简〈田书〉与秦代田亩、田租问题新释》，《中国农史》2020年第2期

［149］杨宽：《释青川秦牍的田亩制度》，《文物》1982年第7期

［150］杨一民：《也谈曹魏租调》，《江汉论坛》1982年第7期

［151］杨振红：《从新出简牍看二十等爵制的起源、分层发展及其原理——中国古代官僚政治社会构造研究之三》，《史学月刊》2021年第1期

［152］杨振红：《长沙吴简所见临湘侯国属乡的数量与名称》，卜宪群、杨振红主编：《简帛研究2010》，桂林：广西师范大学出版社，2012年

［153］伊藤敏雄：《从嘉禾吏民田家莂看米的交纳状况与乡、丘》，长沙简牍博物馆、北京吴简研讨班编：《吴简研究》第2辑，武汉：崇文书局，2006年

[154] 于豪亮：《释青川秦墓木牍》，《文物》1982年第1期
[155] 于振波：《秦简所见田租的征收》，《湖南大学学报（社科版）》2012年第5期
[156] 于振波：《长沙三国吴简暨百年来简帛发现与研究国际学术讨论会综述》，《中国史研究动态》2002年第2期
[157] 于振波：《走马楼吴简所见临湘县流动人口》，杨振红、邬文玲主编：《简帛研究2015》秋冬卷，桂林：广西师范大学出版社，2015年
[158] 于振波：《走马楼吴简所见乡级行政》，长沙简牍博物馆编：《长沙简帛研究国际学术研讨会论文集》，上海：中西书局，2017年
[159] 余也非：《中国历代粮食平均亩产量考略》，《重庆师范学院学报（哲社版）》1980年第3期
[160] 俞樟华：《〈史记〉与古代姓氏》，《人文杂志》1991年第1期
[161] 袁刚、傅克辉：《曹魏"亩收租四升"说质疑》，《江汉论坛》1982年第7期
[162] 臧知非：《三国吴简"旱田""熟田"与田租征纳方式》，《中国农史》2003年第2期
[163] 张春龙：《益阳兔子山三号井"爰书"简牍一组》，何驽主编：《李下蹊华——庆祝李伯谦先生八十华诞论文集》（下），北京：科学出版社，2017年
[164] 张履鹏、邹兰新：《西汉文景时期的粮食生产水平刍议》，《古今农业》2015年第2期
[165] 张梦晗：《从新出简牍看西汉后期南京的农业经济》，《中国农史》2020年第6期
[166] 张荣强：《再论孙吴简的户籍文书——以结计简为中心的讨

论》,《北京师范大学学报（社科版）》2014年第5期
[167] 张荣强:《再谈〈前秦建元二十年籍〉录文问题》,《史学史研究》2015年第3期
[168] 张维华:《对于初学记宝器部绢第九所引晋故事一文之考释》,《山东大学学报》1957年第1期
[169] 张学锋:《论曹魏租调制中的田租问题》,《中国经济史研究》1999年第4期
[170] 赵宠亮:《居延汉简所见"助吏"》,《南都学坛》2009年第4期
[171] 赵宠亮:《试论走马楼吴简所见"中妻"》，长沙简牍博物馆、北京大学中国古代史研究中心、北京吴简研讨班编:《吴简研究》第3辑，2011年
[172] 赵宠亮:《走马楼吴简所见"女户"》,《石家庄学院学报》2016年第5期
[173] 赵德馨、周秀鸾:《汉代的农业生产水平有多高——与宁可同志商榷》,《江汉论坛》1979年第2期
[174] 郑有国:《秦简"士伍"的身份及特征》,《福建论坛（文史版）》1991年第6期
[175] 钟良灿:《走马楼吴简所见女性户人身份研究》,《齐鲁学刊》2016年第6期
[176] 周国林:《曹魏"亩收租四升"辨误》,《江汉论坛》1982年第1期
[177] 周国林:《曹魏西晋租调制度的考实与评价》,《华中师院学报（哲社版）》1982年增刊
[178] 周国林:《魏晋南北朝时期粮食亩产的估计》,《中国农史》

1991年第3期

[179] 周厚强:《秦士伍的身份及其阶级属性辩析》,《求索》1991年第4期

[180] 周能俊:《走马楼吴简“叛走”考释》,《南京晓庄学院学报》2012年第2期

[181] 周能俊、胡阿祥:《孙吴荆州基层社会统治模式与各级胥吏关系析论——以走马楼吴简为中心》,中国魏晋南北朝史学会、山西大学历史文化学院编:《中国魏晋南北朝史学会第十届年会暨国际学术研讨会论文集》,太原:北岳文艺出版社,2012年

[182] 周祥:《长沙走马楼三国吴简研究综述》,《学行堂文史集刊》2013年第1期

[183] 朱德贵:《长沙走马楼西汉简牍所见“都乡七年垦田租簿”及其相关问题分析》,《中国社会经济史研究》2015年第2期

[184] 庄辉明:《暨艳案与吕壹事件再探讨》,《江海学刊》1996年第1期

[185] 庄辉明:《孙吴时期两大利益集团间的冲突与平衡》,《探索与争鸣》1996年第5期

[186] 庄小霞:《走马楼吴简“役民”“应役民”“事役民”辨析》,长沙简牍博物馆编:《长沙简帛研究国际学术研讨会论文集》,上海:中西书局,2017年

[187] 庄小霞:《走马楼吴简所见“并间民”考述——兼说魏晋南朝时期的杂役户》,中国文化遗产研究院编:《出土文献研究》第19辑,上海:中西书局,2020年

六、学位论文（中文）

[1] 何立民：《湖南长沙走马楼三国吴简复音词研究》，复旦大学博士学位论文，2012年

[2] 胡苏姝：《〈嘉禾吏民田家莂〉人名研究》，西南大学硕士学位论文，2009年

[3] 雷小芳：《〈宋书〉称谓语研究》，中南大学硕士学位论文，2010年

[4] 刘云峰：《张家山汉简〈算数书〉与汉初社会经济》，首都师范大学硕士学位论文，2012年

[5] 马丽：《〈三国志〉称谓词研究》，复旦大学博士学位论文，2005年

[6] 王震华：《〈长沙三国走马楼三国孙吴简牍·竹简（柒）〉人名研究》，西南大学硕士学位论文，2017年

[7] 张朵：《走马楼吴简吏民籍的复原与研究》，北京师范大学硕士学位论文，2011年

[8] 张文杰：《三国孙吴政治社会结构及其统治政策探研》，中兴大学博士学位论文，2007年

[9] 张治华：《走马楼吴简所见孙吴“女户”问题研究》，郑州大学硕士学位论文，2021年

七、网络报刊会议论文

[1] 黎石生：《〈嘉禾吏民田家莂〉释文补正》，《中国文物报》2002年10月18日第7版

[2] 彭卫：《传世文献与出土简牍中的“下妻”、“偏妻”和“中妻”》，《中国社会科学报》2009年9月10日第5版

[3] 苏俊林、陈弘音整理，游逸飞校对：《日本东洋文库研究员籾山明：在简牍学、古文书学、法制史与秦汉史之间》，《文汇报》2017年2月3日第W10版

[4] 杨芬：《孙吴嘉禾年间临湘中乡所辖里复原初步研究》，“中日长沙吴简学术研讨会”会议论文，长沙：长沙简牍博物馆，2011年3月14—15日

[5] 于振波：《2004年以来的走马楼吴简研究》，简帛研究网，2006年10月16日

八、日文资料

（一）资料

[1] 关尾史郎、阿部幸信、伊藤敏雄编：《嘉禾吏民田家莂数値一覧（Ⅰ）》，平成16年度科学研究費補助金（基盤研究［B］［1］）“長沙走馬楼出土呉簡に関する比較史料学的研究とそのデータベース化”（課題番号：16320096）資料叢刊，新潟，2005年

[2] 关尾史郎主编、伊藤敏雄编：《嘉禾吏民田家莂数値一覧（II）》，平成18年度科学研究費補助金（基盤研究［B］）“長沙走馬楼出土呉簡に関する比較史料学的研究とそのデータベース化”（課題番号：16320096）資料叢刊，新潟，2007年

（二）研究著作（含论文集、研究报告）

[1] 长沙吴简研究会编：《嘉禾吏民田家莂研究—長沙呉簡研究報告—》第1集，东京，2001年

[2] 长沙吴简研究会编：《長沙呉簡研究報告》第2集，东京，2004年

[3] 长沙吴简研究会编：《長沙呉簡研究報告》第3集，东京，

2007年
[4] 渡辺信一郎:《中国古代の財政と国家》，东京：汲古书院，2015年
[5] 楯身智志:《前漢国家構造の研究》，东京：早稲田大学出版部，2016年
[6] 谷口建速:《長沙走馬楼呉簡の研究：倉庫関連簿よりみる孫呉政権の地方財政》，东京：早稲田大学出版部，2016年
[7] 关尾史郎（研究代表）:《長沙走馬楼出土呉簡に関する比較史料学的研究とそのデータベース化》（課題番号：16320096），平成16年度～18年度科学研究費補助金（基盤研究［B］）研究成果報告書，新潟，2007年
[8] 关尾史郎（研究代表）:《新出簡牘資料による漢魏交替期の地域社会と地方行政システムに関する総合的研究》（課題番号：25244033），平成25年度～28年度科学研究費補助金（基盤研究［A］一般）研究成果報告書，新潟，2017年
[9] 关尾史郎:《三国志の考古学：出土資料からみた三国志と三国時代》，东京：东方书店，2019年
[10] 鷲尾祐子:《資料集：三世紀の長沙における吏民の世帯—走馬楼呉簡吏民簿の戸の復原—》（电子出版物），东京：东京外国语大学アジア・アフリカ言語文化研究所（亚非语言文化研究所），2017年
[11] 铃木直美:《中国古代家族史研究—秦律・漢律にみた家族形態と家族観—》，东京：刀水书房，2012年
[12] 南北科研・西南班编:《長沙呉簡研究報告　2008年度特刊》，新潟，2009年

[13] 南北科研・西南班编:《長沙呉簡研究報告　2009年度特刊》，新潟，2010年
[14] 南北科研・西南班编:《長沙呉簡研究報告　2010年度特刊》，新潟，2011年
[15] 森本淳:《三国軍制と長沙呉簡》，东京：汲古书院，2012年
[16] 柿沼阳平:《中国古代の貨幣経済の持続と転換》，东京：汲古书院，2018年
[17] 陶安あんど:《秦漢刑罰体系の研究》，东京：创文社，2009年
[18] 伊藤敏雄、关尾史郎编:《後漢・魏晋簡牘の世界》，东京：汲古书院，2020年
[19] 伊藤敏雄、窪添庆文、关尾史郎编:《湖南出土簡牘とその社會》，东京：汲古书院，2015年

（三）期刊论文

[1] 安部聡一郎:《長沙呉簡にみえる名籍の初步的検討》，长沙吴简研究会编:《長沙呉簡研究報告》第2集，东京，2004年
[2] 长沙吴简研究会编（伊藤敏雄、阿部幸信主编）:《〈長沙走馬樓三國吳簡　嘉禾吏民田家莂〉釈文補注》，长沙吴简研究会编:《長沙吳簡研究報告》第3集，东京，2007年
[3] 长沙吴简研究会编（伊藤敏雄、阿部幸信主编）:《〈長沙走馬樓三國吳簡　嘉禾吏民田家莂〉釋文補正》，长沙吴简研究会编:《長沙呉簡研究報告》第2集，东京，2004年
[4] 町田隆吉:《長沙呉簡よりみた“戸”について—三国呉の家族構成に関する初步的考察—》，长沙吴简研究会编:《長沙呉簡研究報告》第3集，东京，2007年

［5］福原启郎：《長沙呉簡の傷病表記の特徴》，伊藤敏雄、漥添庆文、关尾史郎编：《湖南出土簡牘とその社会》，东京：汲古书院，2015年
［6］谷口建速：《長沙呉簡にみえる佃客と限米》，伊藤敏雄、窪添庆文、关尾史郎编：《湖南出土簡牘とその社会》，东京：汲古书院，2015年
［7］谷口建速：《穀物搬出記录の個別事例—“塩賈米”を中心として—》，南北科研・西南班编：《長沙呉簡研究報告　2010年度特刊》，新潟，2011年
［8］关尾史郎：《簿籍の作成と管理からみた臨湘侯国—名籍を中心として—》，伊藤敏雄、窪添庆文、关尾史郎编：《湖南出土簡牘とその社会》，东京：汲古书院，2015年
［9］关尾史郎：《長沙出土年次未詳吏民田家莂に関する一試論》，《中国世界における地域社會と地域文化に関する研究》第1辑，2002年
［10］关尾史郎：《長沙呉簡吏民簿の研究（上）—“嘉禾六（二三七）年廣成鄉吏民簿”の復元と分析—》，《人文科学研究》第137辑，2015年
［11］关尾史郎：《長沙呉簡中の名籍について・補論——内訳简の問題を中心として》，《人文科学研究》第119辑，2006年
［12］关尾史郎：《長沙呉簡中の名籍について—史料群としての長沙呉簡・試論（2）—》，《唐代史研究》第9号，2006年
［13］关尾史郎：《吏民田家莂の性格と機能に関する一試論》，长沙吴简研究会编：《嘉禾吏民田家莂研究—長沙呉簡研究報告—》第1集，东京，2001年

[14] 户川贵行:《魏晋南朝の民爵賜与について》,《九州大学東洋史論集》第30号，2002年
[15] 鷲尾祐子:《長沙走馬楼呉簡にみえる“限佃”名籍について》,《立命館文学》第619号，2010年
[16] 鷲尾祐子:《分異の時期と家族構成の変化について——長沙呉簡による検討——》，伊藤敏雄、窪添庆文、关尾史郎编:《湖南出土簡牘とその社会》，东京：汲古书院，2015年
[17] 鷲尾祐子:《嘉禾四年～六年（235—237）長沙の婚姻慣行：婚姻と年齢》,《東洋学報》第97卷第1号，2015年
[18] 鷲尾祐子:《呉簡吏民簿と家族・女性》，窪添庆文编:《魏晋南北朝史のいま》，东京：勉诚出版株式会社，2017年
[19] 鷲尾祐子:《走馬楼呉簡から見える家族の情況について—夫婦間の年齢差などから—》，南北科研・西南班编:《長沙呉簡研究報告　2009年度特刊》，新潟，2010年
[20] 鷲尾祐子:《走馬楼呉簡吏民簿と郷の状況：家族研究のための予備的検討》,《立命館東洋史学》第35号，2012年
[21] 满田刚:《長沙走馬楼吏民田家莂に見える姓について》，长沙吴简研究会编:《嘉禾吏民田家莂研究—長沙呉簡研究報告—》第1集，东京，2001年
[22] 片仓穰:《漢代の士伍》,《東方学》第36号，1968年
[23] 森本淳:《嘉禾吏民田家莂にみえる同姓同名に関する一考察》，长沙吴简研究会编:《嘉禾吏民田家莂研究—長沙呉簡研究報告—》第1集，东京，2001年
[24] 石岗浩:《公卒・士伍・庶人—秦代軍功爵制下的差別標識—（上）》,《アジア文化研究所研究年報》第48号，2014年

[25] 苏俊林：《走馬楼呉簡から見た孫呉の塩政》，伊藤敏雄、关尾史郎编：《後漢・魏晋簡牘の世界》，东京：汲古书院，2020年
[26] 小林洋介：《正倉院籍帳と長沙走馬樓三国呉簡》，《史觀》第153冊，2005年
[27] 伊藤敏雄、永田拓治：《郴州晋簡初探——上級及び西晋武帝郡国上計吏敕戒等との関係を中心に——附：郴州晋簡にみる田租》，长沙吴简研究会编：《長沙呉簡研究報告　2010年度特刊》，新潟，2011年
[28] 伊藤敏雄：《長沙呉簡中の生口売買と"估銭"徵収をめぐって—"白"文書木牘の一例として—》，（大阪）《歴史研究》第50号，2013年
[29] 伊藤敏雄：《長沙走馬楼呉簡中の"邸閣"再検讨—米納入簡の書式と併せて—》，太田幸男、多田狷介编：《中国前近代史論集》，东京：汲古书院，2007年
[30] 伊藤敏雄：《地下からの贈り物——簡牘資料の価値と研究状況（10）——三国呉の地方行政をめぐる膨大な新資料（長沙走馬楼三国呉簡）》，《東方》第284号，2004年
[31] 伊藤敏雄：《邸閣・穀物移送関係簡と水利関係簡について》，长沙吴简研究会编：《長沙呉簡研究報告》第2集，东京，2004年
[32] 伊藤敏雄：《三国呉の帳簿の計算ミス》，《東アジア研究》第37号，2003年
[33] 伊藤敏雄：《新発見三国呉簡に見る三国時代》，《アジア遊学》第96号，2007年
[34] 鹰取祐司：《秦漢時代の刑罰と爵制的身分序列》，《立命館文学》第608号，2008年

[35] 永田拓治:《長沙呉簡にみえる“公乘”·“士伍”簡研究の現状と課題》，南北科研・西南班编:《長沙呉簡研究報告　2009年度特刊》，新潟，2010年

[36] 永田拓治:《長沙呉簡にみえる公乘・士伍について》，南北科研・西南班编:《長沙呉簡研究報告　2008年度特刊》，新潟，2009年

[37] 越智重明:《漢時代の賤民、賤人、士伍、商人》，《九州大学東洋史論集》第7号，1979年

[38] 椎名一雄:《“庶人”の語義と漢代の身分秩序》，《大正大学東洋史研究》創刊号，2008年

[39] 椎名一雄:《漢代爵制的身分秩序の構造—“庶人”と民爵賜与の関係—》，《大正大学東洋史研究》第2号，2009年

后 记

本书是在我的博士学位论文《孙吴基层社会身份秩序研究——以走马楼吴简为中心》基础上修改而成。从2012年6月27日博士论文开题，到最终修订完成，正好十年时间。本书算是对过去十年学习与思考的学术总结。

2008年9月，我从四川理工学院（今四川轻化工大学）考入湖南大学岳麓书院中国古代史专业，跟随于振波先生学习秦汉史和简牍学。2009年底申请硕博连读成功，免去了考博的辛劳，但也在于师的指导下，最终完成近十万字的硕士学位论文《西汉列侯的社会史研究》。硕士论文的写作和顺利答辩，不仅对学术思维和研究方法进行了训练，也增加了我投身学术的信心。老师们“言过其实”的夸赞让我有了一种莫名的情绪：要是不好好学习，以后怎么相见？正是这种情绪，推动着我在学术道路上一直努力走下去。

当初选择吴简作为博士论文的研究题目，多少有些“不情愿”的意思。吴简研究之难，我早有耳闻。硕士入学刚拜入先生门下时，并未想到以后会研究吴简。依然记得一次家宴上，师母车金花女士说要不你就研究走马楼吴简吧。没想到真给师母说中了。三年多后，在否定多个选题，研读完学界成果和相关材料之后，抱着“试一试”的忐忑心情，最终将博士论文的选题方向确定为吴简。

之所以最终选择吴简进行研究，恩师于振波先生的鼓励是最重要的。于师告诉我研究方法跟硕士论文所用方法差不多，解决了研究方法上的疑虑。即便这样，我也没有立即着手吴简的研究。稍微对吴简研究现状有所了解的人都知道，于师是吴简研究的国际知名学者。于师是研究秦汉历史起家的，但就国际学术影响力而言，于师在学界享有的认同和赞誉，吴简方面可能要胜过秦汉。如果我要研究吴简，难免会涉及共同的研究内容。如果有不同的观点将怎么办？于师担心我有这样的顾虑，多次郑重地告诉我，不要顾忌他的观点，有不同的意见都可以商榷。本书对于师的观点，有注脚，有补充，正是恩师谆谆教诲和倾心指导的结果。

严谨是于师一贯的治学风格。每次提请于师审阅的论文，返还时批注密密麻麻。大到观点内容、篇章结构，小到遣词造句、标点符号，于师都有非常细致的批改。于师的视力不太好，电子文稿往往需要放大数倍才能看清。电脑的屏幕有限，放大了的文稿，一行文字需要左右移动才能看完。这是很费时间的。长时期看电脑也很伤视力。文章篇幅较大的时候，我就打印下来送去。即使这样也没多少作用。于师是很“固执”的人，可能也是长久以来形成的习惯，他更喜欢看电子文稿。很多时候送去纸本论文，他又要求我再发电子文稿。返回的电子文稿可以看到文稿放大的比例，从150%逐渐变为240%……让人不知如何是好。曾经也跟于师“提要求”，请他主要看看文章的篇章结构、观点这些大的问题，至于语句和符号这些小问题我自己慢慢修改。这些提议显然没有什么效果。后来实在没有办法，我就带着打印下来的文稿，面对面地汇报论文内容，详细说明写作理由、文章观点及疑难之处。原以为这样或许多少能减轻一点于师的负担，但结果只是我一厢情愿。2016年4月博士毕业之后，于师身体抱恙，持续了一年多的时间。固然有湖湘气候潮湿的因素，应该也与我这个让人操心的学生有很大关系吧。

当得知第二次申请日本国费奖学金成功之后，我得赶在出国之前完成博士论文初稿，并通过学校规定的预答辩。2014年9月13日，在于师的资助下，邀请了故宫博物院的王素先生、长沙简牍博物馆的宋少华先生、中国社会科学院历史研究所（现古代史研究所）的杨振红先生（现南开大学教授）和邬文玲先生、首都师范大学的蔡万进先生来参加我的博士学位论文预答辩，对论文进行专业指导。2016年4月，诸位先生再次莅临书院，与本院陈松长先生一道，担任我博士论文正式答辩的答辩老师。先生们都是非常繁忙的人，能抽出时间来指导我的论文，对我而言是最大的鼓舞，也是莫大的荣幸。

2014年9月24日，带着老师们的指导意见，在日本文部科学省“国费留学生（研究留学生）”奖学金的资助下，以“特别研究学生”身份来到日本海边的新潟大学，跟随关尾史郎先生学习和研究。关尾先生是研究走马楼吴简乃至中国魏晋南北朝史的名家。2014年3月，先生来长沙简牍博物馆考察，我得以初次拜见先生，先生没有因我表现不佳而拒绝我的申请。在我迷茫着未来之路时，先生接收了我，让我重新燃起对学术的希望。在日一年多时间里，先生以严谨的学风和平易近人的态度，让我在轻松的环境中学习和研究，感受日本的学术和国风。先生既有研究科长的行政事务，又有学校的教学任务，已经非常繁忙。即便如此，先生还是抽出时间来详细指导我的论文，甚至把硕士课程分了我一半。逐字逐句地阅读，详细地批注和讲解，让我在领略先生风采的同时，也对以后的学术之路增添几分信心。虽然先生讲解的内容本书未能完全吸纳，但对后来发表的几篇吴简研究文章有非常重要的启发意义。因为语言交流不便，讲解中先生需要板书我才能完全明白。平添先生的劳累，实为留日期间最大的罪过。

2016年3月30日，经上海转机回到祖国，回到湖南大学。还未来得及修整，就坐上北上的火车，到中国社会科学院历史研究所参加博士后面试。所幸有之前所发论文的铺垫，以及二位导师的推荐，面试也很顺利。返湘之后，于师安排在4月9日进行博士论文答辩。在各位老师的批评声中，答辩顺利通过。回国10天，博士生涯宣告结束。

酷暑8月收到社科院的入职通知，立即收拾行囊进京，开启了2年的博士后生活。博士后合作导师是历史研究所所长卜宪群先生。跟随卜师学习的想法由来已久。2009年长沙第一场大雪之后，卜师到岳麓书院讲学。于师带着我拜见时，推荐我到卜师门下攻读博士学位。后来我选择了硕博连读的“捷径”，直到7年之后博士毕业才能如愿。在卜师的指导下，我最终将博士后研究方向锁定在早先关注的岳麓书院藏秦简第3卷《奏谳文书》，并成功申请了中国博士后基金面上资助项目，暂时解决了经济上的困境。后来又以此为基础，增加新的思考和研究内容，申报获批了2019年国家社会科学基金冷门“绝学”研究专项项目。当然，这些项目申报书都经过了卜师的逐一审阅和批改。

卜师平时工作非常繁忙，但仍抽出时间指导我的学习。茶余饭后的点拨已是司空见惯，仍记得提交给卜师的第一篇文章是《简牍所见秦及汉初“有爵寡”考论》(《中国史研究》2019年第2期)。

进站半年时间，都在忙着努力将研究方向从吴简转变秦简，没写什么文章。2016年年末成稿的这篇论文，春节后提交给卜师时，其实只是想向导师报告我没闲着，让他放心。结果不久，卜师拿着打印下来的论文来研究室，详细指导文章如何修改。看着批红的文字，有种似曾相识的熟悉感。卜师先后跟随万绳楠先生和林甘泉先生学习魏晋南北朝史和秦汉史，于师先后跟随张传玺先生和林甘泉先生学习秦汉史。再次见到如此批注的论文指导，倒不知道这是哪位师公的风格了。遗憾的是，林先生和张先生先后仙逝。每当想起他们谈论学术时的英姿，既有如沐春风之感，也为前辈学者的治学精神深深折服。林先生卧病在床时，还在给我们讲授“五朵金花”。这样的精神该如何薪火相传！

博士期间的研究重点在吴简，博士后研究则转为秦简。对于资质愚钝的我来说，这样的转变并不容易。所幸遇到了一群热情待人又热心学术的师友。历史所战国秦汉史研究室的杨振红先生（后调往南开大学）、邬文玲先生、戴卫红先生、宋艳萍先生、杨英先生、凌文超师兄（后调往北京师范大学）、庄小霞先生、王天然先生、刘丽先生、曾磊先生、石洋先生、杨博先生，文化史研究室的孙晓先生，社会史研究室的赵凯先生、阿风先生（现清华大学教授），隋唐史研究室的黄正建先生（荣退），编辑部的彭卫老师、张燕蕊师姐、张欣师兄等，以多种方式督促和指导我学习，关心我的成长。刚到北京不久，经庄小霞先生和王彬兄引荐，先后参加清华大学侯旭东先生、北京师范大学张荣强先生、中国政法大学徐世虹先生主持的读简班活动。其间认识很多师友，一起研读简牍文献，畅谈学术，共享思想的自由时光。每周五从北师大（上午）、法大（下午）读简结束，回到六道口的公寓时，感觉大脑几乎停止运转。

清华读研班（周四）论文报告、文章研读交替进行的模式，让我不仅有幸第一时间聆听师友的最新成果，也研读了一些之前未能精读的前辈著述。在此期间接受的简牍研读训练，直接助力了博士后报告的撰写和研究。研读班上的思考，不少都写进了博士后报告，或作为研究延伸，成为后来申请冷门“绝学”项目的重要内容。

王子今先生、蔡万进先生、彭卫先生、杨振红先生、孙晓先生、邬文玲先生、陈爽先生参加了我博士后研究报告的开题、中期考核和出站答辩，提出了很多中肯的意见和建议。没有先生们的指导，不知研究报告几时能够完成，几时能够顺利出站。衷心感谢诸位先生的指导。

2018年7月博士后出站，在卜师的推荐下，来到离家不到3小时车程的西南大学历史文化学院工作。学校、学院领导、老师和同事在工作和生活上给予诸多指导和照顾。2019年，在院、校领导的鼓励和支持下，先以博士论文为基础申报获批了教育部人文社会科学研究青年项目，即本书的资助项目，后又“因祸得福”，以博士后研究报告为基础申请获批了国家社科基金项目冷门“绝学”专项项目。两个项目的研究同时进行，给生活增添了很多繁忙。

故宫博物院的王素先生，多年来对我的学术研究和工作生活给予很多关怀和帮助。每有新著出版，或有吴简资料，都邮寄惠赠。蔡万进师叔对论文写作、项目申报和教学方法等也给予了悉心指导。凌文超师兄对学术研究和论文写作等有很多提点和帮助。东京大学的石原辽平博士帮忙搜集大量日本吴简研究成果，并指导阅读原文。衷心感谢你们。

长沙简牍博物馆的宋少华先生、李鄂权先生、杨芬先生、熊曲先生、雷长巍先生、骆黄海先生等，在本书内容和研究资料上给予了很多指导和帮助。湖南大学岳麓书院的王勇先生、陶新华先生、钱永生先生、胡吉勋先生等在论文开题时提出了很多有益的建议。同学付赞博士、赵路卫博士和杨琳师妹翻译和校对了期刊论文和博士论文的英文摘要。北京大学的田卫卫博士对我赴日留学提供了很多帮助。感谢你们。

留日期间，日本长沙吴简研究会的窪添庆文先生、关尾史郎师、角谷常子先生、伊藤敏雄先生、阿部幸信先生、高村武幸先生、安部聪一郎先生、鹫尾祐子先生、谷口建速先生、石原辽平先生等师友，无论是研究会后的恳亲会，还是科研考察，或是平常外出，都对我予以无微不至的照顾和关怀，并不嫌我浅薄，赠以论文。此等情谊将铭记于心。首次东京之行借宿于石原家。感谢石原君及大知圣子君的盛情款待。祝你们幸福。

日本语课程的诸位先生和同学，新潟大学人文学部的永木敦子先生，留日期间共同受讲并赐以论文的同门弥津诗央里君，tutor天野辉君，研究室的学友邢明明博士、毛久燕博士，朋友梅天宇、袁辉、闫盼盼等，对我在日期间的学习和生活照顾颇多。谢谢你们让我度过了那段美好时光。

日本的籾山明先生、藤田胜久先生、柿沼阳平先生、黄川田修先生、土口史记先生、青木俊介先生、畑野吉则先生、铃木舞先生，韩国的尹在硕先生、金秉骏先生、金庆浩先生、琴载元先生、李周炫先生，德国的陶安先生，中国台湾的陈文豪先生、游逸飞先生等师友，亦在资料收集等方面提供许多帮助。还有很多师友、学界同仁以及于门、卜门的同门，在学习和生活上也给予诸多关怀、鼓励、支持和帮助。特别是师母车金花女士，一直给予母亲般的关怀和鼓励。在此一并感谢。

先后求学的四川理工学院政法系、湖南大学岳麓书院、新潟大学人文学部·现代社会文化研究科·国际科、中国社会科学院历史研究所，现工作单位的西南大学、历史文化学院，很多领导、老师、同事、同学和师友在学习、生活和工作上给予诸多关怀和帮助。再次感谢你们。

还要感谢多年来支持个人学术研究的主编、编辑和匿名审稿专家。没有你们的帮助，完成博士毕业的资格论文都成问题，更不用说拙著的出版了。匿名审稿专家的很多意见也被吸收到本书之中。虽然未能一一注明，但本书的不少内容确实是对审稿意见的回应、深化和延伸。衷心感谢你们。

十多年在外求学、工作，离不开父母的理解和支持。为了求学和工作，四处奔波，与父母聚少离多。父母已经年迈，希望以后能多尽一份孝心。弟弟和弟妹照顾双亲，支持我从事学术研究。感谢你们的无私付出。同时也感谢长辈亲人给予的诸多帮助和鼓励。

本书纳入中国社会科学院简帛研究中心“简帛研究文库”，感谢中心的支持和出版资助。责编邹旭勇先生是岳麓书院的学友，在他的精心编校下本书得以顺利出版。感谢邹先生的辛苦付出。

之所以以“身份秩序”为研究题目，除了《绪论》所述的学术理由外，也与个人的生活经历有关。出生于四川一个小山村的我，从小学、中学到大学、研究生，再到博士后、教师，一路走来，对“身份”二字感触颇深。吴简中那些“流水账”式的档案记录，在我看来正是一个个身份各异、地位有别的鲜活人物。身份、等级、地位、权利、义务等要素交织而成的关系网络，成为本书试图展现的主要内容。当然，本书不过是选取了其中几个方面进行考察，尚有很多问题有待探究。

法国思想家卢梭先生在《给伏尔泰的回信》中写道："人们之所以读学者们的书，是为了要评判学者的作品，而不是为了受教育。"（卢梭：《论人与人之间不平等的起因和基础》附录一，李平沤译，北京：商务印书馆，2015年，第170页）原本还想为本书的不足辩白几句，但既然已经成书，是非好坏，就让大家去评判吧。

2014年8月20日　湖南大学南校区17舍初稿

2016年3月26日　修订于新潟大学现代社会文化研究科

2022年9月12日　定稿于重庆北碚寓所

“大学问”品牌书目

大学问·学术名家作品系列

朱孝远《学史之道》
朱孝远《宗教改革与德国近代化道路》
池田知久《问道:〈老子〉思想细读》
赵冬梅《大宋之变，1063—1086》
黄宗智《中国的新型正义体系：实践与理论》
黄宗智《中国的新型小农经济：实践与理论》
黄宗智《中国的新型非正规经济：实践与理论》
夏明方《文明的“双相”：灾害与历史的缠绕》
王向远《宏观比较文学19讲》
张闻玉《铜器历日研究》
张闻玉《西周王年论稿》
谢天佑《专制主义统治下的臣民心理》
王向远《比较文学系谱学》
王向远《比较文学构造论》
刘彦君　廖奔《中外戏剧史（第三版）》
干春松《儒学的近代转型》
王瑞来《士人走向民间：宋元变革与社会转型》

大学问·国文名师课系列

龚鹏程《文心雕龙讲记》
张闻玉《古代天文历法讲座》
刘　强《四书通讲》
刘　强《论语新识》
王兆鹏《唐宋词小讲》
徐晋如《国文课：中国文脉十五讲》

大学问·明清以来文史研究系列

周绚隆《易代：侯岐曾和他的亲友们（修订本）》
巫仁恕《劫后“天堂”：抗战沦陷后的苏州城市生活》
台静农《亡明讲史》
张艺曦《结社的艺术：16—18世纪东亚世界的文人社集》
何冠彪《生与死：明季士大夫的抉择》
李孝悌《恋恋红尘：明清江南的城市、欲望和生活》
孙竞昊《经营地方：明清时期济宁的士绅与社会》

大学问·哲思系列

罗伯特·斯特恩《黑格尔的〈精神现象学〉》
A.D.史密斯《胡塞尔与〈笛卡尔式的沉思〉》
约翰·利皮特《克尔凯郭尔的〈恐惧与颤栗〉》
迈克尔·莫里斯《维特根斯坦与〈逻辑哲学论〉》

大学问·名人传记与思想系列

孙德鹏《乡下人：沈从文与近代中国（1902—1947）》
黄克武《笔醒山河：中国近代启蒙人严复》
王 锐《革命儒生：章太炎传》

大学问·实践社会科学系列

胡宗绮《意欲何为：清代以来刑事法律中的意图谱系》
黄宗智《实践社会科学研究指南》
黄宗智《国家与社会的二元合一》
黄宗智《华北的小农经济与社会变迁》
黄宗智《长江三角洲的小农家庭与乡村发展》
白德瑞《爪牙：清代县衙的书吏与差役》
赵刘洋《妇女、家庭与法律实践：清代以来的法律社会史》
李怀印《现代中国的形成（1600—1949）》
苏成捷《中华帝国晚期的性、法律与社会》

大学问·雅理系列

拉里·西登托普《发明个体：人在古典时代与中世纪的地位》
玛吉·伯格等《慢教授》
菲利普·范·帕里斯等《全民基本收入：实现自由社会与健全经济的方案》
田 雷《继往以为序章：中国宪法的制度展开》
寺田浩明《清代传统法秩序》

其他重点单品

罗伯特·S.韦斯特曼《哥白尼问题：占星预言、怀疑主义与天体秩序（上）》
郑荣华《城市的兴衰：基于经济、社会、制度的逻辑》
王 锐《中国现代思想史十讲》
简·赫斯菲尔德《十扇窗：伟大的诗歌如何改变世界》
北鬼三郎《大清宪法案》
罗杰·F.库克《后电影视觉：运动影像媒介与观众的共同进化》
蔡万进《里耶秦简编年考证（第一卷）》